丝路古史散论

芮传明 著

复旦大学出版社

芮传明，上海社会科学院历史研究所研究员。曾获复旦大学历史学系"中西交通史"专业硕士学位及"中亚史"专业博士学位。主要学术研究领域涉及古代中外关系史、中央欧亚史、宗教文化交流等；对于古代丝绸之路专题颇多研究心得。历年来，相关的学术专著有《大唐西域记全译（详注）》、《东西纹饰比较》（第一作者）、《中国与中亚文化交流志》、《古突厥碑铭研究》、《淫祀与迷信——中国古代迷信群体研究》、《东方摩尼教研究》、《摩尼教敦煌吐鲁番文书译释与研究》等。有关丝绸之路的知识普及读物则有《丝绸之路研究入门》、《中外文化交流择要》、《内陆欧亚风云录》、《异域和亲悲喜录》、《"胡人"与文明交流纵横谈》、《丝绸之路古史漫谈》等。另有学术译著《巫术的兴衰》、《宗教生活的基本形式》（第一译者）、《中亚文明史》第一卷、《上海歹土》等。此外，并有涉及古代中外关系、丝绸之路、中央欧亚、北方民族、摩尼教和古代宗教文化等领域的论文近百篇，以及编著数本。

目 录

序言	1
第一编　丝绸之路与游牧人	1
第一章　推动中外交往的域外骏马	2
一、古代帝君的骏马	2
二、从域外输入的马文化	20
第二章　丝绸输出的目的与影响	33
一、中原王朝丝绸输出的主要目的	33
二、丝绸输出对世界大势的影响	46
第三章　和亲——强权间的政治斗争工具	57
一、旨在缓解强敌寇侵的和亲	58
二、旨在招徕和嘉奖域外"忠臣"的和亲	64
三、旨在离间域外诸部的和亲	67
四、旨在借助外力以逐鹿中原的和亲	71
五、和亲之利弊简评	77
第四章　馄饨、浑脱，源自游牧人的创造	85
一、"馄饨"本是"胡食"	85
二、"浑脱"是游牧人的创造	87
三、浑脱帽与浑脱舞	92
第五章　"桃花石"的来龙去脉	95
一、学界的不同观点	95

二、"大汉"在域外闻名最久，影响最大　　100
　　三、"大汉"与Tabγac等名的语音比定　　104
　　四、"大家""宅家"的语源推测　　107
第六章　从突厥的"史前"居地看游牧人的迁徙　　111
　　一、突厥起源传说揭示的史实　　112
　　二、"阿史那"名号体现的"里海渊源"　　114
　　三、擅长冶铁的特征　　116
　　四、阿史那人与可萨人的相似制度　　120
　　五、阿史那人与可萨人的相似官衔　　123
　　六、阿史那人与里海诸族的相似文化习俗　　126
　　七、阿史那突厥文化中的其他文明因素　　129
　　八、阿史那突厥人可能的迁徙过程　　132

第二编　丝绸之路上的特殊角色——粟特人　　135
第一章　粟特与粟弋异同辨　　137
　　一、粟特的地理环境和政治史　　137
　　二、粟弋的考辨　　152
第二章　粟特人在中原的经济和文化活动　　166
　　一、中原地区的"酒家胡"　　166
　　二、"胡乐""胡舞"在中国内地的传播　　176
第三章　粟特人对游牧人的影响与掌控　　191
　　一、粟特人与突厥汗国　　191
　　二、粟特人与回纥汗国　　199
第四章　粟特人的军政特长　　213
　　　　——以五代时期为例
　　一、骁勇善战的粟特人　　213
　　二、擅长治政的粟特人　　221

三、五代时期粟特系军政人员兴盛的原因简析　229
　第五章　曳落河、柘羯的含义和由来　232
　　一、有关"曳落河"与"柘羯"的诸说　232
　　二、"曳落河"与"柘羯"的基本特征　235
　　三、奥斯曼帝国的"奴军"制度　241
　　四、曳落河、柘羯与Solak、Spahi的同源关系　246

第三编　丝绸之路与宗教思想传播　249
　第一章　中国的卐形纹饰　250
　　一、卐形成为汉字的时间　250
　　二、中国上古时代的卐形　253
　　三、中国卐字与印度文化的关系　257
　　四、关于"室利靺蹉"与"塞缚悉底迦"的问题　261
　　五、古代中国"卐"的含义　264
　　六、小结　271
　第二章　饕餮与贪魔的关系探讨　273
　　一、汉文古籍的有关记载　273
　　二、近世学者的主要观点及抵牾之处　277
　　三、西亚"阿缁(Āz)"或"贪魔"的形象　282
　　四、饕餮与贪魔的关系分析　289
　第三章　"摩尼"称号的源流　303
　　一、佛经中的"摩尼"佛　304
　　二、佛经中的"摩尼(珠)"含义　308
　　三、摩尼教的"珠"观念　319
　　四、分析与推论　324
　第四章　"以杀度人"信仰的由来和演变　331
　　一、中国所见的"以杀度人"观念　331

二、摩尼教的"戒杀"观念　　　　　　　　　　339
三、摩尼教的"光明分子"观念　　　　　　　　343
四、分析和结论　　　　　　　　　　　　　　　353
第五章　摩尼教影响武则天、白居易的可能性推测　356
一、武则天的宗教思想辨析　　　　　　　　　　356
二、白居易"摩尼教诗"的真伪　　　　　　　　375

序　言

　　本书既以"丝绸之路"为题,自当略述"丝绸之路"的含义,至少,规定一下"丝路"在本书中的大致含义。

　　"丝绸之路"最初只是学术界在较小范围内使用的一个术语,并不具有严格的定义,但是,随着时代的发展和学术研究的日益深入和广泛,"丝绸之路"越来越成为一个普及性和大众化的词汇,乃至在21世纪10年代中叶频繁地出现在中国政府和大众媒体的文件和文章中,它由于涉及国际经济建设和文明交流的丰富内涵,故几乎变成妇孺皆知的名称。这恐怕是当初创造该术语的学者始所未料的。

　　有关"丝绸之路"一名的最早出现,当追溯到19世纪著名的德国地理学家李希霍芬(Ferdinand von Richthofen)的东方之行及其相关著述。他在60年代和70年代曾经两度前来中国等远东地区考察,特别是第二次考察,花费了四年的时间,走遍了中国的十多个省区。此后,李希霍芬便着手撰写有关中国的研究巨著,前后经历数十年,总计五卷的名为《中国》的书在他去世之后才完成全部出版工作①。

　　古代中国(特别是唐代以前)与欧亚大陆上其他地区的交往,主要通过发自中国西北地区的陆上交通道进行,而中

---

① China: *The results of My Travels and the Studies Based Thereon*. 其撰写和出版时间始自1877年,终于作者逝世(1905年)之后的1912年,在这漫长的数十年间,完成了全书共计五卷的正文和两卷地图集的正式出版。

原王朝输出的物质产品,则以具有悠久历史的优质丝绸为主体。因此,李希霍芬便将这些漫长的陆上交通道形象地称之为"丝绸之路"。由于他的母语是德语,故德文的Seidenstrasse和英文的Silk Roads也就往往并称于世了。

李希霍芬所谓的"丝绸之路"大体上归纳了古代中国的西北交通道,即发自渭水流域,经过"西域"(今新疆地区),前赴"中亚"(狭义的"中亚",指今吉尔吉斯斯坦、乌兹别克斯坦、塔吉克斯坦等国),再由此分赴南亚、咸海和里海之北的中央欧亚,包括伊朗在内的西亚,最终抵达叙利亚,乃至再从叙利亚经地中海水路而达土耳其的伊斯坦布尔或意大利的罗马等地。

不过,嗣后随着"丝绸之路"名称在学术界和大众中的影响越来越大,以及它在古代乃至现代文明中的重要意义的彰显,它所涵盖的范围也就越来越广,定义日趋完善。大体而言,被普遍认可的分类是"两大类、三大干线",即:"陆上丝绸之路"和"海上丝绸之路"两大类;"草原之路""绿洲之路"和"海上丝路"三大干线。当然,"三大干线"是包括在"两大类"之内的。在此则略为介绍一下三大干线:所谓的"草原之路"大体是指从黄河流域以北通往蒙古高原,经西伯利亚大草原,抵达咸海、里海、黑海北岸,乃至更西的东欧地区的交通道;由于它们主要经过游牧人活动的草原地区,故称草原之路。所谓的"绿洲之路"大约是指发自华北,经河西地区、塔里木盆地,再经中亚而赴西亚、小亚等地,或者南下南亚各地的交通道;由于它们多数经过沙漠绿洲地区,故称"绿洲之路"。至于"海上丝路",则是发自中国沿海地区,经今东南亚、斯里兰卡、印度等国,抵达红海、地中海以及非洲东海岸等地的海洋航路,故称"海上丝路"。

当然,近年来又有另一种"三大丝绸之路"之说,即是所谓的"西北丝绸之路"(经由中国西北方出境的陆道的总称)、"海上丝绸之路"(发自中国南部沿海,通往东南亚乃至西亚、北非等地的"南方"水路和发自东部沿海,通往日本的"东方"水路),以及"西南丝绸之路"。最后一名用以指称始发和途经今中国西南地区的陆上交通道,贯穿四川、云南等地,经由缅甸出境,再联接印度、中亚诸地。

尽管诸说不一,但是我们不难发现,所谓的"丝绸之路"不仅仅是指一条或者几条交通道,实际上是泛指古代亚洲、欧洲、非洲之间频繁往来的交通网络。易言之,只要是有人类活动的地方,就或密或疏地分布着这类交通网络。正因为如此,古代居民通过这些交通网络交流的物质显然远远不止"丝绸"一项,并且,在某些网络中,丝绸很可能只占据着交易物品的一小部分,甚至根本不存在丝绸交易。尽管如此,它们仍然被称为"丝绸之路",甚至,有些学者所谓的"陶瓷之路""大黄之路""麝香之路"等等,也可包含在广义的"丝绸之路"内。

所以,今天的"丝绸之路"已经不再是简单的交通道路概念,也远远越出了"丝绸"单项交流的概念;同时,更为重要的是,它实际上代表了古代中国与"域外",或者"东方世界"与"西方世界"之间在经济、文化、政治、军事,乃至人口等方面全方位交流的内容。至此,我们若谓古代的"丝路历史"大体上相当于古代的"中外交流史",恐怕离事实也不远了。

笔者在此作这样的陈说,无非是想指出,本书将要谈论的中外交流的方方面面,不妨都归之于"丝绸之路"的古代史事。我的学术专业是"古代中外关系史""古代中亚史",显而易见,这些领域与"丝绸之路"有着密不可分的关系。我曾经撰写的百来篇论文,谈到古代中外的物质交流,如论及域外骏马与中国政治、社会发展的关系；古代中国丝绸输出的特点和影响。还曾论及北方游牧民族与中原王朝的交往，如分析"和亲"政策的缘由、方式与作用；突厥人在世界中古史上的作用等。又曾论及丝绸之路上的特殊角色粟特人，讨论粟特人对于中古中国之经济、文化、宗教，乃至政治、军事等方面的巨大影响。最后，我更多地谈论了丝绸之路上宗教文化传播的问题，重点研究了东传的摩尼教。

多年来，我所讨论的这些专题，虽然分布的范围不能算是太窄（例如，兼及了丝绸之路上的物质文明和精神文明的交流、文明交流活动的主体"西胡"与"北胡"的研究、丝路交通地理的考证、古代夷教的传播过程与影响，以及涉及经济、文化、军事等多方面的中外交往），但是，毕竟不能视作是对丝路古史的系统研究，因此，本书的标题姑以"散论"名之，以区别于全面和系统的探讨。

说句"敝帚自珍"的话，我的这些"散论"虽然不敢讲业已形成"权威结论"或者"铸成铁案"，却也不乏创新之见，有些看法亦颇获同仁们的赞同和响应。所以，我在本书中酌情地予以论释和介绍，或许会给读者诸君若干启发，使得他们对于古代丝路上发生的某些历史事件获得更接近事实真相的认识，乃至偶或产生"灵光乍现"之感；当然，即使读者只对丝路古史获得一些普通的知识，收到"管中窥豹"的效果，我也十分满足了。

以此篇幅不大的书，贡献给热衷于探讨丝路古史的读者。敬祝诸君取得更大的成就。

2016 年 1 月

第一编　丝绸之路与游牧人

在论及古代中外交往,或者中央欧亚地区的人类活动规律时,学界多很认可日本近代学者白鸟库吉的一个精辟结论:"南北对抗,东西交通。"其基本含义是:北方的游牧民族往往以武力入侵的方式进入南方的农耕地区,而东方居民和西方居民的交往,则多以和平交流的形式进行。显然,在这些年代里,位于中国北方、活跃于中央欧亚地区的游牧人成为了历史进程的主角之一;而他们则被中原汉人俗称为"北胡"。

古人所谓的"胡",大体可以作这样的定义:是为居于以中原为核心地区的,以汉族为主体的居民指称非本族人的专名。亦即是说,就地域而论,"胡"源自域外或边陲之地;就血缘而论,"胡"并非汉族的任何血族群;就文化而论,"胡"都是"被发左衽"的文明落后者。如果再稍具体化一下,则"胡"又可按其相对于"中国"的原居地大致方位而分别称"西胡""北胡""东胡"等。在政治上、军事上对中原历朝影响最大的,便是长期活动于中原北方境外的中央欧亚地区的游牧人,即"北胡"。本编即举数例,略谈纵横古代丝绸之路,与中原王朝交往密切的游牧人的重大活动及其影响。

第一章 推动中外交往的域外骏马

一、古代帝君的骏马

古代有关"中国"的地理概念,远不及当今"中国"的范围那么大,通常来说,只是以某个或某些相对强大的中原政权的管辖范围来界定"中国"。所以,就马匹——特别是骏马——的产地而言,几乎始终是在"域外",即使现代的内蒙古、青海、新疆等地所产的马也往往被视作"域外"之马。

史载的著名骏马,尤其是与帝君相关的骏马,几乎都是来自"域外"。成于晋朝的《拾遗记》声称,周穆王(公元前11—前10世纪)拥有八匹骏马:第一匹骏马名为"绝地",奔跑起来犹如浮光掠过,足不践土;第二匹骏马名为"翻羽",奔跑的速度极快,乃至超越飞禽;第三匹骏马名为"奔霄",一夜之间便能行程万里;第四匹骏马名为"超影",能够追随着太阳的移动而行;第五匹骏马名为"逾辉",其毛色鲜亮,犹如光芒一般;第六匹骏马名为"超光",行走的速度不逊于光,以致奔跑起来,一个实体可以带出十个身影;第七匹骏马名为"腾雾",也是速度极快,令人产生腾云驾雾之感;第八匹骏马名为"挟翼",其身上长有肉翅。这八匹骏马轮流驾车,载着穆

第一章 推动中外交往的域外骏马

王游历天下①。

从《拾遗记》所载的这八匹骏马的名号上,似乎根本看不出它们来自域外,然而,较早的《穆天子传》(可能成于战国时期)所作的同类记载,却明显地揭示出它们都源自域外。《穆天子传》称,这八骏分别号为赤骥、盗骊、白义、踰轮、山子、渠黄、华骝、绿耳。我们稍加考证,便可看出,这些骏马的名号实际上大部分都是非汉语(突厥语)的音译。在此举几个例子②。

第一,先看"盗骊"。不同的汉文古籍记载了这种骏马的多个异名,例如,除了"盗骊(盗骊)"之外,还有"駣騛""桃騛""駣骡"等名③,而其读音则都与 tao li 接近。显而易见,它们应该都是某种非汉语的音译名。虽然有人声称"骊(骊)"是黑色之意;而"盗骊"则是细颈之黑马,似乎这些名号具有汉文含义。但是实际上这只是对个别名号的顾名思义之说,若综观诸多异名,则只能得到"音译"的结论。

古代各突厥语方言如 toruğ、doruğ、doru 等,都意为栗色马、赤褐色马,例如,《阙特勤碑》东面第 33 行称:"第三次,他

---

① 原文为:"王驭八龙之骏:一名绝地,足不践土;二名翻羽,行越飞禽;三名奔霄,夜行万里;四名超影,逐日而行;五名踰辉,毛色炳耀;六名超光,一形十影;七名腾雾,乘云而奔;八名挟翼,身有肉翅。递而驾焉,按辔徐行,以匝天地之域。"见(晋)王嘉撰《拾遗记》卷三《周穆王》,齐治平校注,中华书局,1981 年,第 60 页。

② 有关古代骏马源自域外的考证,可参看笔者旧文《周穆王唐太宗骏马名号语源考》,载《暨南史学》第 1 辑,暨南大学出版社,2002 年,第 19—29 页。

③ 《广雅疏证》释"駣騛"条云:"《史记·秦本纪》'造父得骥温骊',徐广云:'温,一作盗。'《索隐》云:'邹诞生本作騛,音陶。'则盗骊即此駣騛。……《玉篇》作桃騛;《御览》引《广雅》,亦作'桃';《集韵》云:'駣骡,兽名,似马。'"见(清)王念孙《广雅疏证》卷十下,商务印书馆,《丛书集成初编》本,1935 年,第 1486 页。

骑披甲栗色马叶勤悉利进击。此马在那里被杀。"[1] 这一"栗色马"的古突厥语的拉丁转文写为 toruǧ，此词至今存在于突厥语的所有语言群中，分别作 doruǧ 或 doru 等。而它们都与"盗骊"的古音十分接近，所以把"盗骊"看成是突厥语马名的译音，基本上是合理的。

另一方面，即使按照汉文译名往往尽量音义兼顾的传统，也可以得到同样的结论。因为胡三省在解释《资治通鉴》"(姚)襄所乘骏马曰黧眉騧"一语时说，黑而黄色称"黧"；而"骊"与"黧"在音、义两方面都是相通的。所以，"盗骊"一名暗含"黑而黄色"(即近似于栗色或赤褐色)的意思，应该十分清楚。由此看来，把周穆王的八骏之一"盗骊"看作为源自"胡马"的一种骏马，并无疑问。

第二，再看八骏之三的"白义"。它在《列子》中称为"白牺"，在《拾遗记》中则称"奔霄"。虽然"奔霄"一名从词义上看，似乎有"夜行(万里)"之意，但是一旦与白义、白牺的读音相比较，就很像是音译名了。另一方面，如果再把它们与汉武帝得之于西域的神骏之名相比较，就更显出其"胡源"了。

《史记》称，汉武帝远征大宛(约相当于今中亚的费尔干纳盆地)之后，得到的千里马名为"蒲梢"；《汉书》也称，自从武帝开通西域之后，源自域外的蒲梢、龙文、鱼目、汗血等名马充满于中国王宫[2]。而这一"蒲梢"在其他地方也被称为蒲骚、蒲捎等，充分证明了它是一音译名。

综观白义、白牺、奔霄、蒲梢、蒲骚、蒲捎等汉名的读音，

---

[1] 译文据自拙著《古突厥碑铭研究》，上海古籍出版社，1998年，第224页。
[2] "自是之后，明珠、文甲、通犀、翠羽之珍盈于后宫，蒲梢、龙文、鱼目、汗血之马充于黄门。"见《汉书》卷九十六下《西域传·赞》，中华书局标点本，1962年，第3928页。

都可以是古突厥语 bo:z at 或者 bo:z yunt(义为灰色/深灰色的马)的近似读音。有迹象表明,古代中央欧亚的游牧民族往往用淡毛色的马作为贵人的坐骑。例如,在乌古斯的英雄史诗中,大汗拜因迪的坐骑是一匹 bo:z 马;而早期安纳托利亚文学作品中的亚历山大传奇故事中,不朽的基德尔所骑的也是一匹 bo:z 马①。所以,"白义"很可能即是胡人献给中原帝君的一匹骏马,或者它的后代。

第三,再谈周穆王八骏之七的"华骝"。晋代郭璞在注释《穆天子传》时解释道:华骝,颜色黄而带红,即是世人所谓的枣骝。那么,所谓"华骝"应该是黄而带红的一种马。颇有意思的是,古代突厥人很熟识的一种骏马称为 kula:,其读音与汉名"华骝"相近,而其毛色特征,则或谓黄色,或谓黄褐色,或谓赤褐色,或者焦茶色,总之,在黄、棕、褐色之间,这与汉籍对"华骝"毛色的描写十分相似。

kula: 可能是"华骝"之语原的更有力证明是:这种马始终被人们视为珍奇和高贵的坐骑。中世纪学者赞基(Zangi)记述道,突厥人所称的 qula 或 kula,乃是一种长有吉祥的黑色之斑点、条状背纹、鬃毛和尾巴的马。它们被认为是"太阳马";在奥斯曼时期的许多绘画中,kula 马都是皇家成员的坐骑。此外,在巴什库尔迪斯坦(地当今俄罗斯联邦的巴什基尔自治共和国,位于乌拉尔山南端),这种背脊上有黑色条纹的淡黄褐色马则被视作出自伏尔加河中的水生神马②。

又,凡尔那德斯基记道,一个奥塞梯族学者曾经告诉他,

---

① Emil Esin, The Horse in Turkic Art, pp. 176-177, *Central Asiatic Journal*, vol. 10, No. 3-4, 1965.
② Emil Esin, The Horse in Turkic Art, p. 191, *Central Asiatic Journal*, vol. 10, No. 3-4, 1965.

阿兰族的良种马一直残留在亚速海东岸的艾斯克地区,到俄国1917年革命以后,它们才绝迹。在这些良种马中,最珍贵的一种是灰斑栗色马,奥塞梯语称为 xalas（发音作 khalas）；义为"白霜(色)"。马背上有黑色条纹,马鬃、马尾也呈黑色。这位奥塞梯学者曾经拥有过一匹这样的马,他形容此马"高大,瘦削,(跑起来)迅捷得像一阵狂风"[①]。显然,奥塞梯人所谓的 xalas,就是突厥人所说的 kula:、kula 或 qula 骏马。

由此可见,周穆王的"华骝"骏马乃是源出中央欧亚的名为 kula:、xalas 等的"胡马"。除上述所举诸例外,"八骏"中的其他马也相当明显地源自域外"胡地"。例如,八骏之四的"踰轮"很可能是突厥语 yegren 的音译名,而后者则意为枣骝马或栗色马,是一种神骏的战马。又,八骏之六的"渠黄"则可能是突厥语 kuba:的音译名,它经常用来指称马、牛等牲畜的毛色,意为暗黄色、暗褐色等。如此等等的各种证据,都表明周穆王西巡时用以驾车的八匹骏马,全是源自域外的良种马。由此并可推测,三千多年前,域外的良种马在中原王朝的社会生活、交通运输乃至军事活动中,都发挥着巨大的作用。

当然,与帝君关系密切的骏马,不仅仅限于周穆王的"八骏",还有唐太宗的"昭陵六骏"；而昭陵六骏显然也都源自域外。例如,作为六骏之首的"飒露紫"是唐太宗所有爱马中的最宠爱者。《册府元龟》具体地描述了其功业："初,帝有骏马,名駆露紫霜,每临阵多乘之,腾跃摧锋,所向皆捷。尝讨王世充于隋盖马坊,酣战移景,此马为流矢所中,腾上古堤,

---

① George Vernadsky, *The Origins of Russia*, p. 19, Oxford, 1959.

右库直丘行恭拔箭,而后马死。至是追念不已,刻石立其像焉。"[1]这段文字除了生动描绘这匹骏马外,还揭示了很有意思的一点——"飒露紫"十分可能是个音译名,因为它也可以称作"驳露紫霜"。

"飒""驳"两字的中古音相同,而"露"字读音为 luo'。我们因此得知,古代中央亚欧地区的一种名马与之很相近。据称,在里海地区,有一种与 *x*alas 差不多的骏马,阿兰语称为 saurag,义为"黑背(马)"。这类马十分著名,以致饲养它们的部落或者部落首领也以此命名。例如,公元 4 世纪后期,有个阿兰族的部落追随哥特人迫逐巴尔干人,部落的酋长便叫 Safrac,显然是阿兰语 saurag 的拉丁语转写[2]。

阿伦谈到,这个阿兰语马名传到高加索山北部的塞卡西亚语中,便称为 shaulokh;而阿拉伯人的良种马 shalua 一名则恐怕又是来自塞卡西亚语。saurag 的名贵程度可在下述例子中体现出来:据说,格鲁吉亚的女王撒玛尔的丈夫,奥塞梯人大卫·索斯兰曾用一个村庄和一个城堡换得了一匹 saurag[3]。足见这种马在人们心目中的地位之高。这简直可与西汉武帝时大宛汗血马在中原朝廷中的地位相媲美。

鉴于 saurag 既是古代中央亚欧地区极为珍贵和著名的骏马名号,又与"飒露"的语音相合,所以有较充分的理由认为它是"昭陵六骏"之一"飒露(紫)"的语原。至于汉文马名中的"紫"字,当是该马毛色的意译。由于 saurag 原义"黑背",我们不妨推测这类马身上颇多深色的皮毛;汉文译作

---

[1] (宋)王钦若等《册府元龟》卷四十二《帝王部·仁慈》,中华书局影印本(12册),1960年,第477页下。
[2] George Vernadsky, *The Origins of Russia*, p.19, Oxford, 1959.
[3] W. E. D. Allen, *A History of the Georgian People*, pp. 332-333, London, 1932.

"紫",也十分相宜。

有关唐太宗的"昭陵六骏",可以再举一例,此即"特勒骠"。由于今存的六骏石刻上的赞语多已剥蚀殆尽,难以辨认,故当今所引的马名和赞语多据自清代张弨的《六骏图赞辩》(载《昭代丛书》乙集)。而按其文,此马名为"特勒骠",却非现代学术界通用的"特勤骠"。

人们之所以将"特勒"改作"特勤",是因为汉文古籍往往将突厥人的官号"特勤"误书作"特勒",从而认为凡属"特勒"均为"特勤"之误了。然而,这不免有拘泥于教条之嫌,其原因如下:古代名马的命名原则,通常一是根据它的毛色,一是根据它来自的部落,故马名同于部落名的现象屡见不鲜。例如,仅就唐代的"蕃马"而言,就几乎全用驯养它们的部落的名号区分之:"拔曳固马与骨利干马相类,种多黑点骢,如豹文。""延陀马与同罗相似,出骆马骢马种。""仆骨马小于拔曳固,与同罗相似。""突厥马技艺绝伦,筋骨合度,其能致远,田猎之用无比。""契丹马,其马极曲,形小于突厥马,能驰走林木间。""奚马,好筋节,胜契丹马,余并与契丹同。"[1]

"特勒"也是古代蒙古高原上——乃至更为广阔的地区内——的一个著名游牧部落。《旧唐书·回纥传》称:"回纥,其先匈奴之裔也,在后魏时号铁勒部落。其众微小,其俗骁强,依托高车,臣属突厥,近谓之特勒。"[2]是知"特勒"即"铁勒",而《隋书·铁勒传》则谓该族"种类最多。自西海之东,依据山谷,往往不绝",并列举仆骨、同罗、韦纥(即回纥)、拔也古(即拔曳固)、薛延陀(即延陀)等四十个同属"铁勒"的部

---

[1] 见《唐会要》卷七十二《诸蕃马印》,上海古籍出版社点校本,1991年,第1546—1549页。

[2] 《旧唐书》卷一九五《回纥传》,中华书局标点本,1975年,第5195页。

落,从蒙古高原一直延展至黑海沿岸①。

既然"特勒(铁勒)"部落在隋唐时期的影响如此之大,则"特勒马"名号的存在也就顺理成章了。固然,《唐会要》并未直接提到"特勒马";但是,上文所列举的拔曳固马、同罗马、仆骨马、延陀马,显然都可统称为"特勒马"。此外,即使"特勒马"不以部落称号而得名,也完全可能因其盛产之地而得名。就在《唐会要》中,提到了一个牧马的场所——"(乌)特勒山",有好几种马都曾聚集在那里,该地显然是个著名的良好牧场:"回纥马与仆骨马相类,同在乌特勒山北安置。""俱罗勒马与回纥相类,在特勒山北。""契苾马与碛南突厥同类,在凉州阙氏岑,移向特勒山住。"②

凡此种种,都足以表明唐太宗的"六骏"之一更可能是"特勒骠",而非"特勤骠"。于是,这类骏马同样来自"域外",是显而易见的了。

不过,无论是周穆王的"八骏"还是唐太宗的"六骏",尽管是那么有名,若与西汉武帝的"汗血马"相比,其声望以及对于政权的影响,都不啻是"小巫见大巫"了。

"汗血马"作为一种神骏无比的良马称号,名闻古今,早在二千多年前就见于记载。《神异经》载云:"西南大宛宛丘,有良马,其大二丈,鬣至膝,尾委于地,蹄如升,腕可握。日行千里,至日中而汗血。乘者当以绵絮缠头、腰、小腹,以避风

---

① 见《隋书》卷八十四《北狄传·铁勒》,中华书局标点本,1973年,第1879—1880页。关于这里所载诸部的考证,历来极为纷杂。拙文《铁勒部落新考》(载《甘肃民族研究》1991年第1—2期)则认为中华书局标点本的《隋书·铁勒传》句读有误,部落总数不应是四十个,而当为四十六个;并对其中十五个最有争议的部落作了新的考证,可参看。
② 《唐会要》卷七十二《诸蕃马印》,第1547、1548页。

病,其国人不缠也。"①据说,这种日行千里、汗色似血的骏马只出产于大宛(地当今中亚费尔干纳盆地),因此成为稀世珍品。

汉武帝的执政时期是公元前141—前87年。由于在他之前已有文帝、景帝多年的休养生息和"无为而治"的和平建设时期,所以至武帝时,汉王朝的物质经济实力已经大大增强。武帝借助于张骞"凿空西域"(即中原官方首次大规模地沟通域外诸国),联合西域诸国,抑制匈奴的大好形势,更将汉朝的威名远播于异域。当时,汉朝的对外交通频繁,每年派出的使团多则十余个,少则五六个;而域外诸国也多遣使前来中原回访或"朝贡",从而形成了"万国来朝"的繁荣景象,令武帝十分得意。

一个曾随使团去过大宛国的人向武帝建言,声称大宛国出产一种非常优良的骏马,体格强壮,奔跑迅捷。这些宝马主要集中在大宛的贰师城。他们本来想重金买下汗血马,献给汉帝的,不料大宛人坚决不从;后来甚至将宝马藏匿起来,避免汉人的一再求索。

汉武帝被说动了心,决定要把大宛的汗血马搞到手。他认为,自己贵为大汉天子,尊贵非凡,如今对一个小小的"蛮夷之国"索要若干骏马,根本不成问题;再说,自己也并非无偿索求,而是打算用高价收购的,所以更应该"万无一失"了。于是,他便任命车令等人为使臣,组成正式的官方使团,前赴大宛购买汗血马;使团郑重其事地携带了大量钱物,打算用以交易宝马,财物中还包括一座用纯金打造的骏马。

大宛得知汉廷的目的后,国王便与朝臣们商议此事。有

---

① 语出(汉)东方朔《神异经》,(唐)欧阳询《艺文类聚》卷九三《兽部上·马》录引,汪绍楹点校,上海古籍出版社,1965年,第1615页。

第一章　推动中外交往的域外骏马

人认为,不如同意汉人的要求,因为他们支付的马价高得诱人,并未使大宛吃亏;另一方面,若拒绝汉廷,惹恼他们,则一旦其大军临境,大宛就危在旦夕了。然而,有人却持异议,认为汉朝与大宛相隔遥远,中间又有无数的穷山恶水,难以渡越。汉人若经由北方而行,自有凶悍的游牧人匈奴出面阻挠;若从南道而行,则缺水乏草,又有大片沙漠阻隔。以前即使有数百名汉使结伴而来,也往往因为饥渴交加而致死者过半,所以,如果大量汉军前来,就更加难以成功了。如此云云,结论当然是不必害怕拒绝卖马的不良后果。最终,大宛国王接受了后一种意见,即拒绝卖马。

在此情况下,大宛人不仅拒绝出售汗血马,还对汉朝使臣恶言相向,夸口大宛富裕之极,根本不需要金银财宝,所以汉人只是痴心妄想而已。这种带有挑衅性的言行导致汉朝使臣恼羞成怒,当场摔毁金马,并发誓要"灭了愚昧夷狄",恨恨而去。这场冲突本来是由大宛官方引发的,但是当他们遭到汉朝使臣的辱骂后,非但没有稍作反省,反而采取了更加丧失理智的举措:他们以"汉使侮辱我国"为借口,命令驻守在本国东境的强悍骑兵袭击了汉朝使团,将其财物劫掠一空,并试图杀人灭口。幸有少数几人逃归汉土,才将大宛的强盗行径报告了朝廷。

汉武帝闻报,龙颜大怒,当然不肯受此委屈,于是立即决定组织远征军,严惩胆大妄为的大宛国,让他们尝尝"敬酒不吃吃罚酒"的苦痛滋味,其重要目的之一,当然是用武力夺取大宛宝马。曾经出使过大宛的姚定汉等人向武帝进言道,大宛的军事力量其实十分弱小,通常说来,只要有三千汉军用强弩射击,就能全歼敌军了。武帝由于此前曾有七百骑兵攻破楼兰、俘其国王的先例,所以对于姚定汉等人的说法深信不疑,认为远征大宛是一个轻而易举的军事行动。出于这样的考虑,武帝更掺入了一点"私心":李夫人是他的宠姬,曾为他生下一个儿子。所以,武帝便想把征伐大宛的这件"现成功劳"作为顺水人情送给李夫人的兄长李广利。于是,他封李广利为"贰师将军",意为征服大宛国的贰师城,夺取汗血马的大汉将军。

当时是汉武帝太初元年(前104年)。由于汉廷对于大宛的军力相当轻视,所以李广利并未认真组建最为强大的远征军,而只是调集了西域诸附属国的骑兵六千人,以及汉朝西北地区招募的民间游手好闲的青壮年数万人,貌似浩浩荡荡的一支军队,实际上的战斗力却弱得很,较之"乌合之众"好不了多少。

果然,贰师将军率领的西域远征军非但没有取得预期中"势如破竹"的进展,反而遭遇了重重的阻挠,以致连粮草供应都成了大问题。原因是,当远征军途经西域各地时,本来以为西域各个小国会心甘情愿地提供后勤服务,哪知它们大都惧怕,乃至厌恶汉朝数万大军的骚扰掠夺,便多紧闭城门,拒不提供饮食。这令汉军十分尴尬和恼怒,遂借助军威,围城攻击。然而,这一做法更引起了诸国的恐慌和愤怒,因为它似乎正好证实了此前盛传的"汉军欲吞并西域"的流言,于是,各国愈加众志成城地抵制汉朝远征军。

这样,就形成了一个非常可悲的恶性循环:汉军得不到必需的后勤补给,就加紧了对西域诸国的军事压力;而各国受到的军事压力越大,就越发坚定了"救亡"的决心,增强了武力抵抗汉军的力度;这又导致汉军的人力、物力更加匮乏。所以,当贰师将军率军勉强打到大宛国东部边境的郁成城(在今乌兹别克斯坦境内)时,他手下可用的兵力只剩下了数

第一章　推动中外交往的域外骏马

千人,而这数千疲惫之师在攻打郁成城时,又被杀伤了许多人。

至此,李广利再无信心把"远征"进行下去了,他颓丧地下令撤军。于是,当初豪气冲天、不可一世的汉朝远征军,带着残兵败将,灰溜溜地东归了。抵达汉朝的西北边境重镇敦煌时,已经历时两年,军队人数也只剩下了十分之一二。贰师将军李广利在敦煌上书武帝,声称由于大宛国距离遥远,导致汉军给养难以充分提供,将士遭受饥饿的折磨,减员严重,因此恳请朝廷允许暂时停战,等到汉军获得必要的休养和补充后再度开战。

汉武帝想不到征讨大宛的"壮举"竟会落得如此结局,深感脸上无光,但是一时之间也别无良法,因此迁怒于贰师将军,指责李广利未能履行皇命,罪莫大焉,故一定要在征服大宛之后才能归国。在此之前,军中若有任何人胆敢进入玉门关,就立即杀无赦!李广利哪里还敢有丝毫违抗,只得暂时留驻在敦煌休整。

当时,汉军在北方与匈奴的战事也并不顺利:赵破奴所率的二万多军队在深入匈奴境内时惨遭全军覆没。因此,不少朝臣都劝武帝不要再调发大军远征大宛了,以腾出兵力,全力对付匈奴。但是,武帝执意不从,他辩解的理由是:堂堂大汉若连区区的大宛小国都无法征服,那么,更远的大夏等国就都会轻视汉朝了,较近的乌孙、轮台等也会生出反叛之心。这样,大汉一方面会遭到诸国的嘲笑,另一方面也绝对得不到珍贵的大宛汗血马了!显然,汉武帝之所以坚持再度征讨大宛,既是为了顾全他最为重视的"面子",也仍然怀着对"宝马"的贪图之心。

嗣后,武帝一方面处罚了对出兵大宛持有异议的朝臣邓光等人,另一方面则大规模地调集天下的人力、物力,组织第二次远征军。他赦免了不少囚徒,让他们服役;又招募市井之徒和边境骑士,共得六万士卒、十万头牛、三万匹马,以及上万的驴子、骆驼等,用以运输粮食、衣物、兵器等。这一次,汉武帝对大宛是志在必得,故作好了充分的准备,他不但随军配备了许多水工,准备利用切断水源的方式打击一向缺乏水资源的大宛国,并且还特意封赐了熟知马性的两人为执驱马校尉,以挑选大宛的良种马。同时征召的还有十八万边境守卒,驻扎在酒泉、张掖;又调发全国的服罪官吏等贱民,为远征军置备和运输给养。这样的"全国总动员"闹得天下骚动,民怨沸腾。

太初三年(前102年),贰师将军李广利再度奉旨远征大宛。这一次,由于汉军确实兵强马壮,西域沿途的小国都不敢再武力抵抗,而是纷纷大开城门,"迎接"汉军,并尽量提供饮食。不过,轮台仍然拒不屈服,于是在抵抗数日之后终被攻陷,从而遭到汉军的屠城。

李广利为了便于行军和取得给养,分兵数路,前赴大宛。他本人亲率三万之众,先行抵达大宛的东境。大宛出兵拒敌,却被汉军强大的弓箭手击败,于是只得退守郁成城。李广利这次不再把时间花费在郁成城上了,而是绕过此城,直接奔袭大宛的王城贵山而去。他首先切断城外向城内供水的源流,极大地扰乱了守军的人心;然后以重兵团团包围城池,日夜攻打,多达四十余天。

最后,王城内的生活情况越来越糟糕,再加上外城被攻破,大将煎靡被汉人所俘,内城告急。于是,大宛贵族们紧急商议,设法解决此事。最终,他们决定牺牲大宛国王毋寡,把他作为替罪羊。他们杀死了国王,派遣使者,带着国王的首

第一章　推动中外交往的域外骏马

级前赴贰师将军的大营求和。使者传达大宛贵族们的话道："此前只是由于国王毋寡独断独行,故意藏匿汗血宝马,并且派人袭杀汉使,劫夺财物,从而犯下弥天大罪。今天我们已经处死毋寡,前来谢罪。我们将让贵军在全部宝马中任意挑选,作为我们的贡品,并且为贵军提供给养。只是希望大汉停止军事行动,与大宛和平相处。如果贵军不接受我们的求和请愿,那么我们也只能杀尽宝马,拼死一战了;况且,康居的援军马上就到,我军也不一定完全失败。"

这番话可谓软硬兼施,令李广利不敢断然拒绝。他在再三权衡利弊得失之后,决定接受大宛的求和条件。于是,汉军挑选了数十匹上好的汗血宝马,以及中等以下的马三千多匹。另一方面,他提议让大宛的亲汉派贵族昧蔡继承王位,并与汉廷签订盟约,服属于汉。在大宛接受这些条件之后,贰师将军便率领大军,"凯旋"东归了。

于是,汉武帝花费了四年的时间,损失了五万兵马,消耗了亿万巨资,惊动了全国上下,最终换得了大宛的宝马三十匹,以及大宛名义上的臣服于汉。从当时的情况看,汉武帝经过包括这番"远征"在内的诸多穷兵黩武活动,把先帝们长期积累起来的财富消耗殆尽,导致朝野不宁,实在是得不偿失的。不过,作为一个强国之尊的汉武帝却并未立即意识到自己的行为给国家和民众带来的苦难,而是在得到这些"汗血宝马"后,得意非凡,视之为丰功伟绩。他慷慨地封赐在这次远征中"立功"的将士,被封侯的有二人,位列九卿的有三人,食禄二千石的有一百多人[①]。

---

① 上述贰师将军李广利征讨大宛的主要史实,可参看《史记》卷一百二十三《大宛列传》,中华书局标点本,1959年,第3174—3178页;以及《汉书》卷六十一《李广利传》,中华书局标点本,1962年,第2699—2702页。

此外,汉武帝还志得意满地为他所获的大宛宝马"蒲梢"赋诗一首:"天马来兮从西极,经万里兮归有德。承灵威兮降外国,涉流沙兮四夷服。"①从此诗可以清楚地看出,汉武帝自鸣得意的主要原因并不在于大宛宝马的优良,而是在于这原产远西之地的宝马被东土君主所获得的象征意义:是因为武帝有"德",才获得了宝马;它们的来归,表明了大汉威名的遍布天下,象征了远方四夷对大汉,亦即对武帝本人的臣服。说来话去,汉武帝不惜代价地谋取大宛宝马,最主要是为了其个人的虚荣,或者,是为了所谓的"政治意义"。因此,当大臣汲黯劝谏他不宜为宝马赋诗时,他便怫然不悦了。

对于汉武帝派遣李广利两征大宛的做法,后世颇多评论,褒贬不一。在此姑不作具体评论,只是肯定两点事实:第一,从长远看,大宛的汗血马因此输入中国内地,是对中外文明交流的一大积极贡献;第二,从短期看,则这两次因汗血马而引起的战争却给汉朝的民众和社会带来了极大的灾殃,若非如此,武帝在十余年后也不会颁发《轮台罪己诏》,对此表示忏悔之意了。

由此看来,汉武帝的汗血马对于中原政权的影响(不管是正面影响还是负面影响),较诸周穆王的"八骏"和唐太宗的"六骏"都大得多了。不过,当我们考察一下战国时期的赵武灵王引进域外"胡人"之战马和马术之后的影响,就不能不承认此举对中国社会的贡献是最为巨大了。

两千五百年前,中国进入"战国时期",分成齐、楚、燕、韩、赵、魏、秦七个强大政权,相互之间时或联盟,时或敌对,展开了数百年的争战。在这七雄之中,据地在今山西之北

---

① 见《史记》卷二十四《乐书二》,第 1178 页。

部、中部以及河北之西部、南部的赵国,最初无论就疆域而言还是实力而言,都不是最强大的。它的陡然崛起,是在国君武灵王的一番极有魄力的改革之后。对于赵国,乃至对整个中国都影响深远的这番改革,便是赵国全面引进所谓"胡服骑射"的域外"胡人"的文化。有关赵国高层引进域外马术的具体过程,《史记·赵世家》有着比较详细的记载①。

赵武灵王十九年(前307年)春天的某一天,他与朝臣们一起商讨国家大事。武灵王说出了对于赵国形势的担忧:目前的国际形势十分不利于赵国。虽然先朝诸王采取了不少巩固国防的措施,如筑长城、打击林胡等,但是见效甚微。如今,中山的胡人成为赵国腹心地区之患;北方境外有燕国在虎视眈眈;东方毗邻的是野心不小的东胡;西边则更有林胡、楼烦等胡人以及伺机而动的秦国、韩国。面对这种强敌环伺的局面,赵国应该有所作为。而武灵王主动提出的强国之策,便是学习域外"胡人"的单骑作战之法,即放弃传统的车战方式,而改成一人一骑,穿戴便于骑马的紧身衣裤,学会如"胡人"那样的马战功夫和精准的马上射箭技术。这种方式归纳起来,即是所谓的"胡服骑射"。

但是,在场的众人中,除了楼缓表示赞成外,其他人都以"不能改变祖宗制订的礼仪"为由,竟然都不支持武灵王的提议。这使得武灵王颇感沮丧,他只得专门召见相国肥义,向他请教解决之法。肥义得知前因后果后,便十分严肃地规劝武灵王道:古训云,若君主断事犹豫不决,最终必将一事无成。如今,陛下既然已经对此事考虑了很久,对胡服骑射的优点也分析得十分清楚了,那么再迟疑什么呢?一般说来,

---

① 见《史记》卷四十三《赵世家》,第1805—1811页。

真正有大智慧的见解,不是人人都能理解的;真正能够建立大功的规划,也不是与普通人商量出来的。历代圣王、先贤们的事例都充分证明了这一点。所以,您应该坚定自己的想法,果断地推行胡服骑射的设想,千万不能瞻前顾后,畏惧普通人的议论。

武灵王闻言,茅塞顿开,当即高兴地大笑起来。于是,武灵王以身作则,自己首先改成了胡人服装,并开始制订骑射的实施方案。武灵王很清楚,单靠自己和少数几个支持者是无法真正推动胡服骑射的,所以,他立即派遣使者前赴较有威望的王室长辈、叔父公子成的府上,试图说服他一起支持胡服骑射,引领高层共同改革。然而公子成却依然顽固地认为胡服骑射是"变古之教,易古之道,逆人之心",绝不可取。武灵王于是决定亲自前去说服公子成。他的话合情合理,掷地有声:

"服装本是为了利于人的行动和工作而设;礼仪本是为了利于各项事务实施而设。古代圣人根据具体情况而制定了礼仪,最终目的是为了利民强国。剪发纹身、裸臂左衽,这是南越蛮人的风俗;染黑牙齿、服饰粗弊,则是大吴的特色。虽然服装不一,其便于使用的目的却是相同的。所以,圣人制订礼仪服饰,只求是否利国利民,而不刻意追求统一。事物千变万化,情况各不相同,因此圣贤是决不会强求远近服装必须一致的。"

"今天,王叔强调的是遵循业已长久存在的习惯,而我要强调的则是如何制订适应于新环境的新规。纵观如今的天下形势,我国东有燕与东胡等强敌,西有秦、韩诸强及楼烦胡人,则我若不具备强大、高效的骑兵,如何能够保家卫国?王叔可以想想我们的先祖,曾经因为兵力过弱而屡遭胡人的凌

第一章 推动中外交往的域外骏马

辱。那么,我们难道仅仅因为怕被人指责为'违背古训',就轻易地放弃了复仇的努力吗?至少我是决不愿意这样的!"

公子成听完这番话后,终于惭愧得无地自容,他立即向武灵王深深地作揖道歉,诚恳地承认了自己的错误认识,并且当场接受了武灵王赐给的胡服与骏马、弓箭,第二天即穿着胡服上朝了。

就这样,在武灵王一而再、再而三地强调变俗的重要性后,原先持有异议、或者尚在迟疑不决的一些朝臣,也或多或少地理解了此举的深远意义,或者迫于君主之命,遂全部变服,投入到骑射之术的训练中。"上行下效"是万古不变的真理,当赵国的君臣们都在全力推进"胡服骑射"时,百姓们也都纷纷仿效。由于赵国境内原来就杂居着许多熟悉胡俗的外族居民,因此"胡服骑射"的普及来得更为迅速。未隔多久,赵国的军队战斗力就大大地增强了。

赵武灵王实事求是和不拘泥于古训的思想原则,以及推行"胡服骑射"的远见卓识,很快地结出了丰硕的成果。就在赵国"变服"后的第二年,赵武灵王亲率大军,攻入中山国境内,直抵宁葭(在今河北石家庄市西北);随即向西扩张,占领了大片原属胡人的领土,抵达榆中(在今内蒙古东胜县西北)。林胡王受此强大压力,被迫向赵国献马,以示善意。

又,武灵王二十一年(前305年),赵国再度进攻中山国,由武灵王统一指挥,先后夺取了丹丘、爽阳、鸿之塞,以及鄗城、石邑、封龙、东垣,中山国只能献出四邑求和。二十三年、二十五年、二十六年,赵国都曾征伐中山国,从而扩张其领土北至燕国、代地,西至云中、九原。至武灵王之子惠文王在位的三年(前296年),赵国击灭了中山国,迁其王至肤施。总的说来,赵国自从普遍推行"胡服骑射"后,在短短的十年期间取得了辉煌的军事胜利,赵军攻灭中山国,打败林胡、楼烦,建立云中、雁门、代郡,占有今河北省西部、山西省北部以及河套地区。于是,赵国演变成了国势相当强盛的政权。而其强盛的原因,则与推行"胡服骑射"有着密切的关系。

赵国因武灵王的"胡服骑射"而变得十分强大,在短时期内迅速发展为一方霸主。这铁的事实当然极大地激励了战国时期的其他各国,因此它们在不久之后也纷纷竞相模仿,于是,胡马及其相应文化在中国各地快速地普及开来,不仅大大增强了军力、国力,对于中国后世的社会文化也产生了重大的影响。

二、从域外输入的马文化

一旦谈及从域外输入的马文化,上文提及的"胡服"和"骑射"就是典型的例子,尤其是前者。通常所说的"胡服",是指中央欧亚广阔草原地区的居民为了便于骑马、射箭而穿戴的装束。这类装束紧身、利索,源出精于马术的游牧民族。一般认为,欧亚大陆上最早的典型骑马民族,即是塞西安人(the Scythians,或译作"斯基泰",亦即汉文古籍所称的"塞种"。如今多视之为印欧人种)。塞西安人在长期的游牧生活中所创造的与骑马有关的文化,不但对整个中央欧亚地区的居民产生了巨大的影响,而且使得与中央欧亚地区邻接的各古文明地区的文化也发生了很大的变化。所谓的"胡服"即是一个典型。

骑马的生活要求骑士必须两腿分开,跨在马背之上,所以"胡服"的第一个特点,就是必须穿"绔"。"绔"字即"袴",亦即现代通常使用的"裤"字。《说文》谓"绔"乃"胫衣";段玉裁注云:"今所谓套袴也,左右各一,分衣两胫。"《释名·释衣服》谓"绔,跨也。两股各跨别也"。

塞西安人"胡服"的另一个特色,即是皮制的鞋和靴。皮靴有统,通常包住小腿,长者可至膝盖,并将裤腿管裹在统内。这样的装束也是出于便利骑马的考虑,上下腾跃,干净利索。由于"胡服"与"骑射"最初都是作为军事技术引入中国内地的,所以皮靴也就成了军事成员的特别装饰之一。《隋书·礼仪志》云:"唯褶服以靴。靴,胡履也,取便于事,施于戎服。"

塞西安人的上身穿一件外套或者袍子,袍子上不饰纽扣,而只是在腰间束一根带子。外套非常宽大,但是双袖则十分窄小,袖口紧紧扣在手腕之上。外套上往往缝有一些金片或铜片,作为装饰。头上则戴一顶小帽;据说在许多部落中,这类小帽的顶上是尖起的。

如上文所言,在现代中国人看来是十分平常和简单的裤子、靴等服饰(亦即"胡服"),却直到公元前4世纪末,才由赵国引入中原地区,并在随后逐步普及到整个中国。汉文古籍所谓的"胡服",当与塞西安人的装束相差不远,不过,也不全然相同。至少,赵武灵王所制胡服的头冠,并非如塞西安人那样呈尖顶状,而是饰有貂尾的。

据说,武灵王的胡服以金貂饰首,前面插上貂尾,以示显贵。但是秦国灭掉赵国之后,为了表示蔑视赵国的意思,便将以前赵国君王之冠赐给近臣去戴。由于赵惠文王继承父亲武灵王为君,也佩戴这类冠饰,故而这种冠饰便称为赵惠文冠。后世也称之为"武冠""大冠""武弁大冠"等,作为武官的服饰。除了用貂尾装饰武冠外,还有用青丝带和鹖毛装饰者。而鹖即是勇猛之雉,两雉一旦相斗,据说至死方休。所以用鹖毛装饰，含有表彰勇士之意。

汉人将"胡服"中用以束腰的带称为"具带"，考究的常用黄金装饰①。西汉孝文帝前六年（公元前174年），曾经发信给匈奴冒顿单于，表达友善之意。同时送给单于服绣袷绮衣、长襦、锦袍各一，比疏一，黄金饬具带一，黄金犀毗一，绣十匹，锦二十匹，赤绨、绿缯各四十匹②。孟康注道，黄金装饰的具带，即是"腰中大带"；张晏说，这就是"鲜卑郭落带"，是一种瑞兽的名称，东胡人特别喜欢佩戴；师古则谓"犀毗"就是胡带上的钩，亦称"鲜卑""师比"。这里所说的"黄金饬具带"，在中原地区的出现，最早可以上溯至赵武灵王时代，因为他曾经赐周绍胡服衣冠、具带、黄金师比。

赵武灵王引进的"胡服"，乃是所谓的"上褶下袴"，也就是上身为短外衣，下身为裤子。张守节注《史记·赵世家》"革政而胡服"之语云："谓今时服也；废除裘裳也。"即是说武灵王时的胡服，与唐代时尚的西域胡服形制相仿。刘熙《释名·释衣服》谓"褶，袭也。覆上之言也"。又，"留幕，冀州所名大褶，下至膝者也"。颜师古注《急就篇》卷二云："褶，谓重衣之最上者也。其形若袍，短身而广袖。一曰左衽之袍也。"可见大褶也不过"至膝"，那么较小的褶就肯定更加短了。

在胡服进入中原之前，汉人虽然也有"襦袴"，但是这是内裤，穿在里面，其外必定有"裳"（服之上曰"衣"，服之下曰"裳"）罩没。这便大大阻碍了两腿的自由运动，极不利于骑

---

① 《汉书·佞幸传》作"贝带"；颜师古注谓"海贝饰带"。但是王国维认为，这类饰带本出胡地，而胡地处于内陆，干燥缺水，很难得到海贝之类；再说，既然已经用黄金装饰，那么不大可能再用海贝装饰。因此，所谓的"贝带"应该正作"具带"。见王国维《胡服考》，载《观堂集林》，中华书局，1959年，第1572页。

② 见《汉书》卷九十四上《匈奴传》，第3758页。

马。所以,武灵王将袴作为外服,即,上身穿短制的"褶",下身穿"两股各跨别"的"袴",就十分适应于马战了。

胡服被引入赵国后不久,便在其他诸国也迅速流行起来。《竹书纪年》载云:"魏襄王十七年,邯郸命吏大夫奴迁于九原,又命将军、大夫、适子、戍吏皆貉服。"[①]所谓的貉服,即是胡服;而魏襄王十七年则相当于赵武灵王二十四年,亦即公元前302年,是时距赵武灵王首先引进胡服骑射(十九年)仅仅五年。

《战国策·齐策六》载道,田单准备去攻狄("狄"即北方的游牧人),但是鲁仲子预言他肯定不能取胜;田单果然攻了三个月之后,仍然毫无进展。而此时却有童谣唱道:"大冠若箕,修剑拄颐,攻狄不能,下垒枯丘。"[②]田单听到后大感恐惧,便再去请教鲁仲子。鲁仲子认为他以前兵少反能克敌,是因为环境恶劣,全军有必死之心;如今虽然条件改善了,"黄金横带",但军士们反而贪生怕死了,故而不能取胜。

在此,童谣和鲁仲子之语都提到了田单军队的装束:大冠、黄金横带;而"大冠"即是"赵惠文冠",黄金横带即是黄金饰的具带,也就是胡服上的腰带。田单攻狄,大约在赵武灵王引进胡服骑射之后三十年;此时胡服已经成为齐国军队的戎服,由此可知当时中原各国竞相模仿胡服的风气甚盛。

又,《汉书·艺文志》载有《鹖冠子》一篇,原注云:"楚人,居深山,以鹖为冠。"颜师古注道:"以鹖鸟羽为冠。"由于以鹖羽装饰之冠始见于赵武灵王的"胡服",而且《鹖冠子》中有

---

① 语见《竹书纪年·魏纪》,载方诗铭、王修龄《古本竹书纪年辑证》,上海古籍出版社,1981年,第154页。
② 语见《战国策·齐策六》"田单将攻狄",上海古籍出版社点校本,1985年,第467页。

《赵武灵王》篇,所以楚国之出现胡服,也当在武灵王之后。

降及秦汉,胡服更多地见于武士、大臣及王室成员等身上。《史记·佞幸传》谓西汉惠帝时,郎、侍中都戴淡抜冠,佩具带。而这种淡抜冠,即是用淡抜(一种鹜鸟)羽毛装饰的帽子,据说也就是赵武灵王引进胡服骑射后所佩戴的冠饰,其义与鹖冠相仿。《史记》"索隐"引《汉官仪》云,秦国击灭赵国之后,便将这种淡抜冠赐给了侍中佩戴。则胡服在秦代已遍见于宫廷之中了。

《汉书》称,景帝之曾孙广川王刘去的殿门上绘有古勇士成庆(或谓即荆轲)的画像,作短衣、大绔、长剑的装束。广川王也十分喜欢这种服饰,所以也佩挂了七尺五寸的剑,衣服款式完全模仿画像①。《汉书》还提到,武帝的孙子昌邑王刘贺"衣短衣、大绔,冠惠文冠"②。所谓的短衣、大绔(裤)、惠文冠,都是典型的"胡服",所以,从广川王、昌邑王等西汉王子都喜欢这种服饰的现象来看,胡服在西汉时期已经很时髦或流行了。

西晋以后,主宰中国北方的多为源自域外的胡人,所谓的"五胡"当中,如匈奴、鲜卑之类,都是长期游牧于中央欧亚草原上的著名骑马民族。羯胡族虽然可能是原居锡尔河流域的伊兰人(亦即汉籍所称石国人)③,并非纯粹的游牧民族,但是由于久居中亚,故比中国内地的定居民更早地接受了游牧人的马文化,所以对中国的"胡化"或"马文化"也发挥了相当大的推动作用。

---

① 事见《汉书》卷五十三《景十三王传》,第2486页。
② 语见《汉书》卷六十三《武五子传》,第2767页。
③ 后赵王族姓石,源出羯胡,容貌高鼻深目,诸多迹象表明其源出于中亚石国,亦即属于东部伊兰族的粟特人。有关此说,姚薇元早有论述,可参看其《北朝胡姓考》,科学出版社,1958年,第355—358页。

正因为南北朝时期有大量的"胡人"涌入中原地区,所以自此以降,"胡服"在中土开始普及,乃至宋代学者确认,在公元6世纪中叶的北齐之后,中国的服饰几乎普遍"胡化"了。例如,沈括在《梦溪笔谈》中载云:"中国衣冠,北齐以来乃全非古制。窄袖,绯绿短衣,长靿靴,有蹀躞带,皆胡服也。窄袖利于驰射,短衣、长靿皆便于涉草。胡人乐茂草,常寝处其间,予使北时,皆见之,虽王庭亦在深荐中。予至胡庭日,新雨过,涉草,衣袴皆濡,唯胡人都无所沾。带衣所垂蹀躞,盖欲佩带弓剑、帉帨、算囊、刀砺之类。自后虽去蹀躞,而犹存其环,环所以衔蹀躞,如马之鞦根,即今之带銙也。天子必以三环为节,唐武德、贞观时犹尔。"①

当然,历代以来传入中国的"胡服",未必全与"胡马"之传入直接关联,其形制也可能因辗转相授而逐步演变。特别是到了隋唐时期,相当一部分"胡"指的是"西胡",亦即来自中亚索格底亚那(Sogdiana)的东支伊兰人——粟特人。粟特人多为绿洲的定居民,主要从事农业和商业,其服饰虽然也有紧袖、束腰等特点,但与古游牧人始创的"胡服"应该有所区别。不管怎样,这类服饰较诸中原汉人的传统衣服更为合身,更便于行动,特别是骑马活动。于是,随着时间的推移,由"北胡"与"西胡"始创的"胡服"遂被中国人普遍接受,乃至在今天变成了"国粹"。

从域外传入的与马相关的文化,除了"胡服"之外,还有诸多体育和文艺活动。例如,所谓的"波罗毬戏"。波罗毬戏是随同"胡人"的精良马术一起传入中国的一种游戏。这种游戏或称"打毬",或称"击鞠"。由于这种游戏需要宽广的场

---

① 沈括《梦溪笔谈》卷一《故事一》,载胡道静《梦溪笔谈校证》,上海古籍出版社,1987年,第23页。

地和许多马匹,也就是相当奢侈的"贵族式"游戏,所以它最初主要流行于环境良好的宫廷中。

据说,波罗毬(Polo)起源于波斯,后来向西传至小亚细亚,向东传至中亚地区(包括今新疆)。中国的波罗毬戏则是从中亚传入的。唐代杜环的《经行记》谈及拔汗那国(Ferghana,即出产汗血马的大宛国)时说道:"国土有波罗林,林下有毬场。"所谓的"毬场",便是指波罗毬场。唐代的波罗毬戏称为"打毬"或"击鞠",而"打毬"是必须骑在马上,用杖击打的。也就是说,玩波罗毬的人还一定得娴熟骑术。大宛以出产骏马闻名于世,有着悠久的马文化历史,所以那里流行波罗毬戏,是顺理成章的。

波罗毬至少在唐代已很常见,尤其是在上层阶级中。唐太宗曾经染指这项活动。《封氏闻见记》载云:"太宗常御安福门,谓侍臣曰:'闻西番人好为打毬,比亦令习,曾一度观之。昨升仙楼有群胡街里打毬,欲令朕见。此胡疑朕爱此,骋为之。以此思量,帝王举动,岂宜容易?朕已焚此毬以自诫。'"[1]

唐太宗由于是有名的"圣主",故虽然一度被波罗毬所吸引,最终却能主动地戒除这一嗜好。不过,他的后辈就颇有沉溺于其中的味道了。例如,同书载云,玄宗为临淄王时就具备精湛的毬技和骑术了:"景云中,吐蕃遣使迎金城公主,中宗于梨园亭子赐观打毬。吐蕃赞咄奏言:'臣部曲有善毬者,请与汉敌。'上令仗令内试之,决数都,吐蕃皆胜。时玄宗为临淄王,中宗又令与嗣虢王邕、驸马杨慎交、武延秀等四人敌吐蕃十人。玄宗东西驱突,风回电激,所向无前,吐蕃功不

---

[1] (唐)封演《封氏闻见记》卷六《打毬》,载赵贞信《封氏闻见记校注》,中华书局,2005年,第53页。

获施。……中宗甚悦,赐强明绢数百段。学士沈佺期、武平一等皆献诗。开元、天宝中,玄宗数御楼观打毬为事,能者左萦右拂,盘旋宛转,殊可观。然马或奔逸,时致伤毙。"

是知玄宗在继位之前,就精于打毬,终其一生,始终酷爱这种活动。所以,波罗毬戏在此后相当长的一段时间里流行于中国(至少流行于上层阶级中)。代宗时,因该活动糜费过多,曾有所收敛:"永泰(765—766年)中,苏门山人刘钢于邺下上书于刑部尚书薛公云:'打毬一则损人,二则损马。为乐之方甚众,何必乘兹至危以邀晷刻之欢邪?'薛公悦其言,图钢之形,置于座右,命掌记陆长源为赞美之。然打毬乃军中常戏,虽不能废,时复为耳。"①

显然,当时的波罗毬戏只是稍有约束,而未曾禁绝。到了唐代后期,帝君们似乎更加沉溺于这种游戏了。据《新唐书》,穆宗在继位的当年(820年)十二月壬午日,曾"击鞠于右神策军,遂猎于城西"②。又于长庆元年(821年)二月辛卯日,"击鞠于麟德殿"。他在长庆二年十一月,竟因打波罗毬而一病不起,直到两年之后去世:"庚辰,上与内官击鞠禁中,有内官歘然坠马,如物所击。上恐,罢鞠升殿,遽足不能履地,风眩就床。自是外不闻上起居者三日。"③

至于继穆宗而为皇帝的敬宗,在波罗毬的玩乐上,也不逊于乃父。《新唐书》称:"(敬宗)二月辛巳,始听政。……丁未,击鞠于中和殿。戊申,击鞠于飞龙院。……己酉,击鞠,用乐。""四月丙申,击鞠于清思殿。"④

---

① 《封氏闻见记校注》,第53—54页。
② 《新唐书》卷八《穆宗纪》,中华书局标点本,1975年,第222页。
③ 见《旧唐书》卷十六《穆宗纪》,中华书局标点本,1975年,第501页。
④ 《新唐书》卷八《敬宗纪》,第227页。

此后,又有宣宗也极精于波罗毬。《唐语林》记云:"宣宗弧矢击鞠,皆尽其妙。所御马,衔勒之外,不加雕饰,而马尤矫捷。每持鞠杖,乘势奔跃,运鞠于空中,连击至数百,而马驰不止,迅若流电。二军老手,咸服其能。"①

其后又有僖宗,同样是个打毬的好手,他甚至自诩道,凭他的毬技,定能获得状元:"上好骑射……尤善击毬,尝谓优人石野猪曰:'朕若应击毬进士举,须为状元。'"②其沾沾自喜之状,溢于言表。

由于唐代的帝王们和上层阶级如此酷爱波罗毬,所以其内宫以及大臣的邸宅中,往往都有波罗毬场。宫城北有毬场亭;大明宫东内院龙首池南也有毬场;文宗时并将龙首池填为毬场。此外,三殿十六王宅都可以打毬。玄宗时代的杨慎交住在靖恭坊,其自筑的毬场在坊西隙;德宗时的司徒兼中书令李晟在永崇坊的府邸中有自筑毬场;文宗时的户部尚书王源中在太平坊的住宅中也有毬场。

既然统治阶级嗜好波罗毬,这种活动也就成了唐代城市——尤其是都城长安——青少年们的时髦游戏。李廓《长安少年行》诗云:"追逐轻薄伴,闲游不着绯。长拢出猎马,数换打毬衣。晓日寻花去,春风带酒归。青楼无昼夜,歌舞歇时稀。"除了帝王、达官贵人、军人以及闾里少年爱好击毬之外,即使文人学士和宫娥等"文弱"之辈,也都不乏擅长此道者。如花蕊夫人《宫词》云:"自教宫娥学打毬,玉鞍初跨柳腰柔。上棚知是官家认,遍遍长赢第一筹。"

---

① (宋)王谠《唐语林》卷七,载周勋初《唐语林校证》,中华书局,1987年,第633—634页。
② 《资治通鉴》卷二百五十三《唐纪六十九·僖宗广明元年》,中华书局校点本,1956年,第8221页。

波罗毯自从唐代大盛之后,历经宋、元、明诸朝而不衰,其影响之深远也就可知。《东京梦华录》载道,北宋末年南渡之后,每逢三月三日,宝津楼宴殿诸军呈百戏中有打毯。其小打则男子,大打则为宫监。此辈玉带红靴,各跨小马,人人乘骑精熟,驰骤如神。雅态轻盈,妖姿绰约①。

金代因辽旧俗,重五之日的拜天仪式设在毯场。待到拜天礼毕之后,还要举行击毯比赛。《金史》十分具体地描述了波罗毯戏的概况:"已而击毯,各乘所常习马,持鞠杖。杖长数尺,其端如偃月。分其众为两队,共争击一毯。先于毯场南立双桓,置板,下开一孔为门,而加网为囊,能夺得鞠击入网囊者为胜。或曰:'两端对立二门,互相排击,各以出门为胜。'毯状小如拳,以轻韧木枵其中而朱之。皆所以习跷捷也。"②

至少到明代初期,波罗毯还在宫廷中流行。因为明朝永乐年间的中书舍人王绂在其《王舍人诗集》中尚有《端午赐观骑射击毯侍宴》诗。他在诗中提到羽林军击毯之戏,毯场则设在东苑:"毯场新开向东苑,一望晴烟绿落软。"

古代随同"胡马"而传入中国内地的另一种著名文化乃是"马舞",这即是指被驯服的马犹如人类舞蹈者一般,会合着音律节奏,作出种种舞蹈动作。

三国时期,作为"皇弟"的曹植,曾得到过一匹大宛骏马,后来献给了魏文帝曹丕。曹植的《献文帝马表》云:"臣于先武皇帝世,得大宛紫马一匹,形法应图,善持头尾。教令习拜,今辄已能。又能行与鼓节相应。谨以表奉献。"马能够行

---

① (宋)孟元老《东京梦华录》,载伊永文《东京梦华录笺注》,中华书局,2006年,第689—690页。
② 《金史》卷三十五《礼志八》,中华书局标点本,1975年,第827页。

礼跪拜,并且能与鼓节相应地踏步走路,这即是"马舞"的基本特征。足见至少在东汉末和三国时期,中国就出现了马舞,而马舞的始创者,则很可能是盛产良马的中亚地区的居民。因为不仅曹植提到的"行与鼓节相应"的马乃是大宛马,并且唐代"胡化"最盛的玄宗时期,也最为流行马舞,而这些舞马却几乎全都来自中亚。

《景龙文馆记》记载了中宗时期的一则马舞故事:中宗曾经设宴招待吐蕃使臣,并在宴会上表演了一段精彩的马舞节目。舞马均以五色彩绸披挂,鞍座等马饰也都用金银装饰,堂皇异常。一待乐声响起,众马就都随之翩翩起舞,中规中矩。舞到中途,乐师又给马饮酒,舞马居然能将酒杯端到口边喝下。随后,众马合着节拍躺下和再度站起。这个表演使得吐蕃的使臣惊诧不已。

不过,中宗的马舞规模,似乎远远不及其后玄宗的马舞。《新唐书》谈到了玄宗舞马的一些情况:"玄宗又尝以马百匹,盛饰分左右,施三重榻,舞《倾杯》数十曲,壮士举榻,马不动。乐工少年姿秀者十数人,衣黄衫,文玉带,立左右。每千秋节,舞于勤政楼下,后赐宴设酺,亦会勤政楼。其日未明,金吾引驾骑,北衙四军陈仗,列旗帜,被金甲、短后绣袍。太常卿引雅乐,每部数十人,间以胡夷之技。内闲厩使引戏马,五坊使引象、犀,入场拜舞。宫人数百衣锦绣衣,出帷中,击雷鼓,奏《小破阵乐》,岁以为常。"[①] 这里将马舞称为"胡夷之技",可见它并非中国的土产,而是从域外传入的文化。

唐代郑处诲所撰《明皇杂录》将这种马舞描绘得更加具体生动:"玄宗尝命教习舞马四百蹄,各为左右,分为部目,为

---

① 《新唐书》卷二十二《礼乐志十二》,第477页。

某家宠、某家骄。时塞外亦有善马来贡者,上俾之教习,无不曲尽其妙。因命衣以文绣,络以金银,饰其鬃鬣,间杂珠玉。其曲谓之《倾杯乐》者数十回,奋首鼓尾,纵横应节。又施三层板床,乘马而上,旋转如飞。或命壮士举一榻,马舞于榻上。乐工数人立左右,前后皆衣淡黄衫,文玉带,必求少年而姿貌美秀者。每千秋节,命舞于勤政楼下。其后上既幸蜀,舞马亦散在人间。"

这些舞马即使在"安史之乱"发生,从而流落民间,遭受多年磨难之后,也仍未忘"旧业",会随着乐曲而主动踏舞:"(安)禄山常观其舞而心爱之,自是因以数匹置于范阳。其后转为田承嗣所得,不之知也,杂之战马,置之外栈。忽一日,军中享士,乐作,马舞不能已。厮养皆谓其为妖,拥篲以击之。马谓其舞不中节,抑扬顿挫,犹存故态。厩吏遽以马怪白承嗣,命箠之甚酷。马舞甚整而鞭挞愈加,竟毙于枥下。时人亦有知其舞者,惧暴而终不敢言。"①

《明皇杂录》所提到的这些舞马,乃是"塞外"来贡的"善马",则暗示了中亚的马善于习舞。而公元 9 世纪的诗人陆龟蒙在其《开元杂题七首》的《舞马》诗中,则更清楚地指出,玄宗的舞马全都来自中亚。其辞道:"月窟龙孙四百蹄,骄骧轻步应金鞞。曲终似要君王宠,回望红楼不敢嘶。"

唐诗中所谓的"月窟",基本上是泛指极西之地。有时候是指今天的中国新疆地区,有时候是指今中亚的几个国家,如哈萨克斯坦、吉尔吉斯斯坦、乌兹别克斯坦、塔吉克斯坦、土库曼斯坦等,有时候,则是指更远的国家和地区,如西亚的

---

① (唐)郑处诲《明皇杂录·补遗》,载丁如明校点《明皇杂录》,收载于《唐五代笔记小说大观》,上海古籍出版社,2000 年,第 972 页。

波斯、南亚的印度等地①。而骏马被说成是"龙"的后代,也是十分常见的。所以,"月窟龙孙四百蹄",完全可以理解为"来自中亚的骏马一百匹"。

纵观千百年来域外骏马对于中原王朝的影响,远不止上文所言的军事、文化等方面。在此要特别指出的是,在某些历史时期,域外的马对于中国的经济也曾产生过重大的影响。有关这点,我们将在涉及丝绸输出的下一章内予以论述。

---

① 说见方诗铭《〈霓裳羽衣〉传自月宫的新解》,载《中华文史论丛》第四十八辑,1991年,第53—56页。

第二章 丝绸输出的目的与影响

人们之所以将古代世界的主要交通道称为"丝绸之路",当然是因为在这些交通道上流通的主要物品或者主要物品之一是中国盛产的丝绸。所以,谈论丝绸之路,就离不开对丝绸和丝绸贸易问题的探讨。

一般而言,现代人都倾向于把至少始于公元前1千纪的中国丝绸输出说成是"贸易",似乎中原王朝主要是为了换取经济利益,才在各个历史时期大量输出丝绸的。这个概念用在当代,自无疑问,但若应用于古代,则是颇可商榷的。实际上,在多数情况下,古代中原王朝——至少在汉唐期间——输出大量丝绸,其主要目的并不在于贸易,而是出于政治或外交、军事方面的考虑。下面将就此作些论述①。

一、中原王朝丝绸输出的主要目的

从迄今所见的古籍记载来看,中原王朝对外输出的大量丝绸,大体上是首先进入北方紧邻的游牧人手中,然后再全部或部分地辗转运往更远的地区。因此,我们只要探讨中原王朝与周边——主要是北方或西北境外——游牧人的丝绸

---

① 有关古代中国丝绸输出的问题,可参看笔者旧文《论古代丝绸输出之非贸易性》,载《史林》1996年第3期,第9—19页。

交易，便能看到当时丝绸输出的概貌，从而得出比较可靠的结论。

第一，中原王朝为了借助域外武力而输出丝绸。

自古以来，群雄逐鹿中原的现象屡见不鲜，而在汉唐期间，北方的政局更呈混乱之象。那些意欲"一统天下"的霸主都想方设法地壮大自己的力量，而他们经常使用的一个方法即是借助域外游牧人的武装。当然，作为交换，便是不计其数的丝绸运往境外。一个典型的例子见于北朝末期北周、北齐政权与突厥的关系。

公元6世纪50年代，以阿史那氏为王族的突厥人勃兴于阿尔泰山地区。他们未几即在蒙古高原与中亚其他地区建立了幅员辽阔的强大游牧政权。所谓"西破嚈哒，东走契丹，北并契骨，威服塞外诸国"，以及"其地东自辽海以西，西至西海万里，南自沙漠以北，北至北海五六千里，皆属焉"之语[①]，便是当时突厥政权势焰滔天的生动写照，而此时突厥的大可汗即是"俟斤"，也号称为"木杆可汗"。

同书接着说："俟斤死，弟他钵可汗立。自俟斤以来，其国富强，有凌轹中华志。朝廷既与和亲，岁给缯絮锦彩十万段。突厥在京师者，又待以优礼，衣锦食肉者，常以千数。齐人惧其寇掠，亦倾府藏以给之。"北周每年供给突厥缯絮十万段，其数额之巨已经令人咋舌，但是北齐更进一步——"倾府藏以给之"，可知流入突厥的丝绸愈益不可胜数。难怪他钵可汗竟然狂妄地声称，因为有中原北方两个政权的竞相赠送，突厥不愁没有财物（丝绸）："但使我在南两儿孝顺，何忧无物邪？"

---

① 见《周书》卷五十《异域下·突厥传》，中华书局标点本，1971年，第909页。

第二章 丝绸输出的目的与影响

初看之下,中原地区的两个政权之所以不惜穷尽国库,供给突厥丝绸,乃是出于对突厥人强大武力的惧怕,或者是为了与之结姻而显示的一种"友好姿态"。但是,若更深入地探讨"中原两政权为何如此热衷于和突厥建立姻亲关系,乃至达到激烈争夺之地步"的问题,就会发现,如果周、齐仅仅是为了避免突厥对自己的寇侵,那就不必要求突厥拒绝另一方的善意,乃至敦促其增强敌意了。因此,结论只能是:中原两政权激烈争取成为突厥之"姻亲"的目的,实际上是旨在借助境外突厥人的强大武力,来对付自己在中原地区的政敌。

中原地区东、西两政权争夺突厥"盟友"的外交行动,并非始自他钵可汗时期,早在6世纪60年代前期木杆可汗在位之时,这类"婚姻争夺战"就激烈异常了。《周书》载云:"(北周)时与齐人交争,戎车岁动,故每连结之(突厥),以为外援。初,魏恭帝世,俟斤进女于太祖,契未定而太祖崩。寻而俟斤又以他女许高祖,未及结纳,齐人亦遣求婚。俟斤贪其币厚,将悔之。至是,诏遣凉州刺史杨荐、武伯王庆等往结之。庆等至,谕以信义。俟斤遂绝齐使而定婚焉。仍请举国东伐。"[①]

突厥大可汗俟斤(即木杆可汗)一旦与北周确定婚姻关系,便立即"请举国东伐(北齐)",这一事实再好不过地证明了,中原王朝大量输出丝绸,乃是旨在借助境外武力而争霸天下。隋代开皇初,文帝在一份诏书中对当时的形势作了透彻的分析:"往者魏道衰敝,祸难相寻,周、齐抗衡,分割诸夏。突厥之虏,俱通二国。周人东虑,恐齐好之深;齐氏西虞,惧周交之厚。谓虏意轻重,国逐安危,非徒并有大敌之忧,思减

---

① 《周书》卷五十《异域下·突厥传》,第911页。

一边之防。竭生民之力,供其来往,倾府库之财,弃于沙漠。华夏之地,实为劳扰。"①足见当时的北周、北齐之所以低声下气地求婚于突厥,不惜倾其所有,输出大量丝绸,纯粹是出于中原政治斗争的考虑。

另一个例子见于唐王朝的创建者李渊,当他在隋末起兵于太原时,也曾向突厥输出了许多丝绸。对于李渊与突厥"结好"的过程,《资治通鉴》有详细的描述:

> 刘文静劝李渊与突厥相结,资其士马以益兵势。渊从之,自为手启,卑辞厚礼,遗始毕可汗云:"欲大举义兵,远迎主上,复与突厥和亲,如开皇之时。若能与我俱南,愿勿侵暴百姓;若但和亲,坐受宝货,亦唯可汗所择。"始毕得启,谓其大臣曰:"隋主为人,我所知也,若迎以来,必害唐公而击我无疑矣。苟唐公自为天子,我当不避盛暑,以兵马助之。"即命以此意为复书。使者七日而返,将佐皆喜,请从突厥之言。……
>
> 突厥遣其柱国康鞘利等,送马千匹诣李渊为互市,许发兵送渊入关,多少随所欲。丁酉,渊引见康鞘利等,受可汗书,礼容尽恭,赠遣康鞘利等甚厚。择其马之善者,止市其半。义士请以私钱市其余,渊曰:"虏饶马而贪利,其来将不已,恐汝不能市也。吾所以少取者,示贫,且不以为急故也。当为汝贳之,不足为汝费。"……
>
> 刘文静至突厥,见始毕可汗,请兵,且与之约曰:"若入长安,民众土地入唐公,金玉缯帛归突厥。"始毕大喜,丙寅,遣其大臣级失特勒先至渊军,告以兵已上道。②

---

① 《隋书》卷八十四《北狄·突厥传》,中华书局标点本,1973年,第1866页。
② 《资治通鉴》卷一百八十四《隋纪八·恭帝义宁元年》,中华书局校点本,1956年,第5737—5738、5740、5742页。

第二章 丝绸输出的目的与影响

因此,有三点事实十分清楚:首先,李渊与突厥结好的目的是"资其士马以益兵势",亦即借助突厥的兵力逐鹿中原。尽管李渊以"迎隋主"为借口,但是始毕可汗直截了当的"唐公自为天子"一语,却实际上真正道出了李渊的心事。其次,突厥送马前来"互市",只是一种形式,其实质是索要出兵中原的报酬,否则也不必派遣高官(柱国)康鞘利一本正经地带着国书前来。李渊心照不宣,故而厚赏康鞘利,并市其马。在此虽未标出马价,但是从李渊"止市其半"来看,显然是顾虑到财力不支,则"马价"不低;同时,李渊害怕突厥的马日后会源源不断而来,则展示了这并不是平等的丝绸与马的贸易。最后,"民众土地入唐公,金玉缯帛归突厥"之约,更是赤裸裸地揭示了当时丝绸输入突厥的性质:它完全变成了域外雇佣兵的报酬。

可以想见,李渊为了使突厥人积极地参与其中原争霸战,必将付出巨额的丝绸及其他财物。尽管有一部分丝绸在"市马"的名义下输出,也绝对掩盖不住其出于政治动机而进行贿赂的实质。

第二,中原王朝为了睦邻安边而输出丝绸。

历代中原王朝遭受的重大安全威胁基本上都来自北方。活动于中亚地区的游牧人善于骑射,慓悍凶猛,对于以农耕为主的中原汉人来说,他们始终是难以对付的劲敌。所以,中原政客们反复讨论的问题,便是"什么是最好的睦邻安边之策"。虽然众说纷纭,但是最终多趋向于"绥靖"之策,或即所谓的"羁縻"之策。《册府元龟》比较透彻地分析了这一政策:

> 戎狄之国,世为边患。礼义不能革其贪,干戈不能绝其类。故上自虞夏商周,固不程督,虽有穷兵追击,而亦亡失略等。所谓"兽聚鸟散,从之如搏景"者也。是以圣人用权变之道,远御不绝而已。汉高始纳奉春之计,

建和亲之议,岁用絮缯酒食奉之。非惟解兵息民,亦欲渐而臣之,为羁縻长久之策耳。高后、文帝,至于宣、元,皆用是道,故得呼韩朝于北阙之下。及魏道武读汉史,至欲以鲁元妻匈奴,为之掩卷太息,于是以诸女皆厘降于宾附之国。此乃深识从权济时之略也。《易》曰:"惟几也,故能成天下之务。"其是之谓乎?①

"羁縻之策"的指导思想无非是"安抚",而"安抚"的内容除了"和亲"之外,还得加上大量财物。因此,伴随着长期以来"羁縻"政策的施行,中原的丝绸也就源源不断地输出境外,落入周边的"夷狄之族"手中。

早在西汉初期,高祖就采纳娄敬(刘敬)的"和亲"之策,将公主嫁给匈奴君主冒顿单于,并每年赠送大量丝绸和其他财物,这才使得冒顿侵扰北方边境的活动稍有收敛。娄敬的建议貌似很在理:汉朝刚刚建国,军队和民众都很厌战,因此不能用武力征讨匈奴;匈奴属于野蛮之族,所以汉廷也无法用道理去说服他接受和平。所以,从长远来看,让匈奴的后代成为大汉的臣民,便是最好之法。亦即把汉帝的亲生女儿嫁给匈奴单于,又赠送厚礼。匈奴必然贪图,于是公主日后的儿子——也就是汉皇的外孙——必定成为匈奴的君主。这样,哪有外孙打外公的道理?于是,无须战争,匈奴就成为大汉的臣下了②。

娄敬的和亲之策虽然不无"一厢情愿"之嫌,但是在当时中原方面的武力不足以一举征服"夷狄"的情况下,以优厚的物质条件收买他们,确实不失为一个较好的办法。正因为此法有着一定的合理性,故而不但汉高祖采纳了这一建议,嗣

---

① (宋)王钦若等《册府元龟》卷九七八《外臣部二十三·和亲一》,中华书局影印版(12册),1960年,第11486页上。
② 语见《汉书》卷四十三《娄敬(刘敬)传》,第2122页。

第二章　丝绸输出的目的与影响

后的各朝帝君也多有仿效者,惠帝、吕后、文帝、宣帝等均曾与匈奴结"和亲"。所以,中原王朝为了"安边"而输出的丝绸也就不计其数了。

即使是对外武功最盛的汉武帝,在继位之初也仍厚待匈奴,甚至不惜在关市方面故意偿付高价,以赢得匈奴人的好感:"武帝即位初,明和亲约束,厚遇关市,饶给之。匈奴自单于以下,皆亲汉,往来长城下。"①就形式而言,"关市"本来应该是中原王朝在边境地区开设的与域外人进行贸易的市场,但是,就连这样的场所也往往脱离了"市场经济",而成为中原政权用财物换取边境安宁的机构。

实际上,在古代中原王朝的政治家看来,"关市""互市"之流确实并非旨在贸易,而不过是安抚境外"落后民族"的方法之一,亦即所谓的"和戎"之术。《册府元龟》的说法很具有代表性:"夫王者之牧四夷也,有怀柔之道焉,有羁縻之义焉。盖所以底宁边鄙,休息中夏者也。则互市之设,其怀柔、羁縻之旨与?爰自汉初,始建斯议。繇是择走集之地,行关市之法,通彼货贿,敦其信义,历代遵守。斯亦和戎之一术也。"②由此可见,古代中国真正在形式和实质上都属于"贸易"的丝绸输出,恐怕只是很小的一部分。

武帝元封四年(前 107 年),汉朝廷认为匈奴已经衰弱,可以令其称臣了,故派遣杨信前赴匈奴,声称,若欲与汉和亲,必须以单于之子为质。匈奴单于则辩驳道:"非故约。故约,汉常遣翁主,约缯絮、食物有品,以和亲,而匈奴亦不复扰边。今乃欲反古,令吾太子为质,无几矣。"又,征和四年(前89 年),匈奴狐鹿姑单于遣使致书于汉朝廷,声称:"南有大

---

① 《汉书》卷九十四《匈奴传上》,第 3765 页。
② (宋)王钦若等《册府元龟》卷九九九《外臣部四十四·互市》,第 11725 页下。

汉,北有强胡。胡者,天之骄子也,不为小礼以自烦。今欲与汉闿大关,取汉女为妻,岁给我蘖酒万石,稷米五千斛,杂缯万匹,它如故约,则边不相盗矣。"[1]

在此,可谓一语道出真相:西汉——至少在武帝之前——与匈奴即使未曾签约,但肯定有一种"潜规则":中原方面常年供给匈奴丝绸和其他物品,匈奴则约束自己的行为,不侵犯或少侵犯中原边境。易言之,汉廷以大量丝绸换取匈奴的"不复扰边""不相盗"。则长年累月,因"安边"而输出的丝绸数量之巨,也就可想而知。

当然,中原王朝为了"安边",不仅消极地满足境外强敌的物质欲望,也时或采取若干积极的措施,如"以夷制夷""远交近攻"等,利用境外异族间的矛盾,挑动他们相互争斗,以消除或缓解中原王朝所受的威胁。不过,这类措施同样需要耗费大量的财力,其中显然以丝绸为主。汉武帝时张骞"凿空"西域之举便是典型的例子。

张骞出使西域的最初目的即是意欲连结匈奴的宿敌月氏,说服他们与汉共同夹击匈奴;此外,张骞在前赴月氏的途中也尽量拉拢中亚地区的其他政权,以增强反对匈奴的力量。而与这些政权"结盟"的代价便是无数财物,因为唯有这些物质报酬才能投其所好。例如,"大宛闻汉之饶财,欲通不得,见骞,喜,问欲何之"。张骞许诺大宛国王道:"汉之赂遗王财物不可胜言。"张骞并向武帝献计,谓乌孙"贪汉物",可以"厚赂乌孙",与之和亲结盟,从而"断匈奴右臂",于是,张骞第一次出使乌孙,便"赍金币帛直数千巨万"[2]。

至于汉与乌孙正式结姻之后,输出的丝绸等物更是不计

---

[1] 分别见《汉书》卷九十四《匈奴传上》,第3773、3780页。
[2] 诸语分别见《汉书》卷六十一《张骞传》,第3688、3692页。

其数:"汉元封中,遣江都王刘建女细君为公主,以妻焉。赐乘舆服御物,为备官属宦官侍御数百人,赠送甚盛。乌孙昆莫以为右夫人。"而当公主因远嫁年老的昆莫王而悲痛异常,思念家乡时,"武帝闻而怜之,间岁遣使者持帷帐锦绣给遗焉"①。仅此一项"和亲",就需常年派遣专使发送"锦绣"等物,则以其他形式输出和输往其他地区的丝绸肯定为数更多。

中原王朝最希望的"以夷制夷"局面是:造成边境严重威胁的异族政权内部分裂,并有一方主动投靠朝廷,从而形成抵御异族寇侵的"外围防线"。在此情况下,中原政权为了鼓励和嘉奖这些"忠诚的"异族,也得付出巨大的物质代价,包括无数的丝绸。

例如,西汉宣帝时,匈奴呼韩邪单于在内部争斗中失败,因此入朝汉廷,称臣雌伏,以求援助。甘露三年(前51年)正月,呼韩邪朝于甘泉宫,宣帝"宠以殊礼,位在诸侯王上",所赐之物,除了佩刀、弓矢、车马、黄金、衣饰等物外,尚有"锦绣、绮縠、杂帛八千匹,絮六千斤";黄龙元年(前49年),呼韩邪单于再次入朝,"礼赐如初,加衣百一十袭,锦帛九千匹,絮八千斤";元帝竟宁元年(前33年),"单于复入朝,礼赐如初,加衣服、锦、帛、絮,皆倍于黄龙时"。

又,呼韩邪之子复株累若鞮单于在河平四年(前25年)正月入朝时,也获厚赏:"加赐锦绣、缯帛二万匹,絮二万斤,它如竟宁时。"西汉末年的哀帝时期,虽然政治、经济环境都每况愈下,但是朝廷在几经争论之后,仍然赐予来朝的匈奴乌珠留若鞮单于以大量丝绸,并且较诸以前更加丰厚:"元寿二年(前1年),单于来朝。上以太岁厌胜所在,舍之上林苑

---

① 《汉书》卷九十六下《西域传下》,第3903页。

蒲陶宫。告之以加敬于单于,单于知之。加赐衣三百七十袭、锦绣缯帛三万匹、絮三万斤,它如河平时。"①

不难看出,汉朝廷对于忠心耿耿、"愿保塞上谷以西至敦煌,传之无穷"的那帮匈奴人是多么的青眼有加,优礼相待,所赐的丝绸居然逐次递增。与这些慷慨的赐予相比,当年狐鹿姑单于向武帝索要的"杂缯万匹"未免显得"小家子气"了。而这些丝绸的输出,当然与"贸易"无关。

第三,中原王朝为了"扬威异域"而输出丝绸。

中国历朝的帝君们几乎都有一股强烈的愿望,要使自己显得像是"四夷拜伏,八方来朝"的天下之主。所以,他们往往会不惜花费巨资去满足这种虚荣心。古代相当一部分的丝绸便是在这种情况下流往域外的。隋炀帝赐予突厥、诸番大量丝绸和钱财,是个典型的例子。

《隋书》称:"(炀帝)自高祖大渐,暨谅暗之中,烝淫无度。山陵始就,即事巡游,以天下承平日久,士马全盛,慨然慕秦皇、汉武之事。乃盛治宫室,穷极侈靡,召募行人,分使绝域。诸番至者,厚加礼赐,有不恭命,以兵击之。"②隋炀帝一心效学秦皇、汉武,但他只是从表面形式上模仿,因此一方面以厚利诱使外夷前来中原,另一方面则对不"入朝"者进行武力威胁。为了造成"四夷来朝"的热闹场面,他不惜靡费重金。《隋书·裴矩传》对此作了生动的描述:

> (裴)矩遣使说高昌王麴伯雅及伊吾吐屯设等,啖以厚利,导使入朝。及帝西巡,次燕支山,高昌王、伊吾设等,及西番胡二十七国,谒于道左。皆令佩金玉、被锦

---

① 诸语分别见《汉书》卷九四《匈奴传下》,第3798—3799、3803、3608、3817页。
② 《隋书》卷四《炀帝纪下》,中华书局标点本,1973年,第94页。

屩,焚香奏乐,歌舞喧噪。复令武威、张掖士女盛饰纵观,骑乘填咽,周亘数十里,以示中国之盛。帝见而大悦。……其冬,帝至东都,矩以蛮夷朝贡者多,讽帝令都下大戏。征四方奇技异艺,陈于端门街,衣锦绮、珥金翠者,以十数万。又勒百官及民士女坐棚阁而纵观焉。皆被服鲜丽,终月乃罢。又令三市店肆皆设帷帐,盛列酒食,遣掌蕃率蛮夷与民贸易,所至之处,悉令邀延就坐,醉饱而散。蛮夷嗟叹,谓中国为神仙。①

诚然,境外的诸异族在观赏了这种盛大的场面之后,确实会对"中国之盛"交口称赞的,"蛮夷"们在尽情享受了免费的酒食之后,也是会视"中国为神仙"的。然而,这些"声望"都是隋朝廷用极高的代价换来的。姑不计其他消耗,只算丝绸类物品,已经为数可观了:对于"二十七国"都"啖以厚利",试问该花费多少丝绸?延绵达数十里的"武威、张掖士女"都要披锦戴绣,又需多少丝绸?东都"十数万"人"衣锦绮",全体百姓"被服鲜丽",以及"三市店肆皆设帷帐",更要耗费多少丝绸?丝绸就在"四夷"的一片赞颂声中流往域外或者消耗掉了。

隋炀帝为图虚荣而导致大批丝绸流往域外的另一个例子体现在突厥启民可汗身上。启民本是东突厥沙钵略可汗之弟突利,后归降隋廷,故蒙赐"启民可汗"之号。启民扮演了一个绝对忠于中原王朝的角色,其言行所体现出来的"忠贞不贰"之情,达到无以复加的地步。他曾经上表文帝,声称愿意"千万世长与大隋典羊马"。炀帝大业三年(607年)"西巡"榆林之地时,启民再对隋廷表白忠心,乃至请求率领部落集体改变服饰,一同华夏:"臣今非是旧日边地突厥可汗,臣

---

① 《隋书》卷六十七《裴矩传》,第1580—1581页。

即是至尊臣民,至尊怜臣时,乞依大国服饰法用,一同华夏。臣今率部落,敢以上闻,伏愿天慈不违所请。"

启民可汗作为一个强大部族的可汗,居然对炀帝如此卑躬屈膝,这令炀帝的虚荣心得到极大的满足。因此,他先是赐给前来行宫献马的启民夫妇一万二千段丝帛,嗣后又在千人大帐宴请"启民可汗及其部落酋长三千五百人,赐物二十万段,其下各有差"。

此后,隋炀帝又"亲巡云内,溯金河而东,北幸启民所居。启民奉觞上寿,跪伏甚恭。帝大悦,赋诗曰:'鹿塞鸿旗驻,龙廷翠辇回。毡帐望风举,穹庐向日开。呼韩顿颡至,屠耆接踵来。索辫擎膻肉,韦韝献酒杯。何如汉天子,空上单于台。'帝赐启民及主金瓮各一,及衣服被褥锦彩,特勤以下各有差"①。炀帝的诗充分透露出他飘飘然而不知天高地厚的心态:连汉代的著名帝君也逊色于他!因此,赏给突厥人的丝绸也就动辄万段,甚至数十万段了。

在此,人们见到的只是中原丝绸与域外"夷狄"诡谀之语的"交易",其中毫无经济目的可言。如果说,隋炀帝只是"昏君",其行为并不具有代表性,那么,作为"雄主"的汉武帝类似的做法,则可表明这种现象并不鲜见。

《汉书·张骞传》称,张骞"凿空"西域之后,外国使节纷至沓来。武帝为了向域外人炫耀中国的富足,也曾如隋炀帝那样散发过金钱和丝绸:"是时,上方数巡狩海上,乃悉从外国客,大都多人则过之,散财帛赏赐,厚具饶给之,以览视汉富厚焉。大角氐,出奇戏诸怪物,多聚观者,行赏赐,酒池肉林,令外国客遍观各仓库府藏之积,欲以见汉广大,倾骇之。

---

① 有关启民可汗的诸引语,见《隋书》卷八十四《北狄传·突厥》,第1873—1875页。

第二章 丝绸输出的目的与影响

及加其眩者之工,而角氐奇戏岁增变,其益兴,自此始。而外国使更来更去。"①

实际上,各个封建帝君都欲"雄霸天下",尽管欲望的强烈程度互有差异,但是"扬威异域"的愿望却都存在。所以,只要条件允许(如国内经济状况较好、境外诸族主动奉承讨好等),大多会情不自禁地用国有财富去换取他个人的"声望"。所以,无论是"昏君"还是"明君",都可能为了博取"四夷"在形式上对中原王朝的膜拜与臣服而让大量的丝绸和其他财物源源不断地流往域外。在此过程中,并无真正的"贸易"可言。

以上所谈的三类现象,只是古代非贸易性质丝绸输出的主要形式,而非全部。还有其他许多事例,肯定也不是属于真正意义上的"贸易"。例如,中原朝廷对外族侍子和使臣等的馈赠②、对于外族婚姻的贺礼③、因外族领袖之丧事而给予的礼仪性馈赠④,以及对归降之外族平民的大规模赏赐⑤,有

---

① 《汉书》卷六十一《张骞传》,第2697页。
② 东汉光武帝建武二十六年(50年),匈奴南单于遣子入侍,朝廷除了赐单于冠带、衣裳、黄金玺、车马、弓矢、鼓乐、粮食、牛羊等物外,还赐"锦绣、缯布万匹、絮万斤";对其他臣下则赐"采缯千匹、锦四端"、"缯采合万匹"等物,并且"岁以为常"。见《后汉书》卷八十九《南匈奴传》。
③ 隋炀帝为了嘉奖突厥处罗可汗的"忠诚",将信义公主嫁给她,作为贺礼的,则包括"锦采袍千具、采万匹"。见《隋书》卷八十四《北狄·西突厥传》。
④ 匈奴南单于呼韩邪卒(中元元年,56年)后,汉廷遣使赍书镇慰,除赐冠带、佩刀等物外,"又赐缯采四千匹,令赏诸王",并且,"其后单于薨,吊祭慰赐,以此为常"(见《后汉书》卷八十九《南匈奴传》)。突厥沙钵略可汗死(开皇七年,587年)后,隋文帝为之"废朝三日,遣太常吊祭焉。赐物五千段"(见《隋书》卷八十四《北狄·突厥传》)。又,突厥始毕可汗死(武德二年,619年)后,唐高祖"发哀长乐门,诏群臣即馆吊其使,遣使者持段物三万赙之"(见《新唐书》卷二百一十五上《突厥传上》)。
⑤ 唐太宗贞观之初,破灭东突厥,遂有大量突厥人归降,朝廷都赐予了丰厚的财物。凉州都督李大亮为此还曾上疏谏劝:"近来突厥,倾国入朝。……每见一人初降,赐物五匹、袍一领。酋长悉授大官,禄厚位尊,理多糜费。"见《贞观政要》卷九《安边》。

时候,中原王朝还以"赎金"的形式付出大量丝绸,以使被外族所掠的内地居民返回家乡①。

在史籍所载有关汉唐期间丝绸输出的大量记述中,凡是注明输出数量的事例几乎都可归入"非贸易性输出"类型,而十分具体的"纯粹贸易"事例却相当罕见。于是,我们不能不认为,汉唐期间丝绸输出的主流是非贸易性的。

二、丝绸输出对世界大势的影响

古代中国(特别是汉唐期间)的中国丝绸无论通过什么形式输往境外,都曾对中国乃至世界的政局和社会产生过直接或者间接的巨大影响。在此,可以举两个例子来加以说明。

第一个事例见于公元 6 世纪下半叶,因丝绸的利益而引发位于中亚、西亚、小亚细亚的突厥、波斯和拜占庭三大政权进行激烈的政治乃至军事博弈。

以阿尔泰山以南为主要根据地的阿史那氏突厥人在 6 世纪 50 年代初推翻其宗主柔然后,在中央欧亚地区建立了幅员辽阔的强大游牧政权。大体而言,创建者土门可汗的直系子孙掌控着汗国的东部地区(以蒙古高原为主),他的兄弟室点密可汗及其直系子孙则控制着今新疆及阿尔泰山以西的中亚草原地区。

室点密在创业之初曾亲率十大酋帅及其部落,计十万之

---

① 例如:"隋末,中国人多没于突厥。及突厥降,上遣使以金帛赎之。五月,乙丑,有司奏,凡得男女八万口。"(见《资治通鉴》卷一百九十三《唐纪九·太宗贞观五年》)在此,每个人究竟要支付多少丝帛和现钱才能赎回,史文并未记载,但是就被赎者多达八万来看,唐王朝为此付出的丝绸,恐怕至少要数十万段。

众,征讨西域诸地。他最早征服的西域大国之一当即位于今吐鲁番盆地的高昌国,时当公元554—555年。在此后的二三年间,室点密将位于今塔里木盆地的诸国相继纳入到了突厥势力的控制下;接着,便对突厥在西域的最大对手嚈哒展开了打击。

室点密之所以能顺利地击溃嚈哒政权,与当时的国际形势有着密切的关系。西亚的波斯萨珊王朝在531年继位的新王名叫库萨和。库萨和旋即进行了行政和军事改革,建立了拥有铁甲骑兵的军队,从而国力和军力大增。他雄心勃勃,旨在创建超过前辈的伟大业绩。因此,波斯的东方邻国,历年来始终与波斯冲突不断的嚈哒政权遂成为库萨和决定拔除的一颗"眼中钉"。

库萨和治政二十余年后,先是与西方的强大对手拜占庭签署和约,互不侵犯,然后再与刚刚兴起于中央欧亚的突厥结盟。于是,室点密与库萨和为了共同的利益结成了同盟。两国先是缔结姻亲关系——室点密答应把自己的女儿嫁给库萨和为妻;后则达成协议——两国共同击灭嚈哒之后,双方分享胜利果实,即瓜分嚈哒的全部领土。

室点密可汗率领突厥军队一路南下,攻取了阿姆河以北的嚈哒领土,嗣后再南渡阿姆河,继续向嚈哒的中心地区挺进,从而一举击溃了嚈哒的主力军,攻占了嚈哒的都城巴里黑(位于阿姆河上游的南岸)。另一方面,库萨和亲率的波斯军队也收获颇丰,他们主攻阿姆河之南,同样掠得了大片土地。按照两国事先的约定,无论各方夺取了多少嚈哒领土,除了金银财物归于自己之外,土地却是要如约分配的。因此,室点密可汗将阿姆河以南的嚈哒领土(包括都城巴里黑)都交给了波斯,突厥则占据了阿姆河以北的领地。

突厥远征军的大本营设在费尔干纳盆地(锡尔河中游地区)。库萨和在战事结束后,曾经前赴北方的费尔干纳,以与室点密的女儿完婚。两大强权的元首结成姻亲,欢庆胜利。时在558年稍前。

突厥与波斯以阿姆河为界,中分嚈哒领土之后,乘着大胜的余威,进一步向西扩张领土。约在562—567年间,扫荡了阿姆河以北地区的嚈哒残余势力之后,室点密继续清剿此前已被击溃的游牧部落阿瓦尔人(Avars)或所谓的"伪阿瓦尔人"(Ogor 人),迫使他们西奔,托庇于拜占庭。突厥人的形势一片大好。

然而,新形势也产生了新问题:嚈哒灭亡之后,形成了突厥、波斯两强直接毗邻的局面,这便导致了二者的摩擦和冲突,起因在于丝绸销售方面的利益出入。因为突厥人可以很方便地从东方的中国获得大量丝绸,从而转手卖给更西的民众和商人,牟取巨额利润。于是,他们就很希望拓展丝绸的销售市场;简言之,希望能在波斯境内直接销售丝绸。

室点密派遣了一个官方使团,其首领是积极活动在突厥政权上层的粟特商人马尼亚克(Maniakh)。但是,波斯人对于突厥在波斯境内自由贸易丝绸的要求,却推诿、搪塞,显然是不愿意让突厥人独享丝绸贸易的巨大利润,更想把对拜占庭的丝绸销售权控制在自己手里。最终,波斯人竟然采用了一个很不明智的方式来拒绝突厥人的要求:一个曾在嚈哒宫廷任职、后来归降波斯的嚈哒人卡图尔夫(Katulphs)提出建议,命人在各种公众场合,贬低突厥所售丝绸的质量,并且当众销毁,以使突厥人丧失在波斯销售丝绸的信心。于是"焚丝"事件迫使突厥使团在波斯民众的愤怒谴责声中怏怏回国复命。

第二章 丝绸输出的目的与影响

室点密可汗出于大局的考虑,并未对波斯采取报复行动,而是再派出一个使团,试图说服其开放市场。然而,波斯人竟然干出了一件更为骇人听闻的蠢事:他们在突厥使团成员的饮食中掺入了毒药,从而将大部分成员毒死。并且,波斯人还散布流言,声称这是因为突厥人不适应波斯的气候环境才猝然死亡的。事情发展到这一步,突厥和波斯的关系急剧恶化,不可能再成为"友邦"了。

室点密虽然没有立即对波斯采取激烈的敌视行动,却使用了另一种报复形式——改换盟友:他决定结好波斯的西方强邻拜占庭,共同对付波斯。这一策略既可以使得波斯因遭受拜占庭的牵制而无法东顾,从而减轻突厥的压力;另一方面也可以使得突厥直接开辟丝绸销往拜占庭的渠道,获取更大的利润。这个使团仍由经验丰富的粟特人马尼亚克率领。

突厥使团是沿着所谓的"草原丝绸之路"西行的,他们大体上是发自今伊塞克湖地区或费尔干纳盆地,那里是室点密统帅的突厥人的主要根据地;再沿着锡尔河西向,趋于咸海的北岸;再西行至里海的北岸,在伏尔加河下游渡河;然后南下,越过高加索山,从其南坡进入位于小亚细亚的拜占庭帝国。

突厥使团带去大批优质丝绸,作为馈赠给拜占庭人的礼品以及销售的商品。他们受到了热情的款待,罗马皇帝询问了有关突厥的许多情况。马尼亚克转达了室点密可汗的态度:突厥愿意与拜占庭缔结和平条约,建立友好同盟,对付共同的敌人。罗马人爽快地同意了两国建立同盟关系,并且表示,罗马一定会尽力对付突厥的敌国;另一方面,罗马人十分欢迎突厥输入丝绸,他们将支持突厥人在拜占庭境内的自由贸易。突厥的"更换盟友"策略获得了圆满的成功。

当时在位的罗马皇帝是查士丁二世(Justin II),他相当重视与突厥的关系,故旋即派遣了一个回访使团,随同归国的突厥使团一起前赴东方。罗马使团的规格非常高,首领是时任帝国东部诸省之总督的蔡马库斯(Zemarchus)。569年8月,蔡马库斯和马尼亚克等一行人离开拜占庭,前往突厥。

他们仍旧由"草原丝路"东行,经过多日的长途跋涉之后,来到由突厥人控制的粟特地区。突厥方面先是派遣了一些巫师,声称要为远道而来的客人们驱除身上沾染的邪气和恶魔。于是,巫师们围着罗马人及其行李转圈作法,念诵咒语;最后,要求拜占庭使臣们一一跨过浓浓燃烧的火堆,才宣布他们已经被"净化",仪式结束。

嗣后,罗马人被带往名为艾克塔(Ektag,义为"白山")的一座山中,那里是突厥可汗室点密的驻跸处。室点密在一个装饰得非常华丽的巨大帐篷中接见了蔡马库斯等人;蔡马库斯则代表罗马皇帝向可汗递交了国书,作了致辞。室点密在答辞中特别强调了这样的话:"罗马人的朋友即是突厥的朋友,罗马人的敌人即突厥的敌人。"这显然包含了突厥和拜占庭联合对付波斯的意思。

突厥人随后连续三天款待拜占庭使臣们,展示了豪华的起居和丰富的饮食,也营造了"突厥-罗马关系非常亲密"的氛围和舆论,以此打击波斯的士气。室点密旋即要求拜占庭使团在归国途中,由蔡马库斯率领二十名罗马人,随同突厥人一起征讨波斯。显然,这并非突厥真正需要这区区二十人来增强军事实力,而只要借助他们代表拜占庭的身份,向波斯人发出明确的信号。

于是,蔡马库斯及其属下随同突厥军队一起出发。当他们宿营于楚河流域的怛逻斯城(Talas)时,正好有波斯使者

第二章 丝绸输出的目的与影响

前来求见。室点密便邀请以蔡马库斯为首的罗马人一起参加宴会,故意对罗马人优礼有加,而对波斯人则冷淡之极。这令波斯使臣大为恼怒,最终拂袖而去。而这一结果却正是室点密所希望的,以便为他对波斯的征讨制造较好的借口。

为了进一步加强与拜占庭的友好关系,室点密可汗又派遣了一个使团随同蔡马库斯归国。使团的首领名叫达格玛(Tagma),官衔称"达干";当年的突厥使团首领马尼亚克的儿子也随团前往,地位仅次于达格玛达干。蔡马库斯等人加快速度,追上了在约定地点等候他们的其他使团成员。在他们西归的途中,阵营又不断地壮大,因为室点密辖境内的其他许多部落,也很希望与拜占庭直接交好,于是相继加入他们,形成了一支浩浩荡荡的队伍。

突厥与拜占庭的"蜜月"继续着。在蔡马库斯率团访问突厥之后,两国之间又有过许多次的交往。仅拜占庭遣往突厥的使团就有不少,如分别由阿南卡斯特(Anankhast)、优提齐乌斯(Eutychius)、赫罗第安(Herodian)、保罗(Paul)和瓦伦丁(Valentin)等人率领的使团。其中有的人还不止一次地出使突厥,如瓦伦丁就曾再度赴突厥。至于突厥方面,则除了由汗庭直接派遣使团前赴拜占庭以外,其辖境内的其他部落也都曾相继派遣过不止一次的使团。另一方面,当罗马使臣返回拜占庭时,总是会随团带来不少突厥使节或突厥商人。因此,当时沿着咸海、里海北岸,横贯中央欧亚地区的"草原之路"是非常繁荣的。

拜占庭皇帝提比利乌斯(Tiberius)继位后的翌年,即576年,皇室侍卫瓦伦丁奉旨率团前赴突厥。当时,随他一起东行的还有一百零六名突厥人,而他们即是历次西使拜占庭的突厥使团中滞留在那里的成员。瓦伦丁跋山涉水,经过长途的水路和陆路行程后,见到的第一位突厥高级首领名为咄陆设(Turxanthus),他即是主宰西方的突厥可汗室点密的儿子。当时,室点密刚去世不久,所以突厥汗国西部地区的统治大权分别由室点密的两个儿子掌控,一名咄陆设,一名达头(Tardu)。

瓦伦丁出使突厥的目的主要有两个:一是向突厥通报罗马新帝提比利乌斯的继位,二是重申拜占庭与突厥的同盟关系,特别强调数年前室点密可汗之"罗马人的朋友即是突厥的朋友,罗马人的敌人即突厥的敌人"清楚承诺,显然希望突厥人坚定地与拜占庭合力对付波斯。嗣后,瓦伦丁一行参加了室点密的葬礼。突厥人为了志哀,有劐面的习俗,即是用小刀划破自己的脸庞,使之流血。瓦伦丁为了顾全大局,下令罗马使团的全体人员都得在仪式举行时"劐面"。几天后,罗马人还参加了室点密丧礼中的人殉仪式。四个被抓来的异族俘虏和室点密生前最宠爱的几匹坐骑作为殡葬的牺牲,被一起杀死在室点密的墓前。室点密的丧葬仪式结束之后,咄陆设便安排瓦伦丁一行前赴东方的据地,去会见其他突厥首领,特别是室点密可汗的另一位儿子达头可汗。

室点密死于576年,此后约三十年间,西部突厥的主要掌控者即是他的儿子达头可汗。579年,萨珊波斯的国王库萨和去世,其子霍尔密兹德四世(Hormizd IV)继立。这位波斯国王的绰号为"突厥女之子",因为他的母亲即是库萨和早年与突厥结盟,共击嚈哒时所娶的室点密可汗的女儿。按亲属关系论,波斯新王霍尔密兹德与突厥西部统帅达头可汗是真实的"外甥-舅舅"关系,非常亲近。但是,波斯与突厥的国家关系却远非如此。588—589年时,双方便爆发了激烈的战争。

第二章 丝绸输出的目的与影响

波斯同时遭到了三方面的进攻。突厥的大军从东方入侵,号称三十万之众,不过实际上或许至多十万而已。统军的主帅似乎并非土著的突厥人,而是出身于粟特的一位高级将领,名为昭武(Schaba)。因此,这支军队中很可能只有少量的突厥将士,而大部分是受控于突厥的粟特地区的军人。这支军队在开初时进展得非常顺利,跨过阿姆河后,迅速占领了巴达赫尚(Badakhshan),即是北界阿姆河上游、南界兴都库什山的一大片地区(今阿富汗之东北部)。随后又向西挺进,占据了赫拉特(Heart,今阿富汗之西北部)。

在此同时,拜占庭军队穿越叙利亚的沙漠地区,进击波斯的西部边境。与之配合作战的,还有拜占庭帝国多年来的忠诚盟友,活动在南俄与里海地区的半游牧部落可萨人(Khazars)或可萨突厥人,他们的酋帅亲率大军,从高加索山方向对波斯的北方边境施压,居然夺取了位于里海西岸中部的战略要地杰尔宾特(Derbent),大肆掳掠、烧杀。杰尔宾特依仗着高加索山险峻的地形,自古以来就是具有重要战略地位的要塞,号称"里海之门"。波斯更是将它作为阻遏北方"野蛮人"入侵的坚固堡垒,不断修缮其防御工事。因此,杰尔宾特的被攻破,对于波斯帝国来说,其震惊和失败感之强烈是可想而知的①。

在随后的岁月里,突厥、波斯、拜占庭之间还发生过或大或小、或胜或败的战事,在此不再细述。不管怎样,突厥室点密系(西部突厥)与拜占庭的"战略伙伴关系"一直持续了数

---

① 上述突厥、波斯、拜占庭三强之间的各种联合与纷争,可主要参看 6 世纪末拜占庭史家弥南德(Manander)撰写的《希腊史》残卷,汉译文见张绪山译、[英]裕尔撰、[法]考迪埃修订《东域纪程丛录》附录 VIII《弥南德〈希腊史残卷〉所记突厥和拜占庭帝国的交往》,中华书局,2008 年,第 167—180 页。

十年,至少,到6世纪末,双方还存在着友好的交往:598年,突厥使臣抵达拜占庭,向毛里斯皇帝递交了突厥可汗的国书。可汗自称为"七姓大首领,七国之主人",语气颇为自豪。国书中谈及了突厥汗国建立四五十年来在西方取得的种种战绩,当是以"盟友"身份向罗马人通报形势。而这封国书的主人便是当时声威极盛的室点密可汗之子达头可汗。

欧亚大陆上这数十年间的东西交往和经济、政治、军事斗争,都是通过"丝绸之路"进行的;而导致这些巨变的最初诱因,则是中国盛产的丝绸!

第二个事例是唐朝与回纥的所谓"绢马交易"。这一术语是现代学者创造的,意指古代中原王朝用丝绸与域外游牧人交换马匹,从而构成贸易关系①。

不过,若具体分析一下众多的丝、马交换关系,便能发现,在大多数情况下,其实不能视作现代经济学意义上的"贸易",因为作为交换的两种物品的价值,往往悬殊得十分离谱。在此则简单地介绍一下这类现象,尤其是以唐朝安史之乱后的"绢马交易"为例,并且分析它所产生的影响。

安禄山作乱之后,导致唐政权迅速丢失半壁江山,玄宗避祸蜀中,肃宗临危受命,借助游牧人回纥的强悍军力,最终收复两京,平定叛乱。唐廷"复兴",回纥自然功不可没,于是,给予他们大量赏赐,中国巨额的丝绸因此流出,也就成为必然。另一方面,中原地区经过酷烈的战争,元气大伤,包括战马在内的战争物质因而匮乏,乃是实际情况②。所以,此时

---

① "绢马交易"术语始创于日本学者松田寿男的《绢马交易觉书》(载《历史学研究》6卷2号,昭和十一年一月),亦见其《绢马交易に関する史料》(载内陆アジア史学会《内陆アジア史论集》第一卷,大安,1964年)。
② 例如,安史之乱前,唐廷尚有战马三十余万匹,但是数年之内,到肃宗继位时,却已剩下数万匹。

第二章 丝绸输出的目的与影响

的唐政权确有必要添置战马,而幅员辽阔的回纥汗国,也就成了战马的主要来源;中原用以换马的丝绸遂源源不断地输出。

导致中原丝绸大量流出的重要原因,除了越来越多的域外马匹(主要是回纥马)输入中国之外,更因为马的单价远远高于从前。例如,唐太宗时代的马价是一缣易一马,但是相隔一百数十年,到了安史之乱以后的时期,马价则上涨到了每马十匹缣,乃至四十匹。而唐廷之所以用如此高价"收购"回纥马,也是出于无奈之举,因为回纥有大功于唐政权的"中兴",所以这实际上是奖赏,而非真正的贸易。

《新唐书》称:"时回纥有助收两京功,代宗厚遇之,与中国婚姻,岁送马十万匹,酬以缣帛百余万匹。而中国财力屈竭,岁负马价。"[①]这与北朝末期北周每年赠送突厥的十万匹丝绸相比,不啻大巫与小巫相较了。《资治通鉴》的一段记载,更体现了唐朝廷在这方面的无奈和深受其累:"回纥自乾元以来,岁求和市,每一马易四十缣,动至数万匹,马皆驽瘠无用。朝廷苦之,所市多不能尽其数。回纥待遣、继至者常不绝于鸿胪。至是(773年),上欲悦其意,命尽市之。秋,七月,辛丑,回纥辞归,载赐遣及马价,共用车千余乘。"[②]

唐廷为了"报恩"——或者毋宁说是迫于回纥军事强势的威慑力——而无奈地用大批丝绸换取回纥之无用马匹,这种极不公平的"交易"当然使得唐政权的经济遭受了巨大的损失,严重地影响了其国计民生。有关这点,唐代著名诗人白居易的《阴山道》诗很能说明问题:

---

① 见《新唐书》卷五十一《食货志一》,中华书局标点本,1975年,第1348页。
② 见《资治通鉴》卷二百二十四《唐纪四十·代宗大历八年》,中华书局标点本,1956年,第7221页。

阴山道,阴山道,纥逻敦肥水泉好。每至戎人送马时,道旁千里无纤草。草尽泉枯马病羸,飞龙但印骨与皮。五十匹缣易一匹,缣去马来了无日。养无所用去非宜,每岁死伤十六七。缣丝不足女工苦,疏织短截充匹数。藕丝蛛网三丈余,回纥诉称无用处。咸安公主号可敦,远为可汗频奏论。元和二年下新敕,内出金帛酬马值。仍诏江淮马价缣,从此不令疏短织。合罗将军呼万岁,捧授金银与缣采。谁知黠虏启贪心,明年马来多一倍。缣渐好,马渐多,阴山虏,奈尔何!①

诗中"养无所用去非宜"语,清楚地道破了唐与回纥"丝绸-马匹"交易的"非贸易性";而"缣丝不足女工苦"、"内出金帛酬马值",以及"缣渐好,马渐多"诸句,则形象地展示了中原的官、民均因这种方式的丝绸输出而苦不堪言的状态。所以,唐与回纥的"绢马交易",即使从全局看或长远看,有着相当的积极意义,但是就当时对于唐政权的经济和民众而言,却有着莫大的负面影响。

---

① 见《全唐诗》卷四百二十七《白居易四·阴山道》,中华书局点校本,1960年,第4705页。

第三章　和亲——强权间的政治斗争工具

古代的"和亲",大体上是指拥有很大权势的家族之间,尤其是各政权之间,为了各自的政治或经济利益,通过结成姻亲的方式,形成形式上的联盟。就史载的"和亲"事例来看,它们大多发生在中原政权与域外胡人之间,而这些胡人又以"北胡"为主。撰于宋代的《册府元龟》曾归纳前朝的和亲史实道:

> 戎狄之国世为边患,礼义不能革其贪,干戈不能绝其类。故上自虞夏商周,固不程督,虽有穷兵追击,而亦亡失略等,所谓兽聚鸟散,从之如搏景者也。是以圣人用权变之道,远御不绝而已。汉高始纳奉春之计,建和亲之议,岁用絮缯酒食奉之,非惟解兵息民,亦欲渐而臣之,为羁縻长久之策耳。高后、文帝,至于宣、元,皆用是道,故得呼韩朝于北阙之下。及魏道武读汉史,至"欲以鲁元妻匈奴",为之掩卷太息,于是以诸女皆釐降于宾附之国。此乃深识从权济时之略焉。《易》曰"惟几也,故能成天下之务",其是之谓乎![1]

---

① (宋)王钦若等《册府元龟》卷九七八《外臣部二十三·和亲一》,中华书局影印版(12册),1960年,第11486页上。

在此要表达的意思是:正是因为自古以来,中原王朝对于"戎狄"的边境骚扰始终无可奈何——道理讲不通,杀又杀不尽——所以只能采取"权变之法",也就是用物质贿赂,以换取暂时的安宁。至西汉高帝时,鉴于北胡匈奴过于强势,所以更采纳了娄敬(刘敬)的建议,把皇帝的女儿嫁给匈奴的首领,并且长期赠送大量的丝绸、财物,美其名曰"和亲"。高祖之后的多代帝君也都采用此法,从而导致后来匈奴呼韩邪单于臣服于汉。和亲之法实在是治国的良策呀。

《册府元龟》这类"和亲能够博和平,服夷狄"的说法对于后世有很大的影响,乃至现代学者也多对此褒多贬少,认为它有利于缓和中外矛盾,有利于民众休养生息。然而,历代诸政权间的和亲缘由,实际上并不那么单纯,它所导致的结果和影响,也并不总是利多弊少。本章就此问题略作辨析,以更真切地展示"中国"与"北胡"的关系[①]。

一、旨在缓解强敌寇侵的和亲

按照现存的史料记载,"和亲"之始是在西汉第一代帝君汉高祖的执政时期。不管实际情况如何,我们先从这一实例开始考察。

公元前3世纪的最后十年内,正值秦王朝末期,楚、汉逐鹿中原,以及西汉初建,社会经济残破,国力空虚之时,故而以蒙古高原为主要根据地的匈奴游牧人勃然兴起,在冒顿单于的统率下,东征西讨,南征北战,控弦之士数十万,非但称雄于漠北,还有南下觊觎中原之心。高祖六年(前201年)

[①] 有关古代中外和亲问题的论述,可参看笔者旧文《古代"和亲"利弊论》,载《史林》1997年第2期,第5—17页。

第三章 和亲——强权间的政治斗争工具

秋,匈奴大举进攻马邑,马邑守将韩王信降,匈奴遂引兵南攻太原,抵达晋阳。翌年冬,高祖御驾亲征,却中了冒顿的诱敌之计,乃至被围于平城的白登山①。无奈之下,陈平往见冒顿之妻(匈奴称"阏氏"),声称汉廷已准备将绝色美女献给单于,以换取匈奴之撤围。而冒顿日后必定宠幸中原美女,疏远阏氏,故不如请阏氏先说动单于解围,以免中原美女被单于所得。陈平巧妙地利用了阏氏的妒忌心理,才使得被围七日的高祖侥幸脱险②。

正是在"冒顿单于兵强,控弦四十万骑,数苦北边,上患之"的形势下,娄敬才建议"和亲"的。他要高祖把自己的亲生女儿(吕后所生),即所谓的"嫡长公主"嫁给匈奴单于,并且每年馈送大量财物,以求暂保边界安宁。对此举措的效果,娄敬作了最乐观的估计:"彼知汉女送厚,蛮夷必慕;以为阏氏,生子必为太子,代单于。……冒顿在,固为子婿;死,外孙为单于。岂曾闻外孙敢与大父抗礼哉?可毋战以渐臣也。"③

显而易见,娄敬(后被高祖赐姓刘,故亦称刘敬)为了说动高祖同意和亲,已经尽其所能描绘了美好的前景。然而,其中却包括了许多不确定因素:长公主嫁单于之后,一定能成为"第一夫人"——阏氏?她一定能生儿子?若生儿子后,一定能继位为单于?即使为单于后,一定能不与外祖父对抗?又,娄敬既知匈奴"未可以仁义说也",又怎能要求他们日后一定遵守中原汉人的传统道德礼仪?

如此等等的问题,表明娄敬所言之"利",恐怕不过是一

---

① 事见《史记》卷一百十《匈奴列传》,中华书局标点本,1959 年,第 2894 页。
② 《史记》卷五十六《陈丞相世家》"集解"引桓谭《新论》,第 2057—2058 页。
③ 语见《汉书》卷四十三《刘(娄)敬传》,中华书局标点本,1962 年,第 2122 页。

厢情愿和自我安慰而已。其实质只是以中原皇帝的嫡生女儿为人质,以保证每年有大量财物贿遗匈奴;此外,匈奴也足以利用这层"亲谊关系",增强自己在域外诸国中的政治地位。从娄敬在献计前就估计到"恐陛下不能为",以及高祖最终只"取家人子为公主,妻单于"这些事实来看,这次和亲只是勉为其难的无可奈何之举,将它视之为中原王朝屈辱性的权宜之计,一点也不过分。

再看这次和亲的实际效果。高祖以宗室女为"长公主",遣娄敬赴匈奴结和亲,时在九年(前198年)冬天。由于冒顿得到了大批絮、缯、酒、米、食物,并与汉"约为昆弟",故稍为收敛扰边之举。不过,匈奴仍然支持叛奔匈奴的中原诸侯,以致中原王朝的北方边境依然得不到安宁。

高祖于十二年(前195年)四月去世,惠帝继位,而实际掌权者则是其母吕后。此时距初建和亲之日不过数年,但冒顿单于的咄咄逼人之势却暴露无遗。他致书吕后,公然调戏侮辱,竟称:你无丈夫,我今独居,不如两相结合,互通有无。吕后本非懦弱之辈,却在权衡利弊得失之后,居然低声下气地复以一信,自谓"年老体衰,发齿堕落,行步失度",因此不足以配单于;另外再赐御车二乘、马二驷,表示敬意①。而惠帝三年(前192年)春"以宗室女为公主,嫁匈奴冒顿单于"的和亲,便是在这一背景下进行的。中原朝廷如此忍辱负重,充分显示出其"和亲"乃是万般无奈之下的"国策";同时也表明,匈奴始终保持着强大的军事压力,完全没有对中原王朝真正地执"昆弟"或"子婿"之礼,甚至依然寇侵不断。

在此后的十年中,相对而言,北方边界较为宁静,但是至

---

① 《汉书》卷九十四上《匈奴传上》,第3754—3755页。

第三章 和亲——强权间的政治斗争工具

吕后五年(前183年)以降,则又见匈奴寇边的记载:高后五年九月,汉发兵北地备胡;六年六月,匈奴寇狄道,攻河阳;七年十二月,匈奴寇狄道,略二千余人。

可以推测,正是在这样的背景下,汉文帝才于继位(前180年)后即与匈奴再修和亲。然而,匈奴的右贤王却在三年五月又入侵河南地,杀掠吏民,肆意盗寇。文帝责备匈奴不守旧约,一面接受汉廷的厚重馈赠,一面寇侵汉地,骚扰边民,于是下令发兵击匈奴,丞相灌婴亲率八万车骑,将匈奴右贤王击退出塞。翌年,单于致书文帝,表示愿意接受此前汉廷提出的和亲建议;同时,则宣告西域二十六国已为匈奴所得,"诸引弓之民,并为一家",显然兼含威慑之意。文帝征询大臣们的意见后,认为匈奴新破月氏等,势力正盛,不可与之战,遂定和亲之策,以诸侯王之女为公主,遣宦者中行说前赴匈奴结和亲[1]。

然而,汉王朝并未因此获得真正的和平,其时匈奴仍旧频繁侵盗北方边境,文帝不得不大量增加戍边军队,从而导致当地的粮食供应不足[2]。至十四年(前166年)冬,匈奴老上单于更率十四万骑大举入寇,攻朝那、萧关,杀北地都尉,侯骑直抵雍甘泉。此事令文帝不胜恼怒,乃至竟欲御驾亲征。匈奴人在塞内逗留一月有余,始被汉军逐出[3]。此后边患不断,汉王朝疲于边境守备。

史载文帝后元二年(前162年)六月又与匈奴和亲,这是再一次屈辱的"城下之盟"。《通鉴》载云:"匈奴连岁入边,杀

---

[1] 见《史记》卷一百十《匈奴传》,第2895—2896页。
[2] 见《史记》卷三十《平准书》,第1419页。
[3] 见《资治通鉴》卷十五《汉纪七·文帝前十四年》,中华书局校点本,1956年,第497—498页。

略人民、畜产甚多;云中、辽东最甚,郡万余人。上患之,乃使使遗匈奴书。单于亦使当户报谢,复与匈奴和亲。"①又,文帝宣布和亲的诏书称:"间者累年,匈奴并暴边境,多杀吏民。……夫久结难连兵,中外之国将何以自宁?今朕夙兴夜寐,勤劳天下,忧苦万民,为之恻怛不安,未尝一日忘于心,故遣使者冠盖相望,结辙于道,以谕朕志于单于。今单于返古之道,计社稷之安,便万民之利,新与朕俱弃细过,偕之大道,结兄弟之义,以全天下元元之民。和亲以定,始于今年。"②

显然,文帝后元二年的和亲,也是迫于匈奴的频繁寇侵,才不得已而为之的。"使者冠盖相望,结辙于道",一方面描绘了中原使者接二连三出使匈奴的"盛况",同时也暗示了汉廷急于求和的焦急心理。此时,究竟哪一方处于外交上的劣势,自不待言。翌年,老上单于卒,其子军臣单于立,汉廷便与之再结和亲。然而,匈奴似乎并未如文帝诏书所言,"返古之道",就在军臣单于继位后岁余(后元六年),即绝和亲,大举进犯上郡、云中,杀略甚众,迫使汉军调兵遣将,赶赴边境,甚至调集三军而保卫京师,事态之严重可见一斑。

景帝继位后,于元年(前156年)遣御史大夫青翟赴代下与匈奴和亲;次年秋天也有和亲之举;五年(前152年),遣公主嫁匈奴单于;中元二年(前148年),因匈奴入寇燕地,故绝和亲;中元六年(前144年)六月,匈奴大举侵犯上郡;后元二年(前142年),匈奴又寇雁门。总的说来,景帝在位的十五年间,仍与匈奴保持着传统的"和亲"关系:通关市,赠财物,遣公主。匈奴寇边侵扰的程度虽较文帝时代有所缓和,但仍不能完全保持和平往来。

---

① 见《资治通鉴》卷十五《汉纪七·文帝后元二年》,第504页。
② 见《汉书》卷四《文帝纪》,第129页。

第三章 和亲——强权间的政治斗争工具

至于武帝继位(前141年)之初,则也承袭先辈旧制,"明和亲约束,厚遇亲市,饶给之"。然而匈奴却得寸进尺,依然频岁扰边,武帝在元光元年(134年)对朝臣们所说的一番话足以体现这一点:"朕饰子女以配单于,币帛文锦,赂之甚厚,单于待命加嫚,侵盗无已,边境数惊,朕甚悯之。"① 是知若一味迁就求和,反而会助长对方有恃无恐的嚣张气焰。

基于上引史实,我们不难看到,由汉高祖首倡,经惠帝、高后,延续至文、景时代的"和亲"之策,只是在敌强我弱情况下,中原王朝不得已而为之的权宜之计,是带有屈辱性的缓兵之计,其效果只是获得短暂的喘息机会,或者稍为减轻受到侵扰的程度;而其代价,却是大量金银财帛的流失,以及国际地位的降低,并且,很可能诱发对方更强烈的欲望,反而强化了境外诸族以武力相威胁的信念。

如果说,汉初诸帝由于和亲而减少了对外的军事活动,从而赢得时间,搞好了国内建设,那么,文帝时代贾谊的一番陈说,也足以揭示出这种"和亲"也还有不少负面影响:"今匈奴嫚侮侵掠,至不敬也,为天下患,至亡已也,而汉岁致金絮采缯以奉之。夷狄征令,是主上之操也;天子共贡,是臣下之礼也。足反居上,首顾居下,倒县如此,莫之能解,犹为国有人乎?……今西边、北边之郡,虽有长爵不轻得复,五尺以上不轻得息,斥候望烽燧不得卧,将吏被甲胄而睡。……陛下何忍以帝皇之号为戎人诸侯,势既卑辱,而祸不息,长此安穷!"②

贾谊作为"和亲"政策实施最盛时期的同时代政治家兼学者,应该能够掌握足够的事实,其见解也不致有太大失误。

---

① 见《汉书》卷六《武帝纪》,第162页。
② 见《汉书》卷四十八《贾谊传》,第2240—2241页。

由此看来,西汉初期与匈奴的这些"和亲",至多利弊各半而已。后世有些学者对它的过高评价,似乎并不适宜。

二、旨在招徕和嘉奖域外"忠臣"的和亲

在敌强我弱的情况下,和亲往往是被迫的,所以一旦形势改观,中原朝廷通常就会拒绝和亲,或者故意大幅度提高和亲的难度。自从汉武帝继位之后,这类现象在汉-匈关系中体现得很清楚。当时,汉朝的经济状况已经大为改善,乃至粮食因久积而腐烂,铜钱多得无法清点,这导致汉朝政客对和亲的态度迥异于前。

元光元年(前 134 年),汉武帝正是鉴于和亲未能有效地制止匈奴寇边,才赞成王恢的意见,在马邑伏兵,诱击匈奴。此举虽因事先泄漏消息而未成功,但却开始了中原王朝有异于传统的和亲态度与和亲方式。例如,汲黯经常向武帝进言,建议和亲,不要交战,但是武帝由于军事征战相当成功,故不纳其言[①]。在卫青、霍去病等率军穷追单于,斩首十余万级之后,匈奴请和亲。博士狄山极言和亲之利,能息战安民,武帝则令他守一边境要塞,以试匈奴能否安分守己。结果,狄山在一个多月后,却被入侵的匈奴斩首而去[②]。匈奴在受到沉重的军事打击后,用赵信计,求和亲,汉廷则要求对方"为外臣,朝请于边",从而和亲未成。元封四年(前 107 年),杨信出使匈奴,提出和亲须"以单于太子为质于汉"的要求,单于认为此议与旧约相背,故未允诺[③]。如此等等,均表明在

---

① 见《汉书》卷五十《汲黯传》,第 2319、2320 页。
② 见《史记》卷一百二十二《酷吏列传·张汤传》,第 3141 页。
③ 见《汉书》卷九十四上《匈奴传上》,第 3771、3773 页。

大形势变化的情况下,汉廷对和亲的态度和要求也发生了巨大变化。

然而,这并不表明中原王朝不再使用和亲这一"武器",而只是和亲的目的改变罢了。元帝竟宁元年(前33年),匈奴呼韩邪单于亲赴中原朝觐,提出和亲要求;汉廷便允许他成为汉家之"婿",娶了千古闻名的王昭君。严格地说,这根本不是当初娄敬所谓的"和亲"。因为王昭君(字嫱)只出身于民间,经"选秀"而入后宫,成为帝君的后备嫔妃;由于多年未能获得"君宠",才被元帝"赐"给呼韩邪单于为妻,以奖励他对汉朝的"忠诚",使之成为更好的"忠仆"。

王昭君既非王室成员之女,更非帝君的亲生女儿"嫡长公主",只是被帝君忽视的失宠秀女而已,所以她与匈奴单于呼韩邪的和亲婚事,几有儿戏的成分在内①。尽管如此,呼韩邪单于仍然表现得欣喜异常,感恩戴德地上书"愿保塞上谷以西至敦煌,传之无穷"。那么,其原因何在呢? 简言之,是因为如今的形势已是"敌弱我强"了。

呼韩邪单于本名稽侯珊,是为虚闾权渠单于之子,但是在其父亲死(宣帝神爵二年,前60年)后,他的继位权却被右贤王屠耆堂夺去,迫使他投奔左地的岳父处避难。此后,他被左地部落拥戴为单于,遂与占据右地的握衍朐鞮单于(即屠耆堂)展开争斗。呼韩邪虽然迫使握衍朐鞮自杀,但他在随之而起的群雄(五单于)争霸后,却面临着"死者以万数,畜

---

① 《后汉书》载云:"昭君字嫱,南郡人也。初,元帝时,以良家子选入掖庭。时呼韩邪来朝,帝敕以宫女五人赐之。昭君入宫数岁,不得见御,积悲怨,乃请掖庭令求行。呼韩邪临辞大会,帝召五女以示之。昭君丰容靓饰,光明汉宫,顾景裴回,竦动左右。帝见大惊,意欲留之,而难于失信,遂与匈奴。"见《后汉书》卷八十九《南匈奴列传》,中华书局标点本,1965年,第2941页。

产大耗什八九,人民饥饿,相燔烧以求食"①的糟糕局面。旋即自立为郅支单于的左贤王呼屠吾斯又击败呼韩邪,占据单于庭。陷入如此困境的呼韩邪,只有借助中原汉王朝的力量,才能恢复其统治。于是,他率部南下,依附于汉朝边塞,先是遣其儿子和弟弟赴中原朝谒,此后又亲自数次朝汉。他在竟宁元年来朝,正是郅支单于被汉将甘延寿与陈汤击杀后三年。

不难想见,呼韩邪单于对郅支的被诛,一方面固然因最大政敌被除而感到高兴,另一方面也不无兔死狐悲的恐惧之感:如若日后自己也得罪汉廷,那么下场必与郅支相差无几。由此可见,呼韩邪"愿婿汉氏以自亲"的请求、"愿保塞上谷以西至敦煌,传之无穷"的誓言,以及赋予昭君"宁胡阏氏"的称号,都带有取媚于汉的意图。面对这样的"大好形势",元帝已无必要再如其祖先那样诚惶诚恐地与匈奴或其他域外强权"和亲"了。所以,汉帝以昭君嫁呼韩邪,最初不过是"赐宫女"的形式,嗣后对外宣示的"和亲",一是为了笼络和安抚呼韩邪单于,二是增强呼韩邪单于的"政治资本",利于他更方便为汉廷效劳。

汉唐期间,类似"嘉奖"性质的和亲不止王昭君一例。如,西域小国楼兰所立的新王安归,听从匈奴的反间计,不仅不奉召入朝汉廷,并还屡次截杀中原王朝的往返使者,其弟尉屠耆则归降汉朝,告发了所有内情。大将军霍光遂于元凤四年(前 77 年)派遣傅介子前赴楼兰,伺机刺杀其王。傅介子以赏赐金帛为名,来到楼兰,假意与安归欢饮,乘其醉而刺杀之。于是,汉立尉屠耆为王,改国名为"鄯善",并赐宫女做

---

① 语见《汉书》卷八《宣帝纪》,第 266 页。

尉屠耆的夫人,备车驾,丞相亲率百官为之送行①。举行的仪式貌似隆重,实质上只是通过武力扶植一个亲汉政府。这里所结的婚姻关系,类似于日后元帝将王昭君赐予呼韩邪,不过是对尉屠耆"忠心"的一种奖励,对于两个政权间的关系并无重大影响。

又,隋炀帝继位之后,有志于"扬威异域",故采纳裴矩之策,一方面以重金厚利招诱西蕃诸国前来"朝贡",另一方面则击破吐谷浑,拓地数千里,派兵驻守,从而威慑诸国。高昌的麴氏王朝正是在隋廷这种"恩威并举"政策的驱使下,于大业四年(608年)遣使贡献,炀帝十分满意,赏赐很多。翌年,高昌王麴伯雅亲自入朝,并追随炀帝征讨高丽,在中原逗留二三年之久。麴伯雅的这些作为,已充分体现出一个"忠臣"的形象,故而得以尚杨氏的宗室女华容公主,于大业八年"荣归故里"。麴伯雅归国之后便下令全国人民"解辫削衽",以同华化,表示他对于中原文明的向慕之心,亦即对大隋的忠贞之心②。

以上诸例表明,在中原政权强大、域外势力较弱的情况下,中原王朝也会进行某些和亲。不过,这类和亲的规模、等级都要稍差;并且,其目的也大体上只是对域外"忠仆"的笼络或嘉奖;而它们对于整个国际形势的影响并不很大。

三、旨在离间域外诸部的和亲

古代的中原王朝经常与域外诸部发生利害冲突,尤其是

---

① 事见《汉书》卷九十六上《西域传上·鄯善国传》,第3878页。
② 事见《隋书》卷八十三《西域传·高昌传》,中华书局标点本,1973年,第1847—1848页。

当境外兴起强大的"夷狄"政权之时,更是如此。中原朝廷有时采取比较消极的妥协政策,以保暂时的安宁;有时则采取主动出击的积极战略,不仅旨在保证边境宁静,也进一步谋求在域外扩张势力。综观各类史实,无论是消极妥协还是主动出击,似乎都将"和亲"作为一种重要的手段。本节将探讨作为中原王朝"主动出击"形式的和亲。

一个典型例子见于汉武帝与乌孙的结姻,这个设想最初由张骞提出。张骞在出使西域后,了解到现居匈奴西侧的乌孙(相当于今伊犁河流域一带)早先与大月氏一样,也是敦煌、祁连间的一个小国。由于乌孙最近不肯臣属于匈奴,与之发生冲突,故张骞建议武帝以丰厚的馈赠与结和亲的方式招诱乌孙东返故地,听命于汉,从而"断匈奴右臂",削弱匈奴的力量。武帝采纳了这一建议,立即拜张骞为中郎将,带着三百人,牛羊上万头,并赍金银丝绸价值数千万,前赴乌孙及其旁诸国①。

起初,乌孙王昆莫并未接受汉廷提出的乌孙东居故地,汉则遣公主为夫人,结为昆弟,共拒匈奴的建议,因为他一方面不太了解汉朝此时的实力大小,另一方面国内亲匈奴的势力很强,所以只是虚与委蛇。直到匈奴得知乌孙接待汉使,恼怒而欲发兵"惩戒"时,乌孙才生恐惧之心,遣使赴汉,愿尚公主,以增强对付匈奴的实力。最终,武帝以江都王刘建之女细君为公主,遣嫁乌孙王昆莫,同时赠送大量舆服御物,并有宦官侍御数百人②。

汉廷不惜重金,不远万里地与乌孙和亲,其意图十分明确,即是实施"远交近攻"或"以夷制夷"之策,以共同对付头

---

① 《汉书》卷六十一《张骞传》,第2692页。
② 《汉书》卷九十六下《西域传下·乌孙国传》,第3901—3910页。

号强敌匈奴。那么,其效果如何呢?事实上,乌孙王昆莫在与汉廷结姻的同时,也接受了匈奴的"和亲":以细君为右夫人,以匈奴单于之女为左夫人。所以乌孙从一开始就并未与中原王朝结成真正的反匈奴同盟。细君去世后,汉再以楚王刘戊之孙女解忧公主嫁乌孙王岑陬。解忧公主与乌孙王在昭帝、宣帝时均曾上书汉廷,声称匈奴大军侵击乌孙,亟盼中原方面派兵救援,乌孙自己则也愿发全国的一半精兵(五万骑),共同抗御匈奴。朝廷同意此议,嗣后便发大军十五万,五位将军分道而出,颇有斩获,时在宣帝本始三年(前71年)。

这次战役,乃是汉与乌孙和亲数十年来,携手对付匈奴的最大一次军事行动。此战过后,匈奴方面固然民众与牲畜死伤、逃离、被掠者多得不可胜数,从此衰落下去,但是中国大动干戈,调发大军十余万,分兵五路,深入敌后一二千里,其代价也不小;至于乌孙方面,只出兵五万,却趁机大肆掳掠,仅牛马羊等牲畜一项,就获七十余万头。所以,与其说是汉廷与乌孙联手合击匈奴,倒不如说是汉朝庇护乌孙,不但使之免遭匈奴侵犯,还让它"借光"而获利无数。这一效果与当初武帝和亲时的目的相去甚远。

元康二年(前64年),乌孙王要求再尚汉公主,当时的大鸿胪萧望之便认为"乌孙绝域,变故难保,不可许";后来又再次指出:"乌孙持两端,难约结。前公主在乌孙四十余年,恩爱不亲密,边境未得安,此已事之验也。"萧望之作为执掌对外事务的首席长官(大鸿胪),说出这番话来,肯定有其充分根据。那么,我们便不难判断,旨在谋求"离间"域外诸部的"和亲",其利弊究竟各占几分。如果再考虑到数十年内因和亲而从中国源源不断运出的丝绸金银等物,则中原王朝所获之利似乎更少。

旨在分化瓦解敌对势力的"和亲"在隋朝表现得比较突出。例如,当居于突厥北方的小可汗突利向隋廷求婚时,隋文帝便以同意和亲为条件,要突利先设法除去曾在北周时期降嫁突厥的千金公主(此时号"大义公主"),因为她当时对隋政权心怀不满。在大义公主被谮杀后,隋廷又欲离间突厥,令大可汗都蓝与突利这两个堂兄弟互相猜疑,因此故意特别优待突利可汗,将宗女安义公主嫁给他,并且频繁派遣使臣。都蓝果然大为反感,为自己这个"大可汗"反而不及小可汗突利而愤愤不平,以致断绝朝贡,数为边患[①]。

此后,隋廷连年出动大军,打击犯边的都蓝可汗;另一方面,为了扶植亲隋的突厥政权,还派兵保护被都蓝打得落花流水的突利可汗(后被拜为"启民可汗"),在河南划出大片地区供他的部落居住。尽管启民可汗表现出感激涕零的样子,发誓要"千世万世,长与大隋典羊马",但是真正击败与中原王朝为敌之突厥部落的,主要还是隋朝的大军;同时,面对如此驯服的"夷狄",中原君主,特别是好大喜功的隋炀帝,还毫不吝惜地赐给启民可汗大量丝绸、钱物。所以,这次出于离间域外势力之目的的和亲,似乎并未给中原王朝带来很大的利益。

西突厥的处罗可汗(604—611 年)本来已经表示愿意仿效东部突厥的启民可汗,向隋称臣,并且确实友好地遣使朝贡。然而,炀帝在大业六年(610 年)向西巡游时,却仅仅因为处罗可汗没有爽快地答应前来大斗拔谷迎拜他,便大发雷霆,采纳裴矩之计,断然动用"和亲"武器,允诺射匮可汗,只

[①] 事见《隋书》卷八十四《北狄传·突厥传》,中华书局标点本,1973 年,第 1871—1872 页。

要他发兵诛灭处罗,便可立为大可汗,并尚公主。尽管此举最终取得完全成功,但是"和亲"在此扮演的角色并不光彩,它大体上只是为隋炀帝之虚荣心得到满足而作出了一点"贡献"。

诸如此类的和亲例子尚有不少,这里不再赘述。总的说来,旨在离间域外敌方势力的"和亲"未必十分奏效;并且,一旦分寸把握不好,更会得不偿失,甚至引火烧身。

四、旨在借助外力以逐鹿中原的和亲

当中原政局不稳,或者群雄割据之际,中外的和亲便会更趋频繁;特别是当域外存在比较强大的游牧人政权时,中原各派势力更会竞相与之和亲,以借此壮大实力,在争霸战中取胜。在突厥与回纥兴盛于中央欧亚地区的数百年中,中原诸政权与之有过许多次旨在"借助外力"的和亲。当中原统治者处理比较得当之时,尚能利多弊少;若过于急功近利,则难免后患无穷。

唐代第一任君主李渊在创业之际,曾经主动向突厥提出过和亲之议。隋恭帝义宁元年(617)五月,突厥数万骑寇侵李渊的据地太原。李渊势薄,难以抗敌,只得任其来去自由,摆出一副"空城计"的样子。这反而令突厥惊疑不定,以为李渊另有伏着,遂生敬畏之心,连夜撤兵。李渊看出突厥的心理,认为可以利用,便谦卑地修书一封,要求突厥助他逐鹿中原:"我今大举义兵,欲宁天下,远迎主上,还共突厥和亲,更似开皇之时,岂非好事?且今日陛下虽失可汗之意,可汗宁忘高祖之恩也?若能从我,不侵百姓,征伐所得,子女玉帛,皆可汗有之。必以路远,不能深入,见与和通,坐受宝玩,不劳兵马,亦任可汗。一二便宜,任量取中。"①

在此,李渊虽然仍假借了隋王朝的名义,"邀请"突厥协助他平定中原天下,但是事实上他根本未奉任何隋朝帝君的旨意,所以只能视作是李渊为实现个人政治野心而联结域外武装之举。后来的事实表明,突厥只愿拥戴李渊为帝,而不肯再行尊隋,因为他们相信李渊能够信守诺言,日后给予突厥大量财物,而隋帝则只会在事成之后再对突厥加以征伐。李渊尽管表现出一再逊让的姿态,但最终还是以掩耳盗铃的方式,尊隋主为太上皇,另立代王为帝,实际上接受了突厥的条件。

斡旋于李渊与突厥之间的刘文静向始毕可汗允诺:"愿与可汗兵马同入京师,人众土地入唐公,财帛金宝入突厥。"②突厥受此诱惑,欣然同意,于是迅速遣发兵士和马匹前来作此"交易"。李渊毕竟相当了解突厥的秉性,只是有限度地接纳了突厥的军队与马匹,因此没有让突厥人过分肆虐于中原大地。即使如此,李渊为争霸天下而借助域外武装的客观事实却十分明显。

关于李渊与突厥的和亲之事,史文记载并不详细。《旧唐书·宗室传》谓襄武王李琛在隋义宁(617—618年)中曾与太常卿郑元璹一起赍女妓前赴突厥,遗送始毕可汗,以结和亲。《唐会要》卷九十四及《册府元龟》卷九十八所言皆相类似。若据此说,则似乎李渊与突厥始毕可汗之"和亲"只是送去了几个女妓。但是按照当时李渊迫切有求于突厥的大形势来看,他连信末的署名都只敢谦逊地称"启"而非"书",

---

① (唐)温大雅《大唐创业起居注》卷一,李季平、李锡厚点校,上海古籍出版社,1983年,第8—9页。
② 语见《旧唐书》卷五十七《刘文静传》,中华书局标点本,1975年,第2292页。

那么在历来为中外重视的"和亲"一事上,难道竟敢如此草率和敷衍了事?再说,若非李渊郑重其事地和亲,当时国势正盛,"恃功骄倨"的始毕可汗也不可能在武德元年(618年)八月特意为和亲事遣使来报①。因此,恐怕是后世史家"为贤者讳"而删去了唐高祖和亲突厥的细节。

唐廷与回纥的和亲,始自天宝十四载(755年)的安史之乱以后。安禄山造反,旋即夺取两京,唐玄宗逃奔蜀地,大唐江山岌岌可危。肃宗在至德元载(756年)七月于灵武继位之后,便欲借助外夷兵力来讨平安史反军,拯救垂危的唐朝政权。正是出于这样的目的,才封已故邠王李守礼之子承寀为敦煌王,与将军石定审一起出使回纥。回纥可汗以女嫁给承寀,肃宗则相当优厚地封之为"毗伽公主",这便是唐王朝与回纥的首次和亲。

在此同时,回纥的葛勒可汗求尚唐公主。肃宗对此事十分重视,于乾元元年(758年)七月即以幼女封为宁国公主,降嫁回纥。启程之日,肃宗亲自送宁国公主到咸阳驿站。宁国公主作为"天子真女"而远嫁外夷,在中原王朝实施和亲政策以来似乎尚属首例,这足以表明唐政权此时是多么的有求于回纥。当然,回纥也未令唐廷失望:可汗在八月即献马五百匹,并令王子骨啜特勤及宰相帝德等骁将率领三千骑兵"助国讨逆"②。

葛勒可汗在乾元二年四月去世,宁国公主得以返还中原。去年以媵女身份随同她一起出降的荣王李琬之女,则被回纥号为"小宁国公主"而继续留在回纥,历配英武、英义两

---

① 事见《唐会要》卷九十四《北突厥》,上海古籍出版社点校本,1991年,第2000页。

② 《旧唐书》卷一百九十五《回纥传》,第5200—5201页。

位可汗,生二子,直到德宗贞元七年(791年)才去世,在回纥生活达三十余年。

在小宁国公主晚年,回纥的合骨咄禄可汗屡次请求再尚中国的其他公主。德宗由于曾经受辱于可汗,故不欲允婚。宰相李泌则从大局出发,坚持认为应该与之和亲,德宗遂在贞元三年(787年)同意将第八女咸安公主嫁给可汗。回纥在翌年十月派遣宰相以下一千多人的庞大迎亲使团,前来中原迎接公主。回纥如愿以偿,便恭敬地上书,表达其"友善"之意:"昔为兄弟,今婿,半子也。陛下若患西戎,子请以兵除之。"①可汗所谓的"西戎",当指吐蕃等部;由此可知,德宗之降嫁咸安公主,虽不若肃宗时期的和亲那样明显地旨在借兵,但是也多少包含了这类意思,要之,这是并不自愿的"睦邻"之举。

咸安公主初嫁天亲可汗,继而从俗,相继嫁其子忠贞可汗、其孙奉诚可汗,乃至由相国而立的怀信可汗。咸安公主死后,回纥又曾多次要求和亲通婚,中原方面则迁延拖宕到长庆元年(821年),以穆宗的第十妹(或谓第四妹、第五妹)为太和公主,降嫁回纥的崇德可汗。三年后,崇德可汗卒,太和公主又相继历昭礼、彰信、㕙馺、乌介诸可汗,按照古代北方游牧民族的惯例,公主可能均曾成为他们的"可敦"(妻子)。

唐自肃宗时代起,与回纥频繁和亲通好,最初明显地是旨在借助其强大武装,收复失地,所谓"土地、人众归我,玉帛、子女予回纥"。嗣后的和亲、赏赐,以及大规模的丝马"交易",也多是迫于无奈,一方面念回纥曾有收复两京的"大

---

① 《新唐书》卷二百十七上《回鹘上》,中华书局标点本,1975年,第6124页。

功",另一方面也害怕不能满足其欲望后,导致武力侵扰的严重后果。如果说,早期与回纥的和亲通好利多弊少,或利弊相当,那么后期的和亲就越来越得不偿失了,武宗于会昌二年(842年)在《赐太和公主敕书》中所言之语,便足以揭示这一事实:"姑远嫁绝域二十余年,跋履险难,备罹屯苦。……先朝割爱降婚,义宁家国,谓回鹘必能御侮,安静塞垣,使边人子孙,不见兵革,射猎者不敢西向,畏轩辕之台。今回鹘所为,甚不循理。蕃浑是朕之人,百姓牛羊,亦国家所有,因依汉地,遂致蕃孳。回鹘托以私雠,恣为侵掠。……"[①]与回纥和亲之利,在此荡然无存了。

然而,还有更加等而下之的"和亲",这即是北朝末年,东魏、西魏、北齐、北周竞相拉拢柔然、突厥,与之通婚,乃至为了争夺"和亲"资格而相互勾心斗角,费尽心机,不惜馈赠大量金钱。当然,其动机十分清楚,即联结强大的突厥,合击自己的政敌,以达到独霸中原天下之目的。

北魏的最后一任君主孝武帝在永熙二年(533年)四月,诏令范阳王元诲的长女琅琊公主降嫁柔然主阿那瓌,但是未及成婚,北魏已经分裂成东魏与西魏,孝武帝本人西奔入关,投靠宇文泰。嗣后,东、西魏两个政权便在与柔然和亲一事上展开了激烈的争夺。

西魏文帝以孝武时的舍人元翌之女为"化政公主",嫁与阿那瓌的兄弟塔寒,自己则纳阿那瓌的女儿为皇后,同时送给他大量金银丝帛。柔然于是帮助西魏对付东魏,阿那瓌扣留了东魏的使者元整,不久后杀害之;并在元象元年(538年)相继寇掠东魏的幽州、肆州等地,致使柔然与东魏的关系

[①] 《李卫公会昌一品集》卷五《赐太和公主敕书》,载《丛书集成初编》,商务印书馆,1935年,第32—33页。

一度十分紧张。此时,执掌东魏朝政大权的高欢主张以慰抚之法争取柔然,主动作出友好姿态,双方才在兴和二年(540年)恢复往来。

适逢嫁给西魏文帝的阿那瓌之女病故,东魏便乘机派出使团前赴柔然进行挑拨,谎称其女是被文帝和宇文泰所害;而遣嫁的化政公主,也是疏族假冒。另一方面,则自夸东魏乃是元魏政权的"正统"所在,柔然若与己方结亲,东魏必定遣嫁嫡亲的真公主,并还会发兵帮助柔然,向西魏报仇雪耻。阿那瓌被诱得怦然心动,遂与东魏结好,遣使入朝,为其子庵罗辰请婚。兴和三年(541年)六月,被改封为兰陵郡长公主的常山王元骘之妹乐安公主正式降嫁庵罗辰,仪式隆重,馈赠丰厚。翌年,阿那瓌之孙女邻和公主嫁高欢的第九子长广公高湛(即后来北齐政权的武成帝)。武定四年(546年),则又由孝静帝作主,让高欢纳阿那瓌的爱女为妻。从争夺和亲的结果看来,似乎东魏更为成功,因为史载此后直至东魏结束,柔然对其边境并无侵扰。不过,东魏为这些和亲而付出的经济代价却也很高昂[①]。

高氏的北齐政权和宇文氏的北周政权分别继承自东魏和西魏,而北齐、北周在对外和亲方面的争夺,亦如东、西魏一般,异常激烈,不同者只是其对象由柔然换成了突厥,因为此时突厥已取代柔然,成为蒙古高原上的霸主。

在西魏末的恭帝时期(554—556年),突厥的木杆可汗就曾答应将女儿嫁给当时的无冕帝君宇文泰,但是宇文泰未几去世,故婚事不及操办。待到宇文氏正式建立北周政权,为了与北齐争霸中原,便愈益希望获得突厥的和亲,木杆可

[①] 有关柔然与东、西魏和亲的诸事,见《北史》卷九十八《蠕蠕传》、《周书》卷三十三《杨荐传》和《王庆传》等。

汗遂以另一位女儿许给武帝宇文邕。然而,北齐不甘落后,也立即遣使赴突厥求婚,并且允诺更加丰厚的赠礼。突厥为利所诱,便有悔约之意。

北周武帝得知消息,不敢懈怠,马上派遣干练的杨荐、王庆等人出使突厥,一方面责以"道义",另一方面更啗之以利,费了不少周折,终于使突厥可汗回心转意,与武帝定下婚约,直到天和三年(568年)才最终迎来突厥的阿史那氏皇后。静帝大象元年(579年),北周又以赵王宇文招之女为千金公主,遣嫁突厥。北周耗费了无数人力财力,争得与突厥的和亲,总算使突厥常常以"盟友"的身份,助它伐齐;至于突厥在伐齐之时对吏民百姓的抄掠蹂躏,则不在他们的关心之列。

中原诸雄相争,往往不惜巨资,乃至卑辞求请,争与域外强大政权和亲通好,以借助其军队攻击政敌。这类和亲至多有利于统治者个人(有时连这点都难满足),对民众与国家而言,则其弊端显而易见。隋文帝在一份诏书中追述北周、北齐与突厥的和亲状况时所说的一番话,大致上概括了这种"和亲"的弊病:"往者魏道衰敝,祸难相寻,周、齐抗衡,分割诸夏。突厥之虏,俱通二国,周人东虑,恐齐好之深,齐氏西虞,惧周交之厚。谓虏意轻重,国逐安危,非徒并有大敌之忧,思减一边之防。竭生民之力,供其来往,倾府库之财,弃于沙漠,华夏之地,实为劳扰。犹复劫剥烽戍,杀害吏民,无岁月而不有也。恶积祸盈,非止今日。"①

五、和亲之利弊简评

通过以上数节的探讨,大体上可对古代中国"和亲"问题

---

① 《隋书》卷八十四《北狄传·突厥传》,第1866页。

的利与弊作如下简要评价。

第一,就和亲的动机而言,任何时代的任何一方,几乎都毫无例外地带有浓厚的功利主义色彩,并且属于急功近利之类,即,只图解决短期内的迫切问题,而无暇顾及长远的利弊得失。汉高祖以及其后数帝的和亲,显然都出于万般无奈,因为当时匈奴实在太过强大,而汉朝初建,国力尚弱,因此只能采用和亲的形式,输出无数缯絮财物,以求得暂时的安宁。吕后受冒顿单于的肆意侮辱后,竟能忍声吞气,便足以反映出和亲往往是弱小一方被迫的求和之举。

当然,主动和亲的例子也不鲜见,如汉武帝谋求与乌孙和亲便是。然而,其目的在于连结乌孙,"断匈奴右臂",实施远交近攻战略,则利用"和亲"而争取外交同盟军的主旨十分明显,亦即是说,其用意依然离不开"功利"二字。隋王朝对于突厥的"离间"政策被认为相当成功,也著称于后世,而离间突厥的一个重要手段即是"和亲",对突利可汗、射匮可汗等人的许婚均是。隋廷直截了当提出的交换条件,便是要求接受"和亲"者击灭自己政权内的另一派,或杀死自己政权内的某一重要人物。毋庸赘言,这种"和亲"只不过是一笔简单的人命交易。

东魏与西魏,北齐与北周,本来就是同时代争霸中原的两对"冤家"。它们的当务之急,不是防备被对方击败,就是设法击败对方,所以其重大政策几乎都环绕着这一主题展开,与境外强大游牧政权柔然或突厥的"和亲"也属此例。通过低声下气的恳求,引进域外军队,参与境内战争,以确保一己之私利,对于这类"和亲",即使斥之为"丧权辱国",也不过分。李渊以和亲换取突厥始毕可汗的出兵,虽然勉强挂着"匡扶隋室"的幌子,但是连他自己也认为这仅仅是掩耳偷铃

第三章 和亲——强权间的政治斗争工具

之举,实质上也是为了争夺天下。至于唐肃宗通过和亲而获得回纥援军,以至收复两京,重建大唐江山,尽管颇似"讨伐逆乱",但是这种和亲所体现出的功利色彩却昭然若揭。事实表明,其后遗症确实相当严重。

对于中原政权来说,"和亲"固然多为权宜之计,对于域外诸族而言,则"和亲"更是纯属"交易"。首先,财物是第一位的。当初匈奴同意与汉和亲,主要还是贪其币帛,所以乌维单于认为只有按故约("汉常遣公主,给缯絮,食物有品,以和亲")才能接受和亲。其次,中原王朝毕竟为传统大国,在域外"夷狄"中具有很高威望,故外夷也颇有意于利用与中国的和亲而提高自己在诸族中的领袖地位;或者,至少借着与中原王朝的这点"亲谊",保护自己免受或少受其他强权的侵凌。上文谈到的乌孙,虽然表面上是汉廷试图利用它来"断匈奴右臂",但最终倒是它依靠了汉朝军队才未遭匈奴击灭。

总的说来,无论是中原王朝,还是域外诸族,都将"和亲"作为一种政治或外交策略,用以解决当前迫切的具体问题,只是权宜之计。因此就其动机而言,都是非常自私和利己的,甚至是短视的,以致产生相当大的负面影响。

第二,就和亲的经济后果而言,中原王朝的损失十分严重。"和亲"即意味着通好,而古代中外"通好"的主要表现方式,便是域外"进贡",中原"回赐",或者是开放互市。综观这些"贡-赐"或"互市",在大多数情况下都不是现代意义上的真正"贸易",因为交换的经济价值远非对等。中原王朝方面往往不是厚赐对方,以示"大国风范",就是被迫输出无数金银财帛,以换取暂时的边境安宁;当然,若欲引入域外武装,帮助自己逐鹿中原,则更需支付大量财物。

汉高祖采纳娄敬建议,与冒顿单于和亲通婚之后,"岁奉匈奴絮、缯、酒、食物各有数"(语见《史记·匈奴列传》)。汉廷馈赠的财物究竟为数多少,史无明文,不过,狐鹿姑单于在征和四年(前89年)致武帝信中提出的要求,可以作一参考:"岁给遗我蘖酒万石、粟米五千斛、杂缯万匹。"(语见《汉书·匈奴传上》)自高祖开始,经惠、文、景诸帝,西汉与匈奴之和亲长达六七十年,其间中原输出的财物与丝帛数量之巨可以想见;事实上,即使至武帝初年,也仍下令"明和亲约束,厚遇关市,饶给之"(《汉书·匈奴传上》)。

匈奴呼韩邪单于及其继承者复株累若鞮单于,在西汉宣、元、成诸帝期间与中原王朝通好和亲(和亲的代表人物为王昭君),因此所获的赏赐更胜于其先辈:呼韩邪在甘露三年(前51年)入朝时获丝帛八千匹、絮六千斤等物;黄龙元年(前49年)再次入朝,获赐锦帛九千匹、絮八千斤等物;竟宁元年(前33年)时所获礼赐则为黄龙时的一倍;其子复株累若鞮单于于河平四年(前25年)入朝时,获赐锦绣和缯帛两万匹、絮两万斤等物;元寿二年(前1年),来朝的乌珠留若鞮单于则获锦绣缯帛三万匹、絮三万斤等物[①]。不难看出,中原王朝因与域外和亲通好而输出的财物,呈逐年递增之势。

北齐、北周对峙于中原,相互间为了打击对方,力图联姻突厥,以借助其强大武装,这两个政权所付出的经济代价,又远远地超过汉代在与匈奴和亲方面所花费的财物。北周朝廷与突厥和亲后,不仅"岁供缯絮锦彩十万段",并且特别优待居住在京师的突厥人,供给锦衣肉食,动辄千人之数。而北齐也不甘落后,尽量贿遗突厥,乃至国库空虚仍在所不惜。后世史家描述当时的形势道:"周、齐争结姻好,倾府藏以事

---

① 匈奴获赐诸物的数量均见《汉书》卷九十四《匈奴传下》。

第三章 和亲——强权间的政治斗争工具

之。"难怪突厥的他钵可汗狂妄地声称:"但使我在南两个儿孝顺,何忧无物邪?"①"在南两个儿"当然是指北齐、北周,足见旨在"借助外力"的和亲,非但会导致财物的大量损失,而且国际地位也会急剧下降,徒然受辱于外人。

唐廷与回纥的和亲,发端于"安史之乱"以后,最初的目的显然在于借助回纥武装,以收复被叛军占据的都城及大片领土。最终固然"如愿以偿",但是也开始了丝绸和财物大量外流的时代。流入回纥的财帛主要以"绢马交易"的形式支付,有关这个问题,前文在谈到域外骏马和丝绸贸易时已经大体涉及,在此不再多说。总之,中原王朝之所以被迫以高价"买"回纥马,只是因为回纥曾经立有收复江山的大功,且唐廷继续在与之"和亲通好"。这一苦涩的"交易"竟持续了百年之久,唐朝的衰败与此不无关系。

第三,"和亲"政策之最大和最直接的牺牲者乃是妇女。尽管降嫁域外的女子有时并非真正的皇帝嫡女,但也大多为"金枝玉叶",即皇室宗女,并且,毕竟冠以"公主"之号,其身份地位远高于普通民家女子。然而,她们一旦被确定为"和亲"对象,则立即完全失去了人身自由:既要远离故乡与亲人,饱受思乡之苦,又必须"从胡俗",在前任统治者死后,再嫁后任统治者,多者易嫁三四次,即使嫁给先前的"孙子",也无可奈何。在此,她们犹如商品一般,可以被随时转卖,自己没有任何抗争的能力;至于其他妇女可以享受的"爱情"之类,则与她们完全无缘。简言之,她们只不过是男性统治者用以换取政治利益的"物",而非"人"。

当娄敬建议汉高祖以嫡亲女儿鲁元公主降嫁匈奴单于,

---

① 诸语见《周书》卷五十《异域传下·突厥传》、《隋书》卷八十四《北狄传·突厥传》等。

并极言种种利益时,吕后却坚持不允,声称自己亲生者只有一个太子、一个女儿,怎能"弃之匈奴"!(事见《汉书·刘敬传》)当时匈奴凌逼,汉廷情势危急,且吕后亦非普通的"儿女情长"之辈,她却仍然不让女儿降嫁匈奴,足知这类和亲的苦楚实在是令人难以承受的。吕后用了一个"弃"字,逼真地体现出降嫁公主实际上只是牺牲品。

汉武帝以江都王刘建之女为公主,嫁给业已年迈的乌孙王昆莫。公主别居他处,一年始与昆莫一会,即使见面,也是语言不通,故而悲愁之极,作歌哀叹,希望能化作黄鹄归故乡。更有甚者,不久后乌孙王要求她改嫁自己的孙子岑陬,公主不愿,却被武帝一纸"从其国俗,欲与乌孙共灭胡"的诏书逼得再嫁其孙(见《汉书》卷九十六下《西域传下》)。不难想见,遇到这类情况,和亲公主的心灵和肉体都会受到极大的伤害。

有人认为,王昭君是难耐多年待在内宫的悲怨才主动请求和亲匈奴的,有人则以为是为了国家大局而毅然牺牲个人利益,嫁给呼韩邪单于的。事实上,不论哪种说法,都暗示了昭君之远嫁匈奴乃是出于"不得已",故而表明此举对于她个人来说,是十分痛苦的事情。若非如此,当呼韩邪单于死后,昭君也不会请求回国。但是遗憾的是,成帝并未同意,而是"敕令从胡俗",昭君便只得再嫁呼韩邪单于的前妻之子(见《后汉书》卷八十九《南匈奴传》)。

唐肃宗以幼女为宁国公主,降嫁回纥可汗。临行之前,肃宗亲自送别,宁国公主哭着说道:"国家事重,死且无恨。"言辞虽然相当慷慨,但是隐含着这一和亲对公主个人所造成的苦痛,因此肃宗也禁不住泪流满面。果然,翌年可汗死后,宁国公主差一点按照其俗而被迫殉葬。其后的小宁国公主相继嫁给两位可汗;咸安公主则在二十年之中前后嫁过四位回纥可汗,于元和三年(808年)去世。大致推算,其寿不会超过四十岁,寿命不长,显然与身心受到严重摧残有关。

太和公主为唐宪宗的女儿,在穆宗时嫁回纥崇德可汗。数年后,崇德可汗死,其弟昭礼可汗立;八年后(太和六年,832年),昭礼可汗被杀,其侄彰信可汗立;七年后,国乱,彰信可汗自杀,再立𥖎馺可汗。太和公主在这十几年中很可能必须"从胡俗",不断地改嫁新可汗,所受的折磨可以想见。未几,回纥被黠戛斯击破,太和公主遂归黠戛斯;然而,由十三姓尊奉的回纥新主乌介可汗则又将她劫走,流离颠沛,直至会昌三年(843年)才得以返回故土。

男性统治者安坐朝堂,而将涉及国家安危的重任交给一名弱女子,强迫她深入穷乡僻壤,遭受种种折磨,以牺牲其个人终生的幸福来换取外交和政治上的"成功"(其实在许多场合未必成功),这样的"和亲"并不值得赞颂。

第四,从长远的客观效果看,和亲具有较大的积极意义。主要一点是促进了中原地区与域外的文化交流,这在唐太宗时期文成公主和亲吐蕃一事上明显地体现出来。贞观十五年(641年),公主降嫁吐蕃主弃宗弄赞。弄赞以尚大唐公主为莫大荣耀,故处处依从公主,包括风俗习惯等:"公主恶其人赭面,弄赞令国中权且罢之,自亦释毡裘,袭纨绮,渐慕华风。仍遣酋豪子弟,请入国学,以习《诗》、《书》。又请中国识文之人典其表疏。"[①]在这种情况下,中原王朝的汉文化自然会逐步影响到域外各地;相应地,域外的"胡文化"也会或多或少地传播到中原内地。这有利于各地文明的发展。

---

① 《旧唐书》卷一百九十六上《吐蕃上》,第5222页。

上文多次提及,伴随着"和亲"的形式,中原王朝有大量的丝绸、财物输往域外各地。尤其是丝绸,是为传统的中国土产,为古代世界的遥远地区所需求,中原王朝周边的游牧人亟愿充任中介者,将中国丝绸贩卖到世界各地,以便从中牟取巨利。因此,千百年来输出的无数丝帛,不仅仅散布到与中原王朝和亲的周边地区,还转运到更为僻远和广大的地方。这大大推动了古代中国与这些地区间的经济交往。

中外正式"和亲"的事例虽然不少,其绝对数量毕竟不大,但是,因和亲之风而导致汉族和域外其他诸族的民间通婚,却远远胜过官方的和亲。因此,随之造成的各族血缘融合的程度,也就不同寻常。异族之间的通婚与血缘混合,既有利于文明的交流和传播,也有利于相互间感情的增进和民族的团结。这即是和亲所带来的久远的积极影响。

第四章　馄饨、浑脱，源自游牧人的创造

古代通过"丝绸之路"而与中国内地汉人交往得最多最频繁的，当数生活在中原地区北方或西北境外的游牧人，亦即古人习惯称呼的"夷""狄""胡"等。他们虽然常常遭到文明程度较高的中原汉人的轻视，但是实际上对于包括中国文明在内的世界文明做出了相当大的贡献。在此，则简单介绍几种域外物质文化[①]。

一、"馄饨"本是"胡食"

现代常见于中国的一种日常食品名为"馄饨"或者"云吞"。这是一种面食品，大体的制法是：用清水拌和面粉，擀成很薄的皮子，并裁切成约十厘米见方的形状，然后将肉、菜、虾或其他美味的馅裹入其中，然后落汤煮熟，即成。馄饨的制法与当今中国（尤其是北方）十分流行的"饺子"相仿，只不过饺子的皮子是圆形而非方形，并且，馄饨是和在鲜美的汤内而供食用的。

至于古代的馄饨，似乎与现代馄饨并无多大的差别。例

---

① 有关馄饨、浑脱等物的语源和来源，可参看笔者旧文《从"浑脱"看古代中外文化交流》，载《铁道师院学报》1995年第3期，第23—28页。

如,明代的高濂这样描述道:"白面一片,盐三钱,和如落索面。更频入水搜和为饼剂,少顷操百遍,摘为小块,擀开,绿豆粉为饽,四边要薄,入馅其皮坚。膘脂不可搭在精肉,用葱白先以油炒熟,则不荤气。花椒、姜末、杏仁、砂仁、酱,调和得所,更宜笋菜、炸过莱菔之类,或虾肉、蟹肉、藤花、诸鱼肉,尤妙。下锅煮时,先用汤搅动,置竹篠在汤内,沸,频频洒水,令汤常如鱼津样滚,则不破,其皮坚而滑。"[1]

显然,古今的馄饨制法大多相似,并且都是日常的可口美食之一。那么,这种美食的源流又如何呢?先来看看它的读音。按照古籍记载,它有许多异名。例如,唐代的李匡乂在其《资暇集》中称:"馄饨,以其象浑沌之形,不能直书浑沌而食,避之,从食可矣。"[2]则知"馄饨"也可称"浑沌"。又,宋代司马光在其《类篇》中称:"《博雅》:'䬳肫,饼也。'䬳,亦作䭊、馄。"是知馄饨还可称"䬳肫""䭊肫"。明代方以智在其《通雅》中则列举了馄饨的更多的异名,如䭊饨、浑沌、鹘突、馉饳、骨董、榾柮、糊塗等,声称它们都是同一名称的"声转"[3]。显而易见,这许多异名相互之间除了读音相似之外,在含义上毫无雷同之处;并且,有的名称在字面上全无意义可寻(如"鹘突""骨董")。因此,几乎可以肯定,这些名称都是非汉语的译名,亦即是说,这种食品最初源自域外。

另有一条资料也可以作为"馄饨源自域外"的佐证:宋代的程大昌曾引民间的传言道:"世言馄饨是塞外浑氏、屯氏为

---

[1] (明)高濂《遵生八笺》"饮馔服食笺下·甜食类·馄饨方",王大淳校点,巴蜀书社,1992年,第822页。

[2] (唐)李匡乂《资暇集》卷下,载《景印文渊阁四库全书》"子部十·杂家类二",(台北)商务印书馆,1986年,第850—162页下。

[3] (明)方以智《通雅》卷三十九《饮食》,载《景印文渊阁四库全书》"子部十·杂家类二",第857—748页下。

之。"虽然程大昌本人用"馄饨早已有之"为理由,倾向于否定"馄饨源自塞外"之说:"案《方言》,饼谓之饦(徒昆反),或谓之飥(音张),或谓之馄(音浑),则其来久矣,非出塞外也。"①但是,他的根据显然不具有说服力。相反,所谓"出塞外"之说,倒是更加符合古人对源自域外之物的一知半解的习惯说法;"浑氏、屯氏"之说当然是对"馄饨"读音的附会,不过,它在佐证馄饨源自域外的同时,也展示了它是一个音译名。

至此,我们大体上可以认为,美味的面食品"馄饨"最初是由域外传入的。至于它为何如此命名?则将在下文作进一步的探讨。而在此之前,不妨先看看另一件从域外传入的事物,名叫"浑脱";而它与"馄饨"的起源有着密切的关系。

二、"浑脱"是游牧人的创造

"浑脱",或者以它为词根的扩展名所指的事物有多种,但是,它最初的来源绝非汉语,却是可以肯定的。明代的陈士元在其《诸史夷语解义》中说道:"浑脱,华言囊橐也。"是知"浑脱"是个"夷语",亦即是非汉语的译名;而在此则将其含义解释为"囊"。同属明代的叶子奇在其《草木子》中解释得更为具体:"北人杀小牛,自脊上开一孔,逐旋取去内头骨肉,外皮皆完。揉软,用以盛乳酪、酒湩,谓之浑脱。"②可知"浑脱"是用以盛装乳酪等液体饮料的牛皮囊。这里所谓的"北人",当是指"中国以北之人",也就是指北方境外非汉族的

---

① (宋)程大昌《演繁露》卷九《馄饨》,载《景印文渊阁四库全书》"子部十·杂家类二",第852—148页下。
② (明)叶子奇《草木子》卷四下《杂俎篇》,吴东昆校点,载《明代笔记小说大观》,上海古籍出版社,2005年,第77页。

"夷狄"之流。那么,"浑脱"最初出自域外的游牧人,显然没有问题。

"浑脱"作为装盛水、酒等液体的容器,并非从明代以降才出现,而是要早得多,至少,唐宋时期的文献中就发现了不少与此相关的记载。例如,宋人周密在其《癸辛杂识》中谈及,浑脱是域外沙漠旅途中的必备物件之一:

> 回回国所经道中,有沙碛数千里,不生草木,亦无水泉,尘沙眯目,凡一月方能过此。每以盐和面作大脔,置橐驼口中,仍系其口,勿令噬嗑,使盐面之气沾濡,庶不致饿死。人则以面作饼,各贮水一榼于腰间(或牛羊浑脱皮盛水置车中),每日略食饵饼,濡之以水。或迷路水竭,太渴,则饮马溺,或压马粪汁而饮之。其国人亦以为如登天之难。今回回皆以中原为家,江南尤多,宜乎不复回首故国也。①

又,元代张昱描绘当时中外交往景象的一首诗道:"相官马湩盛浑脱,骑士题封抱送来。传与内厨供上用,有时直到御前开。"②在此所言的"马湩"即是指马乳,或者是马乳酿成的酒,是为游牧人的特产。此诗所描绘的,显然是域外特意进贡给中原皇帝的优质马奶酒,而它们则都是用浑脱盛装的。可见"浑脱"是密封性很好的皮囊,可以用来在较长时期内保存饮用水或者酒、乳之类的饮料。由此推测,这种用途的浑脱,体积似乎不是很大,因为若是巨大和笨重,是难以捧在手中饮用的。

---

① (宋)周密《癸辛杂识》续集上《回回沙碛》,王根林校点,载《宋代笔记小说大观》,上海古籍出版社,2001年,第5784—5785页。
② (元)张昱《可闲老人集》卷二《辇下曲》,载《景印文渊阁四库全书》"集部五·别集类四",第1222—544页上。

然而,另一种用途的浑脱,却必须尽可能地扩大容量,因为它是用来盛装救火之水的。北宋官修的《武经总要》谈到攻城器具时说道:"绪棚,接绪头车。架木为棚,故曰绪棚。其高下如头车,棚上及两旁皆设皮笆,以御矢石。若头车进,则益设之,随其远近。若敌人以火焚车及棚,则施设泥浆、麻搭、浑脱水袋以救之。"①这里的"浑脱"既然是用以盛装救火之水,那么其容量是越大越好,若与酒囊相仿,岂非"杯水车薪"了?

事实上,《武经总要》在下文即具体描绘了这种浑脱的尺寸:"水袋,以马牛杂畜皮浑脱为袋,贮水三四石。以大竹一丈,去节,缚于袋口。若火焚楼棚,则以壮士三五人持袋口向火蹙水注之,每门置两具。"②显然,这些救火的浑脱水袋大到可以盛水三四石,使用时,要三五个身强力壮的军士才能胜任。同为"浑脱",其大小之悬殊可见一斑。

"浑脱"在生活上可以作为酒囊、水壶,在军事上可以作为灭火的贮水容器;而在军事方面的另一个用途,则是作为渡水的载具。撰于唐代的《通典》在谈及行军渡水的器具时说道:"又用浮囊。以浑脱羊皮,吹气令满,系其孔,束于腋下浮渡。"③宋代的苏辙也曾谈到军队用浑脱渡水:"访闻河北道,顷岁为羊浑脱,动以千计。浑脱之用,必军行乏水,过渡无船,然后须之。而其为物,稍经岁月,必至蠹败。"④《元史》

---

① (宋)曾公亮等《武经总要》前集卷十《攻城法》,载《景印文渊阁四库全书》"子部二·兵家类",第726—366页上。
② (宋)曾公亮等《武经总要》前集卷十二《守城》,载《景印文渊阁四库全书》"子部二·兵家类",第726—408页下。
③ (唐)杜佑《通典》卷一百六十《兵十三·军行渡水》,浙江古籍出版社据万有文库影印本,2000年,第849页中。
④ (宋)苏辙《栾城集》卷四十一《请户部复三司诸案劄子》,载《景印文渊阁四库全书》"集部三·别集类二",第1112—474页下。

谈及宋、元交战时的情况道:"(宋)叙州守将横截江津,(元)军不得渡,按只聚军中牛皮,作浑脱及皮船,乘之与战,破其军,夺其渡口,为浮桥以济师。"①

当然,作为渡水器具的浑脱,不仅用于军事上,在民间同样也很流行。宋代王延德曾出使高昌,其行纪这样描述道:"初自夏州,历玉亭镇。次历黄羊平,其地平而产黄羊。渡沙碛,无水,行人皆载水。凡二日,至都啰啰族。汉使过者,遗以财货,谓之打当。次历茅女呙子族。族临黄河,以羊皮为囊,吹气实之,浮于水,或以橐驼牵木筏而渡。"②

又,清代李心衡谓甘肃、青海等地黄河沿岸的居民都习用浑脱:"甘肃邻近黄河之西宁一带多浑脱,盖取羊皮,去骨肉制成,轻浮水面,骑渡乱流。李太仆开先塞上曲,有'不用轻帆并短棹,浑脱飞渡只须臾'之句,其巧便已可概见。然浑脱只可渡一人,且下体不免沾濡,不若金川之皮船,工省用溥,其制尤巧。"③

至此,我们可以得知,同样名为"浑脱"的,至少有两种器物:一是盛装液体(水、酒或其他饮料)的容器,其容积视其用途的不同(或饮用,或救火)而尺寸殊异;二是内部充气的密封容器,以使之鼓胀而浮于水中,载人载物渡河。后一种"浑脱"鼓胀而浮于水中的外形特征,令人很自然地联想起一种日常食品,即上文谈到的"馄饨"。事实上,浑脱与馄饨确实有着密切的关系,古人对它们的称呼早就展示了这一点。

譬如,清人余庆远曾谈到云南等地的渡水器具,他径直

---

① 《元史》卷一百五十四《石抹按只传》,中华书局标点本,1976年,第3641页。
② 《王延德使高昌记》,王国维辑录,载《王国维遗书》第十三册《古行记四种校录》,上海古籍书店据商务印书馆1940年版影印,1983年,第4页。
③ (清)李心衡《金川琐记》卷二《皮船》,载《丛书集成新编》第九十六册,(台北)新文丰出版公司印行,1985年,第279页上。

称之为馄饨:"馄饨,即《元史》所载革囊也。不去毛而亘剥羖皮,扎三足,一足嘘气其中,令饱胀,扎之,骑以渡水。本蒙古渡水之法,曰皮馄饨。元世祖至其宗,革囊渡江。夷人仿而习之,至今沿其制。"[1]上文已经指出,"馄饨"本来就是域外非汉语名称的汉译名;而如今看来,它与"浑脱"出自同一语源。那么,它们的原语是什么呢?在此不妨略作探索。

在古代的突厥语西北语群中,动词 kutur 有"倾注出来"、"使……变空"之义,并且似乎是 11 世纪的哈卡尼语(与古突厥语及回纥语关系密切的一种突厥语)单词 kotor 的更早期形式。此外,在 14—16 世纪的奥斯曼语(属突厥语西南语群)中,则有 kotar 一词,其义为"使……变空"、"将盆内的食物取出"[2]。

从语音上看,kutur、kotor、kotar 与"浑脱"并无相悖之处,后者完全可以成为这几个古代突厥词汇的汉译名。就时代背景而言,则上文业已指出,至少早在唐代已见渡水革囊,故而"浑脱"如果源自极早即流布于中央亚欧地区的突厥语,也是情理之中的事。而就其词义而言,则也有助于将这些突厥语词汇视作"浑脱"的语原:以上有关革囊"浑脱"的引文已很清楚地表明,"浑脱"的基本意思即是"掏空(牛、羊内脏)"。宋代郑所南谈及蒙古人的种种"野蛮"之举,其中有一条是"生剥罪人身皮",而这便称为"浑脱"[3]。那么,这其实也佐证了"浑脱"有"中空之皮囊"的意思。

---

[1] (清)余庆远《维西见闻纪》"物器·馄饨",载《丛书集成新编》第九十四册,第 565 页下。
[2] Sir Gerard Clauson, *An Etymological Dictionary of Pre-Thirteenth-Century Turkish*, p. 605, Oxford, 1972.
[3] (宋)郑思肖《宋郑所南先生心史》下卷《大义略序》,载《四库全书存目丛书》第二十一册《集部·别集类》,齐鲁书社,1997 年,第 21—140 页下。

于是,我们有相当充分的理由推测,古代中原汉人所谓的"浑脱",无论是盛装液体的皮囊,还是充满气体而浮于水中的皮囊,都出自域外游牧人的创造;至于其名称,则是因为都具有"中空皮囊"的特征而源自突厥语 kutur、kotor、kotar 等词,或者相似的其他游牧民族语言。另一方面,面食品"馄饨"也出自游牧人的发明,它们鼓囊囊地浮在汤内,外形极似渡水器具"浑脱",故而获得与之谐音的"馄饨""馉饳"等名。

三、浑脱帽与浑脱舞

与"浑脱"相关,并且同样源自域外胡人的文化,还有"浑脱帽"和"浑脱舞"。《新唐书》称,"浑脱帽"是朝廷重臣长孙无忌发明的:"太尉长孙无忌以乌羊毛为浑脱毡帽,人多效之,谓之'赵公浑脱'。"[①]张鷟《朝野佥载》也持此说:"赵公长孙无忌以乌羊毛为浑脱毡帽,天下慕之。其帽为'赵公浑脱'。"[②]在此,他们都将这类浑脱说成是一种帽子,质料为"乌羊毛",亦即羊皮帽或者羊毛毡帽。此外,似乎某种舞也因这种帽子而获得同样的名称,如《通鉴》载云:"上数与近臣学士宴集,令各效伎艺以为乐。工部尚书张锡舞《谈容娘》,将作大匠宗晋卿舞《浑脱》,左卫将军张洽舞《黄獐》,左金吾将军杜元谈诵《婆罗门咒》,中书舍人卢藏用效道士上章。"而胡三省在注释"宗晋卿舞《浑脱》"一语时则称:"长孙无忌以乌

---

① 《新唐书》卷三十四《五行志一·服妖》,中华书局标点本,1975 年,第 878 页。
② (唐)张鷟《朝野佥载》卷一,恒鹤校点,载《唐五代笔记小说大观》,上海古籍出版社,2000 年,第 12 页。

羊毛为浑脱毡帽,人多效之,谓之赵公浑脱,因演以为舞。"①

帽子中空,并由皮毛制作,故以"浑脱"命名,无可厚非。不过,把它说成是由长孙无忌始创,则不能令人信服;若认为"浑脱舞"因此衍生而来,则离事实更远了。因为按之其他资料,所谓的"浑脱舞"显然是由域外"胡人"传入中国的一种文化。例如,唐中宗时,清源尉吕元泰曾上书言政道:"比见坊邑相率为浑脱队,骏马胡服,名曰《苏莫遮》。旗鼓相当,军阵势也;腾逐喧噪,战争象也;锦绣夸竞,害女工也;督敛贫弱,伤政体也;胡服相欢,非雅乐也;浑脱为号,非美名也。安可以礼义之朝,法胡虏之俗?"②在此,那些成群结队跳浑脱舞的,都穿着胡服,奏着胡乐,明白地被指为"胡虏之俗"。所以,浑脱帽与浑脱舞同样地都源自域外胡人(主要是游牧人),应该是没有疑问的。

尽管把浑脱帽归因于长孙无忌的创制并不正确,然而,浑脱舞是佩戴浑脱帽后表演的一种舞蹈,却近乎事实。那么,浑脱帽到底有什么特色呢?我们可以先看几条史料。宋代陈旸的《乐书》介绍道:"玉兔浑脱舞,衣四色绣罗襦,银带,玉兔冠。"③《宋史》则说得更为具体:"队舞之制,其名各十。小儿队凡七十二人:一曰柘枝队,衣五色绣罗宽袍,戴胡帽,系银带;……七曰玉兔浑脱队,四色红绣罗襦,系银带冠玉兔冠。"④显然,在此所言的浑脱舞之所以称为"玉兔浑脱舞",是

---

① 《资治通鉴》卷二百九《唐纪二十五·中宗景龙三年》,中华书局,1956年,第6632—6633页。
② 《新唐书》卷一百一十八《宋务光传》,第4277页。
③ (宋)陈旸《乐书》卷一百八十四《玉兔浑脱》,载《景印文渊阁四库全书》"经部九·乐类",第211—829页下。
④ 《宋史》卷一百四十二《乐志十七·教坊》,中华书局标点本,1975年,第3350页。

因为舞者都戴着玉兔冠,也就是具有兔形特色的浑脱帽。又,唐代段安节谈到归属于"鼓架部"的诸种戏、乐时说道:"乐有笛、拍板、答鼓,即腰鼓也,两杖鼓。戏有代面。……即有踏摇娘、羊头浑脱、九头狮子、弄白马、益钱,以至寻橦、跳丸、吐火、吞刀、旋槃、筋斗,悉属此部。"[①]

由此似可推知,浑脱舞之所以有玉兔浑脱、羊头浑脱等区别,恐怕即是因为舞蹈者分别戴着兔形浑脱帽或者羊头状浑脱帽等的缘故。考虑到"浑脱"的语源有"中空之皮囊"的含义,因此,这类兽形浑脱帽有可能不但保留了诸兽的形貌特征(当然,头颅最有象征性),并且很大很深,从而罩没整个头部,犹如兽形面具一般。这种装束十分别致,自然容易引起人们的兴趣,它与苏幕遮、假面、拨头等胡舞被归入同类乐舞,也就顺理成章了。而其"浑脱"之名则仍然暗示了与"中空皮囊"的密切关系。

源自古代游牧人的浑脱、馄饨、浑脱帽、浑脱舞传入中土后,对于中国人的日常饮食、军事装备、文化娱乐等方面都产生了很大的影响,同时也展示了"丝绸之路"对人类文明交流的莫大贡献。

[①] (唐)段安节《乐府杂录》"鼓架部",载《景印文渊阁四库全书》"子部八·艺术类四",第839—991页下。

第五章 "桃花石"的来龙去脉

1227年,当时中原道教的领袖、全真道掌门人长春真人(俗名丘处机)应蒙古大汗成吉思汗之召,前赴索格底亚那(Sogdiana),途中经过阿里马城(在今新疆伊犁哈萨克自治州霍城县境内);嗣后,有关他这次的行记记述阿里马城的情况道:"农者亦决渠灌田,土人惟以瓶取水,戴而归。及见中原汲器,喜曰:'桃花石诸事皆巧。'桃花石,谓汉人也。"①显然,新疆霍城县等地在当时是典型的"西域",那么,"桃花石"也就是域外人对汉人政权或居地的称呼。于是,产生了一个问题:为什么"中国"(或中原汉人政权)被域外人称为"桃花石"呢?

要解释"桃花石"与"中国"或"中国人"的关系,必须追溯到远早于蒙元时代的若干类似称呼,而这些称呼的传播和演变,是与汉人-胡人的频繁接触交流分不开的。下面,我们便梳理一下古代域外人对中国的几种称呼,并分析这些称呼的由来②。

一、学界的不同观点

公元7世纪上半叶,拜占庭史家席摩喀塔(Theophylactus

---

① 语见(元)李志常撰《长春真人西游记》卷上,载《丛书集成新编》第九十七册《史地类》,新文丰出版公司,1985年,第417页下。
② 与"桃花石"等名相关的考证和论述,可参看笔者旧文《Tabyač语源新考》,载《学术集林》第10卷,第252—267页。

Simocatta)在其《历史》(主要记述拜占庭皇帝毛利斯在位时〔582—602年〕的史事)中谈及了东方一个名为 Taugast 的国家：Taugast 国的君主名为 Taissan，义为"上天之子"。其国的王位世袭，国君之权威极高，不容冒犯。国内物产丰足，人民富裕。Taugast 境内的中央有条大河，此前曾以该河为界而分成两国。最近则由尚黑衣之国渡河击灭尚红衣之国，统一全境。其都城亦号 Taugast，相传当初亚历山大东征时所建。该国与印度人保持着频繁的通商关系，以致有人声称他们即是印度人种的一支，肤色白皙，居于北方。Taugast 国内产蚕，丝即由其吐出。蚕种很多，形形色色。国人以擅长养蚕而闻名①。

作者在6世纪末谓这个 Taugast 国曾以大河为界，分裂为两邦，近年则获统一云云，显然吻合隋朝在6世纪末击灭南朝陈，一统天下的史实；又，该国与印度交往频繁，并擅长养蚕缫丝诸语，也完全符合中国实情。所以，席摩喀塔所载的这一 Taugast 系指中原王朝，是没有问题的。

又，稍后的8世纪上半叶，Tabγač 或者以 Tabγač 作为限定词和修饰词的词组频繁地见于古突厥碑铭②中，例如，阙特勤碑东四行载云："作为送丧和哀悼的人，有来自东方，即日出之方的莫离人，尚有叱利人、Tabγač、吐蕃人、阿拔人、拂菻人、黠戛斯人、三姓骨利干人、三十姓鞑靼人、契丹人和地豆

---

① 此据 Henry Yule, *Cathay and the Way Thither*, Vol. I, pp. 29-32 所录原始资料概述；Revised by H. Cordier, 4 Vols, London, 1915.
② 阿史那氏突厥于公元6世纪中叶兴起后，旋即在中亚建立强大游牧汗国，与北周、北齐、隋、唐等中原政权均曾发生过密切的交往。百年之后，虽然亡于唐太宗与唐高宗时期，但是三十年后又在漠北得以复兴，建立史称的"突厥第二汗国"。该汗国的几位首领在8世纪上半叶设立的墓碑(位于今蒙古境内的鄂尔浑河流域)用古突厥文书写，碑铭简称为《暾欲谷碑》《阙特勤碑》和《毗伽可汗碑》，迄今犹存。

第五章 "桃花石"的来龙去脉

于人等,这许多民族前来送丧和哀悼。"暾欲谷第一碑南四行以乌古斯可汗的口吻说道:"(因此,)你们 Tabγač 应从南方攻击他们,你们契丹人应从东方攻击他们。不要让突厥-薛人在其土地上有任何进军。我说,可能的话,让我们(把他们)彻底消灭。"[①]其他以 Tabγač 为限定词和修饰词的词组则有"Tabγač 的可汗""Tabγač 的民众""Tabγač 的官衔"等等,为数甚多,贯穿于碑文的大部分内容中。

从碑文的上下文关系看,Tabγač 清楚地是指中原王朝或者该政权的主体居民汉人。而它与上引拜占庭史家的 Taugast 一名的读音又十分相近,故二者指称同一政权或同一民族,也是可以肯定的。

除此之外,我们还可以从更晚期的记载中见到与之读音类似,并显然是指称中国的名号。在此一并列出。

Tabghāj 一名见于中亚喀拉汗王朝的钱币上。该王朝亦称"黑汗王朝",乃是公元 10—13 世纪初以喀什噶尔为中心的一个中亚政权,其鼎盛时期的领土包括今新疆的准噶尔盆地、塔里木盆地南北两缘的大部分地区,以及北至巴尔喀什湖、西到咸海、南抵阿姆河的中亚广大地区。学者们发现,喀拉汗王朝的大可汗、副可汗,以至领地君主等大小统治者中,有不少人用过"Tabghāj 可汗"的称号,并铸在钱币上,如"苏来曼卡得尔 Tabghāj 可汗""Tabghāj 布格拉汗""克雷奇 Tabghāj 汗"等。这是一种崇高的荣誉称号,旨在表示出身的高贵及其历史传统。而这一 Tabghāj 即是指中国[②]。

---

① 引文见芮传明《古突厥碑铭研究》,上海古籍出版社,1998 年,第 220、278 页。
② 关于喀拉汗朝的钱币及其 Tabghāj 称号问题,见蒋其祥《新疆黑汗朝钱币》,新疆人民出版社,1990 年,第 31—115 页。

又如，Tamghaj一名见于11世纪前期穆斯林史家比鲁尼(al-Biruni)的著述中；Timghaj则见于14世纪初期阿拉伯史家阿尔菲达(abu-al-Fida)的著述中。其他如多桑《蒙古史》(述及花拉子模汗与成吉思汗使者的谈话时)、花拉子模沙札兰丁之秘书的《札兰丁传》以及波斯著名史诗《列王纪》(谈及14世纪末帖木儿之事情时)等等，都曾以大同小异的读音提到这一名号，而它用以指称中国，则是没有疑问的。

当然，如我们在上文一开始就提到的那样，汉文史料中也有与之谐音的一个名称——桃花石。这一"桃花石"也是指称中国。那么，出自各种语言、发音相似而含义相同的这些名号最初的语原是什么呢？学界对此可谓众说纷纭。

最初，法国学者德经(Deguignes)认为当是"大魏"的音讹，所谓"大魏"即是指鲜卑人于公元4世纪后期至6世纪前期在中国北方建立的北魏政权。不过此说未几即遭人否定。其后则有德国学者夏德(Hirth)及日本学者桑原骘藏倡导的"唐家说"，即认为其名源自公元7—9世纪的中国强大政权唐王朝。但是此说的致命伤在于Taugast一名早就见于时值隋代的西方著述中，因此显然与"唐家"无关。接着又有日本学者白鸟库吉、法国学者伯希和(Pelliot)等人主张的"拓跋说"，认为北魏王族跋拔鲜卑的族名为其语原，亦即是说，仍以为源出北魏。此说尽管在国外甚为流行，在国内也有很多附和者，但就语音方面的比定而言，仍然显得颇为勉强，故也不乏质疑者。

在中国学者中，很早就有人提出异说。如清末的洪钧在其《元史译文证补》中认为，多桑《蒙古史》的"Tamgadj"、《长

第五章 "桃花石"的来龙去脉

春真人西游记》的"桃花石"等名,其源出自契丹的"大贺氏"①。岑仲勉在1935年撰《释桃花石》一文(刊《东方杂志》三十三卷廿一号),以为"桃花石"等的语原乃是"敦煌"。但是,十三年后,他又否定前说,认为其语原应追溯到中国的上古时代,而以"太岳""檮杌""焦穫"等当之②。

洪钧、岑仲勉的数说似乎没有什么响应者,与之相较,"天子"说和"大汗"说却得到更多人的赞成。梁园东曾撰《"桃花石"为"天子","桃花石汗"为"天可汗"说》一文③,认为Tabγač即突厥文"天"(Tangri)的变体,其义为"司天者",亦即"天子"。也就是用中国帝君的称号来代指中国。到了20世纪80年代,先师章巽则倡"大汗"说,认为域外游牧民族以自己的习惯称号"汗"指称中国皇帝,并加尊号"大"字,久之,"大汗"便成了中国的统称④。

章师之说,就对音而言,肯定优于其他诸说,自不待言。然而,我认为,若兼及时代背景等因素,则更有一名胜于"大汗",此即张星烺早就提及而惜未考证,因此在学术界几无影响的"大汉"说⑤。下面即就相关问题作一番考释。需要说明

---

① (清)洪钧《元史译文证补》卷二十二上《西域补传上》:"多桑书,字音如曰'唐喀氏',义不可解。其所谓'唐',必非唐宋之'唐'。及注《西游记》,有谓汉人为桃花石一语,循是以求,乃悟即契丹之'大贺氏'也。蒙古称中国为契丹,今俄罗斯人尚然。……是知契丹盛时,仍沿大贺氏之旧称,故邻国亦以氏称之。"载《丛书集成初编》第三册,上海商务印书馆,1936年,第253页。
② 此文后收载在岑仲勉《突厥集史》下册,中华书局,1958年,第1046—1059页。
③ 此文载《边政公论》第三卷第四期,1944年4月。
④ 章巽《桃花石和回纥国》,载《中华文史论丛》1983年第2辑;后收入《章巽文集》(海洋出版社,1986年)。
⑤ 张星烺《中西交通史料汇编》(朱杰勤校订本,中华书局,1977年)第一册第90页仅在注中提及:"吾谓陶格司恐为大汉二字之转音。今代日本人读大汉二字为大伊干(Daigan)。"惜未展开。

的一点是,今天见到的 Tabγač 一名虽然只存在于公元 8 世纪的古突厥文碑铭中,但是它的形成肯定要早得多,因为突厥人早在公元 6 世纪中叶就在中央欧亚地区建立了强大的汗国。所以,我们将以 Tabγač 作为域外人指称"中国"的代表性名号而展开分析研究。

二、"大汉"在域外闻名最久,影响最大

从以上所列的各种观点看来,人们在探讨 Tabγač 等名的语原时,基本上遵循着一个共同的原则,即,尽量寻找足以代表历代中国政权的某一名闻遐迩的王朝、民族或地方称号。因此,就出现了"大魏""拓跋""唐家""大贺氏""敦煌"等等说法。而在这些名号中,凡属影响较小的,便显然颇受"冷遇",难以被人采纳,如"大贺氏""敦煌"即是。相反,曾经十分强大的王朝,即使其名已被证实绝不可能是 Tabγač 等名的语原,如"唐家",却仍有学者有意无意地以"唐家"来翻译 Tabγač,韩儒林、岑仲勉的古突厥碑铭译文,便是极好的例证[1]。

由此足见汉文名号之"响亮"与否,乃是学者们是否采为 Tabγač 之语原的关键因素。根据这一原则,则"大汉"一名绝不逊色于所有其他称号。首先,在秦始皇始创中央集权统治

---

[1] 例如,韩儒林所译《阙特勤碑》(载《国立北平研究院院务汇报》第六卷第六期,1935 年 8 月)南面第四行、第五行有"朕治此地,与唐家民族订立条约。出产无量金银粟丝之唐家,言语阿誉,复多财物"等语,此"唐家"即是古突厥文中的 Tabγač。岑仲勉所译《暾欲谷碑》(见氏著《突厥集史》下册)第一碑西面第二行则有"彼等既脱离唐廷,自有一汗矣。奈彼等又废其汗而再降于唐"之语,其中的"唐廷"或者"唐",当然也是译自 Tabγač。这类例子甚多,不再赘述。

第五章 "桃花石"的来龙去脉

的封建帝制以后,汉王朝(包括西汉与东汉)持续的时间长于任何其他王朝,它始自公元前3世纪末,终于公元3世纪初,长达四百数十年。亦即是说,域外人至少在四百数十年中始终将"汉"与"中国"视为同一。

其次,两汉王朝的强盛完全可以与后世的唐王朝相媲美,若就与域外人,尤其是与中亚游牧人的交往接触程度而言,汉也绝不亚于唐。西汉武帝派遣张骞进行规模空前的中亚"凿空",东汉时代班超等人的再度经营西域,以及在数百年时间里,汉政权与匈奴人反反复复的战争、和亲以及其他各种形式的你来我往,都极为有助于"汉"之名声远播异域。以我之见,即使在唐以后,在中亚人的心目中,也是"汉"更能代表"中国"。因为域外游牧人最初大规模接触中国人和了解中国,是在汉代,而这最初的印象应该是最为深刻的。既然在这一点上连唐王朝都比不上汉,遑论"拓跋"之类的名号了。

再次,无论是域外人还是汉人,都愿意或习惯于称"大汉",因为这是一个光荣和尊贵的称号;而"拓跋"则未免相形见绌,拓跋鲜卑入主中国北方之后,连王族本身的姓氏"拓跋"也要改成汉化的"元",避"夷姓"拓跋而唯恐不及,则"拓跋"的影响力怎么可能再胜过"汉"而深入中亚居民之心,从而代表整个中国呢?

有关"大汉"的称号,在汉文古籍中可谓比比皆是。汉代人以自称"大汉"为荣,尤其在与域外的"夷狄"之流打交道时,更因"大汉"产生自豪,乃至居高临下之感。例如,郑众在明帝永平八年曾出使匈奴,因不拜匈奴单于而遭凌辱。嗣后,明帝欲再度遣其出使,郑众遂上书道:"臣前奉使不为匈奴拜,单于恚恨,故遣兵围臣。今复衔命,必见陵折。臣诚不忍持大汉节对毡裘独拜。如令匈奴遂能服人,将有损大汉之强。"①此语是郑众不愿再使匈奴的重要理由之一,他再三强调"大汉"一词,分明有意煽起明帝的荣誉感,以达到取消这次遣使的目的。则"大汉"为当时中国官方自高地位的尊称,是十分清楚的。

又,和帝永元元年(89年),窦宪等远征漠北,大破北匈奴于稽落山,令其数十万人降汉。窦宪于是登上距塞三千里的燕然山,刻石勒功,纪汉威德。班固所撰的铭文则云:"……遂逾涿邪,跨安侯,乘燕然,蹑冒顿之区落,焚老上之龙庭。上以摅高、文之宿愤,光祖宗之玄灵,下以安固后嗣,恢拓境宇,振大汉之天声。……"②在此所用的"大汉"更是中国人当时对本政权的一种至高无上、尊贵无比的美称。他如"(梁讽)征匈奴,屯军于边,以大汉威灵招之,匈奴畏感,奔驰来降"(《东观汉记》卷一九《梁讽传》)等语,也足证中国史家习惯于以"大汉"作为本政权的尊称、美称。

中国人固然以"大汉"为荣,那么,这一称号是否得到中亚游牧人和其他域外人的认可呢?回答是肯定的。一个典型的例证见于征和四年(前89年),匈奴单于致汉武帝的一封信,其语曰:"南有大汉,北有强胡。胡者,天之骄子也,不为小礼以自烦。今欲与汉闿大关,取汉女为妻,岁给我糵酒万石,稷米五千斛,杂缯万匹,它如故约,则边不相盗矣。"③狐鹿姑单于的此信甚为傲慢,貌似和解,实际上是挟武力而索要财物,所以他根本不是出于阿谀奉承,才称中国为"大汉"。

----

① 《后汉书》卷三十六《郑兴传》所附其子《郑众传》,中华书局标点本,1965年,第1225页。
② 《后汉书》卷二十三《窦融传》所附其曾孙《窦宪传》,第815页。
③ 《汉书》卷九十四上《匈奴传上》,中华书局标点本,1962年,第3780页。

第五章 "桃花石"的来龙去脉

显然,至少早在西汉武帝时代,"大汉"已经成为漠北游牧人对中国的一般性代称了。既然如此,在域外人心目中,"大汉=中国"的印象难道可能随着汉王朝的结束而一起消失,立即被其他远不足以代表"中国"的称号(诸如"拓跋")所取代,并长久流传下去?其答案是不言而喻的。

事实上,汉王朝结束之后,"大汉"对于匈奴人的魅力不仅没有消退,反而越来越巨大了。突出的例子乃是十六国时期匈奴后裔刘渊在中原建立的政权便号称为"汉"。

刘渊是当初匈奴强大政权的奠基者冒顿单于之后代。由于汉高祖刘邦曾以公主嫁与冒顿,约为兄弟,所以冒顿的子孙便自称姓刘。足见即使盛极一时的匈奴汗国败亡于汉政权之手(大体而言,可作如此断语),其族人也仍以"汉"为荣,以"汉"为尊。"汉"在域外民族中的"深入人心",由此可见一斑。

公元304年,刘渊称"汉王",年号元熙。他在"就职演说"中清楚地表明自己乃是承继两汉的皇统,并追尊刘禅为孝怀皇帝,立汉高祖以下的三祖、五宗神主而祭之,所用的官制也承袭汉代。其"汉化"的程度之高自不待言。另一方面,这个刘氏汉政权也频繁地自称"大汉""皇汉"。而"皇"即"大"义,如《诗经·大雅·皇矣》云:"皇矣上帝,临下有赫。"两汉灭亡之后,"大汉"称号竟由其最大"宿敌"匈奴人发扬光大,实是作为汉族人的刘氏始所未料的。

《晋书·刘聪载记》载陈元达谏刘聪之语云:"晋氏暗虐,视百姓如草芥,故上天剿绝其祚,乃眷皇汉,苍生引领息肩,怀更苏之望有日矣。"这里的"皇汉"当然是指由刘渊创建的汉政权。同一《载记》记太史令康相谏刘聪之语云:"皇汉虽苞括二京,龙腾九五,然世雄燕、代,肇基北朔,太阴之变,其在汉域乎?……愿陛下以东夏为虑,勿顾西南,吴、蜀之不能北侵,犹大汉之不能南向也。"是亦以"皇汉""大汉"称呼自己的政权。又,尚书令王鉴等谏刘聪,有语云:"有周之隆既如彼矣,大汉之祸又如此矣。"王鉴临刑时,叱骂王沉道:"竖子! 使皇汉灭者,坐与鼠辈与靳准耳! 要当诉汝于先帝,取汝等于地下。"

诸如此类的"大汉"与"皇汉"不胜枚举。要之,十六国时代的"汉"政权虽然历时不过二十五年(304—329年),但它展示了"大汉"的影响业已深入域外人——尤其是中亚游牧人——心中。而前引诸说的倡导者几乎无不认可,Tabγač 等名的形成与中亚游牧人有着极其密切的关系。那么,在域外出现 Tabγač 这类名号之前(我们暂且将其时间上限置于公元 6 世纪末,即拜占庭史家席摩喀塔撰述之际),哪一个汉人政权称号在域外驰名最久,对中亚游牧人影响最大,从而最有资格被他们用来指称整个"中国"呢? 是"大汉",还是"大魏",抑或"拓跋"? 无疑是前者。

三、"大汉"与 Tabγač 等名的语音比定

上文提到,先师章巽曾撰《桃花石和回纥国》,认为"大汗"当是 Tabγač 等名的语源。他将"大汗""拓跋"的汉语古音与 Tabγač 等名的读音作了排列比照,令人信服地指出,"大汗"较诸"拓跋"更加接近于域外非汉语诸称的读音。而"大汉"与"大汗"的读音却几乎完全一致。在现代汉语中,"汉""汗"发音完全一样,均作 han 的去声。至于其古音,则也相差无几:就上古音而言,"汉"字属元韵、晓母、去声;"汗"字则属元韵、匣母、平声[①]。就中古音而言,"汉"作翰韵、晓

---

① 此据唐作藩《上古音手册》,江苏人民出版社,1982 年。

第五章 "桃花石"的来龙去脉

母;"汗"作寒韵,匣母。瑞典汉学家高本汉(Karlgren)对此二字标的《切韵》音值为:"汉"—$\chi \hat{a}n°$,"汗"—。$\gamma \hat{a}n$[①]。简言之,"汉""汗"二字的古音基本上仅在于晓母与匣母之分,而这两个声母均属喉中音,只是晓母稍清,匣母稍浊而已。有鉴于此,可以认为"大汉"与"大汗"即使在古代的读音也极类似,亦即是说,哪怕只就语音来说,"大汉"也至少具有与"大汗"同等的资格作为 Tabγač 等名的语源。

在语音比定的基础上,再来探索"大汉"是如何演化为域外诸谐音名的。

这一代表"中国"的称号首先闻名于和中原王朝接触最为频繁的中亚游牧人之中(战争也是一种接触,并是极为重要的一种接触),然后,由这些游牧人将这称号再传给其后代,传播至西方,乃至远到小亚细亚、西亚等地的居民都了解了这个名号。该名号经过时间和空间跨度均极大的转相传授,难免出现读音偏差,所以诸名之中,当以最早的和最接近中国的居民所记下的名号最为正确。这样的推测,料想会得到多数学者的认可。既然如此,早在公元 6 世纪中叶建国,并在 8 世纪上半叶留下碑铭的古突厥人所记载的 Tabγač,应该被视作"标准的"译名。

当然,我们现在见到的,只是突厥人对"中国"的称呼,而在他们之前数百年的匈奴人也肯定有酷似"大汉"发音的称呼,只是并未流传后世而已。古人声称,勃兴于公元 6 世纪中叶的突厥人乃是匈奴的"别种"。姑不论此说是否确凿,但突厥人亦属游牧人,并旋即统治了匈奴人频繁活动过的漠北地区,则是毫无疑问的。因此,他们继承匈奴的"遗产",当是

[①] 此据沈兼士《广韵声系》,中华书局,1985 年。

情理之中的事,那么,他们以同样的名号指称中原王朝,也是完全可能的。席摩喀塔的时代,正是突厥人雄霸中央亚欧地区,东与中原的北周、北齐和隋,西与西亚的波斯和小亚的拜占庭频繁交往之际。突厥并曾于6世纪下半叶与拜占庭建立过直接的官方联系,双方互派使团,来来往往,热闹非凡[①]。在这样的大背景下,席摩喀塔不是很容易从突厥人那里直接了解到有关中国的信息吗?他的 Taugast 自然也是来自突厥了。正因为如此,其读音也较诸后世穆斯林史家们的诸名更接近于 Tabγač。

那么,"大汉"是如何首先演变成 Tabγač 的呢?不少现代学者主张:Tabγač 一名中的 č 乃是 či 的略写,而后者在阿尔泰语系中则为名词后缀,附加在某名词词尾之后,便使该词具有"司……事者"之意。所以便有"Tabγač 乃司天者,即天子"之说(见前引梁园东之文)。诚然,突厥语后缀-č 确有令名词变成"司其事者"的功能(如加在"图画"后,便使之成"画师",加在"雕刻物"后,便使之成"雕刻师"),但是我认为,在 Tabγač 一例中却非此意。

首先,č 是否 či 的省略,仅属推测,未可断定。其次,也是更重要的一点是,恰恰在古突厥语中,另有一个名词后缀-č,它能使之生成一个新的名词,从而添上"敬爱""可爱"之类的意思。例如,翁金碑(约立于732—734年间的古突厥文碑铭,在今蒙古翁金河畔)右面第四行有语云:"我敬爱而贤明的父亲啊,我为你举行了葬礼。"在此,之所以有"敬爱的父

[①] 关于突厥与拜占庭交往的情况,同时代的拜占庭史家弥南记载较详,可参看 C. Müller, *Fragmenta Historicorm Graecorum*, Paris, 1851, Unveranderer Nachdruck, Frankfurt, 1975, vol. IV, *Menandri Protectoris Fragmenta*.

亲"之意,是因为原文在"父亲(ata)"后加了后缀-č,而成了"atač"①。

鉴于这样的古突厥语语法,我们便可认为,Tabγač亦同此例。即,此词最初源于中亚人对汉王朝的尊称,Tabγa对应于"大汉",加上后缀-č后,便含"尊贵的大汉王朝"之意了。从汉代皇帝与匈奴单于的往来书信多用"皇帝敬问匈奴大单于无恙"和"匈奴大单于敬问皇帝无恙"(见《汉书·匈奴传》)等客套语来看,匈奴曾经以"尊敬的大汉"称呼中原王朝,也是相当自然的事情。再就历代"夷狄"诸族对待中国的态度来看,在大多数情况下是"诚惶诚恐"的,因此称呼时多带一点敬意,完全合乎情理。日久相沿成俗,Tabγač遂成"中国"的专称了。基于上述分析,"大汉"与Tabγač的语音更为吻合。从"大汉"衍生出的Tabγač在域外各族中辗转流传,再回到汉族语言时,便讹成了"桃花石",从而"面目全非",世人不知它的真正来源了。

四、"大家""宅家"的语源推测

隋唐以降,中国臣民称呼中原帝君为"大家"的例子似乎多见起来。《青琐高议》载云,杨素不听隋文帝临终之言,在文帝驾崩后矫诏而立炀帝。当日回家之后,对家里人说道:"小儿子吾已提起,交作大家,即不知了当得否?"②显然是将皇帝称作"大家"。

---

① 关于名词后缀-č的语法功能及其例句,见 Talat Tekin, *A Grammar of Orkhon Turkic*, pp. 104, 256, 292, The Hague, 1968.
② (宋)刘斧《青琐高议》后集卷五《隋炀帝海山记上》,上海古籍出版社,1983年,第147页。

《旧唐书》载云,吐蕃遣论弥萨等为使,前来中原求和,武则天满足他们的要求,以中国的音乐款待之,吐蕃使臣大悦,遂拜谢道:"臣自归投圣朝,前后礼数优渥,以得亲观奇乐,一生所未见。自顾微琐,何以仰答天恩,区区褊心,唯愿大家万岁。"①由此可知,"大家"不仅为中国皇帝之称,并且不是俗称,而是相当尊敬的称号,否则吐蕃使者也不可能在拜谢武则天时当面如此称呼。

《唐语林》载云,唐玄宗与众人一起打波罗球时,荣王从马上摔下来,昏厥过去。于是黄幡绰奏道:"大家年几不为小,圣体又重,倘马力既极,以至颠踬,天下何望!何不看女婿等与诸色人为之?如人对食盘,口眼俱饱,此为乐耳。"②在此也是当着帝君之面称"大家",犹如尊称"陛下"一般。

但是,"大家"与"陛下"毕竟还是有区别的,因为后者只是他人对帝君的尊称,皇帝不能以此自称,而前者却可作自称。《旧五代史·梁书·太祖纪二》载云,唐昭宗将朱全忠召到寝殿,晋见何皇后,面赐酒器与衣物。何皇后对朱全忠说道:"此后大家夫妇委身于全忠矣。"随即歔欷泣下。

五代时期也屡见"大家"之称,兹不赘述。与"大家"具有同样含义,并亦流行于当时的另一称号,则是"宅家"。黄朝英《靖康湘素杂记》引宋子京《春词》云:"新年十日逢春日,紫禁千觥献寿觞。寰海欢心共萌达,宅家庆祚与天长。"此诗歌功颂德,故"宅家"一名显然也是尊称。而此称似乎在唐代最为盛行,《通鉴·唐纪八十·昭宗天佑元年》胡注云:"唐时宫中率呼天子为'宅家'。"

---

① 《旧唐书》卷一九六上《吐蕃传上》,中华书局标点本,1975年,第5226页。
② (宋)王谠《唐语林》卷五,第687条,载周勋初校证《唐语林校证》,中华书局,1987年,第470页。

第五章 "桃花石"的来龙去脉

为何称天子为"宅家"？唐李匡乂《资暇集》解释道："郡县主，宫禁呼为'宅家子'。盖以至尊以天下为宅，四海为家，不敢斥呼，故曰'宅家'，亦犹'陛下'之义。"[1]李氏的解释未免有附会之嫌；但是下文谓"宅家"乃是"大家"急呼而导致的音讹，却不无道理。盖因"宅"字的中古音作 dák。"大"字的中古音作 d'â。，二音相差不多，确易转讹。如果真是如此，那么"大家""宅家"恐怕均无汉文含义了，而很可能是非汉语的音译名。

汉唐期间，中国与域外的交往甚多，各方在语言方面的相互借鉴也很流行，这类例子不可胜数。所以，汉语词汇既会被域外人借用（如上文所说的"大汉"），域外的非汉语词汇也会被中国人所吸收。我认为，"大家"或"宅家"便是"进口"词汇之一，而实际上，它们却是某种形式的"返销"。之所以这样说，是基于下面的分析。

"大汉"作为"中国"的专称，已被中亚人广泛采用，并融入了他们的日常词汇中，成了其语言的一部分。而当他们指称中国皇帝时，便名之曰"Tabγač Qaγan"，直译的话，即是"大汉可汗"。像这样的称呼，古突厥碑铭中不时见到，足见相当普遍。阿尔泰族系的游牧人多以 Qaγan 称呼自己的君主，故以此转指中国的"皇帝"，也十分正常。上文业已指出，-č 是名词后缀，因此"大汉"有时也应该呈"Tabγa"的形式。那么，若与"可汗"（Qaγan）连读，则 Tab-之后连续三个喉音音节便极易合而为一，遂与古音作。ka的"家"字发音接近。这样，也就产生了汉语中的"大家""宅家"。就隋唐时期称频称帝君为"大家""宅家"这一现象来看，也与当时中国与

---

[1] （唐）李匡乂《资暇集》卷下，载《景印文渊阁四库全书》第850册《子部十·杂家类二》，台湾商务印书馆，1986年，第850—159页下。

中亚游牧人之交往特别频繁的大背景吻合,所以我更倾向于这样的比定。

顺便提及,有的学者将汉代以降称呼皇帝的"国家""官家"等视作中亚人 Qaγan 一名的译音,我认为也不无可能,不过在此不再深入讨论。

于是,我们的结论是:古代域外人指称"中国"的 Tabγač 一名,最初源自中原强大而持久的王朝"大汉"的尊称;此名嗣后又与 Qaγan 连用而意指"中国皇帝",汉人遂采纳了这个"返销"的词汇,读作与之音近的"大家"或"宅家"。从"大汉"的"输出"到"大家"或"宅家"的"返销",乃是古代中国与域外诸族——主要是中央欧亚的游牧人——文化交流的一个例证。

第六章　从突厥的"史前"居地看游牧人的迁徙

古代的游牧人与丝绸之路有着密切的关系。首先,游牧人的生活特色是"随逐水草",即为了获得最好的放牧条件,必须常年不断地迁徙。于是,随着他们的迁徙活动,形形色色的交通道路就被开辟出来,构成了后世所谓"丝绸之路"网络的一部分。其次,在游牧人促进欧亚大陆——尤其是中央欧亚地区——交通道之开辟与发展的同时,这些交通道也帮助他们获得了来自世界各地的先进文明,与他们形成了相辅相成的关系。在此,我们将以阿史那氏突厥人为例,探讨一下他们的早期居地以及嗣后的迁徙路线,以揭示游牧人与丝绸之路的"不解之缘"。

公元 6 世纪中叶,突厥语族中的阿史那人[①]在亚欧大陆的腹地建立了一个庞大的游牧汗国。学界对于该族的源流(包括其人种、最初居地及迁徙过程等)已作了不少探索。我认为,比较合理的看法是:阿史那族在勃兴前曾经历了多次

[①] 在汉文古籍中,"突厥"一词最初只专指建立强大汗国的突厥王族阿史那氏,但是后世发展为泛指整个突厥语族。在此为免广、狭两义"突厥"的混淆,故多冠以定语"阿史那"一词。

迁徙①,亦即是说,他们在建立汗国前——姑称之为"史前"——的居地(或"发祥地")不止一个。这里要考察的,是有可能为阿史那突厥人"最早"居地的"西海"地区,即今里海西侧的北高加索山地区和里海北侧的伏尔加河下游一带②。

一、突厥起源传说揭示的史实

有关阿史那突厥的起源传说有助于证实该族曾居于里海地区。

见于汉籍的起源传说主要有四种,它们可被概括地称作"母狼与刖足小儿说"③、"平凉杂胡说"④、"漠北索国说"⑤和"海神后裔说"⑥。《周书·突厥传》载第一、三种;《隋书·突

---

① 例如,薛宗正持此观点(《突厥始祖传说发微》,载《新疆社会科学》1987年第1期),他推测了阿史那人从咸海至漠北,次至平凉,再至高昌,终至金山的漫长迁徙过程。
② 有关阿史那突厥人早期居地的考证,可参看笔者旧文《阿史那"史前"居地考》,载《西北民族研究》1991年第2期,第165—176页。
③ "突厥者,盖匈奴之别种,姓阿史那氏。别为部落。后为邻国所破,尽灭其族。有一儿,年且十岁,兵人见其小,不忍杀之,乃刖其足,弃草泽中。有牝狼以肉饲之,及长,与狼合,遂有孕焉。彼王闻此儿尚在,重遣杀之。使者见狼在侧,并欲杀狼。狼遂逃于高昌国之北山。……经数世,相与出穴,臣于茹茹。居金山之阳,为茹茹铁工。"(《周书》卷五十《异域传下·突厥传》,中华书局标点本,1971年,第907页)
④ "突厥之先,平凉杂胡也,姓阿史那氏。后魏太武灭沮渠氏,阿史那以五百家奔茹茹,世居金山,工于铁作。"(《隋书》卷八十四《北狄传·突厥传》,中华书局标点本,1973年,第1863页)
⑤ "或云突厥之先出于索国,在匈奴之北。……大儿为出火温养之,咸得全济。遂共奉大儿为主,号为突厥,即讷都六设也。讷都六有十妻,所生子皆以母族为姓,阿史那是其小妻之子也。"(《周书》卷五十《异域传下·突厥传》,第908页)
⑥ "突厥之先曰射摩,舍利海神在阿史德窟西。射摩有神异,海神女每日暮,以白鹿迎射摩入海,至明送出,经数十年。"(《酉阳杂俎》前集卷四《境异》,方南生点校,中华书局,1981年,第44页)

厥传》载第一、二种;《北史·突厥传》载第一、二、三种;《酉阳杂俎·境异》则载第四种。《北史》对于《周书》的"漠北索国说"和《隋书》的"平凉杂胡说"均未作任何实质性更动,只不过替换了几个同义词语。但是,《隋书》和《北史》对于《周书》的"母狼与刖足小儿说"则作了引人注目的增补;《隋书》在"后为邻国所破"之前加上了"其先国于西海之上",并将"狼遂逃于高昌国之北山"改成"其狼若为人所凭,欻然至于海东,止于山上"。《北史》则除了插入"其先居于西海之右"和"于时若有神物,投狼于西海之东"两语外,其他几乎逐字照抄《周书》。鉴于《隋书》和《北史》的可靠程度胜于《周书》[①],故二者如此突出地强调"西海",必然事出有因,不能轻易否定。《酉阳杂俎》的"海神后裔说"尽管在人物与情节上均异于前三书,但同样强调了突厥先祖与"西海"的密切关系。

对于这样的记载,我们必须承认,这些带有神话色彩的传说后面存在着真实的史实[②],即:阿史那人在东迁阿尔泰山地区,建立强大汗国之前曾居住在"西海"之西。

在历代汉籍中,名为"西海"的水域甚多。白鸟库吉概括道:前汉时代青海名为西海;至张骞使西域,则里海、波斯湾均被称作西海;后汉时代又称印度洋为西海;至于唐代,杜环《经行记》称地中海为西海。所以,"西海"并非专指一海[③]。尽管如此,这里的"西海"应该是指里海。因为按拜占庭史家

[①]《隋书》虽与《周书》同时成于636年,但其编修阵容壮大(有魏徵、颜师古、孔颖达等),故不至于像《周书》那样遭"了不兼采"之讥(刘知幾语)。《北史》成于659年,编者李延寿曾三入史馆,遍观内府所藏,并参与修编《隋书》,故其史料之质当更超过前二书。

[②] 帕克否定具有神话色彩的突厥起源说,但松田寿男则认为,正是这类起源说才反映了真正的史实。说见松田寿男《古代天山历史地理学研究》,陈俊谋译,中央民族学院出版社,1987年,第274页。

[③] [日]白鸟库吉《西域史研究(下)》,岩波书店,昭和十九年,第276—277页。

弥南(与突厥汗国同时代)的记载,576年,拜占庭使臣瓦伦丁与汗国首领咄陆设(Turxanthos)会见的地点是在后者的驻跸地 Yayiq 河附近①。Yayiq 河即今乌拉尔河。由此可知当时阿史那突厥政权的辖境已扩展至里海地区;又,按《周书·突厥传》,汗国初期的疆域"西至西海",这一"西海"显然指里海。所以,阿史那突厥人早期所居的"西海"当即今里海地区。

二、"阿史那"名号体现的"里海渊源"

除了阿史那突厥的起源传说外,其族名"阿史那"也可溯源至里海地区的部落,从而进一步密切了阿史那人与里海地区的关系。

克里雅什托尔内依认为,"阿史那"源自伊兰语中的塞迦(Saka)语 Āsāna,义为"有价值的""名门的""高贵的"②。不少学者均采纳了这一说法。但是依我之见,"阿史那"一名可能直接来自一个现成的族名 Asiani。

托勒密提到,在卡马河地区居住着 Asaei 人和 Alani 人,此外,尚有名为 Alauni 的民族。马迦特认为,这些名字即使不完全等同,也密切相关③。布兰契内德则说,后世,Alani

---

① I. Bekker and B. G. Niebuhr (ed.), *Dexippi, Eunappi, Petri Patricii, Prisci, Malchi, Menandri historiarum quae supersunt*, p. 400, Bonnae, 1829.

② S. G. Kliaštornyi, *Drevetiukskie runičeskie Pamiatniki kak istočnik po istorii Srednei Asii*, pp. 111-112, Moskva, 1964.

③ J. Marquart, *Über das Volkstum der Komanen*, p. 182, Abh d. K. Ges d. Wiss. Gottingen, N. F. XIII, 1914.

第六章　从突厥的"史前"居地看游牧人的迁徙　　　115

便以 Ās(Asaei)或 Asi(俄文史籍作 Asy 或 Yasy)著称了①。而 Ās 人便是今北高加索奥赛梯人(Osset)的先祖。这样，Alān、ās 和 Osset 便大体上建立了承继和等同关系②。由于《后汉书·西域传》说奄蔡改名阿兰，所以，Alani、Alān(阿兰)又与《史记·大宛列传》所载位于康居西北"临大泽"的奄蔡(一名阖苏)勘同。夏德则将奄蔡比定于斯特拉波提及的 Aorsi 人③。就地理位置而言，奄蔡当在里海-咸海地区；Aorsi 人(尤其是北 Aorsi 人)则几乎控制着里海沿岸的绝大部分地区④。因此，前人既已将 Alan、As、Aorsi、奄蔡大致比定，则 Alan 或 As 人的主要活动范围也应当在里海地区。

在斯特拉波与托勒密的著述中，Asaei 的异名尚有 Asii、Assaei 和 Asiani。按塔恩之见，Asiani 乃是 Asii 的伊朗语形容词形式⑤。不管此说正确与否，以汉名"阿史那"(《切韵》â-si-nâ)对应 Asiani，就语音而言是相当吻合的。显然，这一比定将阿史那人的"史前"活动地区指向了里海沿岸(尤其是其西侧和北侧)。十分有意思的是，《世界境域志》提及可萨国王的王族名颇似"阿史那"："Ātil 乃是被 Ātil 河所划分的一个城。它是可萨人的首都及其国王的驻跸地，国王名叫达干可汗(Terkhān Khāqān)，是 Ānsā 族的后裔之一。"⑥Ātil 河即今伏尔加河，可萨汗国的主要活动范围是在里海地区，尤其是它的北岸和西北岸。所以，倘若诚如有的学者所言，

---

① E. Bretschneider, *Medieval Researches*, II, pp. 84-85, London, 1910.
② 明诺斯基说："伊兰系的 Alān 人——后称 Ās——乃是今 Osset 人的祖先。"语见 V. Minorsky, *Hudūd al-'Ālam*, p. 445, Oxford University Press。
③ F. Hirth, *China and the Rome Orient*, p. 139, note 1, Shanghai, 1885.
④ *The Geography of Strabo*, p. 243, tr. by H. L. Jones, London, 1916.
⑤ W. W. Tarn, *The Greeks in Bactria and India*, p. 284, Cambridge University Press, 1951.
⑥ V. Minorsky, *Hudūd al-'Ālam*, pp. 161-162, Oxford University Press.

Ānsā 乃是 Āšinā 的转讹①,那么这就是阿史那人与里海地区渊源甚深的又一证据。此外,与布尔加第二汗国王室相关的氏族名 Asen、Asan 及金帐和布尔加等政权的亲王与显贵名字 Asanak、Asanuna、Asan 也被认为可能是"阿史那"(Ašina)的异名②。

当然,无论是在突厥汗国建立以前的 Alan、As、Asii 等部族名称中找到"阿史那"一名的渊源,还是在突厥汗国建立以后的可萨、布尔加、金帐等政权中发现"阿史那"的踪迹,都只能证明阿史那人曾在里海地区有过频繁的活动,而不足以判定阿史那人与该地区的某一民族同种③。因为按罗马史家阿弥阿努斯的看法,"(阿兰人)通过一次次的胜利降服了所遇到的各民族,并像波斯人一样将诸族合并在自己的族名之下"④。足知凡采用"阿兰(Alan)"之名的部族未必与阿兰一样,同属印欧人种。所以,当时的阿史那人完全有可能是里海地区被 Alan(As)人征服并采用其族名的非印欧种的游牧部落之一。

三、擅长冶铁的特征

与阿史那突厥人之兴起紧紧联系在一起的一件事物是铁或冶铁业。而古史所载有关阿史那人在铁或冶铁业上表

---

① M. I. Artamonov, *Istoriia Xazar*, pp. 170-171, Leningrad, 1962.
② P. B. Golden, *Khazar Studies*, I, pp. 220-221, Budapest, 1980.
③ 有的学者认为,因"阿史那"与显属印欧种的乌孙(Usun)、Asii 语音相合,故至少含有一定程度的印欧血统。例见钱伯泉《突厥族名、族源传说和初期史实考》(载《西北民族文丛》1984 年第 2 期)和余太山《乌孙考》(载《西北史地》1988 年第 1 期)。
④ Ammianus Marcellinus, *Res Gestae*, XXXI, 2, 13, ed. & tr. by J. C. Rolfe, Harvard University Press, 1963.

现出的种种特征同样可以在里海西侧北高加索山地区的阿斯人(As)或其他居民中找到明显的踪迹。

按汉文史料,阿史那人在建立汗国之前曾在金山(阿尔泰山)之南居住了相当一段时期:臣于柔然,充当柔然的铁工。则阿史那人显然为"铁匠"出身。有的学者认为,阿史那人之所以能够推翻其宗主柔然,勃兴于阿尔泰山地区,是与其锻铁的特殊技能密切相关的。此后得以维持汗国的兴旺,也是以产铁和销售铁制品为重要条件①。足见铁在阿史那人生活中的重要性。同样的重要性也体现在北高加索山地区的阿斯人身上。

高加索山区是古代世界最著名的冶金中心之一,当地极多优秀的冶金技工。所以在北高加索奥塞梯人(阿斯人的后裔)的民间传说中,与铁匠相关的故事占据了突出的地位。其中最著名者为超凡的铁匠库尔达拉贡,他是一切铁工和武器制造者的保护神。据说,巨神巴拉斯迪尔曾请求库尔达拉贡将其置于天炉中锻炼。库尔达拉贡用龙体生成的煤加热冶炉后,方始完成了对巨神巴拉斯迪尔的锻造和淬火②。这类传说将冶铁业和铁匠的地位抬得很高,以致一些著名的神灵都要请求他们的帮助,实际上是对铁的一种崇拜。事实也确是如此:在高加索山区的许多地方,冶铁炉都被视作圣所,大锤和铁砧都被看成圣物。在阿布卡西亚,铁砧是一年一度的祈祷仪式的圣坛;此外,严肃的发誓仪式也在铁砧面前举行。在卡克迪亚,每逢星期六便要在铁砧前举行仪式,铁砧上点燃蜡烛,每个铁工学徒都要向它跪拜,并亲吻之。在萨

---

① 见[日]松田寿男《古代天山历史地理学研究》,陈俊谋译,中央民族学院出版社,1987年,第284—285页。
② 转引自 G. Vernadsky, *The Origins of Russia*, p.40, Oxford, 1959。

穆尔扎甘,则广泛流传着铁砧具有治病神效的信仰[1]。与铁业及铁物之圣化相适应的,是铁匠地位的升高。高加索山区的许多村落中,不仅铁匠本人的社会地位较高,即使其助手也享有相当的特权。

汉文史料尽管没有明白地宣称,但是有关的记载(例如,突厥土门可汗敢于向其宗主柔然求婚;土门在被斥为"锻奴"之后立即造反等)却暗示了阿史那人以工铁为荣,自视颇高。而这与里海西岸铁工们的思想意识是一致的。此外,从关于蒙古人捶铁典礼的记载中还可以推测出阿史那人也有以锻铁工具作为圣物,并用于宗教仪式的习俗。据多桑所引拉施特丁的记载,成吉思汗之后的蒙古君主们为纪念其先民熔铁矿的事业,于每年除夕召集铁工至内廷捶铁,举行隆重仪式,以谢天恩[2]。不少学者认为,这一典礼是突厥遗风,也就是说,阿史那人也应当有此习俗[3]。吉本提及的一个捶殊仪式与此相仿,他认为此即突厥人的仪式:"一年一度的典礼——在典礼中,一块铁在火中加热,由王公及其贵族用铁锤不停地锻打——记录了突厥族古老的低贱职业及其合乎情理的自豪。"[4]

我们不仅可从后世的记载中推知阿史那人有着崇拜铁

---

[1] B. E. Degen-Kovalevstky, *K Istorii zenleznogo proizvodstva Zakavkazia*, p. 376, IGAIMK, CXX, 1935.

[2] M. D'Ohsson, *Histoire des Mongols*, Vol. I, Chap. 2, Amsterdam, 1934—1935.

[3] 例如,内藤虎次郎说:"(这一仪式)由阿史那世居金山,工于铁作而来。""拉施哀特丁所亲眼目睹的捶铁典礼,亦多感染于突厥族的习俗。"松田寿男说:"元旦捶铁的典礼,以及其它部分,同样都可以视为承袭自突厥的传说。"(具见松田寿男《古代天山历史地理学研究》第276页)

[4] Edward Gibbon, *The History of the Decline and Fall of the Roman Empire*, Vol. II, p. 249, London: Strahan & Cadell, 1781.

业和铁物的习俗,还可从突厥汗国同时代的史料中窥知,阿史那人与高加索山区的铁工们一样,也相信铁物具有神奇的功效。

弥南记云,568年,拜占庭使臣蔡马库斯报聘突厥,抵达粟特人的境内时,一些突厥人专程前来献铁,旨在出售并炫耀其国产铁。裕尔引德经的观点,对突厥售铁之语表示异议:突厥可汗每年以锻铁典礼纪念其起源,则突厥人向拜占庭使臣示铁也具有类似的意义[1]。白鸟库吉则认为,突厥人不但用火来清除外人带入的污秽,还用铁来驱除邪气[2]。看来,"售铁"之类的话只是弥南自己的猜想,而不是突厥人献铁的真正用意。所以,德经与白鸟否定"售铁"之说是合理的。我认为,阿史那人尽管希望与拜占庭交好、通商,但绝不至于迫不及待到派遣专人去向刚刚入境的大国使臣兜售商品,这种举动不仅荒谬可笑,而且也不会产生实际效果,所以弥南的解释是错误的。另一方面,献铁的举动恰恰与以火祛邪的仪式同时发生,似乎只能表明二者的功能相似,即"驱邪"。考虑到古代人——尤其是文化比较落后的游牧人——关于疾病的观念(如医、巫不分;将疾病视作"中邪"等),则关于铁之医病神效与铁之驱邪神效的信仰实质上是完全相同的,并且是同一信仰必然导致的两个表现方面。由此可知阿史那人与里海西岸居民都将铁视为圣物。

阿史那人与里海西岸居民都与"铁"有着很深的渊源,这是阿史那人曾于"史前"活动在里海地区的又一佐证。

---

[1] H. Yule, *Cathay and the Way Thither*, Vol. I, p. 208, revised by H. Cordier, London, 1915.
[2] [日]白鸟库吉《高丽史中所见蒙古语的解释》,载《东洋学报》第18卷2号,第166—168页。

四、阿史那人与可萨人的相似制度

可萨人(汉文史料或称曷萨、阿萨,西方史料多称Khazar)活动在里海地区,他们的政权于公元6世纪下半叶以西突厥附庸的身份出现;当7世纪后期西突厥衰败后,可萨汗国便成为该地区的强大势力。阿史那人与可萨人在政治制度方面十分相似,其中之一便是可汗的就职仪式。

《周书·突厥传》载云:"其主初立,近侍重臣等舆之以毡,随日转九回,每一回,臣下皆拜。拜讫,乃扶令乘马,以帛绞其颈,使才不至绝,然后释而急问之曰:'你能作几年可汗?'其主既神情瞀乱,不能详定多少。臣下等随其所言,以验修短之数。"阿拉伯作家伊斯坦赫里则谈及可萨可汗的授职仪式:"当他们要任命一位可汗时,就用丝绸将他绞得几乎窒息,然后问他:'你希望在位多久?'他答称若干年。于是,他在此期限之前去世,是为吉祥之兆;反之,当年限一到,人们便杀死他。"[1]二者都是用"丝绸"将君主绞得接近昏迷时才问他将在位多久,显然都相信此时答话的是附在他身上的神灵。此外,汉籍既然说"臣下等随其所言,以验修短之数",则暗示了届时也会采取强制手段(很可能也是处死的方式)使得可汗之言"应验"。

这种可汗授职仪式固然颇具迷信色彩,但实际上不无现实意义。伊本·法德兰记云:"他们的在位期为四十年,如果君主(的统治)超过了哪怕一天,其子民和朝臣就会处死他,

---

[1] Istaxrī, *Kitab Masalīk wa'l Mamālik*, p. 224, ed. by M. J. de Goeje, Leiden, 1870.

第六章 从突厥的"史前"居地看游牧人的迁徙　　　　　121

说他的理智业已丧失,智力已变得混乱不堪。"①麦素迪将处死可汗的原因说得更清楚:"当可萨人遭到饥荒或其他灾祸时,当战争前景不利或者某个民族声称与之为敌时,当任何不幸降临时,人民与贵族就冲向君主,说道:'这个可汗的统治只预示着灾难,对我们来说并非好兆。处死他,或者把他交给我们,让我们来杀死他。'君主有时候任由他们杀死自己,有时候自裁而亡,有时候则为博取怜悯而申辩道,他并未犯有足以受到惩罚的任何罪行。"②显然,可萨人在可汗在位期限未满或已满之际杀死他的习俗有助于为本政权选择一个拥有足够的体力、智力和治理才能的统治者。

　　见于《隋书·长孙晟传》和《隋书·突厥传》的两条记载似乎也体现了这样的习俗和用意。前者云,长孙晟派遣降虏探察雍虞闾(都蓝)可汗的内情,"知其牙内屡有灾变,夜见赤虹,光照数百里,天狗陨,血雨三日,流星坠其营内,有声如雷"。此事在隋廷封突利可汗为意利珍豆可汗(按《通鉴》,时在十月甲子)之前不久。而十二月乙未(亦按《通鉴》),都蓝可汗即"为其部下所杀"。可汗之被杀上距种种天灾之出现仅为两个多月。又,《隋书·突厥传》谓沙钵略的"牙帐为火所烧,沙钵略恶之,月余而卒"。按《通鉴》,两事均在四月,则可汗之卒与灾异之现相隔不足一月。两位可汗的死与自然界的灾变究竟是什么关系?汉文史料似乎只暗示了预兆和注定结果之间的关系,即旨在揭示"冥冥之中"的一股巨大威力。这当然不可信,而比较合理的解释恐怕即是:可汗的臣

---

① A. Z. V. Togan, *Ibn Fadlāns' Reisebericht*, p. 101, Abhandlungen für die Kunde des Morgenlandes, XXIV, 3, Leipzig, 1939.
② al-Mas'ūdī, *Les Prairies d'or et des mines de pierres précieuses*, II, p. 13, ed. & tr. By C. Barbier de Meynard, Pavet de Courtelle, Paris, 1861-1877, re-ed. by C. Pellat, Beirut, 1966-1970.

民们深信这是一种预兆,从而采取行动,结束了可汗的统治。不如此解释,就难以理解为何两位可汗都在灾异后迅速死亡。因此,我们有理由认为,阿史那人与可萨人在对待可汗在位期的问题上有着类似的信仰。

要使阿史那与可萨的文化类似性成为阿史那人"史前"曾居里海地区的佐证,还必须以可萨人在此时期已经居于里海地区为先决条件,否则便只能说是阿史那人建立汗国后西向扩展,才向可萨人传播了自己的文化。但是,我们有相当的把握认为,尽管可萨人建立强大政权的时间较晚(在阿史那突厥的勃兴之后),但其活动于里海地区则是很早的事情。据亚美尼亚史料记载,可萨人曾于公元4世纪侵入外高加索地区①。而阿拉伯史料也提及,可萨人曾与萨珊波斯的君主库巴德(486—531年)发生过战争②。现代学者中也不乏持"可萨早已活动于里海地区"观点的人。例如,阿塔莫诺夫认为,公元5、6世纪期间,北高加索山地区的各种原居民(萨尔马提安人、匈-布加尔人以及乌格里安人等)混合成的新部落之一便称为"可萨",它与其他土著部落一起在570年左右承认了突厥的宗主权。可萨人逐渐与突厥人混合,并在北高加索的突厥人脱离突厥斯坦主体政权之前就已成了北高加索山政权的中坚,旋即建立了可萨汗国③。邓洛普则说,人们声称可萨人最初出现在萨珊君主库巴德(486—531年)和阿努细汪(531—579年)的在位期间,决不是毫无根据的信口雌

---

① Movsēs Dasxuranci, *The History of the Caucasian Albanians*, p. 70, tr. by C. Dowsett, London, 1961.

② P. K. Hitti, *The Origins of the Islamic State*, pp. 305-306, New York, 1916.

③ M. I. Artamonov, *O č erki drevneišei Istorii Khazar*, pp. 88-134, Leningrad, 1936.

黄,因为有日益增多的,而且是越来越可靠的资料表明,他们确已在此期间登场[①]。

鉴于可萨人早在阿史那人建立汗国,西向扩展之前就已频繁地活动于里海西岸地区,因而可以认为,阿史那人与他们在文化上的相似性表明了阿史那突厥在其"史前"阶段也曾居住于里海西岸的北高加索山地区或其附近。

五、阿史那人与可萨人的相似官衔

阿史那人与可萨人的相似之处还表现在官号或封号方面。汉文史籍提及阿史那突厥人的许多官号或封号,如可汗、可贺敦、特勤、设、啜、达干、颉利发、吐屯、俟斤、叶护等等。《通典·边防十三》谓突厥"国贵贱官号凡有十等","余小官凡二十八等",足见阿史那突厥人的官僚体制已达到相当完备的地步。而这样一套复杂的官制却不是短期内所能形成的;易言之,阿史那人在6世纪中叶勃兴于阿尔泰山地区之前就应该已有一段长期的官制形成过程。然而,在其宗主柔然以及阿尔泰山附近的游牧人中只见到少数零星的官号先例;相反,在里海地区的可萨人之间却可以见到几乎全部官号。这又一次表明,阿史那人可能于"史前"阶段在里海地区生活了很长一个时期。

可萨人亦如阿史那人,其"可汗"(qaǧan)乃是最高统治者的称号,并且不可轻易使用该称号。阿拉伯作家伊本·胡尔达比说:"突厥人、吐蕃人与可萨人的君主们都拥有可汗的

[①] D. M. Dunlop, *The History of the Jewish Khazars*, p. 22, Prinston University Press, 1967.

称衔,但葛逻禄王则除外,他被称为叶护。"①作者显然强调了可汗称号的神圣性,不可轻易使用。众所周知,葛逻禄曾经摧毁了阿史那氏的西突厥政权的最后残余,但即使如此,葛逻禄的首领也似乎不敢僭称可汗,而只能号称叶护。所以,可萨君主得以"可汗"为号,表明了他们与阿史那突厥人的关系非同寻常。

可敦或可贺敦是阿史那人用以指称可汗之妻的尊号。不过,在可萨人中,此号的含义略有变异,例如,760年左右嫁给亚美尼亚总督(属阿拉伯政权)的可萨可汗 Bağatur 之女便是以"可敦"(qatun)为号。

阿史那人的"叶护"是极高的官爵,对于西突厥来说,尤其具有特殊意义,因为其首领往往以"叶护"兼作名字和称衔,如"统叶护""肆叶护"等。该称号也见于可萨人中,格鲁吉亚史料载云,627—628年,可萨军队进入外高加索,协助拜占庭皇帝希拉克留斯反击波斯。可萨人在其首领"叶护"(Jibğa)的率领下围困了第比利斯城。此外,忒俄费拉克图斯、弥南等拜占庭史家也提到了可萨人中的"叶护"称号;当然,时间要更早些,约在6世纪后期及7世纪初。

"特勤"乃阿史那突厥的高级官衔。《通典》说,王族的子弟才称特勤;而达苏兰齐在其著述中提及,7世纪后期隶属于可萨人的北高加索人的首长之一便号为"伊儿特勤"(Il-Tigin)②

《周书·突厥传》称,"别部领兵者谓之设";"设",《唐

---

① Ibn Xurdādhbih, *Kitāb al-Masālik wa'l-Mamālik*, p. 16, ed. by M. deGoeje, Leiden, 1906.

② Movsēs Dasxuranci, *The History of the Caucasian Albanians*, p. 168, tr. by C. Dowsett, London, 1961.

第六章 从突厥的"史前"居地看游牧人的迁徙

书·突厥传》亦作"杀"或"察"。这是多由王族子弟充任的高官。而在可萨人中,"设"(šad)的权力也极大,仅次于可汗。达苏兰齐提及的一个"设"乃是西突厥与可萨的君主"叶护可汗"的侄儿①。

按汉文史料,颉利发(亦作俟利发、俟利伐、俟列发等,实际上当是颉利吐发或颉利调发之省称)乃是阿史那突厥人授给附庸君主的称号。例如,《新唐书·突厥传下》说,统叶护"遂霸西域诸国,悉授以颉利发"。巴托尔德概括道:"奉俟利发为首的民族被看作次于奉可汗为首的民族。"②而名为"阿尔普颉利发"(Alp Eltäbär)的正是隶属于可萨的北高加索匈人首领。

《唐书·突厥传》云,西域诸国臣服于西突厥后,统叶护"命一吐屯统之,以督赋入",是知吐屯为监察之官。据拜占庭史家忒俄法纳斯记载,查士丁尼二世在位时,可萨突厥派往拜占庭的一位代表便为"吐屯"(Tudun)③。

《唐书·突厥传》云,后突厥汗国创建者骨咄禄得能干的阿史德元珍之助,十分高兴,即立为阿波达干,专统兵马事。则知当时的"达干"一职具有"高级军事首领"的含义。阿史那突厥人使用这一称号相当普遍;而在可萨人中也大量出现,亚美尼亚文、波斯文和阿拉伯文的许多史籍都提及之。

---

① Movsēs Dasxuranci, *The History of the Caucasian Albanians*, p. 88, tr. by C. Dowsett, London, 1961.
② 威廉·巴托尔德《中亚突厥史十二讲》,罗致平译,中国社会科学出版社,1984年,第35页。
③ Theophanes, *Chronographia*, I, pp. 378-379, ed. by C. de Boor, Lipsiae, 1883.

六、阿史那人与里海诸族的相似文化习俗

阿史那突厥人与里海地区诸族在文化上的类似之处还有很多,例如,阿史那人与北高加索人的葬俗十分相像,达苏兰齐记云:"(北高加索匈人)完全处于混乱不堪的精神状态下,他们做出种种不正常的举动,对着死尸击鼓和吹口哨;以及在坟墓前用刀、剑割破脸颊和四肢,使之流血;赤裸了身体击剑(啊,难看极了)……许多人捉对角斗;在喧闹的宴会上纵马疾驰,不时地左右旋绕。有些人哀哀哭泣,有些人则举行穷凶极恶的竞赛。"①《周书·突厥传》则记阿史那人的葬俗道:"死者,停尸于帐,子孙及诸亲属男女,各杀羊马,陈于帐前,祭之。绕帐走马七匝,一诣帐门,以刀剺面,且哭,血泪俱流,如此者七度,乃止。……葬之日,亲属设祭,及走马剺面,如初死之仪。……是日也,男女咸盛服饰,会于葬所。男有悦爱于女者,归即遣人娉问,其父母多不违也。"显然,二者最为相像之处在于"走马"和"剺面"。此外,北高加索匈人的"裸身格斗"和"喧闹的宴会"也隐含了整个社团借葬礼之机而欢聚的意思,恰如阿史那人在葬礼上择偶一般。

又如,在关于鹿的观念方面,阿史那人与阿兰人(即阿斯人,或者其后裔奥塞梯人)及其东支塞迦人(Saka)十分接近。阿兰人与塞迦人都普遍地崇拜鹿,有人认为,鹿就是他们的族神。据阿别也夫之见,saka 一名便来自阿兰语 sag,义为"鹿"②(在奥塞梯的民间传说中,勇敢的战士被称为 sagtae,

---

① Movsēs Dasxuranci, *The History of the Caucasian Albanians*, pp. 155-156, tr. by C. Dowsett, London, 1961.

② V. I. Abaev, *Osetinskii Iazyk i Foklor*, I, p. 179, Moskva, 1949.

即 sag 的复数形式)。在阿兰语中,更古老的"鹿"字则为族名 Alan 本身:yae(它在古斯拉夫语中的同根词为 eylen,义"鹿",在今俄语中则为 olen)[1]。在阿兰和塞迦的民间传说中,鹿往往扮演着神圣的角色,一则佛经传说称,名叫钱巴卡的一个塞迦人不遵从佛教"戒杀"之律,杀死了许多敌人,遂被族人逐出家园。他来到巴库达地方,成了国王,便指示其臣民不得伤害鹿[2]。奥塞梯人的故事说,美丽的阿贡达是阿察马兹的新娘,她乘着阿夫沙迪(高贵动物的君主及猎人的庇护神)赠送的由七头鹿拖拉的车前往新郎家。又,巨神索兹里科去追逐一只白鹿,最终,这只鹿变成了饰有金辫和长有金翼的美丽公主,原来她就是阿贡达[3]。

阿史那突厥人同样不乏这类记载。《大唐西域记》卷一描述西突厥可汗统叶护的避暑地千泉道:"突厥可汗每来避暑。中有群鹿,多饰铃镮,驯狎于人,不甚惊走。可汗爱赏,下命群属,敢加杀害,有诛无赦。故此群鹿,得终其寿。"在此,鹿也是君主下令严加保护的生物。又,《太平广记》卷一三九引《广古今五行记》道:"隋开皇初,突厥阿波未叛之前,有首领数十人逐一兔至山。山上有鹿临崖,告人云:'你等无事触他,南方圣人之国不久当灭(尔)。'俄而国内大乱。"鹿在这里则颇具神异,是突厥兴亡的预言者。更能体现鹿在阿史那突厥人生活中之重要性的记载见于《酉阳杂俎》的突厥起源故事:海神女每日以白鹿迎射摩入海,至明送出,经数十

---

[1] Vernadsky, *The Origins of Russia*, p. 35, Oxford, 1959. 作者在 p. 49 又引斯特拉波之说,谓 Alan 之词根为 yal,加上复数后缀-an,遂成 Alan;并认为 yal 一词在古阿兰语中也义为"鹿"。

[2] J. Przyluski, *Nouveaux aspects de L'histoire des Scythes*, pp. 214-219, Revue de L'univrsité de Bruxelles, XLII (1936-1937).

[3] V. Dynnik, *Skazaniia o Nartakh*, p. 76, Moscow, 1944.

年。海神女要射摩射中出自突厥先窟中的金角白鹿后,才能与之永相往来。这里,迎送射摩的白鹿的作用与阿贡达赴新郎家所驾的鹿车的功能相仿;而金角白鹿与海神女的关系几乎等同于白鹿化身和阿贡达的关系。有意思的是,曾在北高加索地区生活过的塞尔维亚人的民歌中以金色鹿角象征太阳的光芒①,而这恐怕也正是阿史那人"海神女起源传说"中金角鹿所暗示的意思:它象征着稍纵即逝的光阴,即宝贵机会——射摩一旦失败(未射中金角鹿),便永远失去了与海神女团聚的机会。

有关阿史那人所用文字的一些问题也使人们倾向于认为他们在"史前"阶段曾生活于里海地区。

阿史那突厥人使用的文字主要见于公元8世纪上半叶第二突厥汗国领袖们的墓碑上,通常称为"古突厥文"(亦称"蓝突厥文")。这种字体因为类似于日耳曼古文如尼字,便与中央亚欧地区流行的其他几种文字一起被称为"如尼文"(runic)。当今的学者大体上都赞同最早解读古突厥文的汤姆森的看法:古突厥字母来自晚期闪族语阿拉美文(Aramaic)字母,但是对于古突厥文如何形成的问题却不无争议。不少人认为,这是由伊兰人,尤其是中亚的粟特人作为中介而将阿拉美字母传播给阿史那突厥人的。但是也有学者持有异议,例如汤姆森本人就以为在二者的传播之间可能存在,也可能不存在伊兰人的中介②。佩德森则清楚地否

---

① A. N. Afanasiev, *Poetičeskie vozzreniia slavianna prirodu*, I, p. 630, Moscow, 1866.
② V. Thompsen, *Inscriptions de L'Orkhon dèchiffrèes*, p. XLXXX, Helsingfors, 1896.

第六章　从突厥的"史前"居地看游牧人的迁徙　　　　　　　129

认古突厥文字母与阿拉美字母之间存在着伊兰人的中介①。

所以,假若阿史那人确是直接从闪族人处借用了阿拉美字母,则二者最可能交流的地点就不太可能是偏东的鄂尔浑河流域、叶尼塞河流域等地,而当以里海地区为宜。此外,鉴于阿史那人很可能在建国之前就有了自己的文字②,以及可萨文字与古突厥文颇为相像③,那么就有理由不再以阿史那人建立汗国以后与粟特人的密切交往作为背景去探讨古突厥文的形成过程,而可以推测阿史那突厥人早于"史前"阶段就在里海地区的长期生活中形成(或初步形成)了自己的文字。

七、阿史那突厥文化中的其他文明因素

阿史那突厥人的文化中不仅包括了里海地区诸族文化

---

① H. Pedersen, *The Discovery of Language, Linguistic Science in the Ninteenth Century*, p.199, Bloomington, 1962.
② 作出这一结论的理由可简述如次:第一,由于当时粟特常被称为"胡",故《周书》所说的突厥之"类胡"书字决非粟特文,而当为突厥文本身。第二,《北齐书》明确指出刘世清译经所用的文字为"突厥语"。第三,弥南及同时代的其他史家均极清楚地将突厥人称为"塞西安人"(Scythians),故他所记568年突厥致拜占庭国书使用的"塞西安语"(Scythian)无疑是指真正的突厥语。三段记载均不含糊,不可能像人们通常所说的那样是暗指粟特语,故可推测古突厥文至少在6世纪中叶已经使用。突厥语专家塔拉特·特金也持此观点:"(古突厥文之发明和开始使用)肯定早于公元8世纪上期的突厥碑铭。……可能早在6世纪中叶就作为突厥帝国的官方书字使用。"(见 Talāt Tekin, *A Grammar of Orkhon Turkic*, pp.29-30, Indiana University, 1968)
③ 内梅思说:"在突厥文字的符号与尚未被解读的可萨文字的符号之间存在着令人注目的大量一致之处。"(J. Nemeth, *The Runiform Inscriptions from Nagy Szent-Mikios and the Runiform Scripts of Eastern Europe*, pp.48-49, Acta Linguistica, 21, 1971)

的成分,也包括了其他遥远地区的文化成分。例如,拜占庭使臣蔡马库斯见到突厥可汗室点密的镀金宝座是由四只金孔雀支撑着的;而这恐怕借鉴自印度文化:在印度神话中,孔雀乃是湿婆之子战神提凯耶的坐骑。又,阿史那人常用的官号"叶护"被认为源自贵霜语、塞迦语 yavuga＜yam(义为指挥、领导)或者吐火罗语;"设"被认为源自波斯语 šah 或者粟特语 xšyd。又,突厥汗国的创始者之一"室点密"(Istemi)被认为来自赫梯的太阳神名 Istanu。为什么如此纷杂的文化成分会融合在一起? 恐怕只有用阿史那人曾于"史前"阶段生活在里海地区的假设才能合理解释这一现象:里海地区正是古代欧亚大陆上东、西、南、北诸游牧民族和定居民族频繁交往接触的聚集地和往返要道,这使那里的居民或多或少地接受了各种文化成分。

伏尔加河在各方的沟通方面具有关键性的作用。向西,伏尔加河经由它与顿河-德涅茨河水陆网络间的交通道抵达基辅;继而经由斯拉夫人居地至日耳曼各国的陆道与西欧相连;并经第聂伯河-黑海通道(即著名的"从瓦兰吉亚到希腊之路")与拜占庭沟通。向北,伏尔加河分别通过德维纳河与苏霍纳河将盛产琥珀的白海和别洛耶湖地区纳入其贸易体系。琥珀经由这一体系运至地中海地区高价出售。向南,船舶自伏尔加河顺流而下,进入里海,上岸停靠,取道波斯,直至两河流域。向东,伏尔加河则经由陆道和卡马河,通往乌拉尔河、乌拉尔山、西伯利亚以及花拉子模等地。花拉子模是这条长链上极为重要的一环,它将来自斯拉夫人和芬兰-乌戈尔人的原材料运往呼罗珊以及两河流域,接着又将那里的制成品转运至里海,再散布到伏尔加河流域。

阿拉伯地理学者胡尔达比记云:"犹太商人的通道称为

Rādhānīyah。他们操阿拉伯语、波斯语、希腊语、法兰克语、安达罗西语和斯拉夫语。他们经由陆海两路从东至西,从西至东地旅行。……他们沿西海(即地中海——引者)的法兰克领地以及法拉玛(地中海沿岸的埃及东北部——引者)装船,在此将货物装上驮畜,前赴库尔祖姆(红海西北岸,今苏伊士附近——引者)。……然后在东海(指红海——引者)装船,从库尔祖姆发往贾尔和吉达。此后,他们去信德、印度以及中国。……有时候,他们选择拜占庭那一边的路线,经斯拉夫人之地,到达可萨人的城市汗里赫;然后渡越里海,前赴巴里黑与河中地区,再去托古斯·乌古斯,再去中国……"①犹太人早就以善于经商名闻遐迩,所以尽管此文撰于9世纪中叶,但是仍可从中推知里海地区在阿史那突厥人的"史前"时期也已四通八达,是整个亚欧大陆交通网络中的一个重要组成部分。

基于上述分析,可以得出如下结论:阿史那突厥人源于"西海之西"的传说、阿史那人与里海地区诸族在文化上的极端相似性,以及阿史那人文化的多样性(除固有的游牧文化成分外,还包括闪、伊兰、印度等族的成分)等现象都将阿史那突厥人的"史前"居地指向里海的西岸和北岸地区,亦即北高加索山地区和伏尔加河下游一带;只有该地区在古代世界交通中的关键角色才足以合理地解释阿史那突厥人文化中的诸现象。所以,我认为阿史那突厥人的"史前"居地在里海之西侧和北侧。

---

① Ibn Xurdādhbih, *Kitāb al-Masālik wa 'l-Mamālik*, pp. 153-155, ed. by M. deGoeje, Leiden, 1906.

八、阿史那突厥人可能的迁徙过程

"母狼"传说称,突厥最初"国于西海",也就暗示了"西海"地区是阿史那突厥人的最早生活地。因此,似乎可以把"漠北索国"说中提到的"索国北"视作是突厥嗣后迁徙的地区。记载称其地"在匈奴之北",那么,阿史那突厥人生活在"索国北"的时代似乎已经到了匈奴强盛的时期了,当为公元前3—前2世纪。

可以推测,这批突厥人此后又迁徙了,因为按"母狼"说,阿史那突厥人是从高昌(吐鲁番)迁往金山(阿尔泰山)以南地区,成为柔然之铁工的。所以,或许是出于游牧部落的惯例,或许是突厥部落希望到更加接近中原地区的地方,以便获得更多更好的中国物产。而那个地方有可能是平凉地区(今甘肃东部),因为《隋书》有个说法,称阿史那突厥之先是"平凉杂胡"。这里的"杂胡"一名当然是指突厥人是由不同人种杂交而成的,那么,这也印证了近代人类学家认为突厥是由蒙古族和高加索人种混血而成的说法①。按"平凉杂胡"说,平凉地区的阿史那突厥人是在北魏太武帝击灭沮渠氏的北凉政权(公元439年)之后,再依附于柔然的。所以,这批突厥人在平凉地区至少居住到5世纪中叶。

北凉灭亡后,柔然一度控制了高昌,所以,阿史那突厥很可能在那时候就已"臣于柔然"(成了它的附庸),并且曾经在

---

① 例如,基恩认为,突厥种族最初由东方之蒙古人种(黄种)和西方之高加索人种(白种)杂交混血形成。所以,越往东方,突厥人越像蒙古人,而越往西方,就越像高加索人。说见 A. H. Keane, *Man, Past and Present*, revised and largely re-written by A. Hingston Quiggin and A. C. Haddon, pp. 301-303, Cambridge University Press, 1920。

第六章 从突厥的"史前"居地看游牧人的迁徙

高昌地区生活过。不过,他们在那里恐怕并未居住很久,因为当 6 世纪中叶,突厥反叛其宗主柔然时,已经在阿尔泰山以南地区为铁工多年了,至少有两三代人。

综上所述,或许可归纳阿史那/阿史德突厥人兴起之前的部分迁徙地如下:在相当古老的某个时期,阿史那/阿史德氏突厥部落居住在里海地区。嗣后,遭到某个游牧部族的迫逐,遂向东方迁徙,辗转来到贝加尔湖以北地区,当时匈奴已经兴起,或者渐趋强盛了。这个突厥部落逐步发展后,又向南迁徙,来到平凉地区(今甘肃东部),似乎是旨在从中原地区获得更多物产;他们在那里一直居住到公元 5 世纪中叶之前。此后,阿史那突厥部落臣属于柔然,又开始了迁徙之路,中途在高昌(吐鲁番)地区逗留了一段不长的时间。最后,他们抵达金山(阿尔泰山)之南,作为柔然的铁工而安顿下来,直到公元 6 世纪中叶,推翻柔然政权,自建突厥汗国。

阿史那突厥人早期在里海地区居住时,得益于该地四通八达的地理形势,从而融合了包括希腊、罗马、伊兰、印度等文明的因素;嗣后向东迁移,又融入了一定的蒙古、中国等东方文明因素。简言之,随着它在丝绸之路上的频繁迁徙,阿史那突厥人发展成了"杂"有多种文明因素的民族。

第二编　丝绸之路上的特殊
　　　　角色——粟特人

活跃于古代丝绸之路,并与中国发生过频繁接触交流的民族,除了以游牧为主的"北胡"族群外,还有被总称为"西胡"的形形色色域外定居民。他们包括来自西亚的波斯人、来自南亚的印度人,以及来自中亚的粟特人;尤其是粟特人,曾在长达千年的时间里,扮演了东西方文明交流的重要角色,发挥了非常特殊的作用。

有关粟特人,丹麦学者阿斯姆森(Asmussen)曾经颇为生动地归纳过他们的部分特征:"在中亚,粟特人被认为是最卓越的商人。汉文资料说他们热衷于贸易和财利,这恐怕并非没有根据,因此,诸如 pwrc(债务)和 mr'z(雇用奴仆)等粟特词汇已被突厥语所借用。根据残存的史料,伊朗人,尤其是粟特人,是如此出色的商人,以致令伊兰人不时参与的其他商业活动全都显得黯然失色。粟特人是既能享乐也能吃苦的一种商人。……但是,在全部这些年代里,(粟特)商人不仅仅兜售他们的货物,同时也是将其他地区所有新事物带来的使者。他们是各种宗教的贩运者,他们在佛教的《本生经》和《出曜经》中,在摩尼教的宗教故事中,在基督教文献(尤其是叙利亚文文献)中,都是十分著名的角色。他们是如此的著名,以致诸如商业性的称衔'萨薄'(Sārthavāha,队商领袖)被佛教徒用以称呼如来、菩萨,被摩尼教徒用来称呼摩尼本人(无疑是模仿佛教的方式),名之为'伟大的队商主'(wzyš srtw')。"[1]

阿斯姆森在此提到了粟特人的两个特色:擅长经商和热衷布教。实际上,他至少还遗漏了同样杰出的另一个特长——骁勇善战。用现代人的观念来看,这三者似乎有些矛盾,但是它们却确确实实十分自然地体现在了同一种"胡人"身上。本编便旨在对古代丝路上的这一特殊角色——粟特人作一番考察。

---

[1] Jes P. Asmussen *The Sogdian and Uighur-Turkish Christian Literature in Central Asia before the Real Rise of Islam: A Survey*, p. 13, in L. A. Hercus, F. B. T. Kuiper, T. Rajapatirara &. E. R. Skrzypczak (ed.) *Indological and Buddhist Studies: Volumn in Honour of Professor J. W. de Jone on His Sixties Birthday*, Canberra, 1982.

第一章 粟特与粟弋异同辨

本章的要旨有两点:一是初步介绍"粟特"的简况,包括它的地理环境和历史沿革;二是辨析汉文古籍中的另一重要名号"粟弋",因为学界长期以来将它混同于"粟特"①。

一、粟特的地理环境和政治史

1. 名号和地域范围

首先,让我们了解一下粟特人的大概情况。《魏书·西域传》提到一个"粟特国",说它在"葱岭之西",并谓其国商人先前多至中国的凉州经商;该国国王还曾向北魏政权赎还被掳的臣民云云。这一"粟特"遂被现代的中国学者用作为西文地名 Soghd (Sughd)的汉译名,"粟特人"也就成为该地原居民(Sogdians)的汉文专称了。

在古代的西方文献中,类似于 Soghd 之音的名称为数颇多,如古波斯文作 Sugda 或 Suguda,《阿维斯陀经》作 Suγδa 和 Suχδa,希腊人称其地为 Sogdiana,在粟特文文献中,其名则作 Swγδ、Suγδ、Sγwδ、Sγuδ 等。在古代的汉文文献中,该地也有许多异名,如《魏略·西戎传》作"属繇",《大唐西域

---

① 有关粟弋与粟特的地域之辨,可参看笔者旧文《粟弋地望考》,载《甘肃民族研究》1994年第1期,第95—100页。

记》作"窣利",《大唐西域求法高僧传》作"速利",《梵语千字文》作"孙邻",《梵语杂名》作"苏哩",如此等等。

众多的东西方文献都提到了名为"粟特"的地区,"粟特人"也曾经见于亚欧大陆上的许多地方,显然,这是一个极为活跃的民族。但是,这个曾经至少在千年之内频繁活动于亚欧大陆上的粟特人,却并不是一个人数众多、辖地辽阔的强大民族;与之相反,就其人数和原居地的辖境而言,恐怕只可称为"弱小民族"或"弱小政权"。

先看粟特的大致地域范围。"粟特"曾经作为政权或行政区划而存在过,其确切的辖境虽然并不十分清楚,但是约略的范围却不大。今日所见提及该地的最早史料,乃是贝希斯顿(Behistun)与纳克西鲁斯坦(Nakš-i Rustam)的古波斯文碑铭,然而遗憾的是,两处碑铭均未指出其具体的地理方位。在此后的年代里,希腊学者们在著述中提到了粟特人及其居地,但是他们也未清晰地标出粟特地区的边界线,只是大体上将它置于今天中亚的阿姆河与锡尔河之间。当公元前4世纪亚历山大大帝东征之后,"粟特"的地理范围才更为明确:用以指称位于泽拉夫善河(Zarafshan)下游流域的一块地区。

从阿拉伯史料记载的情况来看,"粟特"也是处于泽拉夫善河下游流域的一小块地区,通常包括今天的撒马尔罕与布哈拉两个城市(今属乌兹别克斯坦共和国)。大多数作者均将撒马尔罕视作粟特的首府,但是雅库比(Ya'qūbī)则谓撒马尔罕以南约五十公里处的基什(Kish, Kass)是其都城。伊斯塔赫里(Istakhri)笔下的"粟特"范围很小,连布哈拉、基什和纳萨夫(Nasaf,即汉文古籍中"那识波"或"那色波")等城市都被排除在外。马苏迪(Mas'ūdī)则更进一步,认为"粟

第一章 粟特与粟弋异同辨

特"只是撒马尔罕与布哈拉之间的地区,因此将这两大城市都排除在"粟特"的范围之外。在诸多阿拉伯地理学者中,只有雅库特(Yāqūt)将粟特分成了两个地区:"撒马尔罕粟特"和"布哈拉粟特"。总而言之,阿拉伯人都认为"粟特"乃是一块很小的地区。

相比之下,汉文资料中的"粟特"范围则比较大。隋唐时代的"康国"(以今撒马尔罕为中心的一个地区),被公认为是无可争议的"粟特"地区。《隋书·西域传》在叙述该国的源流时称,其国王本姓温,早先曾经居住在祁连山以北的昭武城,嗣后因遭匈奴攻击而西迁,遂度越葱岭(大致相当于今帕米尔高原)而定居下来。王室的各支后裔均在康国附近建立政权,为了表示对其源流的纪念,各国都以"昭武"为姓[1]。

若按此说,则康国左右以"昭武"为姓的各国,都应该与康国同种,易言之,由于康国人是确凿无疑的"粟特人",故其他昭武诸国亦当为粟特人。那么,有哪些政权属于"昭武诸姓"呢?据《隋书·西域传》,康国、安国、钹汗国、米国、史国、何国、乌那曷国、穆国和漕国均属"王姓昭武"的国家。而按《新唐书·西域传下》,则康国、安国、曹国、石国、米国、何国、火寻国、戊地国、史国及东安国属于昭武诸国。若将两书罗列的"昭武国"合并起来,则我们可以发现共有十四个政权均称"昭武",即:康、安、钹汗、米、史、何、乌那曷、穆、漕、曹、石、火寻、戊地、东安。所以,即使《新唐书》使用了"九姓昭武"的专名,也不过约略言之,并不是指隋唐时期的中亚真的只有

---

[1] "康国者,康居之后也。迁徙无常,不恒故地,然自汉以来相承不绝。其王本姓温,月氏人也。旧居祁连山北昭武城,因被匈奴所破,西逾葱岭,遂有其国。支庶各分王,故康国左右诸国并以昭武为姓,示不忘本也。"见《隋书》卷八十三《西域传·康国传》,中华书局标点本,1973年,第1848页。

九个政权的王族姓昭武。

根据历年来中外学者的考证,我们可以得知这些昭武诸姓的城邦国家的大致地理方位,例如,康国以今撒马尔罕(Samarkand)为中心,安国以今布哈拉(Bokhara)为中心,二者都在泽拉夫善河流域。鏺汗即是 Ferghana 的音译名,亦即今费尔干纳盆地,地处锡尔河上游流域,如今分属于乌兹别克共和国与吉尔吉斯共和国。米国即是《大唐西域记》所载的"弭秣贺"(Māymurgh),在康国的东南方(实际上位于撒马尔罕的西南方),唐时期周围四五百里。石国即是《魏书·西域传》中的"者舌"、《大唐西域记》中的"赭时",以及《新唐书》中的"柘支"等,波斯语"Chach"、粟特语"C'c"的音译,义为"石",相当于今塔什干及其周近地区,位于锡尔河北,今分属哈萨克斯坦共和国与乌兹别克斯坦共和国。火寻国即是《大唐西域记》中的"货利习弥"(Khwarizm),位于阿姆河下游的两岸地区,今分属土库曼斯坦共和国与乌兹别克斯坦共和国。此外,尚有谓穆国即今马里(Merv,在今土库曼斯坦),乌那曷即巴里黑(Balkh,在今阿富汗)者,两地均在阿姆河以南。虽然最后二说未必确切,但是总体看来,昭武诸国的分布已经远远超出泽拉夫善河流域,甚至北逾锡尔河,南越阿姆河了。因此,若将"昭武九姓"诸国等同于"粟特",则汉文古籍所载之"粟特"的范围远胜于西方史料中的 Sughd。

然而,依玄奘所言,粟特的范围还不止于此。《大唐西域记》载云:"自素叶水城,至羯霜那国,地名窣利,人亦谓焉。文字语言,即随称矣。"[①]这里所谓的"窣利",当是粟特语"Sγwlyk"的音译名,而"粟特"则是"Sγwδyk"的汉文音译

---

① (唐)玄奘《大唐西域记》卷一《窣利地区总述》,章巽校点,上海人民出版社,1977年,第8页。

名,二者所指完全相同。之所以有"l"和"δ"的区别,乃是因为早期粟特语中的"δ"在晚期方言中读成了"l"。所以,"窣利"等同于"粟特"。"素叶水城"即是汉文史料中常见的"碎叶城",其地在今伊塞克湖西岸的托克玛克附近;而"羯霜那国"则是今撒马尔罕以南七十五公里处的沙赫里夏勃兹(Shahr-i-sebz),或谓亦即昭武诸姓中的史国。

按玄奘此说,则"粟特"的范围北起伊塞克湖畔与楚河流域(今吉尔吉斯斯坦共和国北部),南抵阿姆河北岸(今乌兹别克斯坦共和国东南部),亦即是说,除了泽拉夫善河流域之外,更要添上锡尔河北的一大块地区。玄奘为什么将粟特地区说得如此之大?这恐怕与当时的实际环境有关:在玄奘时代(公元7世纪上半叶),粟特人向外发展的活动正处于繁荣时期,他们在锡尔河北建立了许多移民地,以至于使得玄奘认为那里即是粟特人故乡了。

总的说来,根据中外史料,我们将阿姆河与锡尔河之间,以泽拉夫善河流域为中心的一块地区以及锡尔河北的塔什干周近地区纳入"粟特"的范围内,大致是比较合理的。这块地区并不大,与粟特人在亚欧大陆上广泛而积极的活动相比,恐怕只可称"弹丸之地"。然而,正是由于它处在古代各大文明区域相互交通的要道上,从而其居民得以兼收并蓄了各种悠久文明,并将它们进一步传播到其他地区,遂使粟特人本身成为了古代独特的文明中介者。

2. 得天独厚的地理位置

古代世界的大部分文明中心都位于欧亚大陆上。亚洲东部是中国,早在公元前1千纪上半叶,便与域外有了较多的接触,自从公元前2世纪汉王朝建立之后,中国人与西方各地的交流往来更是日见频繁。位于南亚的是印度,它与西亚及欧洲的交往更早,雅利安人大规模入主印度的事件早在公元前2千纪就已发生。希腊-罗马文明位于地中海地区,西亚的两河流域则始终是古代文明的主要发源地之一。粟特位于中亚,正在这些古代文明南来北往的交通要道上。

如果说,撒马尔罕是整个粟特的中心,或是主要中心之一,那么,从它的地理位置上便能大体推知粟特地区在古代东西方交通中的重要性。在谈论这个问题时,势必涉及"丝绸之路"。前文已经指出,按现代学界的概念,"丝绸之路"的范围已经大大扩展,以至遍布亚、欧、非三大洲。通常,它被分成"陆上丝绸之路"与"海上丝绸之路"两大类;而陆上丝绸之路又可分为"草原之路"与"绿洲之路"两大干线,分别主要穿越游牧人的大草原地区和定居者的绿洲地区。我们则可以看到,无论对"草原之路"来说还是对"绿洲之路"来说,粟特人的原居地粟特地区(Sogdiana,"索格底亚那")都有着举足轻重的地位。

"绿洲之路"的主要路线是:沿着黄河流域向西,在河西走廊尽头处分成数道;一道经塔里木盆地北缘,在今喀什之西越过帕米尔高原,再经过费尔干纳盆地(今塔吉克斯坦、乌兹别克斯坦、吉尔吉斯斯坦三国交界处)和撒马尔罕周近地区西行;一道则经塔里木盆地南缘,在今莎车以西越过帕米尔高原,又经阿姆河上游和中游地区,在今土库曼斯坦的马里与前一道汇合,然后西经里海东南沿岸,相继穿越今伊朗、伊拉克、叙利亚诸国,直抵地中海东北角的安塔基亚(今属土耳其),由此再转地中海沿岸各地;第三道自河西走廊折向西北,经过今哈密而进入天山北麓,与伊犁河、楚河、塔拉斯河流域的"草原之路"衔接。

第一章　粟特与粟弋异同辨

"草原之路"的轮廓远不及"绿洲之路"那样清晰,因为它们主要穿越广阔得多和"野蛮"得多的大草原地区,难得引起古代各大文明中心的史家的注意,从而留下的有关文字记载十分鲜少,而其土著居民又因为文化比较落后,也几无文字遗产可供后人研究。不过,现代学者仍能根据少量的古代文字资料及若干考古发现,推测出"草原之路"的大致情况,知道这类交通道的特点是分布极广,支线极多。例如,与"绿洲之路"关系最为密切的一条"草原之路"大动脉的概况如次:从中原地区分成数路向北进入蒙古高原,抵达今鄂尔浑河流域、贝加尔湖沿岸诸地;向西或可循今西伯利亚铁路沿线的森林地带直抵东欧,亦可度越杭爱山,沿阿尔泰山西行,向南折入天山以北的草原;西经伊犁河、楚河、塔拉斯河、锡尔河诸河流域,抵咸海北岸;再西至乌拉尔河、伏尔加河、顿河流域,前赴里海、亚速海及黑海的北岸地区;更往西去,可抵第聂伯河流域、维斯杜拉河流域,乃至多瑙河流域等地。

"绿洲之路"与"草原之路"都有许多蜘蛛网般的支线,例如,"绿洲之路"在阿姆河上游地区有折向南方的通道,抵达今阿富汗、巴基斯坦、印度等国境内,并在南亚的印度洋沿岸与"海上丝绸之路"汇合。而"草原之路"则沿着鄂尔齐斯河岸向北,有通往鄂木斯克等地的支线;锡尔河沿岸有东南至费尔干纳盆地、南至索格底亚那的支线;伏尔加河下游有北通卡马河流域、南达高加索地区的支线。如此等等,为数甚多。

以撒马尔罕为例,从那里向东,经过乌拉秋别,穿越费尔干纳盆地的诸城,翻过帕米尔高原,便可抵达今中国新疆塔里木盆地西端的喀什,由此沿塔里木盆地北缘的通道(亦即天山南麓的通道),经阿克苏、库车、焉耆、哈密等地,进入甘肃的"河西走廊",再至中原地区。这条路线相当于隋代裴矩所撰《西域图记》(《隋书·裴矩传》有摘录)中所谓的"中道"。十分清楚,由喀什向南,与经由塔里木盆地南缘且末、于阗等地,并直接进入阿富汗的"南道"紧密相连;此外,天山沿线有不少山口,可供人们轻易地从天山南麓的"中道"转换到北麓的"北道"。

从撒马尔罕往北,渡过锡尔河,可以抵达塔什干、江布尔等地。江布尔位于塔拉斯河畔,是古代呾逻斯城的遗址所在地,而据玄奘《大唐西域记》所言,呾逻斯城内"诸国商胡杂居",是个十分繁荣的商业要地。拜占庭史家弥南则载云,公元568年,拜占庭使臣蔡马库斯曾东使突厥,返国途中在呾逻斯城会见了当时西部突厥的大首领室点密可汗。足见呾逻斯颇具经济和政治上的重要性,很可能是裴矩《西域图记》所载横贯亚洲大陆北方的"北道"上的一个重要站点。由此往东可至碎叶城(即素叶水城)及其周近的楚河流域,并抵伊塞克湖南岸,再赴东方则可经天山南道和天山北道而达中原地区。由此往西,则循咸海、里海北岸,可达南俄及小亚细亚。

在撒马尔罕之西,同样位于泽拉夫善河流域,几乎与撒马尔罕齐名的另一个中亚绿洲大城,乃是布哈拉。由布哈拉赴西南,渡过阿姆河,经今土库曼斯坦共和国的马里城,再以西南偏西的方向横越伊朗北部,过达姆甘、哈马丹等地,抵达今伊拉克的都城巴格达地区,由此并可通往叙利亚及今土耳其南部的港口城市安塔基亚。

从撒马尔罕往南,渡过阿姆河后,便进入今阿富汗境内。经马扎里沙里夫、巴格兰等地后,越过兴都库什山,可至喀布尔,由此再往南去,可抵达今巴基斯坦境内印度河流域的各地,若再赴东南方,则可抵今印度各地,并在印度洋沿岸与"海上丝绸之路"汇合。

从以上的概述不难看出,以撒马尔罕为中心的粟特地区虽然占地不广,但说它是古代亚欧大陆上交通道的中枢之一,却一点也不过分。姑不论最著名的"绿洲之路"横贯撒马尔罕地区,最重要的"草原之路"之一也在该地区的北部通过。此外,来自东方的中国文明与来自西方的希腊-罗马文明、两河流域文明也主要通过粟特及其周近地区而向南输入印度;反之,古老的印度文明在传播至欧洲、西亚、东亚,乃至北亚的过程中,同样主要经过粟特地区,由它"中转"。

正是由于粟特地区如此四通八达的地理环境,使得该地及其居民在古代东西方文明的交流和融合中扮演了十分重要的角色,粟特人流向世界各地,积极参与到当地的经济、文化和政治活动中,留下了令人注目的业绩,成为世界古代史上极具传奇色彩的一个小民族。

3. 历史沿革简述

粟特人属于伊兰族中的东支,有时也被称为"中亚伊兰人",所以就大族而言,应该归入印欧人种。其状貌特征是高鼻深目、碧眼金髯。在波斯的阿黑门尼德王朝(前550—330)时期,粟特人似乎是一个单独的人种群体,至少在语言方面是这样,然而在政治方面,则可能隶属于波斯帝国。大流士(Darius,约前522—前486在位)和薛西斯(Xerxes,约前486—前465在位)经常提到波斯帝国的督区之一Sug(u)da(粟特),它与Bāxtriš(巴克特里亚)、Uvārazmiš(花拉子模)和Haravia(阿里亚)同时被提及,他们都是相互接近的地区。波斯帝国之冬都苏萨(Susa)的王宫碑铭称:"宝石,如天青石和光玉髓等被运抵此间,它们都来自索格底亚那。"

公元前4世纪,随着波斯帝国的崩溃,伊兰诸族的政治统一体也因此瓦解,粟特人开始享有了较大自主权。而马其顿的亚历山大大帝东征之后不久,便夺取了粟特人的都城马拉坎达(Marakanda,即撒马尔罕)。然而,粟特人并未驯服地接受希腊统治者,他们进行了相当坚决的抵抗。亚历山大任命的治理巴克特里亚和索格底亚那的总督克利塔斯(Clitus)向亚历山大抱怨道:"你命我去治理索格底亚那,但那里却不时造反,他们不仅桀骜不驯,并且简直无法征服。我被送到了野兽之中,他们有着无可改变的鲁莽性格。"

相当数量的粟特人被迫迁居他方,留在故乡的那些粟特人则始终未让外来侵略者舒舒服服地统治过。亚历山大死后,有过几任兼管巴克特里亚与索格底亚那的希腊人总督,但是他们可能并未获得整个索格底亚那,而只维持着对阿姆河右岸之地的控制权。随后的塞琉古王朝的情况与之相仿,索格底亚那的核心地区泽拉夫善河流域似乎一直处于塞琉古王朝的政治边界之外。

在此期间,粟特人建立了自己的小王国,享有较大的自治权。然而,他们的独立性旋即受到了威胁。原居中国境内的游牧人大月氏在遭到强大的匈奴人的逼迫之后,逐步向西迁移,遂辗转来到锡尔河以南地区。大约在公元前1世纪40年代某时,大月氏人侵入了粟特人的国土。另一方面,粟特人还受到了中亚塞种群落的骚扰,而后者在人种及语言方面都与粟特人颇为接近。

大月氏在中亚站稳脚跟之后,中国西汉王朝的武帝出于对付匈奴的战略考虑,派遣张骞前赴西域,主要目的是争取匈奴的"宿敌"大月氏,与之结盟,共同夹击匈奴。张骞历尽千辛万苦,抵达了包括粟特在内的中亚各地,尽管最终未能说服大月氏与之合击匈奴,但是对于沟通中国官方与这些地区的经济、文化乃至政治等方面的大规模交流,则作出了巨大贡献。在此后相当漫长的一段时期内,中国的丝绸等物通过中亚的绿洲居民和北亚的游牧人,源源不断地运往西方,而印度的佛教以及希腊、伊兰系的文化艺术也纷纷传入中国内地。粟特人在这些交流活动中则扮演了十分重要的角色。

在大月氏统治时期之后,索格底亚那是否被波斯的帕提亚帝国占领过,不得而知。然而以巴克特里亚为主要根据地的贵霜王朝,在其鼎盛时期却曾经向北越过阿姆河,有可能占领了粟特人的部分地区。我们有理由推测,贵霜人曾经控制过索格底亚那、费尔干纳谷地,甚至今天中国境内的喀什地区。然而,从贵霜王朝武功最盛的国王迦腻色迦(Kanishka,有关他的确切年代至今仍有争论,但是通常认为其执政期在公元2世纪上半叶)之后到波斯萨珊王朝建立(225年)的这段时期内,粟特的政治史再度变得模糊不清。公元3世纪中叶,索格底亚那成为沙普尔一世统治下的萨珊波斯王朝的一个省份,这种状况可能一直维持到公元4世纪后期。

公元4世纪70年代,又一股游牧人入侵浪潮出现在"河外地区"(Transoxiana)[①],这便是嚈哒人(The Hephthalites)的入侵。嚈哒是个游牧部落,可能源出中国北方的乙弗鲜卑,它大约在公元4世纪70年代初越过阿尔泰山,西徙索格底亚那,控制了泽拉夫善河流域。不过,当时它本身也不太

---

① Transoxiana,即西方人所指的阿姆河以北地区。有的学者认为相当于索格底亚那,但通常来说,其范围较大,大致包括锡尔河与阿姆河之间的所有地区。

强大,一度臣属于新兴的柔然游牧政权,直至5世纪20年代,嚈哒才强大到足以南渡阿姆河,进犯萨珊波斯王朝。[①] 因此,粟特地区起初虽然被嚈哒人占据,但是粟特人未必被嚈哒政权牢牢地控制。

6世纪50年代初,阿尔泰山南麓的一个突厥部族阿史那氏勃然兴起,它不仅摆脱了宗主柔然的羁缚,并且很快在亚洲腹地建立起一个强大的游牧政权。50年代末和60年代初,突厥与萨珊波斯结盟,共同击灭嚈哒,瓜分了嚈哒的国土:阿姆河北之地属突厥,阿姆河南之地归波斯。于是,索格底亚那以及外阿姆河地区的其他许多地方都成了突厥汗国的一部分。

突厥汗国以蒙古高原为中心根据地,辖地空前广大,东起今中国的东北地区,西达咸海、里海地区,南方一线则自中国的黄河北界、塔里木盆地北缘一直延伸至外阿姆河地区。简言之,这一游牧大汗国基本上与中国、伊朗和拜占庭这样三大文明中心接界。在突厥人的治下,具有高度城市文明的那些粟特大城市保持了一定程度的独立性,就如嚈哒时期那样。粟特人并在突厥政权中发挥了相当积极的作用,在政治上、经济上和文化上都曾作出过重大贡献,突厥第一汗国在一百余年的时间里雄霸中亚,相当程度上应归功于粟特人的参与。

突厥第一汗国在建立后不久便分成东、西两部,相互之间的独立性较大。所谓的"东突厥汗国"在唐太宗继位数年后,即630年,便被唐军击灭;而将索格底亚那包括在势力范围之内的"西突厥汗国",则苟延残喘至657年才被唐高宗最

[①] 在此有关嚈哒之族源及其进入索格底亚那的年代,均据自余太山《嚈哒史研究》(齐鲁书社,1986年,第1、31页等),这有异于国外其他诸学者的说法。

终击灭。唐高宗显庆四年(659)颁发诏令,"九月,以石、米、史、大安、小安、曹、拔汗那、㤄达、疏勒、朱驹半等国置州县百二十七"①。石、米、史、安、曹等都是典型的"昭武诸姓",故知是时粟特地区已被正式纳入唐政权的控制之下。然而,唐廷对于本土之外的各地,大体上都采取"羁縻"的治理方式,即只要求这些地区在名义上承认唐为中央政府,而实际上则可以享受很大的自治权。有鉴于此,粟特所谓的"归属于唐",只是更加有利于粟特人与中国内地的和平交往,而丝毫没有被强制性地改变固有的民族文化②。

然而,半个世纪之后,情况便发生了极大变化。业已在伊朗建立穆斯林王朝的阿拉伯人进一步向东方发动征战,索格底亚那成为他们的首选目标之一。粟特人尽管进行了顽强的抵抗,却仍然未能阻挡住阿拉伯大军的有力打击,712年,阿拉伯总督屈底波(Qutaiba)占领了撒马尔罕,此后还征服了锡尔河北的塔什干等地。阿拉伯人的做法迥异于唐政权,他们使用了强制手段推行"伊斯兰化",索格底亚那原先的火神庙与佛寺都被摧毁,在此废墟上则建造起清真寺。人们被迫放弃传统的宗教信仰,改宗伊斯兰教,若有违抗,就可能遭受肉体伤害和经济损失。粟特人的传统文化在其本土开始消失。

公元 9 世纪下半叶,源出波斯萨珊王朝贵族的萨曼家族在中亚获得越来越大的权力,终于由纳斯尔(Nasr)在 874 年建立了自己的政权,他以撒马尔罕为首府,并发行自己的银

---

① 《资治通鉴》卷二百《唐纪十六·高宗显庆四年》,中华书局,1956 年,第 6317 页。
② 在此有关突厥时期之前的粟特政治简史,主要参考 B. Gharib, *Sogdian Dictionary* (*Sogdian-Persian-English*), pp. xiii-xviii, Tehran, 1995;Ehsan Yarshater (ed.), *The Cambridge History of Iran*, Volumn 3(I), Chapter 6 (by E. V. Emmerick), Cambridge University Press, 1983.

币。在此情况下,伊朗的阿拔斯王朝只能承认既成事实,任命纳斯尔为河外地区的总督,治理阿姆河以北的所有领地。纳斯尔的后任伊斯迈尔(Ismail)则定都布哈拉。至10世纪上半叶,萨曼王朝的国势臻于鼎盛,国内经济繁荣,布哈拉、撒马尔罕等大城成为著名的文化和学术名城。在此期间,伊兰系的古代文化有所复兴。至999年,萨曼王朝被喀喇汗王朝和伽色尼王朝所灭,领土亦被这二者瓜分。

喀喇汗王朝由萨曼王朝以东的今中国新疆境内信仰伊斯兰教的突厥部族建立,他们对索格底亚那的控制,从此结束了伊兰语族在这一地区的统治。在此之前,当地虽然也曾不断遭受外族的控制,但是其固有的民族、语言、宗教等状况并未被彻底改变,有时还能得到相当自由的发展(例如在唐朝"羁縻"时期)。而喀喇汗朝的突厥统治者们则不但完全驱除了索格底亚那伊兰族的政治势力,并且在语言、宗教乃至民族方面也使之"突厥化",伊斯兰教主宰了当地。不愿被同化的粟特人进一步外流,以致最终粟特语只残存在今天的塔吉克斯坦共和国境内。

喀喇汗王朝在索格底亚那的统治经过一百多年后,受到了来自东方的契丹人的挑战:中原北方辽政权的王族成员耶律大石,由于不满于天祚帝耶律延禧的作为,于1124年愤而西走。他率部经蒙古高原西迁,相继抵达乞儿吉思、回鹘以及七河等地区,约在1134年,他征服了喀喇汗王朝东支所拥有的喀什噶尔与和田地区;1141年,他又乘索格底亚那内乱之机,率军南下,击溃了前来支援喀喇汗统治者的塞尔柱军队,占领了该地区。耶律大石所建立的这一中亚政权被中国史乘称为"西辽",盖因源出辽国之故。

西辽尽管征服了索格底亚那,但是并不直接干预当地的行政事务,而只是主要派遣"少监"和"监国"对征服地区征收贡赋。西辽的君主号称"葛尔罕",通常只要被征服者承认"葛尔罕"的最高主权,并交纳少量贡赋,便能相安无事。因此,索格底亚那的喀喇汗朝政权仍能以西辽之附庸的名义维持下去。

13世纪初,西辽政权趋于衰落,而以阿姆河下游地区为核心的花拉子模则日益强大,花拉子模沙摩诃末不愿再臣服于葛尔罕,便想方设法脱离西辽的控制和扩张自己的势力。大约1209—1210年,撒马尔罕的喀喇汗朝君主斡思蛮汗抗议葛尔罕的宗主地位,反而向花拉子模称臣,于是葛尔罕派兵镇压,但因东部作乱而撤回讨伐大军。摩诃末遂乘此机会进军撒马尔罕,令斡思蛮汗俯首称臣,并与之合军,在塔拉斯击败西辽,迫使其势力退出粟特地区,自己则取而代之。

于是,便形成了花拉子模与方兴未艾的蒙古势力直接对抗的局面。蒙古与花拉子模有过好几次通商兼外交的往来,最后一次是1218年,成吉思汗派遣了一个商队前赴花拉子模的边境城市讹答剌(Otrar,在今锡尔河右岸的阿雷斯河口附近),成员多达四百五十人。然而,摩诃末竟将他们全部处死,没收所有财物,借口是商队中的一个印度商人冒犯了他。这一愚蠢的行为导致了花拉子模王朝的覆灭。1219年秋,成吉思汗率领的二十万大军抵达讹答剌,分成数路进击花拉子模的领地,成吉思汗与其幼子拖雷进军索格底亚那的核心地区。1220年的2月与3月,成吉思汗相继攻克布哈拉与撒马尔罕,摩诃末随即逃亡,同年死在里海东南部的一个岛上[①]。

大体上说来,自从阿拉伯人征服索格底亚那之后,"粟

---

① 自阿拉伯时期至蒙古征服时期的粟特政治简史,主要参考王治来《中亚史纲》,湖南教育出版社,1986年,第244—252、312—316、350—354、386、394、424—436页。

特"作为一个政治实体已经式微,粟特人的传统特征在其本土已经有所改变。嗣后,这一情况越演越烈,到蒙古征服中亚之后,粟特语、拜火教、摩尼教等体现粟特人传统特色的文化已不复存在于索格底亚那。因此,其后该地区的历史已与本书谈论的"粟特"无关。而粟特人与中原王朝的交往,实际上也以五代以前最为频繁;由于宋王朝(尤其是南宋)与西域的交往甚少,故在此期间恐怕只是少量粟特移民或其后裔活动于中国境内。由此可知,无论就粟特本土及本民族的发展状况而言,还是就中原王朝的形势而言,粟特与中国的交往关系基本上截止于五代和北宋。

二、粟弋的考辨

从上文对粟特的简介来看,无论何种说法,都把锡尔河与阿姆河之间或其周近的地域视作粟特地区(索格底亚那);"粟特"无论如何都不可能远离那一范围。然而,无论是古代还是近现代,人们似乎都有意无意地把汉籍中仅极其简单提到的中亚古国名"粟弋"视同于"粟特",而无视了它实际上是远在里海地区的另一小国的史实。在此,我们将对"粟弋"进行具体的考察和辨析。

粟弋,作为古代欧亚大陆腹地的一个政权名,在汉文古籍中只出现过有限的几次,并且记述极为简略,兹罗列如次:第一,《后汉书·西域传》对它列有专传,但是仅仅二十七个字,且今本所见,还将"粟弋"误成"栗弋":"栗弋国属康居。出名马牛羊、蒲萄众果,其土水美,故蒲萄酒特有名焉。"①第

---

① 《后汉书》卷八十六《西域传·栗(粟)弋传》,中华书局标点本,1965年,第2922页。

第一章 粟特与粟弋异同辨

二,《晋书》在《康居传》中有一句话提及粟弋:"康居国在大宛西北可二千里,与粟弋、伊列邻接。"①第三,《通典》列有不到八十字的"粟弋"专传:"粟弋,后魏通焉。在葱岭,大国,一名粟特,一名特拘梦。出好马、牛羊、蒲萄诸果,出美蒲萄酒,其土地水美故也。出大禾,高丈余,子如胡豆。在安息北五十里,附庸小国,四百余城。至太武帝时,遣使来朝献。"②

实际上,《通典·粟弋传》很可能是捏合了《后汉书·粟弋传》和《魏书·粟特传》,将二者的信息混杂在了一起。因为《魏书·粟特传》载云:"粟特国,在葱岭之西,古之奄蔡,一名温那沙。居于大泽,在康居西北,去代一万六千里。先是,匈奴杀其王而有其国,至王忽倪已三世矣。其国商人先多诣凉土贩货,及克姑臧,悉见虏。高宗初,粟特王遣使请赎之,诏听焉。自后无使朝献。"③于是,后人不是将粟特、粟弋之方位都考定为里海-黑海地区,就是把它俩都考定为锡尔河与阿姆河地区;总之,粟弋、粟特二者同一。但是我则认为,粟弋并非粟特;它当是里海以北地区,与奄蔡、严国等毗邻的一个政权。兹辨析如下。

1. 按《后汉书》叙述顺序的规律,粟弋当位于里海地区

《后汉书·西域传》在叙述各个政权时极有次序,它将整个"西域"划分为五大块地区;在每一地区内,又基本上按照

---

① 《晋书》卷九十七《四夷传·西戎传·康居传》,中华书局标点本,1974年,第2544页。
② 《通典》卷一百九十三《边防九·西戎五·粟弋传》,浙江古籍出版社据《万有文库》影印版,2000年,第1043页上。
③ 《魏书》卷一百二《西域传·粟特国传》,中华书局标点本,1974年,第2270页。

交通道的延伸所及,逐一记载各国。下面是其叙述的次序。

(甲)南道组 沿着塔里木盆地南部的交通道,称为"南道"。在本《传》中,它向南越过今喀喇昆仑山,进入克什米尔地区;最后到达今阿富汗的赫拉特(即"乌弋山离")。《传》文相继提到的为鄯善、且末、精绝、拘弥、于阗、皮山、西夜、子合、德若、乌秅、罽宾、乌弋山离(排持)。

(乙)西亚组 这一地区内的国家依次为条支、安息、阿蛮、斯宾、于罗、大秦。按照现在通常的比定,条支、阿蛮、斯宾、于罗等国大致上位于底格里斯河流域与波斯湾头;安息在今伊朗高原;大秦则是位于小亚细亚和意大利半岛上的罗马帝国。

(丙)南亚组 这一组的成员相继为大月氏、高附、天竺、东离。大月氏最初据有阿姆河北岸和今阿富汗北部;高附通常被比定为今阿富汗首都喀布尔周近地区,至《后汉书·西域传》撰成时,它已隶属于大月氏;天竺通常是指今印度北部;东离,或以为在今印度的东北海岸,或以为在东南海岸。

(丁)里海组 该组依次提及三国:粟弋、严国、奄蔡。这三个政权都被说成"属康居",所以实际上在它们之前还应该谈到康居。但因《后汉书·西域传》之原则为"撰建武以后其事异于先者",故而对康居便略而不载了。康居除了占有索格底亚那的部分地区外,其主体则位于锡尔河北的哈萨克草原上。既然《西域传》的叙述规律是按交通线的逐步延伸而展开,那么粟弋便很可能与严国、奄蔡一起,位于康居的另一方,亦即位于里海地区。

(戊)北道组 这里的"北道"是指沿着塔里木盆地北部的交通道。该组所叙述的政权依次为:莎车(它在南、北道的交汇之处)、疏勒、尉头、温宿、姑墨、龟兹、焉耆、蒲类、移支、东且弥、车师前后部。自西向东,井然有序。

就上文所列,我们可以十分清楚地看到,《后汉书·西域传》所载的各国,是相当严格地按照方位而逐一叙述的。有鉴于此,我们很难设想唯有粟弋一国违反了这种行文规律。所以,粟弋并非位于索格底亚那,而在里海地区,其实是很明显的。

2. 按传文内容,粟弋绝非汉人熟悉的索格底亚那

不难发现,《后汉书·西域传》诸国的情况介绍具有一个共同的特色:基本上按照国名、治地、距汉朝首都及都护或长史治所的距离、人民的户数或人数、军队数量,以及风俗、物产或其政治状况这样的顺序和内容来叙述。对于某些大国或者距中原较近的政权——实际上也就是为汉人所了解得更多的那些政权——传文则描述得更为详细。

综观整个《西域传》,共有二十二国(车师前后部作为一国)专门列传,而绝大部分政权的传文具备上面所说的最基本内容。为了便于比较、分析,从中找出某些规律,下面将各国叙述内容的详疏列成表格。表格的"内容"项中,1代表治地;2代表离长史所的距离;3代表离都城洛阳的距离;4代表相对于他国的距离和位置;5代表户数与人口数;6代表兵力的大小;7代表风俗和物产;8代表国内政治状况;9代表《汉书》有否专传;10代表本传的字数。此外,★号表示本传具备该项内容;而○号则表示本传不具备该项内容。

于是,根据这一表格,我们可以得到下面的结论:

(甲) 传文字数最少的是严国、子合、粟弋、奄蔡。但是由于在《汉书》中,已有子合与西夜的合传;而奄蔡也曾在《康居传》中被稍稍提及,所以,可以认为严国和粟弋是从西汉以来记载最为简略的两个政权。

（乙）诸国之中,全部缺乏"去长史所距离","去洛阳距离","户、口数","兵力大小"这样四项内容的政权有:条支、大秦、高附、天竺、东离、粟弋、严国、奄蔡;而这四项内容的详略和有无,正是中原汉人对于这些地区之熟悉程度的关键性标志。

天竺、东离、条支、大秦等国远在南亚、西亚,甚至欧洲,故而传文不载它们至洛阳的距离是可以理解的。即使如此,也有不少关于其地理方位的间接资料,例如"高附国在大月氏西南,亦大国也";"天竺国,一名身毒,在月氏之东南数千里。……其国临大水。……从月氏、高附国以西,南至西海,东起磐起国,皆身毒之地";"东离国居奇沙城,在天竺东南三千余里,大国也";"条支国城在山上,周围四十余里。临西海,海水曲环其南及东北,三面路绝,唯西北隅通陆道。……转北而东,复马行六十余日至安息";"大秦国,一名犁犍,以在海西,亦云海西国。地方数千里,有四百余城"。

《后汉书·西域传》诸国内容比较表

国名\内容	1	2	3	4	5	6	7	8	9	10
拘弥	★	★	★	★	★	★	○	★	★	215
于阗	★	★	★	★	★	★	○	★	★	527
西夜	○	○	★	★	★	○	○	○	★	65
子合	★	○	○	○	★	○	○	○	★	25
德若	○	★	★	★	○	○	○	○	○	51
条支	★	○	○	★	○	○	★	○	○	57
安息	★	○	★	○	○	○	★	○	★	91
大秦	○	○	○	○	★	○	○	★	○	589
大月氏	★	★	★	★	★	○	○	★		83

第一章　粟特与粟弋异同辨

续表

内容 国名	1	2	3	4	5	6	7	8	9	10
高附	○	○	○	★	○	○	★	○	○	81
天竺	○	○	○	★	○	○	★	★	○	286
东离	★	○	○	★	○	○	★	★	○	67
粟弋	○	○	○	○	○	○	★	○	○	27
严国	○	○	○	★	○	○	★	○	○	15
奄蔡	★	○	○	○	○	○	★	○	★	32
莎车	○	○	★	★	○	○	○	★	★	1459
疏勒	○	★	○	★	★	★	○	★	○	430
焉耆	★	○	★	★	○	★	★	○	★	219
蒲类	★	★	★	★	○	★	★	★	★	143
移支	○	○	★	★	★	★	★	★	★	49
东且弥	○	★	★	★	★	★	★	○	★	59
车师前后部	★	★	★	★	★	★	○	★	★	846

相比之下,有关奄蔡、严国和粟弋方位的资料就少得可怜了。关于奄蔡,只有《汉书·西域传》提到"康居西北可二千里,有奄蔡国"。关于严国,只有《后汉书·西域传》说"在奄蔡北"。至于粟弋,则并无只字谈及其地理位置! 所以,粟弋乃是《后汉书·西域传》诸国中地理位置最不明确的一个政权。

(丙) 不记载国内政治状况的政权有:西夜、子合、德若、条支、安息、高附、粟弋、严国、奄蔡、移支、东且弥。但是,西夜、子合、条支、安息、东且弥等国在《汉书》中都有传,提到其王号、治地、钱币、城邑、文字等情况;《后汉书·高附传》则对高附与诸宗主国的关系谈得十分具体。而粟弋则是丝毫没有提及国内政治状况的极少数政权中的一个。

根据上述三点结论来看,粟弋乃是《后汉书·西域传》中唯一的既不知距洛阳之距离以及人口、兵力数量,又不知其确切地理位置以及国内政治状况的一个政权。亦即是说,它是从西汉以来的二百年间,中原人了解得最少的一个西域国家(与之类似的为严国和奄蔡)。

与粟弋形成鲜明对照的是索格底亚那。这一地区很早以来就是亚欧大陆上东西交通道的辐辏之地。通常认为,泽拉夫善河流域(包括撒马尔罕、布哈拉等城市)乃是索格底亚那的中心,或者即是狭义的索格底亚那。从这里,东经天山南路可抵中原地区;北越锡尔河后可经咸海、里海北岸而抵达南俄与小亚细亚;南跨阿姆河后可通阿富汗、巴基斯坦和印度;西去则可经马里而赴西亚和小亚细亚等地。

张骞早在西汉武帝时代就已"凿空"西域,他亲身游历大宛、大月氏、大夏、康居,并间接了解了其旁的五六个大国;嗣后,张骞再度分遣副使到大宛、康居、月氏、大夏,而这些国家随后也遣使赴汉报聘。从此,"汉率一岁中使者多者十余,少者五六辈,远者八九岁,近者数岁而返"[1]。可见当时中原汉人与中亚乃至南亚、西亚的交往是十分频繁的。

姑不论此后又有贰师将军李广利之征讨大宛,以及陈汤、甘延寿与康居的军事冲突(发生在西汉元帝时代)等事件,即使东汉时期班超与月氏、康居等国的军事和外交往来,也足以使中原政府对索格底亚那十分熟悉了。《汉书·西域传》谓大月氏"过大宛,西击大夏而臣之,都妫水北为王庭";又说康居有五小王;并声称"自宛以西至安息国,虽颇异言,

---

[1] 在此所引张骞通西域的情况均见《汉书》卷六十一《张骞传》,中华书局标点本,1962年,第2687—2698页。

第一章 粟特与粟弋异同辨

然大同,自相晓知也。其人皆深目,多须髯,善贾市,争分铢"。"妫水"即是阿姆河;而"五小王"则被后人认为分布于泽拉夫善河流域、咸海地区和费尔干纳附近①;"善贾市,争分铢"更是后人公认的索格底亚那居民的最大特征。

种种证据表明,两汉时期的中原人对于地处阿姆河与锡尔河之间的索格底亚那是十分熟悉和了解的。那么,如果确如许多学者所认为的那样,粟弋即是索格底亚那,为什么《后汉书·西域传》会对粟弋表现得如此陌生呢?显然,最合理的解答只能是:粟弋并不是索格底亚那。

3. 粟弋与索格底亚那之物产类似不能成为二者比定的必然证据

《后汉书·西域传》说粟弋"出名马牛羊、蒲萄众果,其土水美,故蒲萄酒特有名焉"。这条资料往往成为持"粟弋=索格底亚那"论者的主要依据,因为其描述与索格底亚那之风光物产相仿②。实际上,这只是一种相当勉强的比附。因为,不仅其他许多国家也有类似于——或者完全等同于——索格底亚那的风光和特产,而且里海地区(这是我认为的粟弋所在地,下文还要进一步证明)的物产同样吻合于《粟弋传》的描绘。

例如,据《汉书·西域传》和《后汉书·西域传》的记载,

---

① 说见岑仲勉《汉书西域传地里校释》上册,中华书局,1981年,第237—265页。
② 例如,岑仲勉认为《史记·大宛列传》关于大宛葡萄酒以及《隋书·康国传》关于康国(即撒马尔罕附近地区)葡萄酒的描写等同于《后汉书·粟弋传》的描写,所以"粟弋、粟特之即Soghd,决无疑议"(氏著《汉书西域传地里校释》第272—273页)。肖之兴也认为,《后汉书·粟弋传》的这段记载"正是对于泽拉夫善河流域的描绘"(见氏著《关于匈奴西迁过程的探讨》,载林幹编《匈奴史论文集》,中华书局,1983年,第152页)。

且末国"有蒲陶诸果";难兜国"种五谷、蒲陶诸果";"大宛左右以蒲陶为酒,富人藏酒至万余石,久者至数十岁不败";"伊吾地宜五谷、桑麻、蒲萄";鄯善"有驴马,多橐驼";乌孙"多马,富人至四五千匹";蒲类"有牛马、骆驼、羊畜。能作弓矢。国出好马";乌垒"土地肥饶";伊循"地肥美";大夏"地肥饶";伊吾和柳中"皆膏腴之地"。足见水土肥美、盛产羊马、葡萄和葡萄酒的地区遍布整个西域,索格底亚那不过是其中之一。岂能将具有这一特色者都视为索格底亚那?

粟弋与严国、奄蔡大致上位于同一区域之内,而奄蔡的据地当包括里海北岸和伏尔加河、乌拉尔河下游地区。公元7世纪前期开始建立强大政权的可萨突厥人的势力范围基本上就在这一地区。故而古代学者对于可萨汗国物产的描绘,有助于我们了解粟弋的情况[①]。

伊本·阿萨姆·阿尔库菲说,可萨人产有一种特别的小种骆驼,这与"巴克特里亚种"的双峰骆驼不同。居住在他们北面伏尔加河流域的布尔塔人,不但产骆驼,还出产其他牲畜。更往北去的布尔加人显然也产骆驼。麦格迪西说,可萨人拥有大量绵羊。伊本·赛义德说,可萨人所产的供骑乘用的牲畜(显然主要是指马匹)特别高大。737年,麦尔旺率领阿拉伯人侵入可萨境内,曾经摧毁了伏尔加河沿岸可萨人所饲养的大批马群。

伊斯泰赫里说,可萨汗国并有大片农耕区。其都城周围的六七十英里之内都是农田,出产小米和大米。麦格迪西、加迪齐都说,可萨汗国出产大量蜂蜜和蜜蜡;盛产蜂蜜的地

[①] 下文关于可萨汗国物产的资料均来自当时的穆斯林史家,转引自 D. M. Dunlop, *The History of the Jewish Khazars*, pp. 224-228, Princeton, 1954。下面不再逐一注明出处。

区沿伏尔加河向北,一直延伸至布尔塔人和布加尔人的居地。伊斯坦赫里、伊本·郝盖勒都曾提及高加索山北部的果园和葡萄园;葡萄园的数量多达成千上万个(伊斯泰赫里说有四千个;伊本·郝盖勒则声称有四万个)。加迪齐说,可萨汗国境内的其他地方也颇多果园。

比上引穆斯林史家更早数百年的罗马史家阿米亚努斯,谈到了同样居住在里海地区的阿兰人。据说他们的两大特产是:良马 saurag 和啤酒;啤酒被奉为阿兰人的"国酒",它们出现在官方和私人的所有重要宴会上。直到近、现代,居住在高加索山北部的阿兰人后裔奥塞梯人仍然以此为特色①。

由此看来,里海地区物产与粟弋物产的类似程度绝不亚于索格底亚那与粟弋的类似程度。所以,即使仅就物产而言,里海北部地区也与索格底亚那同样地具备比定于粟弋的资格。

4.《晋书·康居传》表明粟弋可能位于里海地区

《晋书·康居传》载云:"康居国在大宛西北可二千里,与粟弋、伊列邻接。其王居苏薤城。风俗及人貌、衣服略同大宛。地和暖,饶桐、柳、蒲萄,多牛羊,出好马。泰始中,其王那鼻遣使上封事,并献善马。"②在此,传文主要描述了"康居"的风土物产,只是顺便提及了粟弋与"康居"的相对位置。即使如此,这些文字也传达了较多的信息。

传文所言康居王驻跸地苏薤城的方位,现已基本上得到

---

① George Vernadsky, *The Origins of Russia*, p.73, Oxford,1959.
② 《晋书》卷九十七《四夷传·西戎传·康居国传》,中华书局标点本,1974 年,第 2544 页。

确认。沙畹说,苏薤当是 Soghd 之对音,《新唐书》以其为佉沙(Kesh,今乌兹别克斯坦共和国的沙赫里夏勃兹,位于撒马尔罕之南)城之说,已得到阿拉伯史料的映证[①]。岑仲勉说,既然"苏薤"是"粟特"的异译,而撒马尔罕又是粟特的首府,那么,有充分的理由推定苏薤即是后来的康国[②]。由于康居王(实际上是康居的五小王之一,见《汉书·西域传》)的治地本来就在索格底亚那,因此《晋书》所说与康居"邻接"的粟弋就绝不可能也位于索格底亚那地区,而是位于康居政权的整个辖境之外。

按《晋书》"(康居)与粟弋、伊列邻接"的语气来看,粟弋和伊列应当处在相对于康居而言是同一方位的地区内;至少,二者不会相距太远,诸如一邻康居北界,一邻康居南界之类。因为假若出现这种情况,则会使用另外的行文方式,例如《后汉书·西域传》称安息"北与康居接,南与乌弋山离接"。

关于伊列,《汉书·陈汤传》也曾提及。传文记述陈汤的一段话道:"今郅支单于威名远闻,侵陵乌孙、大宛,常为康居画计,欲降服之。如得此二国,北击伊列,西取安息,南排月氏、山离乌弋,数年之间,城郭诸国危矣。"这里,伊列在北,安息在西,月氏、山离乌弋在南,显然都是相对于康居而言的。由此可知,伊列的大致方位是在康居之北。

通常认为,"伊列"即是"伊犁";但是我认为此说不妥。首先,"伊列"显然是个政权名,而"伊犁"则是个地区名;在伊犁地区从未存在过名为"伊犁"的政权。其次,就方位而言,伊犁地区只能说成位于康居之东,而绝不可能位于其北。最

---

① 沙畹《西突厥史料》,冯承钧译,中华书局,1958年,第135页,注1。
② 说见岑仲勉《汉书西域传地里校释》上册,第251页。

后,按陈汤之言,康居意欲取得乌孙、大宛后再"北击伊列"。而众所周知的是,乌孙的据地本来就在伊犁河流域;假使伊列即在伊犁,康居取得乌孙后又何须再"北击伊列"?则伊列之非伊犁,是十分清楚的了。

《三国志·魏书》引《魏略·西戎传》云:"(北新道)转西北则乌孙、康居,本国无增损也。北乌伊别国,在康居北,又有柳国,又有岩国,又有奄蔡国,一名阿兰,皆与康居同俗。"这里的"乌伊别"也位于康居之北;而且读音亦与"伊列"吻合,所以二者当是一国。杨宪益对此论述道:"《晋书》的伊列显然即是《魏略》的乌伊别国。'别'字当为'列'字之误,一般西方学者多以伊列即指后日的伊犁流域,此实为不可原谅的错误,即就地域而言,汉代康居东界有大宛乌孙,康居亦从未与伊犁流域邻接。且'伊'字汉晋时读为 U 或 O,如梵文 Upasaka 即译作伊蒲塞,其音亦与后日的伊犁(Ili)完全不同。"①

综观诸古籍的记载,《汉书·陈汤传》将伊列置于康居之北;《后汉书·西域传》将奄蔡、严国、粟弋置于同一地区之内;《晋书·康居传》将粟弋与伊列置于同一方位;《魏略·西戎传》则将乌伊别国(即伊列)、柳国、岩国(即严国)、奄蔡同置于康居之北。毫无疑问,粟弋的大致方位也应该在"康居之北",即与奄蔡、严国等处于同一地区内,也就是在里海的北部或西北地区。

5. 里海地区铁勒诸部名号的证据

《隋书·铁勒传》云,铁勒诸部自西海之东,依据山谷,往

---

① 说见杨宪益《译余偶拾》,三联书店,1983 年,第 252 页。

往不绝。"康国北,傍阿得水,则有诃咥、曷㰀、拨忽、比干、具海曷、比悉、何嵯、苏拔、也未、渴达等,有三万许兵。得嶷海东西有苏路羯、三、索咽、蔑促、萨忽等诸姓。"[1]由于《隋书·康国传》将康国视为"康居之后",并是"强国","西域诸国多附之",故在传文编撰者心目中,"康国"领域绝非仅限于泽拉夫善河流域,其北界恐怕要扩展到锡尔河沿岸;则它的北面当是指锡尔河北或咸海北岸。"阿得水"即今伏尔加河,"得嶷海"即今里海,这已得到学术界的普遍认可。所以,上面提及的那些铁勒部落应该大致上分布在锡尔河以北、咸海的北方或东北方,以及里海北岸的伏尔加中、下游一带。

事实上,《后汉书·西域传》记述得最为简略的奄蔡、严国、粟弋诸国,都可以在数百年后里海地区的铁勒部落中找到其名号继承者。

关于何嵯(γa-tsʼie),我在《铁勒部落新考》中已指出,此即《新唐书·火寻国传》中的曷萨、《波斯传》中的可萨、《酉阳杂俎》中的阿萨,也就是公元 7 世纪早期兴起于伏尔加河下游一带 Khazar 人。而其语音与"阖苏(γap-sa)"也完全吻合;《史记·大宛列传》"正义"引《汉书解诂》云:"奄蔡,即阖苏也。"则隋代里海地区的铁勒部落何嵯,很可能是汉魏时代位于"康居西北可二千里",并"临大泽无崖"的奄蔡的后裔或其名号继承者。

也未,《切韵》作 ia-mjwei,就其语音而言,可以对应于"严"字。因为"严"的上古音作 ngim;而上古时期的字首软腭鼻音 ng-后来逐步演变成了 y-,这是众所周知的事。亦即

---

[1] 关于《隋书》铁勒诸部的句读与比定,历来异说甚多。我对此有新的考证(见拙文《铁勒部落新考》,载《甘肃民族研究》1991 年第 1—2 期)。本文的句读从此考证。

第一章　粟特与粟弋异同辨

是说，ng-与 y- 是相通的。蒲立本认为，汉朝时期，由于汉语中的半元音 y-尚未演进成，所以用软腭鼻音 ng-来翻译非汉语的腭连续音 y-，因为二者的发音最为接近[①]。至于"未"字，则也可如现代汉语中的"姆"字一样，来对译西文中的 m。因此，推测"也未"与"严国"有着一定的承袭关系，并非没有理由。

索咽，《切韵》作 sak-ien；粟弋的上古音作 siwk-d'i k，中古音作 siwok-i k。可知这两个名号的第一个字相当确切地吻合；至于第二个字，也只是略有转讹，因为"弋"字的中古音即演进成以 i-作为字首音了。这样，"粟弋"一名也在里海地区找到了其称号的继承者。

《后汉书·西域传》中处于同一地域内的奄蔡、严国、粟弋，都在后世里海地区的铁勒诸部中找到了其称号的对应者，显然不可能完全出于偶然。所以，合理的结论应该是：汉魏时代的"粟弋"，是与奄蔡、严国同样地位于里海北部的一个政权，它与索格底亚那的"粟特"迥然有别。

[①] E. G. Pulleyblank, *The Consonantal System of Old Chinese*, Part I, p. 93, Asia Major, 8, 1962.

第二章 粟特人在中原的经济和文化活动

在汉文古籍中,粟特人更多地以"昭武九姓"(康、安、石、史、米、曹、穆等)而闻名于中原汉人,尤其是隋唐时期,源出康、安、石、史等国的"胡人"更是频繁地出现在中原汉人的社会生活中。尽管即使当时的"西胡"也还包括了波斯、印度等族人,但是来自中亚的粟特人显然仍是"西胡"的主角,他们在中国社会的经济和文化生活中发挥了不可小觑的作用。

一、中原地区的"酒家胡"

《旧唐书》描述粟特人故地"康国"的风俗特色道:"康国,即汉康居之国也。其王姓温,月氏人。先居张掖祁连山北昭武城,为突厥所破,南依葱岭,遂有其地。枝庶皆以昭武为姓氏,不忘本也。其人皆深目高鼻,多须髯。丈夫剪发或辫发。其王冠毡帽,饰以金宝。妇人盘髻,幪以皂巾,饰以金花。人多嗜酒,好歌舞于道路。生子必以石蜜纳口中,明胶置掌内,欲其成长口常甘言,掌持钱如胶之粘物。俗习胡书。善商贾,争分铢之利。男子年二十,即远之旁国,来适中夏,利之所在,无所不到。"①

据此描绘,除了粟特人的容貌、服饰等特色外,最为令人注目的,是其重视和擅长商贸的传统,尤其是对于向来重农轻商的中原汉人来说,更有"匪夷所思"的感觉。粟特人对于初生的男性婴儿,有着在其口中涂蜜、掌中置胶的习俗。其原因很清楚:希望他日后成为最优秀的商人——善于待人接物,甜言蜜语,讨人喜欢,从而生意兴隆;又精于算计谋利,如胶粘物一般,牢牢地掌控钱财。寥寥数语,一个精明商人的形象便跃然纸上。正因为有此目标和期望,故男性青年刚刚成年,就会远赴世界各地经商;凡是有利可图之处,都有他们的足迹。当然,东来中土的粟特人更是不计其数。

于是,"善于经商"便成为粟特人的第一重要特征。那么,他们在中国的商业活动表现在哪些方面呢?概括而言,凡是中土未见或罕见的域外物产、奇珍异宝,乃至珍禽异兽都是他们销往中国的主要商品;至于输出者,则主要是中国的著名特产丝绸,其中包括丝绸原料和丝织成品。这些物品一旦销到遥远的其他文明地区,如波斯、希腊、罗马等地,将能获得可称"暴利"的巨额利润。粟特人的这些经济活动散见于大量史料的记载中,在此不拟具体罗列。我们要介绍的,只是他们在中原城市——特别是大都市——内经营酒店的情况,其中又以最兴盛的唐代"酒家胡"为例,以展示粟特商人之经济活动对中国社会的影响。

古代所谓的"酒家胡",通常是指在中国开设酒店的胡人,或者由胡人开设的酒店。而这类"胡人"虽然包括了不止一种的民族,实际上却主要是指粟特人。下面,将就涉及"酒

---

① 《旧唐书》卷一百九十八《西戎传·康国传》,中华书局标点本,1975年,第5310页。

家胡"的几个问题作点考察①。

1. "酒家胡"的经营特色

酒店的第一业务当然是饮酒,无论是胡人还汉人经营的酒店在这方面应该并无区别。但是,胡人开设的酒店特别吸引顾客,从而著称于世,其原因何在呢?这恐怕是因为"酒家胡"独具特色的缘故。首先,"酒家胡"供应的酒的质量可能特别优良。

王绩嗜酒,自称"平生唯酒乐,作性不能无。朝朝访乡里,夜夜遣人酤"②。他在隋末曾供职于秘书省,却为了便于少干事、多饮酒而自求为六合之丞。至唐高祖在位之初,他又因得知太乐署史焦革家中有酿酒的高手,而特意求为太乐署丞,以容易获得焦革的佳酿。则王绩对于美酒的追求程度可想而知。

正是这位嗜酒的王绩,经常光顾胡人经营的酒家,他有诗云:"有客须教饮,无钱可别沽。来时长道贳,惭愧酒家胡。"③他既然常在胡人的酒家赊酒,则无疑是酒店的老主顾了,那么,这里销售的酒必有上品佳酿在内。事实也确是如此。王绩在其诗中曾经提到过至少两种名酒:"竹叶连糟翠,

---

① 中原地区的"酒家胡"虽然早在后汉时期就已见到(如辛延年《羽林郎》诗所言:"昔有霍家奴,姓冯名子都。依倚将军势,调笑酒家胡。胡姬年十五,春日独当垆。长裾连理带,广袖合欢襦。头上蓝田玉,耳后大秦珠。两鬟何窈窕,一世良所无……"),但是"酒家胡"的最兴盛时期当是唐代。所以,在此主要探唐代的酒家胡。有关这个主题的讨论,可参看笔者旧文《唐代"酒家胡"述考》,载《学术季刊》1993 年第 2 期,第 159—165 页。
② 语见王绩《田家三首》,《全唐诗》卷三十七,中华书局点校本,1960 年,第 479 页。
③ 见王绩《过酒家五首》之五,《全唐诗》卷三十七,第 484 页。

蒲萄带麴红。相逢不令尽,别后为谁空?"①诗中所谓的"竹叶",是指传统名酒竹叶青,其色泽呈绿,故用"翠"来形容;至于"蒲萄(葡萄)"则是指葡萄酒,色泽呈红。据传,竹叶青酒始创于南北朝时期的山西,是为"国产"品牌。而葡萄酒的源流则在域外,则是毫无疑问的,特别是当世人将葡萄酒酿造术传入中国之始归功于唐太宗在位后期时②,唐高祖时期见到的葡萄酒更有可能是纯粹的"舶来品"了。

虽然葡萄和葡萄酒酿造术引入中国内地的时间可再探讨,但是它们源自域外,却是显而易见的事实。《史记》谓大宛(今中亚费尔干纳盆地)及其周近地区"以蒲陶为酒,富人藏酒至万余石,久者数十岁不败"③。《后汉书》谓粟弋国出产葡萄,其葡萄酒特别有名④。《晋书》谓龟兹的许多土著人"家有蒲桃酒,或至千斛,以十年不败"⑤。如此等等的记载都表明了葡萄盛产于域外,葡萄酒酿造术也始于域外。所以,葡萄酒在中土就显得格外珍贵,以至传闻汉末孟佗竟然用葡萄酒一升(或谓一斗,或谓十斛)贿赂宦官张让,就换来凉州刺史的高阶官职⑥。

可以设想的一个事实是:"酒家胡"在中原地区生意兴

---

① 王绩《过酒家五首》之三,《全唐诗》卷三十七,第484页。
② 《册府元龟》卷九百七十《外臣部·朝贡三》谈到葡萄酒时说道:"前代或有贡献,人皆不识。及破高昌,收马乳蒲桃实于苑中种之,并得其酒法。帝自损益,造酒成,凡有八色,芳辛酷烈,味兼缇盎。既颁赐群臣,京城始识其味。"唐太宗征服高昌,是在贞观十四年(640)。
③ 《史记》卷一百二十三《大宛列传》,中华书局标点本,1959年,第3173页。
④ 《后汉书》卷八十六《西域传·栗(粟)弋传》,中华书局标点本,1965年,第2922页。
⑤ 《晋书》卷一百二十二《吕光载记》,中华书局标点本,1974年,第3055页。
⑥ 有关诸说,可参看《后汉书·宦者列传》《三国志·魏书·明帝纪》及《三辅决录注》《续汉书》等。

隆,其优质名酒葡萄酒肯定备受欢迎,销量极大。那么,如果他们长年从千万里外的原产地进口葡萄酒,则肯定是很不经济和很不现实的。所以,十分可能的是,这些胡人在中原地区直接酿造葡萄酒。于是,葡萄酒酿造术之传入中国内地,恐怕是与"酒家胡"同时出现的。这即是粟特人("酒家胡"的主体)在经商的同时也传播科学技术的一例。

葡萄酒固然是胡人经销的最有特色和最具竞争力的名酒,却可能并非他们引进中土的全部域外名酒。盖按《唐国史补》记载,当时流行的域外名酒还有其他品种:"酒则有郢州之富水、乌程之若下、荥阳之土窟春、富平之石冻春、剑南之烧春、河东之乾和蒲萄、岭南之灵溪、博罗、宜城之九醖、浔阳之溢水、京城之西市腔、蝦蟆陵郎官清、阿婆清。又有三勒浆,类酒,法出波斯。三勒者谓菴摩勒、毗梨勒、诃梨勒。"[①]在此提到的"西市腔"很可能源自西胡。因为京城长安的"西市"乃是胡商的最大聚居区,也是域外人经营商店的集中区,故京城中名为"西市腔"的酒,很可能是西胡创制的某种酒。

此外,"法出波斯"的类酒饮料三勒浆,则更是源出西域无疑。现代学者考证"三勒浆",认为它源出印度,是用菴摩勒、毗梨勒、诃梨勒三种药果综合酿成的酒类饮料,有疗病、保健功效,味甘美,能醉人,消食,下气。后来传到波斯,波斯语称 amola、balila、halila,故有三"勒"(-la)之称。这种演化了的印度饮料又以"三勒浆"的形式传入中国,成为唐代的高端饮料[②]。三勒浆在中土的流行,似乎始于唐代,并在唐代最

---

① (唐)李肇《唐国史补》卷下,上海古籍出版社校点本,1979年,第60页。
② 有关此说的详细考证,可参看陈明《中古医疗与外来文化》第六章《从希腊到长安——丝绸之路与外来医学的流传》第四节《法出波斯——三勒浆源流考》,北京大学出版社,2013年,第466—489页。

为兴盛,而这与酒家胡的兴盛恰巧同时。那么,三勒浆主要由酒家胡经营和传播,应该是可以肯定的。

"酒家胡"不仅以具有西域特色的名酒招揽顾客,同时还以具有西域风格的歌舞音乐吸引人们;后者即是"酒家胡"的另一种经营特色。这一业务的主要参与者是女性胡人,即通常所言的"胡姬"。唐代的文人墨客对于这一特色留下了许多动人的诗篇。例如,李白的《前有一樽酒行二首》云:"琴奏龙门之绿桐,玉壶美酒清若空。摧弦拂柱与君饮,看朱成碧颜始红。胡姬貌如花,当垆笑春风。笑春风,舞罗衣,君今不醉将安归。"①又,其《醉后赠王历阳》云:"书秃千兔毫,诗裁两牛腰。笔踪起龙虎,舞袖拂青霄。双歌二胡姬,更奏远清朝。举酒挑朔雪,从君不相饶。"②再如贺朝《赠酒店胡姬》:"胡姬春酒店,弦管夜锵锵。红毹铺新月,貂裘坐薄霜。玉盘初鲙鲤,金鼎正烹羊。上客无劳散,听歌乐世娘。"③在此,胡人经营的酒店有歌,有乐,有舞,有酒,有"色",对于那些有点财富和地位的文人来说,确实是销魂处所。

"酒家胡"的歌乐和舞蹈,带有浓厚的西域风味。从西域传入的乐器中,主要有琵琶、五弦、竖箜篌、筚篥等。琵琶出自胡地,所以又称"胡琴"。上引李白"琴奏龙门之绿桐"句中的"琴"便是指琵琶,故下有"摧弦拂柱"的描绘。贺朝诗谓"弦管夜锵锵",则表明除了弦乐外还有管乐。唐代中土流行龟兹乐,管乐器筚篥则是龟兹乐中的主要乐器之一。据说,唐代的筚篥是以芦茎为簧、短竹为管的竖笛,具有九个孔。筚篥的乐声通常沙哑,犹如悲咽,小筚篥则比较激越高亢。

---

① 李白《前有一樽酒行二首》之二,《全唐诗》卷一百六十二,第1686页。
② 李白《醉后赠王历阳》,《全唐诗》卷一百七十一,第1758页。
③ 贺朝《赠酒店胡姬》,《全唐诗》卷一百十七,第1181页。

龟兹乐涉及的其他管乐器尚有笙、横笛、箫等。王维《过崔驸马山池》的"画楼吹笛妓,金椀酒家胡"句、章孝标《少年行》的"落日胡姬楼上饮,风吹箫管满楼闻"句,以及温庭筠《赠袁司录》的"金钗醉就胡姬画,玉管闻留洛客吹"句[1]等等,都生动地描绘了酒家胡演奏管乐的情景。

"酒家胡"的舞蹈当然也具有强烈的西域色彩。古人按舞的不同特色而分之为健舞、软舞、花舞、马舞等。有人认为,健舞多为带剑的乐舞,舞容刚健,软舞则不用剑器,舞容柔软。若此说属实,那么酒家胡的舞蹈恐怕以软舞为多。因为酒、色相连,在这种场合似宜体现"温柔";且光顾这类酒店的,也颇多骚人墨客,可能更喜爱轻缓柔顺的乐舞。

尽管通常看来,"酒家胡"只是卖酒、卖艺、卖色而不卖身,但是细察某些文字,最后一项似乎未能全然避免。例如,施肩吾有诗云:"年少郑郎那解愁,春来闲卧酒家楼。胡姬若拟邀他宿,挂却金鞭系紫骝。"[2]虽然此诗带有戏谑的口吻,但也暗示了酒家胡姬或有"留宿"客人的现象。所以,这即使不是"酒家胡"公开和正式的业务,却也难免"偶一为之"。

2."酒家胡"的男性成员

人们提到"酒家胡",通常会马上联系到"胡姬",于是,酒家胡往往被视同于女性胡人(即胡姬)。事实上,酒家胡中男性成员的重要性绝不亚于女性成员。

上文已经提及,粟特人善于经商,"男子年二十,即远之

---

[1] 分别见王维《过崔驸马山池》(《全唐诗》卷一百二十六《王维二》,第1274页)、章孝标《少年行》(《全唐诗》卷一百六,第5756页)、温庭筠《赠袁司录》(《全唐诗》卷五百七十八,第6718—6719页)。
[2] 施肩吾《戏郑申府》,《全唐诗》卷四百九十四,第5608页。

第二章　粟特人在中原的经济和文化活动　　　　　　　　　　　　173

旁国,来适中夏,利之所在,无所不到"。那么很显然,前来中土经商的粟特人,当以男性为主。即使男女人数相若,也多以夫妻、子女的形式组成,而几无可能只有女性、排斥男性的粟特人经商机构。所以,"酒家胡"中的男女比例差不多相同,应该在情理之中。

至于男性胡人之积极参与"酒家胡"的经营,则可以在名为"酒胡子"的劝酒具上清楚地体现出来。酒胡子,也称"劝酒胡",唐人卢注对此物曾有十分生动的描绘。如《唐摭言》所载:

> 卢注,门族甲于天下,因官家于荆南之塔桥。举进士二十余上不第,满朝称屈。……晚年失意,因赋《酒胡子》长歌一篇,甚著。序曰:"二三子逆旅相遇,贳酒于旁舍,且无丝竹以用娱宾。友兰陵掾淮南王探囊中,得酒胡子,置于座上,拱而立令曰:巡觞之时,人心俛仰,旋转所向者举杯。其形类人,亦有意趣,然而倾侧不定,缓急由人,不在酒胡也。作《酒胡歌》以诮之曰:同心相遇思同欢,擎出酒胡当玉盘。盘中鞠虺不自定,四座亲宾注意看。可以不在心,否以不在面,徇俗随时自圆转。此物五藏属他人,十分亦是无情劝。尔不耕,亦不饥;尔不蚕,亦有衣。有眼不曾分黼黻,有口不能明是非。鼻何尖,眼何碧,仪容本非天地力。雕镂匠意若多端,翠帽朱衫巧装饰。长安斗酒十千酤,刘伶平生为酒徒。刘伶虚向酒中死,不得酒池中拍浮。酒胡一滴不入肠,空令酒胡名酒胡。"①

---

① (五代)王定保《唐摭言》卷十,载《景印文渊阁四库全书》"子部十二·小说家类一",(台北)商务印书馆,1986年,第1035—767页上一下。

由此可知,所谓"酒胡子"或"劝酒胡",是指一个状貌类似胡人的器具,在酒席上旋转而摇摆不定,待到它最终倒向所指的某人,便应该喝酒干杯。宋人也曾谈到类似的劝酒胡,如《墨庄漫录》所言:"饮席,刻木为人,而锐其下。置之盘中,左右欹侧,僛僛然如舞状。久之力尽,乃倒,视其传筹所至,酬之以盃。谓之劝酒胡。程俱致道,尝作诗云:'簿领青州掾,风流麴秀才。长烦拍浮手,持赠合欢盃。屡舞回风急,传筹向羽摧。深惭偎师氏,端为破愁来。'或有不作传筹,但倒而指者当饮。"①

在此所言一边旋转劝酒胡、一边传筹的做法,有点类似当今的"击鼓传花"游戏,即当失去平衡的劝酒胡最终倒下时,"筹"在某人处,那人便当饮酒。不过,有时不传筹,而只待劝酒胡倒下时指向某人,那人便当饮酒。这类颇有趣味的劝酒器具之所以被称"酒胡子"或"劝酒胡",是因为这种人形器具的状貌酷似胡人。卢注的《酒胡子》歌对其"胡貌"描绘得栩栩如生:鼻子高挺,眼珠碧绿("鼻何尖,眼何碧"),身穿的也是典型的胡人服饰:翠绿的帽子、鲜红的衣衫。这与唐人徐夤《酒胡子》诗②"恰与真相似,毡裘满颔须"句形成了绝妙的映证,因为后者是指劝酒胡身穿毛皮衣,满脸络腮胡。

所以,所谓的"酒胡子",除了意指这是劝酒的"胡人"外,还有"胡子浓密的劝酒胡人"的意思。正因为须髯浓密是男性"西胡"的面貌特征,所以古人有时会将胡须浓密者等同于"胡人"。那么,唐代始创的"酒胡子"或"劝酒胡",恐怕正是

---

① (宋)张邦基《墨庄漫录》卷八,载《景印文渊阁四库全书》"子部十·杂家类三",第864—75页下。

② 徐夤《酒胡子》:"红筵丝竹合,用尔作欢娱。直指宁偏党,无私绝觊觎。当歌谁摆袖,应节渐轻躯。恰与真相似,毡裘满颔须。"(《全唐诗》卷七百八,第8141页)。

借鉴了当时空前兴盛的"酒家胡"中男性成员的状貌。以粟特人为主体的"西胡"在中原地区的酒店经营中,无论男女,都扮演了相当重要的角色。

3. 唐代"酒家胡"的兴衰推测

涉及唐代"酒家胡"的文字资料几乎全部见于同时代人的诗歌中,所以,在此对唐代诗歌的内容做一点统计,当能大略推知有关"酒家胡"的某种趋势。

据粗略的梳理,十分明显地提及酒家胡,从而展示出其人物和经营特色的诗歌至少有二十余首;它们的作者约涉及十四位诗人。诗人们的主要生活年代,大致可以分成这样几个阶段:7世纪上半叶(以太宗时期为主)一人,即王绩;8世纪上半叶(以玄宗时期为主)四人,即贺朝、李白、王维、岑参;9世纪上半叶(以德宗、宪宗、文宗时期为主)八人,即元稹、杨巨源、章孝标、杜牧、张祜、温庭筠、施肩吾、姚合;9世纪下半叶一人,即罗隐。如果排除其他因素(如史料残缺、诗人的主题偏爱等),只按此统计数字来判断,那么大体上可以认为,唐代中原地区的"酒家胡"在唐初并不多见,在盛唐时期十分繁荣,至中唐后期和晚唐初期更为兴隆,在晚唐后期则逐步衰落。

由于这一推测与整个唐代之中外交流形势的发展趋势大体吻合,因此更增加了它的可信性。李氏建立唐政权(618年)后,并未立即获得对"西域"的全面控制权,直到640年和657年才相继击灭北方强敌东突厥和西突厥,畅通了东西方的交通。所以,唐初中国内地的酒家胡并不兴盛,当在情理之中。玄宗的开元时期是"胡化"极盛的阶段,当时,"太常乐尚胡曲,贵人御馔,尽供胡食,士女竞衣胡服"①,所以,"酒家胡"趋于鼎盛,也是很自然的现象。

至于中唐乃至晚唐初期,"酒家胡"似乎更加兴盛的原因,恐怕得归因于安史之乱(755年)后,游牧政权回纥的军队大批进入中原,帮助唐廷镇压叛军,收复失地,从而成为莫大"功臣",遂极大地促进了中国内地的"胡化"。回纥人中杂有数量巨大的粟特人("九姓胡"),并一度关键性地影响着回纥人的宗教和政治。正是在他们的强烈要求下,中国内地才被迫更多地向胡人"开放",从而更为深度地"胡化"。元稹之诗描绘了安史之乱后半个世纪以来中原地区兴盛的胡文化:"自从胡骑起烟尘,毛毳腥膻满咸洛。女为胡妇学胡妆,伎进胡音务胡乐。火凤声沉多咽绝,春莺啭罢长萧索。胡音胡骑与胡妆,五十年来竞纷泊。"②在这种大背景下,"酒家胡"更盛于从前,也就不足为奇了。

回纥政权在9世纪40年代初开始解体,各部分裂,迁移远方。于是,它对唐政权的影响力大为衰弱;并且,不断的战乱也导致中外交通衰落;又,唐廷本身的政治、经济状况也一落千丈,不利于商业的发展。因此,"酒家胡"在中土逐步销声匿迹,也就顺理成章了。

二、"胡乐""胡舞"在中国内地的传播

粟特人沿着丝绸之路东来,不仅活跃了中土的经济活动,也将域外的大量文化艺术传入了中国。时至今日,已被国人视作"国粹"的某些音乐、舞蹈、乐器、幻术、杂技等,实际

---

① 语见《旧唐书》卷四十五《舆服志》,第1958页。
② 元稹《法曲》,载《全唐诗》卷四百十九,第4617页。

1. 琵琶的传播和演变

当代的国人一谈到"国乐乐器"或"民族乐器",就会很自然地列出筝、琵琶、胡琴、箫、鼓等物,因为它们确实是如今最为常见的"民乐"演奏器具。然而,在不太长久的一二千年以前,有不止一样的这类"民族乐器"却是名副其实的"胡乐",典型者便是琵琶。

汉代的刘熙在《释名》中说,有一种乐器,名为"枇杷(批把)",出自胡人之地,通常是骑在马上时演奏的。手指自里向外拨弹,称为"枇(批)";自外向里拨弹,则称"杷(把)",所以称之为"枇杷(批把)"①。刘熙对"批把"的释义貌似很合理,但是现代人都知道,"批把"恐怕只是梵语 barbhic 或波斯语 barbat 的汉文音译,实际上与琵琶的弹奏手法并无关系。正因为"批把"只是音译名,所以有时也作"枇把""枇杷"等。至于"琵琶"一名,大概到晋代以后才逐步通用起来。

秦代的琵琶当是圆形音箱,长柄,直颈的形状;大约到南北朝时期,又从西域传入了音箱呈梨形,曲颈而四条弦的形制,当时也称"胡琵琶"。后来,又经过逐步的演变,特别是在唐代的后期有相当的改进,琵琶的演奏方式由原来的横抱式改为竖抱式,弹奏法由拨子改为右手五指弹奏,而形制则发展成了如今所谓的"四相十三品"和"六相二十四品"。

中原王朝与域外胡人在琵琶方面的文化交流,开始得很

---

① "枇杷,本出于胡中,马上所鼓也。推手前曰枇,引手却曰杷,象其鼓时,因以为名也。"语见(汉)刘熙《释名》卷七《释乐器》,载《景印文渊阁四库全书》"经部十·小学类一",第 221—415 页下。

早,除了上文所言秦汉时的"批把"是从胡人之地引入中国外,西汉公主和亲乌孙王时,似乎又曾将中国改制的琵琶,以及汉廷特意编写的琵琶曲带往域外。盖因傅玄在《琵琶序》中说道,听前人相传,当初汉帝派遣公主和亲乌孙时,为了缓解公主迢迢万里途中的思乡之苦,便令优秀的作曲家为她编写了琵琶乐曲,以在沿途演奏。而带去的圆盘、直柄、四弦的琵琶也用胡人的称呼而命之为"批把"。这样的琵琶,是最早传入中国时的本来形制呢,还是经过了汉人改进的形制呢?我们不得而知。不过,由汉廷编写的琵琶曲,却确实是"琵琶文化"的一次"返销"。

像这样的文化交流,在后来王昭君和亲匈奴单于时又出现了一次。公元前1世纪下半叶,汉帝为了分化瓦解匈奴的势力,再次采用"和亲"形式,把闲置宫中的落选嫔妃王昭君嫁给匈奴单于呼韩邪为妻。在遣嫁之时,也模仿此前细君公主和亲乌孙王的形式,为昭君专门编写了琵琶曲,以慰思乡之情。这使得昭君出塞而怀抱琵琶的形象成为千古流传的典型文学主题和绘画主题。

南北朝期间,北魏以及嗣后的北齐、北周等政权的皇族由于本来就是"胡人"(鲜卑),因此对于"胡乐"始终有着十分的亲近感,琵琶的越来越流行也就在情理之中了。有的君主还身体力行,乃至沉溺于此,荒废朝政。北齐后主(565—577年)是一个突出的例子,他经常聚众奏乐,亲自弹琵琶,从而被后世斥为"亡国之音"。当然,与之同"乐"的臣下也不乏弹奏琵琶的高手,此即和士开;而和士开很可能源出粟特。

总的来说,汉人虽然颇多琵琶演奏能手,但是有一些胡人,特别是"西胡"(如粟特人),似乎在这方面更为著名。粟特人之琵琶(当然也包括其他"胡乐")演奏技巧的显山露水,在北朝的北齐政权中表现得十分突出。北齐政权历时不足三十年,军事、政治都不强大,但是其"胡乐"之盛,却非其他许多政权可及。后世史籍谈到北齐的胡乐盛况时说道:该朝第一任皇帝高洋的兄长高澄在东魏执掌大权时,就爱好吹笛、弹琵琶以及胡舞之流。高氏建立政权后,皇族全都热衷于此,特别是武成帝(561—565年)高湛以后,胡乐更是盛行。后主只欣赏胡戎之乐,沉溺于其中,以致来自域外的粟特乐人康阿驮、穆叔儿、曹僧奴、曹妙达、安未若、安马驹、何海、何洪珍、何朱弱、史丑多等人,仅凭着善于演奏琵琶等胡乐,就大受恩宠,竟至开府封王。齐后主自己也擅长此道,经常亲执琵琶,自弹自唱,乃至自创新曲,自编新词;他还喜欢让这些胡地乐人与他同乐,一齐唱和,甚至在外行于途中时,还骑在马上奏乐[①]。

这里提到的曹僧奴、曹妙达,便是世代相传的擅长琵琶的粟特人。上文已经指出,粟特(Sogdiana)由"昭武九姓"构成(实际上不止"九姓"),曹姓便是其中之一,曹国位于今乌兹别克斯坦的撒马尔罕之北。北魏时期,有个名叫曹婆罗门的粟特人移居在龟兹(今新疆库车地区)。他从一位同乡商人那里学得了胡琵琶(即当时俗称的"龟兹琵琶")的技艺,并且日趋精熟,最后几乎臻于化境。曹婆罗门从此以演奏琵琶为业,并把这门技艺传给了儿孙们。他的儿子名叫曹僧奴,而曹僧奴则有两个女儿和两儿子,全都擅长琵琶。僧奴后来与他们一起投奔北齐,深获喜爱胡乐的后主的宠幸。曹僧奴被封为日南王;女儿中的一个被封为昭仪;曹妙达弟兄二人则同时封为郡王。

---

① 相关叙述,可参看《隋书》卷十四《音乐志中》,中华书局标点本,1973年,第331页。

其中，最有成就的是曹妙达。按其祖孙三代的名字，显然都是梵语的音译或意译。祖父名"婆罗门"，当然即是 brahmā（意为"梵天"）的音译；父亲名"僧奴"，应是 saṃgha（僧、众）和 dāsa（奴、仆）二词的音义混译。至于梵文 su 则有"妙极""绝妙"等义，音译可作"苏"；而 jiva 通常是指耆那教根本学说"命"，有生发、智慧等意，汉文音译可作"祇婆"，意译可作"达"。所以，"妙达"为 su jiva 之意译，"苏祇婆"为音译；那么，曹妙达也就是汉文古籍所载的当时另一位著名的西域乐人"苏祇婆"。我们由是得知曹妙达在北齐之后的经历和成就[①]。

曹妙达早先曾跟随北周武帝所娶的突厥皇后来到中原（568年），他精通源自印度、波斯的乐调，称为"龟兹乐"，即是不同于中国传统乐调的"七调"。不过，这似乎并未受到北周高层的关注，因此他不久后便去了北齐。他的胡乐知识正巧迎合了后主的嗜好，所以旋即开府封王。当577年北齐政权亡于北周后，曹妙达又于579年赴北周为乐工，当时，与乐人万宝常同为郑译的门下客；而郑译则是当时权倾朝野的杨坚的亲信。

581年，杨坚取代北周，建立隋王朝，曹妙达又追随郑译一同归隋。翌年，隋文帝下令朝臣们为新王朝定新乐。郑译便按照曹妙达的意见，作八十四调，奏请修乐。然而，当时的文帝以及不少保守的复古派对于胡乐都怀着极大的偏见，指责它们不是"正声"，而是有伤风化的"不祥"之声。于是，曹妙达等主张胡乐的乐人遭到冷遇。

然而，那些保守派除了指责他人外，自己却拿不出任何

---

① 有关曹妙达与苏祇婆的比定，参看杨宪益《关于苏祇婆身世的一个假设》一文，收载在氏著《译余偶拾》，三联书店，1983年，第26—38页。

建设性的方案,因此在多年未见成果之后,惹得隋文帝龙颜大怒,威胁要治他们的罪。这令保守派脸面丢尽,而新乐派则渐有起色。在这样的形势下,曹妙达再获重用,担任太乐的教习者。曹妙达传授郑译的"七调",虽然未被隋政府正式采纳和推广,但是七音胡乐在中国民间的逐步流行,却已成为不可阻挡的趋势;中国传统的五音之乐因而得以改革。

曹妙达本人及其家人,乃至曹姓后人的琵琶技艺对于隋唐的音乐都有着巨大的影响。公元8世纪后期,曹保保、其子曹善才、其孙曹纲都是当时首屈一指的琵琶乐人。与曹纲同时代的还有一位裴兴奴(西域疏勒人),也善于弹奏琵琶。曹纲的特长是擅长右手的拨弹,裴兴奴则擅长左手的拢捻,所以当时被人们号称为"曹纲有右手,兴奴有左手"。曹纲的得意门生廉郊曾经夜宿于平泉别墅,恰逢风清月朗,便兴致勃发,在池畔弹起琵琶,曲调为蕤宾调。不料弹奏之际,忽听得池塘中发出东西跳跃的声音,他以为必定是鱼。随后,他弹奏了别的曲调,却再无跳跃之声。廉郊颇觉好奇,便试着再弹蕤宾调,竟然又出现了跳跃声。他故意着力弹拨,经久不息,最终呼然一声,池中跳出一片蕤宾铁,落在岸边。他这才知道,是自己的琵琶乐声神妙,与事物和应,才会出现这种现象①。此说颇为玄妙,不过也表明了廉郊琵琶技艺之高妙。同时,也可推想,其师曹纲的琵琶技艺更是神乎其神了。

由于曹氏的琵琶乐艺确实高人一等,所以唐代的许多著名诗人都曾以此为主题,写过诗词,久久流传于世。例如,白居易有《听曹刚琵琶兼并示重莲》《代琵琶弟子谢女师曹供奉寄新调弄谱》,李绅有《悲善才》,薛逢有《听曹刚弹琵琶》,刘

---

① 相关故事参见(唐)段安节《乐府杂录》"琵琶"条,上海古籍出版社点校本,1988年,第30—31页。

禹锡有《曹刚》，如此等等。"曹刚"即"曹纲"，而"曹供奉"既是"女师"，则当亦是擅长琵琶的曹氏门中的族人。白居易的《听曹刚弹琵琶兼并示重莲》诗区区二十八个字，便把曹刚弹、唱的声音和形象生动地描绘出来了："拨拨弦弦意不同，胡啼番语两玲珑。谁能截得曹刚手，插向重莲衣袖中？"从诗中可以得知，曹刚不仅琵琶弹得高妙，歌喉也是极好；并且，当时在中原流行的"胡琵琶"乐曲，不仅曲调源自域外，其歌词也是外语原文。是知粟特人传播的"胡文化"在当时的中土受到相当的欢迎。

唐代因琵琶技艺而著名的粟特人还有不少，其中之一即是康昆仑。康昆仑是出自康国（粟特的昭武九姓之一）的胡人，自无疑问。《乐府杂录》和其他一些资料谈及了康昆仑的故事：粟特人康昆仑，幼年在西域时曾师从一位女性邻居学习琵琶技艺，那人信奉某个宗教。康昆仑后来经由海道前来中土，旋即成了当时的权臣元载之长子伯和的门下客。他久闻中国琵琶高手段善本的大名，曾经要求获得段氏自编的《西梁州》琵琶曲，但是遭到拒绝。不过，后来福州观察使李承昭为了通过康昆仑巴结元伯和，便将此乐曲送给了他，从而使《梁州》曲得以流传下来。代宗末期，元载与伯和同时被赐死，不过康昆仑当时已经成为唐廷的著名乐工。代宗继位之后，康昆仑颇得宠幸，因此他在动乱中失落的琵琶被苏州刺史韦应物得到后，后者便讨好地上禀天听，将琵琶急送京师。

很有戏剧性的一幕是，贞元年间（785—804年），康昆仑与中土的琵琶高手段善本再次在琵琶技艺上进行了"切磋"。那年，长安遭遇多年来未见的极大旱灾，农桑受到严重威胁。于是，德宗颁诏，要求在南市举行求雨仪式。而求雨仪式中有"斗乐"一项,即双方各自推选琵琶高手,技艺胜出者为胜利方。斗乐的场所设在天门街,街东、街西各建一个彩楼。街东一方推举了康昆仑登楼,先弹了一曲新翻羽调《绿要》,赢得满场喝彩,都认为东市必胜无疑。这时,西楼上走出一位女郎,怀抱琵琶,声称道:"我也弹这个曲调,请诸位指正了。"说完,徐徐坐下,起手弹拨。不多一会儿,全场惊得鸦雀无声,因为她弹奏得实在动听,即使康昆仑本人,也深感自己的技艺难望其项背。他立刻赶赴西楼,诚恳地表示愿拜女郎为师。女郎并未答话,而是先入内更衣去了,待到再出来相见时,却原来是男性的段善本,即康昆仑来华之初就欲求教的中土琵琶第一高手,只是他如今已经出家为僧了。段善本应西市豪族之邀而来,意在抑制东市人的傲态。第二天,德宗把段善本和康昆仑召进宫去,让二人当面试艺,确认段和尚更胜一筹。不过,皇帝也希望段善本同意康昆仑的拜师请求,以进一步推广高超的琵琶技艺。段善本中肯地指出了康昆仑的不足,后来在数年之内把自己的琵琶技艺全部传授给了他。

这个故事虽然颇具传奇色彩,却也揭示了唐代粟特人不俗的琵琶技能,以及胡人与中原乐人共同探讨、频繁交流的历史背景。

2. 胡乐、胡舞"闹"中土

众所周知,西汉武帝时(前141—前87年),为联合西域诸国,抑制匈奴,曾派遣张骞"凿空",从而开创了中原官方史无前例的对外交通。其巨大的客观影响,便是形形色色的域外物质文化和精神文明被引入中国内地。而所谓的"胡乐"也随之传入,并在中国各地流布开来。被后人归功于张骞的一种乐器是"横吹",也就是现代所说的横笛。《古今乐录》称,横吹本是胡乐,当年由张骞将该乐器及其技艺传入京城长安,只是其乐曲只有《摩诃兜勒》一则。后来,李延年据此发展成新声二十八解,专门列为武乐。降及东汉,横吹武乐通常都由边关的将帅使用,其曲目有《黄鹄》《陇头》《出关》《入关》《出塞》《入塞》等十种。

音乐是种奇妙的东西,与人类的心境、情绪有着密切的关系。西汉以降,在中国意识形态中占有统治地位的儒家学说,对音乐持有相当刻板的观点,所以,胡乐在中土的传播始终不是一帆风顺的。儒学认为,"声""音"是内心情绪的外在体现,"乐"则是伦理的表现。声、音、乐是三种不同层次的概念:只知"声"而不知"音"的,是禽兽;只知"音"而不知"乐"的,是普通人;唯有具备真正教养的"君子"才懂得"乐",亦即懂得了礼义道德。至于音乐,则也有正邪之分:平和的音乐导致治世;怨、怒的音乐导致乱世;悲哀的音乐导致亡国。因此,音乐是人品、政治的根本性因素。

正是出于这样的观念,东汉后期灵帝(168—189年)嗜好胡物,胡乐大盛的现象被指责为亡国之兆。《后汉书》说道,灵帝对于来自域外的事物特别爱好,诸如胡服、胡帐、胡床、胡坐、胡饭、胡箜篌、胡笛、胡舞等等,都是他日常生活中不可或缺的享受。并且,由于作为天下之首的君主有此嗜好,京城中的达官贵人也都出于趋炎附势的心理,竞相模仿,以致胡风大长,其他各地以及民间也出现同样的现象。这正是嗣后不久,董卓率领胡兵,大肆劫掠皇宫、扰乱社会的预兆[①]!

---

① 说见《后汉书》志第十三《五行志一》,中华书局标点本,1965年,第3272页。

在此,姑不论史家的"预兆论"是否正确,但汉末"胡化"之盛行却是不争的事实。灵帝喜欢的"胡笛"即是上文提到的至少在张骞时代就传入的"横吹"或"横笛"。箜篌,据说是汉武帝时命人所创,属于琴类,形状似瑟,七弦,像琵琶一样用拨子弹拨。而"胡箜篌"也称"竖箜篌",显然因为它是竖立着弹奏而得名。此物的形体曲而长,有二十二根弦;弹奏的时候把它竖抱于怀,两手齐奏,俗称"擘箜篌"。宋代吴自牧在其《梦粱录》中描写得更为具体:竖箜篌高三尺左右,形状犹如半个梳子,有台座,共有二十五根弦,弹奏时要跪着用双手拨弦①。这与古代西亚所见的竖琴十分相像,实际上,"胡箜篌"恐怕就是源自波斯的竖琴。

南北朝时期,北方政权的统治阶层本来就是"胡人",因此他们对于胡乐的喜爱甚至沉溺(如北齐后主),也就不足为奇了。降及隋朝,虽然是由汉人当政,但是胡乐倒是大为流行的,以致史家谓文帝开皇时(581—600年),胡乐"大盛于闾阎"——已经普及到民间了。《隋书·音乐志》称,开皇初设置了七部乐,其中包括《高丽伎》《天竺伎》《安国伎》《龟兹伎》等,并还杂有疏勒、扶南、康国、百济、突厥、新罗、倭国等乐曲。炀帝所定的九部乐,则包括《西凉》《龟兹》《天竺》《康国》《疏勒》《安国》《高丽》等乐曲。显然,其范围十分广大,东起朝鲜、日本,南至印度支那半岛,西及印度、索格底亚那,几乎大半个亚洲的音乐艺术都荟萃一起了。

唐代统治阶层对于"胡人"与"胡文化"的开放态度,是著称于古今的,所以在此期间胡乐普遍地流行,亦属情理之中。不过,唐代的"胡化"也仍然有个逐步发展的过程,从唐初开

---

① (宋)吴自牧《梦粱录》卷三《宰执亲王南班百官入内上寿赐宴》,载《景印文渊阁四库全书》"史部十一·地理类八",第 590—27 页上。

始,"胡化"日甚,到玄宗开元时期已是大盛,但在安史之乱后,似乎更臻于极端。以服饰为例,就有这样的趋势:武德(618—626年)、贞观(626—649年)年间,宫女若要骑马外出,都遵照北朝和隋朝的旧制,身穿罩没全身的长袍("冪䍡"),其意是不欲路人窥见她的相貌和身体。当时的王公贵族之家,也仿效此制。到了永徽(650—655年)之后,则不再全身遮蔽,而是改戴周围垂网的帽子("帷帽"),而这种帽子会让颈部露出一些来。朝廷旋即颁诏,不准再用帷帽。不过,人们对此禁令的遵从并未维持多久,于是,高宗在咸亨二年(671年)再发诏书,指斥戴帷帽而露颈项,以及不乘车而坐担子(无轿厢的便轿)的现象,声称一定要禁断这种有违礼仪的做法。可是,在武则天政权(684—704年)之后,帷帽大为流行,几乎无人再穿冪䍡。到了中宗继位(705年)后,皇宫的规章制度越来越松弛,于是,无论是官方的妇女还是民间的女子,绝不再穿戴罩覆全身的衣饰了。到了开元(713—741年)之初,骑马的宫女全都戴胡帽,完全露出脸庞了;普通百姓也纷纷模仿。不久后,则连帽子都不再戴,而让发髻完全暴露;甚至穿戴男子的服饰,再无"内外"之分①。

与此同时,官方的音乐越来越多地使用胡乐;达官贵人所用的餐饮中,胡食的比重日益增加;无论男女,都以穿着胡服为时尚。当天宝(742—755年)末爆发安史之乱后,"胡化"现象更是臻于鼎盛。元稹曾作《法曲》诗,谈及这一现象:"明皇度曲多新态,宛转侵淫易沉著。赤白桃李取花名,霓裳羽衣号天落。雅弄虽云已变乱,夷音未得相参错。自从胡骑起烟尘,毛毳腥膻满咸洛。女为胡妇学胡妆,伎进胡音务胡

---

① 参见(唐)刘肃《大唐新语》卷十《釐革第二十二》,许德楠、李鼎霞点校,中华书局,1984年,第151页。

第二章 粟特人在中原的经济和文化活动

乐。火凤声沉多咽绝,春莺啭罢长萧索。胡音胡骑与胡妆,五十年来竞纷泊。"在此,诗人声称,唐玄宗("明皇")时,虽然已经掺入不少新乐,但是,稍后的安史之乱及回纥入中原时期("胡骑起烟尘"),胡化的程度更甚,女子纷纷学穿胡服,乐人积极推广胡音胡乐,再加上胡人的骑兵严重骚扰(主要指安、史叛军以及助唐的回纥军队),搅得唐王朝数十年不得安宁。

尽管诗人不无将安史之乱与"胡化"鼎盛视作因果关系之意,但是他所描绘的当时的胡化现象却是很真实的。上有所好,下必效之。事实上,唐代的胡化之盛,与统治阶层的热衷,甚至有意无意的推广,有着很大的关系。如上文所言女子胡服在全社会的流行,是开始于皇宫中的宫女的;胡乐则是因官方将其纳入法定音乐后,才更促进了全民普及的;与胡乐始终相伴的"胡舞",同样因为帝君的青睐而受到普遍的欢迎。

安禄山的父亲是粟特人(昭武诸姓中的安国),母亲是突厥人,故他是典型的"杂胡"。正因为安禄山源出胡人,所以娴熟于胡舞,并使之成为他讨好皇帝玄宗的一项"特技"。《旧唐书》描述道:安禄山本来就身体丰满,年纪稍大之后,更见肥胖,大腹便便,体重竟达三百多斤;平时走路,都要仆役在左右搀扶着才行。但是,他在玄宗面前却还能跳舞,并且跳的是以身体急速旋转为特色的"胡旋舞"。这胡旋舞很合玄宗的胃口,以至他的宠妃杨贵妃也学会了跳胡旋舞。因此,玄宗经常欣赏胡舞,安禄山等擅长胡舞的人也就有了为帝君表演的许多机会。有一次,玄宗指着安禄山的硕大肚皮,开玩笑地问道:"你腹中到底有什么东西,怎么会这样大?"安禄山立即应声答道:"我腹中最大的是一颗赤诚忠心。"他的奸狡由此可见一斑。然而,玄宗对他的包藏祸心却一无所知,对他始终宠爱有加,除了赐给他金银、豪宅之外,还特意在勤政楼的御座东侧为他设置了一个豪华舒适的专座[1]。所以,安禄山此后的造反作乱,唐玄宗实在有着不可推卸的责任。

至于胡旋舞,被认为是主要的粟特乐舞之一,亦即属于所谓的"康国乐"。它通常由两个人对舞。舞者上身穿红色短袄,领口和袖口织锦,下身则穿绿色丝绸长裤,白色的腰带,红色的皮靴。胡旋舞的特色是快速旋转和轻灵,时或左转,时或右转;据说,有时候是在一个小圆球上跳这种舞蹈,双足无论怎样纵横腾踏,都能始终不离圆球。舞者是否真能做到这个地步,我们不得而知,但是胡旋舞需要特别轻灵和快速的步伐,当可肯定。所以,这种舞蹈通常都由女子表演;史称安禄山以特别肥胖之躯而跳胡旋舞,可能只是一个特例。

胡旋舞所配的音乐通常为吹奏乐和敲击乐,即两支笛、一个正鼓、一个和鼓、一个铜钹。不过,如果按白居易在其《胡旋舞》诗中的描写,则此舞尚配有弹拨乐器:"胡旋女,胡旋女,心应弦,手应鼓。弦鼓一声双袖举,回雪飘飘转蓬舞。左旋右旋不知疲,千匝万周无已时。人间物类无可比,奔车轮缓旋风迟。"[2]寥寥数语,把舞者的性别、舞蹈的姿势、伴舞的乐声,以及旋转的速度都展示出来了,予人以"美不胜收"之感。

---

[1] 可参看《旧唐书》卷二百上《安禄山传》(第5368页)、《新唐书》卷二百二十五上《逆臣传上·安禄山传》(第6413页)。
[2] 白居易《胡旋女》,载《全唐诗》卷四百二十六,中华书局点校本,1960年,第4692—4693页。

第二章　粟特人在中原的经济和文化活动

同样出于中亚粟特地区,并在中原流行的另一种胡舞称为"胡腾舞"。这种舞当是以频繁和快速的蹬足和下蹲动作为特色,并且,由于它需要较强的体力,故通常都由男子舞蹈。唐诗对此颇多生动的描绘,如刘言史诗云:"石国胡儿人见少,蹲舞樽前急如鸟。织成蕃帽虚顶尖,细氎胡衫双袖小。手中抛下葡萄盏,西顾忽思乡路远。跳身转毂宝带鸣,弄脚缤纷锦靴软。四座无言皆瞠目,横笛、琵琶遍头促。乱腾新毯雪朱毛,傍拂轻花下红烛。酒阑舞罢丝管绝,木棉花西见残月。"①

我们在此看到,舞者是粟特人——石国是粟特昭武诸姓之一,其地在今乌兹别克斯坦的塔什干一带。他头戴尖顶的胡帽,衣服紧身,袖口很小,足穿锦靴。舞蹈的下蹲和踢蹋动作频繁,并且快速。伴舞的音乐为吹奏乐(横笛,即胡笛)、弦乐(琵琶)等。至于李端的诗则有更形象的描绘:舞者是伊兰族人,白肤、鼻高("胡腾身是凉州儿,肌肤如玉鼻如锥");衣服似乎很轻柔飘逸,并有长长的飘带("桐布轻衫前后卷,葡萄长带一边垂");帽子上饰有珠花("红汗交流珠帽偏"),脚上穿的是柔软皮靴("双靴柔弱满灯前");舞姿有时显得柔弱无骨("醉却东倾又西倒"),有时则快速踢踏("环行急蹴皆应节"),包括反手叉腰的姿势("反手叉腰如却月");伴奏乐器则有弹拨的弦乐和吹奏的号角等("丝桐忽奏一曲终,呜呜画角城头发")②。

还有一种胡舞名为"柘枝舞",学界通常认为这种胡舞源自粟特的石国,因为石国有"柘枝"(柘支)之称。《乐书》描绘这种胡舞道:柘枝舞者通常由身材苗条的两个年轻女子对

---

① 刘言史《王中丞宅夜观舞胡腾》,载《全唐诗》卷四百六十八,第5324页。
② 李端《胡腾儿》,载《全唐诗》卷二百八十四,第3238页。

舞。她们穿着五彩斑斓的丝袍,束着银色腰带;衣衫颇为宽松和单薄,并且遮蔽得不是很严,所以往往会呈半袒之状。此外,它的特色是舞者穿戴的衣、帽上都饰有金铃,从而舞蹈时会发出悦耳的铃声。舞蹈开始之时,二人是分别从两朵绽开的莲花里现身的,然后徐徐对舞,极有情趣。

柘枝舞盛于唐代。北宋时,此舞虽然还见于世,但是似乎已经逐步失传了。11 世纪的沈括在其《梦溪笔谈》中说道,北宋初期的大政治家寇准非常喜欢柘枝舞,每次款待客人,必有柘枝舞,而每次柘枝舞都要跳好长的时间,因此他被时人赐以"柘枝颠"的雅号。但是数十年之后,据曾经是寇准时的柘枝舞者的一位老尼姑说,如今流行的柘枝舞的动作和歌乐,已经只相当于寇准时的十分之二三了,并且技艺也大不如前了云云[①]。显然,随着粟特人的逐步消失,他们的土著文化也渐渐失传了。

[①] 参看(宋)沈括《梦溪笔谈》卷五《乐律一》,载胡道静《梦溪笔谈校证》,上海古籍出版社,1987 年,第 228 页。

第三章　粟特人对游牧人的影响与掌控

对于中国中古时期的中原王朝来说，域外交往方面最为忌惮的势力是活跃于北方草原地区的游牧人政权，最令他们刻骨铭心的事件是游牧人的南下寇侵。所以，在中原汉人的笔下，北方草原上的游牧人往往成为最重要的敌人或盟友，他们对中原政治、经济和社会、文化的影响，也上升到相当的高度。然而，人们经常会忽略的一个现象是，在势不可挡的游牧人的背后，有时都"隐藏"着一帮来自更高文明地区的异族人；这些"异族人"即是古代丝绸之路上的特殊角色粟特人。本章即以突厥汗国和回纥汗国为例，略谈粟特人对于游牧政权的巨大影响力和操控力。

一、粟特人与突厥汗国

公元552年，以阿史那氏为王族的突厥人推翻其宗主柔然，在欧亚腹地建立了庞大的游牧汗国，相继与北周、北齐、隋、唐等中原政权发生密切的交往，前后历时百余年，史称"突厥第一汗国"。在这一时期内，东西方的交通空前频繁，中央欧亚，乃至欧亚大陆上其他许多地区的政局和经济文化都产生了巨大变化。现代史家曾将这类现象归功于建立强大汗国的突厥人，如著名美国学者西诺所言：

即使突厥人国祚短促,但是他们控制欧亚腹地之要冲的八十年,对历史产生了无法估量的影响,因为这是各种文明热烈交流的时期。固然,在突厥征服之前,这种渗透业已开始,中国突厥斯坦所发现的突厥前的壁画已经显示了希腊、印度与伊朗影响的重要性,但是在突厥人的庇护下,交流更为容易,接触更为频繁。突厥帝国将拜占庭、伊朗、印度和中国四种文明联系起来。它并非单纯的精神和物质的中介工具,而也是一只拌和锅,不同来源的成分在此混合,并被涂上特殊的突厥文明的色彩。最后的一种影响似乎并不特别重要,但是外来文明却能通过突厥渠道而深深地渗入欧亚腹地。这样的推想是颇为诱人的:曾在君士坦丁堡度过数年的突厥使臣,可能在下一次出使中被遣往中国;在突厥可汗官廷里,来自印度或中国的佛教徒可能和希腊基督徒及波斯祆教徒讨论宗教问题。①

西诺强调了当时世界文明交流的繁荣,也强调了突厥人的巨大贡献,但是却没有指出粟特人在这些文明交流中的作用。我们在此则就后一方面作些探讨和分析。

1. 粟特人参与西突厥的政治和外交

《周书》谈到西魏遣使突厥之事云:"大统十一年(545年),太祖遣酒泉胡安诺槃陀使焉。其国皆相庆曰:'大国使至,我国将兴也。'"②这是迄今所见中国内地遣使突厥的最早记载。当时的突厥迫切希望与中原大国交往通好,不外乎两

---

① Denis Sinor, *The Historical Role of the Turk Empire*, in Inner Asia and its Contacts with Medieval Europe, p. 433, Variorum, London, 1977.
② 语见《周书》卷五十《异域传下·突厥传》,中华书局标点本,1971年,第908页。

第三章 粟特人对游牧人的影响与掌控

个原因:一是出于经济方面的考虑,希望与中原贸易,尤其是想获得大量丝绸,以转销至西方,牟取巨额利润①。二是还包含了政治意图:当时的突厥仍是柔然的"锻奴",深受柔然的控制,所以在稍见强盛后就试图借助其他"大国"之力,摆脱被控制的状态。

在此情况下,西魏的遣使突厥就更显得意义重大了;这即是突厥举国相庆的原因。而肩负这一重任的"大国使者"即是粟特人。首先,"安"姓属于"昭武九姓"之一,而昭武九姓乃是中原汉人对于粟特人的通常名称。其次,"诺槃陀"是粟特名的汉译音:粟特词 Nahid 即著名女神 Anahita,可音译成汉字"诺";粟特词 βandē 意为奴仆、侍者,可音译成汉字"槃陀"②,所以"诺槃陀"的粟特语原义当是"娜希塔女神之奴",是粟特人的常用名字③。安诺槃陀此行显然是成功的,因为突厥可汗在翌年就遣使前往西魏"献方物"。而且在此后的五六年间,双方和亲通婚,使节往返至少有三次④。在这些频繁的交往中,是否再有粟特人参与其间进行斡旋,我们

---

① 实际上在此之前,突厥人就已经清楚地表露了这样的愿望:"其后曰土门,部落稍盛,始至塞上市缯絮,愿通中国。"(《周书》卷五十《异域传·突厥传》,第 908 页)
② 这两个粟特词的释义,可参看 B. Gharib, *Sogdian Dictionary*, item 5836 (p. 234), item 2656 (p. 105), Farhangan Publications, Tehran, 1995。
③ 有关汉文名"诺槃陀"的粟特语比定,早由哈马塔指出,见 J. Harmatta, *Iran-Turica*, p. 273, in Acta Orientalia Hungaricae, V. 25 (1972)。
④ 在这数年间,突厥与西魏的往来事件可作如下的梳理:547—550 年,突厥击败铁勒,但是求婚柔然未成,遂与之绝。551 年 3 月 28 日之前,突厥遣使向西魏求婚,西魏允诺。551 年 3 月 28 日,西魏文帝去世,突厥遣使来吊,赠马二百匹。551 年 8 月 16 日,西魏长乐公主启程前赴突厥完婚。这些事件的相关考证,可参看 Hilda Ecsedy, *Trade and War Relationship Between the Turks and China in the Second Half of the 6th Century*, pp. 154-155, in Acta Orientalia Hungaricae, V. 21 (1968)。

不得而知。但是,粟特人在突厥和中原王朝的首次交往中发挥了积极的推动作用,则是可以肯定的。

粟特人参与突厥政权之政治和外交活动的另一典型例证,见于二十多年后西突厥、波斯、拜占庭三大势力的复杂角逐中。有关背景和过程,本书第一编第二章已有较详的叙述,在此则再作简单的归纳。

当时,西突厥的首领是室点密,他与波斯联合击灭嚈哒之后,控制了粟特和中亚的其他许多地区。但是,突厥若能进一步扩展获自中国的大量丝绸的销路,便能获得更多的利润。于是,粟特人便向突厥可汗提出了开辟波斯售丝市场的建议。在室点密欣然接受这一建议的情况下,一个几乎完全由粟特人组成的使团被遣往波斯,这个使团的团长即是粟特人马尼亚克(Maniach)。这表明,此时的粟特人已经颇获突厥高层的信任,他们参与了突厥的重要外交活动[①]。

尽管突厥两度遣使波斯,均以失败告终(第一次出使,丝绸被波斯人焚毁;第二次出使,则使团成员多遭波斯人毒死),但是突厥人出于大局的考虑,并未对波斯立即实施武力报复,而是采取了结盟拜占庭的战略决策。而向突厥可汗建议这一战略决策的人,即是此前率团前赴波斯的粟特人马尼亚克。

马尼亚克向室点密可汗进言道,罗马人(即拜占庭)对于丝绸的消费量远大于其他国家,因此,突厥若与拜占庭建立直接的贸易关系,就能在丝绸销售上获得更多的经济利益。另一方面,突厥与拜占庭的结盟,也十分有利于牵制波斯,从而

[①] 这里以及下文有关突厥、波斯、拜占庭"三国争斗"的历史记载,均见拜占庭史家弥南德(Menander)所撰《希腊史残卷》的记载,汉译文见张绪山翻译的[英]裕勒撰、[法]考迪埃修订《东域纪程丛录》附录 VIII,中华书局,2008年,第167—180页。

获得莫大的政治利益。马尼亚克并且表示,他愿意率团前赴遥远的拜占庭(东罗马帝国),促成他们与突厥建立友好关系。室点密可汗欣然采纳了这一建议,并让马尼亚克带着他致拜占庭皇帝的信函,以及大量丝绸和其他贵重礼物,启程前赴西方,时在567年。以马尼亚克为首的突厥使团沿着"草原之路"西行,经过咸海、里海北岸,再南越高加索山而入拜占庭。他们在568年年初抵达目的地,受到了拜占庭皇帝的热情接待。

需要指出的一点是,突厥室点密可汗致罗马皇帝的信函是用"斯基泰"(Scythian)文字书写的,而现代学者多倾向于认为,这种文字很可能即是粟特文。足见粟特人在影响游牧人,参与世界政治游戏的同时,也为不同文明的相互交流作出了很大的贡献。

此后,突厥和拜占庭频繁地互遣使团。据载,在随后的十年间,仅留有名字的拜占庭使臣首领就有蔡马库斯(Zemarchus)、阿南卡斯特(Anankhast)、优提齐乌斯(Eutychius)、赫罗第安(Herodian)、保罗(Paul)和瓦伦丁(Valentin)等人;其中有些人还不止一次地出使突厥。

当然,突厥方面也有众多人员前赴拜占庭。马尼亚克的年轻儿子也曾担任过突厥的使臣。弥南德记云,马尼亚克约在568或569年去世,接任他的人名叫达格玛(Tagma),官衔为达干(Tarkhan)。在达格玛的使团中即有马尼亚克的儿子,他的权力和地位仅次于使团首领达格玛,显然与其父亲为汗国立下的功勋颇有关系。

由粟特人建议和设计的突厥-拜占庭"战略伙伴关系",对于6世纪下半叶的中亚和西亚政局产生了巨大的影响。因为它抑制了萨珊波斯的"野心",或者,至少使得(西)突厥、波斯、拜占庭三大势力达到了一定的平衡。更有积极意义的,是随着突厥与拜占庭的频繁交往,"草原之路"沿线的其他许多游牧部落也热情地参与到东西方的文明交流中来,从而推动了世界文明的发展。正是在这段时期内,拜占庭才对远东地区有着丰富的记载;在此之后,直到六百多年后的蒙古征服时期,有关东方的希腊文和拉丁文记载才又逐步增多。

2. 粟特人影响东突厥政权

粟特人不仅参与西部突厥的政治、外交活动,对于以蒙古高原为核心基地的东部突厥,同样有着巨大的影响力。

隋末,天下大乱,群雄逐鹿,地据山西的唐公李渊积极参与其间,试图利用突厥的军事威势争夺中央政权。于是谦卑地主动致函突厥始毕可汗,提议双方通商结盟。始毕可汗认为此事符合突厥的利益,便派遣高级官员(位至"柱国")康鞘利率团与李渊谈判和落实两强的结盟事宜。而康鞘利即是粟特人①,他一方面为李渊送去助威的突厥军队,另一方面还卖给唐军数千战马,从而深合李渊的心意②。

粟特人影响和操纵突厥汗国统治者的情况,似乎越到后来越严重。例如,在东突厥的始毕可汗时期(609—619 年),裴矩就曾对隋炀帝明确地指出,是粟特人的唆使,才导致突厥不断与本朝为敌,所以建议诱杀为首的粟特人。《隋书》对此事作了较详的描绘:

---

① 对于康鞘利之为粟特人,岑仲勉是这样考证的:"昭武诸胡,其转入汉语时,往往以国为姓,康鞘利自当是康国之人。鞘,《切韵》sau,考《西域记》一云:'自素叶水城至羯霜那国,地名窣利,人亦谓焉',窣利还原为 Su-li,古代恒以族名名其人(参看《诸番志》及《蒲寿庚考》)。su,sau 只一字之转,Su-li 或即鞘利之原语也。"(语见岑仲勉《突厥集史》,中华书局,1958 年,第 111 页)

② 有关李渊建国之前与突厥的交往结盟,以及粟特人康鞘利的折冲斡旋诸事的细节描述,可参看(唐)温大雅《大唐创业起居注》卷一、卷二,李季平、李锡厚点校本,上海古籍出版社,1983 年,第 8—14、30 页。

第三章 粟特人对游牧人的影响与掌控

(裴)矩又言于帝曰:"突厥本淳,易可离间,但由其内多有群胡,尽皆桀黠,教导之耳。臣闻史蜀胡悉尤多奸计,幸于始毕,请诱杀之。"帝曰:"善。"矩因遣人告胡悉曰:"天子大出珍物,今在马邑,欲共蕃内多作交关。若前来者,即得好物。"胡悉贪而信之,不告始毕,率其部落,尽驱六畜,星驰争进,冀先互市。矩伏兵马邑下,诱而斩之。诏报始毕曰:"史蜀胡悉忽领部落走来至此,云背可汗,请我容纳。突厥既是我臣,彼有背叛,我当共杀。今已斩之,故令往报。"始毕亦知其状,由是不朝。①

由此至少可以知道两点:第一,隋廷为了改变自己对突厥的不利形势,想方设法地肉体消灭依附于突厥的粟特人首领,足见粟特人在突厥政权中的重要性和关键性。第二,粟特人史蜀胡悉因贪图财物而前赴马邑时,是"率其部落"一起去的。那么,突厥境内的粟特人显然不是零星的个人,而是一个一个的整体部落,数量之多可想而知,他们对突厥人的影响程度之大也可以推知。

始毕可汗的继承者是颉利可汗(620—630年),亦即东突厥政权崩溃前的最后一任可汗。在他的统治期间,粟特人的势力和政治影响更是几乎达到了喧宾夺主的地步,如《旧唐书》载云:"颉利每委任诸胡,疏远族类。胡人贪冒,性多翻覆,以故法令滋彰,兵革岁动,国人患之,诸部携贰。"②这里所谓的"胡",是特指粟特人;所谓的"诸胡",是特指"昭武九姓",亦即汉籍惯称的各部粟特人。例如,在贞观四年(630年),李靖率唐军突袭突厥,颉利可汗仓皇逃窜之后,突厥的"胡酋康苏密

---

① 《隋书》卷六十七《裴矩传》,中华书局标点本,1973年,第1582页。
② 《旧唐书》卷一百九十四上《突厥上》,中华书局标点本,1975年,第5159页。

等遂以隋萧后及杨正道来降"①。既称"胡",又姓"康",显然是粟特人无疑;另一方面,由此也可以看出粟特部落在政治上的强势:他们投降唐军之时,竟还能挟带着隋廷的皇族作为"投名状",其平时在突厥汗国中的地位之高可想而知。

粟特人构成的"胡部"的影响并未因东突厥政权的崩溃而消逝,相反,它们继续在原移居地生存和发展,这可以从下列史实中看出来。首先,唐廷击灭东突厥之后,经过激烈的争辩,最终采纳中书令温彦博的建议,在幽州到灵州一线,设置顺州、北抚州、北开州、北宁州、北安州等五个羁縻州安置突厥降部,而其中两个州的都督均为粟特人——上述胡酋康苏密为北安州都督,中郎将史善应为北抚州都督。所以,唐廷用以安置"突厥降户"的五个州中,至少有两个州是以粟特人为主体的。

其次,经过将近四十年后,唐廷又特意在河套地区设置了"六胡州",主要用来安置粟特移民:"调露元年(679年),于灵、夏南境以降突厥置鲁州、丽州、含州、塞州、依州、契州,以唐人为刺史,谓之六胡州。"②这"六胡州"的地理范围,大致相当于今内蒙古鄂托克旗和鄂托克前旗的东半部、乌审旗西边,以及宁夏盐池县明长城以北的地区。由于此时仍然秉承唐初以来的胡部安置原则"全其部落","不离其本俗",以"实空虚之地","示无猜忌之心"③,所以在这一大片地域内,粟特人应该仍旧以部落组织形式生活着,其政治、经济、军事的力量都不弱。至于在此强调"以唐人为刺史",恐怕是在暗示,调露元年以前始终是以"胡人"为刺史的,如今只是唐廷加强

---

① 《旧唐书》卷一百九十四上《突厥上》,第5159页。
② 《新唐书》卷三十七《地理志一》,中华书局标点本,1975年,第974—975页。
③ 语见《唐会要》卷三十七《安北都护府》,上海古籍出版社点校本,1991年,第1556页。

了对粟特人的控制而已。

最后,公元 8 世纪的唐玄宗在位期间,六胡州地区的粟特人曾有相当规模的叛乱,令唐廷不得不派遣大军认真对付。开元九年(721 年)四月,号称"叶护"的康待宾率领部众武装起事,对抗唐廷;参与其事的其他粟特酋帅,尚有也称"叶护"的安慕容,以及号称大将军或将军的何黑奴、石神奴、康铁头等。他们拥有兵众七万,旋即占据长泉县,攻陷六胡州,并且进逼夏州。这导致唐廷急命朔方大总管王晙等率军抵御和讨伐。直到当年七月,王晙才最终击败粟特叛军,生擒康待宾。在此过程中,被杀的粟特骑兵就多达三万五千人,足见粟特人的兵力之强[1]。

然而,翌年九月,康待宾的余党康愿子又自称可汗,聚众造反,最终被朔方的巡边使、兵部尚书张说所镇压。嗣后,唐廷鉴于六胡州的粟特人过于强盛,便从该地迁走了五万多人,迫使他们散居到许、汝、唐、邓、仙、豫等州,从而削弱了六胡州的粟特势力[2]。尽管如此,就整体而言,粟特人对于中央欧亚之游牧人的影响仍然持续着,并且十分巨大。

二、粟特人与回纥汗国

摩尼教(Manichaeism)在公元 3 世纪始创于波斯,后在中亚保存和发展,主要由粟特人传播到东方(包括蒙古高原和中国内地)。这样的说法已被当今的学界所认可。因此,摩尼教在游牧的回纥人中广泛传播,乃至最终使得摩尼教成为强大

---

[1] 事见《旧唐书》卷八《玄宗纪上》,第 182 页;《资治通鉴》卷二百一十二《唐纪二十八·玄宗开元九年》,第 6745—6746 页(中华书局校点本,1956 年)。
[2] 事见《资治通鉴》卷二百一十二《唐纪二十八·玄宗开元九年》,第 6752 页。

的回纥政权的"国教"这一史实,成为粟特人对回纥政权有着巨大影响力的明证。下面,即环绕这一事例来做点论说。

有关回纥可汗及其政权信奉摩尼教一事的文字记载,迄今所见的资料为数寥寥;篇幅较大的一段记载,则见于吐鲁番的突厥语文书 TM 276,亦即汉文学界通常所称的《牟羽可汗入教记》。《入教记》描述的是回纥汗国第三任酋帅牟羽可汗(759—779 在位)信奉摩尼教,并用行政命令使之成为回纥"国教"的经过。文字虽然颇有夸张之处和传奇色彩,但是仍然包含了不少史实,颇有学术价值。为便于表述和讨论,先将该文书汉译于下;所据的主要外译文本,一见于邦格与冯加班的《吐鲁番突厥文书二》,其中包括了突厥文书原文的拉丁转写和德译文[1];一见于克林凯特的《丝绸之路上的诺斯替信仰》[2],是为英译文,包括若干注释。

1.《牟羽可汗入教记》的汉译文

[可汗说道:]"……我是神圣的,我将与你们一起前赴诸神之境。"

选民[3]则答道:"我们是神圣的,我们是选民。我们完

---

[1] Bang & von Gabain, *Türkische Turfan-Texte II*, SPAW, Juli 1929, pp. 411-422.

[2] Hans-Joachim Klimkeit, *Gnosis on the Silk Road : Gnostic texts from Central Asia*, New York, 1993, pp. 364-370.

[3] 突厥语 dïndar(亦作 dïntar)乃是粟特语 δēndār 的借词,而后者与帕提亚语 dyn'br(dēnāβar)等同义,义为宗教的、虔诚的、正直的,或者信徒、真信者、纯洁者。在中亚的摩尼教中,多用作为专业修道士"选民"的称呼,有时也作为整个教会的总称。公元 6 世纪,粟特地区的摩尼教教徒在萨德·奥尔密兹德(Sād-Ōhrmizd)的率领下所组成的新教派正式自称 Dēnāwar;但是很可能早在摩尼教东传中亚的早期(公元 3 世纪)就已使用这个称呼。后世通常都用以指称摩尼教的专职修道者。汉语典籍中的"提那跋""电那勿"等即其音译名;在此意译作"选民"(英文通常作 Elect)。

全执行尊神的命令。我们抛弃肉身后,就将前赴诸神之境,因为我们逐字逐句地执行了神的指令。……由于我们一直遭受着巨大的压制和严重的危害,因此我们要去诸神之境。陛下呀,如果您违反了永恒之神的法令,那么您的整个国家就将陷入混乱,所有的突厥人会对神犯下罪过,他们在无论何处发现选民,都会镇压和杀戮之。如果来自汉人之地的怀有四求①的四……神圣选民②……那么对本教便会造成极大危害和压制。他们不论在何处发现听者和商人③,都会全部杀死,不留一个活口。"

---

① 突厥语 kösüš 为"追求""要求""希望""欲望"等意,tört 则义为"四";至于在此到底是指哪四种"追求",则不甚了了。不过,摩尼教的东方文书(尤其是突厥文书)借用佛教术语的现象十分多见,所以,文书在此相当可能是借用了佛教的"四求"术语来表达摩尼教的教义。按汉译佛经,所谓的"四求"通常有两种说法。第一种是指四种欲求:欲爱(贪爱欲界之五境)、色爱(贪爱色界之禅定)、无色爱(贪爱无色界之禅定)、无有爱(贪爱涅槃真空之法)。第二种是指菩萨的四种乐求:求平等而止观双修、求无分别而使身口意三轮清净、求持戒以成就六度等之法义、求未来成就当度之缘。显然,摩尼教根本没有佛教这样具体的概念和说法,恐怕至多只是泛指"神圣选民"的基本修道追求而已。

② 文书在此所谓的来自中原汉人地区的"四……神圣选民",显然即是指 763 年回纥牟羽可汗归国时所带回的四名摩尼教布道师,盖因记录牟羽可汗事迹的《九姓回鹘毗伽可汗碑》的汉文部分有"将睿息等四僧入国,阐扬二祀,洞彻三际"等语,与本文书描述牟羽可汗改宗摩尼教的背景完全吻合。

③ 突厥语 nïγošak 为粟特语 nγʼwšnʼk 的借词,意为"听者""听众"等,是摩尼教的专用术语,用以指称世俗修道者,相对于专业修道者"选民"而言。听者可以结婚、生育,他们除了根据教规而实施一定的宗教生活外,另一个重要的职责是为选民提供饮食,不让选民亲手种植和制备食品,否则就是犯罪。在摩尼教汉文典籍中,此名译作"耨沙喭"(见《摩尼光佛教法仪略》),不过,那应当是帕提亚语 n(i)γōšāgān 的音译。

突厥语 sart 也是一个外来词,借自梵语 sartha,意为"商人",恐怕是经由粟特语而传播的。不过,自 11 世纪之后,此词开始具有"城镇居民"之义,以相对于"游牧人";特别指"伊朗族人",相对于"突厥族人"。鉴于此词这样的源流,再考虑到粟特人在回纥汗国中的重要作用,故文书在此的"商人",很可能指的是亦属伊朗族的粟特商人。

"在您这国度里,人们始终按照您的指令在完成伟大和有价值的事业,直到……达干①的出现。陛下呀,如果您弃离这达干,那些善法和善举就会持续下去;但是如果……这达干就会给本国带来巨大麻烦,恶行将会盛行,您的国度将会毁灭……您从此要走的道路将会是另一条路。神圣的慕阇②……将会听闻这些所作所为,他决不会允许它们发生。"

然后,神圣国王③与选民们一起讨论了两天两夜,第三天,登里汗④作了充分的反思……神圣国王的心神十分困扰,因为他得知了,他将由于那些恶行而导致灵魂永不解脱。因此,他害怕了,战栗了,他的心[不再宁静]。随后,神圣国王牟羽汗⑤便亲自来到选民们的聚会之处,他

---

① 突厥语 tarχan 是个很古的高官称衔,有的学者认为,其源流可以追溯到匈奴人的最高领袖称呼"单于"。而在早期的突厥语中,它虽然不像"特勤""设"那样,是特别具有王族成员色彩的高官称衔,但也是另一种高级官员的称号,恐怕主要是负责行政事务的官员。至于蒙古语中的早期借词 darχan 则含义大变,不过是指免税之人,甚至只指工匠、手艺人而已。文书在此所言的"达干"之前的修饰词正好残缺,或许是该达干的名字,但也可能是某个形容词。不管怎样,这一"达干"应是指反对回纥人信奉摩尼教的上层势力的代表人物或集团。
② 突厥语 možag 是个外来词,相当于粟特语 mwj'q、帕提亚语 'mwc'g(ammōžāg) 以及中古波斯语 hmwc'g(hammōzāg) 等。其原义为"导师",但在摩尼教中,是教主摩尼以下的最高教职名号,汉语典籍译作"慕阇"。文书在此的 tngrimožag 当义为"神圣的慕阇",指的应该是摩尼教东方教长区的首领。
③ 突厥语 ilig 有"王国""国王"之义,故在此的词组 tngriilig 译作"神圣国王",指的仍是牟羽可汗。
④ 突厥语 kän(汗)的含义在早期相当于最高领袖称号 qaγan(可汗),后来则主要指次一级的政权领袖;文书在其前加修饰词 tngri,则义为"神圣汗",与上文的 tngriilig 一样,也是指牟羽可汗。由于在汉文史料中,牟羽可汗之号为"登里",本是 tngri 的汉译,故在此不将 tngrikän 译作泛称的"神圣汗",而是译作特指牟羽可汗的"登里汗"。下文亦然。
⑤ 突厥语 bögü 的原义为"贤明的""圣明的""具有神秘精神力量的"等,往往作为政权之最高领袖的称号,在此即是一例:bögüχan 即是指回纥牟羽可汗。

在选民之前双膝跪下,请求宽恕他的罪过,恭敬地说道:"自从……以来,我一直造成你们的不幸……我想……饥饿与干渴。通过这样的反省,我已经[作出了决定]。希望你们怜悯我,支持我信教,成为选民。直到现在,我的心神还是没有平静下来。我完全不愿意留在这个世界上,或者我的家里①。我的汗位、肉体的欢愉,以及我的……和我的……在我眼中已经变得毫无价值。我的勇气正在丧失,我惧怕……因为你们曾告诉我:'由于这类行为,你的灵魂将永远得不到拯救。但是,如果你经由选民而信仰本教,如果你不断地有善举……'假如你们选民有这样的要求,我将按照你们的指令和忠告行事,因为你们曾对我说:'试着再度鼓起勇气,陛下,抛弃罪过!'"

那时候,当神圣国王牟羽汗这样说了之后,我们选民及本国的所有民众都欣喜异常,以致无法充分表达出我们的喜悦。随后,他们相互转告此事,一遍又一遍,快乐万分。成千上万的人聚集成群,来到……从事各种各样的娱乐活动。他们热烈庆祝,直到天明,许多人依然沉浸在欢乐之中……新的一天的黎明时分是小斋②(开始)的时间。神圣国王牟羽汗和作为他随员的所有选民都骑在马上,还有所有的王子、公主、高官、酋帅,以及全体老少民众,都欢天喜地地前赴城门。然后,神圣国王

---

① 按摩尼教的教义,人类生活的俗世即是"暗魔禁锢","光明分子"即灵魂的地方,故努力争取脱离俗世,及早回归明界,是每个摩尼教信徒的终生追求目标。因此,文书在此有"不愿意留在这个世界上"之说。
② 突厥语 kičig 意为"小的",bačaɣ 意为"斋戒",故将词组 kičig bačaɣ 译作"小斋",但是其详细内容则不太清楚。待考。

进了〔城①〕,头上戴着冠冕,身上穿着红色长袍,坐在镀金的王座之上。然后,他向百官②和民众发布了诏令:"如今,你们全都……辉煌的……十分欢乐,尤其是你们选民……我的心神已经平静,我再次把自己托付给你们。我已重新开始,坐在了这王座上。我命令你们:当选民训诫你们,敦促你们分享灵魂之餐③,以及当他们敦促你们……和训诫你们时,你们必须按照他们的命令和训诫行动,并且用爱来展示……你们的尊敬。"

当牟羽汗即登里汗发布了这一诏令之后,大批聚集的民众向这位神圣国王致敬效忠,在他面前欢乐庆贺。此外,他们也对我们选民致敬效忠,并表达其喜悦。每个人……充满了欢乐。他们再度热爱尊神……信仰他。

---

① 突厥文书的此词残缺,虽然德译版作者根据文意将此词补成 toi,亦即作"城"解,但是仍然怀疑这也可能是寺庙之类的宗教场所(p. 422, note 67);英译版则也疑其为寺庙或可汗的宫殿(p. 370, note 36)。

② 突厥语 bäg 是个官号,其含义随时间和地域的不同而有所改变,但是总的意思差不多,即基本上是指称一个氏族或部落的首领;或者,作为政权中低于最高首领的所有高级官员的泛称,在此即是一例。当它作为具体官号时,早期的汉译名作"匐",后来随着越来越广泛的使用,特别是至蒙元时代,更有"别""伯""卑""毕""辈""字阔""字可""别乞""别吉""伯克"等名。

③ 在突厥语词组 üzütaši 中,前一词义为"灵魂",特别是人类灵魂,相对于"肉体"而言。后一词则义为"食品""餐食"。所以,本文书的德译本将该词组直译作"Seelen Mahle"(灵魂餐)(见 p. 419);但是,英译本则意译作"sacred meal"(圣餐),显然是借用了基督教的概念和术语(见 p. 368)。依我之见,这一词组当以直译为宜,原因是:按照摩尼教的特殊教义,"灵魂"即是"光明分子",而一切有形物质却都是禁锢光明分子的黑暗要素;摩尼教信徒唯一的和最大的奋斗目标,就是把被黑暗囚禁的光明分子最大限度地解救出来,使之回归明界。所以,信徒们,尤其是专职修道者"选民",更要尽多地"回收"光明分子或灵魂,其最有效的方式就是食用光明分子(灵魂)含量最为丰富的水果、蔬菜。有鉴于此,某些被认为"含量丰富"的食品就成为了修道者的"最有效"食品,其含义与基督教的"圣餐"类似。不过,为了确切地体现摩尼教在"灵魂观"方面的特殊教义,文书中的这一词组仍以直译为"灵魂之餐"为宜。

第三章 粟特人对游牧人的影响与掌控

随后,他们持续地从事"灵魂工作"①,以及做善事。幸运的国王不断地规劝所有民众行善,他敦促他们始终这样做。此外,神圣国王还发布了这样的法令:每十个人中,任命一人为长,作为他们的激励者②,使之努力行善和从事"灵魂工作"。如果有人懈怠于宗教事务,犯下罪孽,他就会给予他……良好的指导……

2. 文书内容透露的信息

概括 TM 276 文书的内容,即是回纥政权中的摩尼教教会(其主体及精英均为粟特人)与回纥的最高统治者牟羽可汗谈判的过程,强烈要求可汗庇护摩尼教,乃至本人改宗摩尼教。尽管文字不多,并且还夹杂着一些显然是夸张的辞句,但是我们仍能发现其中包含着若干真实的信息。通过辨析,至少可以梳理出如下几点与"回纥政权中之粟特人(摩尼教教徒)"相关的史实。

其一,摩尼教在回纥境内的传播曾有相当的波折和翻覆。因为"选民"(摩尼教的专职和上层修道者)对可汗说的

---

① 突厥语词组 üzütiš 中,前一词义为"灵魂",后一词义为"工作""事业""事务"等。此亦摩尼教的专用术语:按摩尼教的教义和教规,专职的"选民"是收集光明分子(灵魂),使之回归明界的直接负责者,但是他不能亲手种植和制备食品,以免损伤其中包含的光明分子,故这一工作就只能由世俗信徒听者来完成。因此,广大听者为本教所做的最重要之事,便是为选民提供饮食,亦即是提供"回收灵魂(光明分子)"的原料;他们的这种服务被称作"灵魂工作"也就顺理成章了。为尽量体现本文书的摩尼教特色,遂作此汉译。

② 突厥语 tawrat 是动词,为 tawra 的使役形式,原有"使得(某人、某物)快速(干某事)"之义,稍加引申,即有"激励……"、"敦促……"之意。所以,文书在此的 tawratγuči 一词便当为"激励者""敦促者"。由于这一专名不太常见,故文书的英译文照录此词,并在括号中注明这是"激励他们之人"(见 p. 368)。

话展示了这样的历程:摩尼教已经在回纥境内流行("我们是选民。我们完全执行尊神的命令");但是最近出现了打击甚至镇压摩尼教的现象,其为首者即是某达干("在您这国度里,人们始终按照您的指令在完成伟大和有价值的事业,直到……达干的出现";"如果……这达干就会给本国带来巨大麻烦,恶行将会盛行,您的国度将会毁灭");牟羽可汗对此现象似乎听之任之("陛下呀,如果你违反了永恒之神的法令,那么您的整个国家就将陷入混乱,所有的突厥人会对神犯下罪过,他们在无论何处发现选民,都会镇压和杀戮之");牟羽可汗自己也一度放弃了摩尼教信仰("自从……以来,我一直造成你们的不幸");牟羽可汗在摩尼教教会的强大压力下,与之展开了长时间的谈判,并答应予以庇护("然后,神圣国王与选民们一起讨论了两天两夜,第三天,登里汗作了充分的反思");最后,牟羽可汗发布诏令,明确宣布自己及全民信奉摩尼教("我的心神已经平静,我再次把自己托付给你们。我已重新开始,坐在了这王座上。我命令你们:当选民训诫你们,敦促你们分享灵魂之餐,以及当他们敦促你们……和训诫你们时,你们必须按照他们的命令和训诫行动,并且用爱来展示……你们的尊敬")。

其二,主要是摩尼教教会的强大压力才迫使牟羽可汗接受了摩尼教。选民们对牟羽可汗的"规劝",名义上是打着"神灵震怒"的幌子,实际上却是一种很现实的威胁。例如,他们对可汗声称:"如果您违反了永恒之神的法令,那么您的整个国家就将陷入混乱";"如果您弃离这达干,那些善法和善举就会持续下去;但是如果……恶行将会盛行,您的国度将会毁灭";"神圣的慕阇……将会听闻这些所作所为,他决不会允许它们发生"。如此等等,特别是最后一句,清楚地强调了,摩尼教东方教区的最高领导(慕阇)决不会听任回纥摩尼教遭受打击的现象长久持续下去。显而易见,对于刚刚用真刀实枪帮助唐廷"平叛"而凯旋归来的世俗政权领袖牟羽可汗来说,是绝无可能用虚无缥缈的"神罚"之类的说辞来轻易说服他庇护与信奉摩尼教的,而只有摩尼教徒(粟特人)背后的强大实力才可以产生如此巨大的影响力。亦即是说,牟羽可汗若不同意"选民"的要求,很可能会立即遭受军事、政治、经济等方面的重大打击;这才是可汗进行"充分反思"后作出"信教"决定的真正原因。

其三,摩尼教早就流行于在回纥民间。TM 276 文书提及的"来自汉人之地的怀有四求的四……神圣选民"与《九姓回鹘爱登里啰汨没蜜施合毗伽可汗圣文神武碑》(立于 808—821 年间)的汉语碑文的说法("(牟羽)可汗乃顿军东都……将睿息等四僧入国,阐扬二祀,洞察三际。况法师妙达明门,精通七部,才高海岳,辩若悬河,故能开正教于回鹘")十分吻合,所以此前的学界通常都将回纥的摩尼教看成是由牟羽可汗从中土传入的。但是,细辨 TM 276 文书,可知摩尼教其实早就传播于回纥的民间了。例如,选民们对可汗说道,在某达干排斥和打击摩尼教之前,他们始终在"完成伟大和有价值的事业(信奉摩尼教)";在可汗宣布再次信奉摩尼教,并将摩尼教定为国教之后,"我们选民及本国的所有民众都欣喜异常……成千上万的人聚集成群,热烈庆祝"云云,无不展示了回纥境内的摩尼教早就很兴盛,信徒很多(尽管不可能真的是"全民信仰"),而并不是因为牟羽可汗的一个诏令后,才忽然冒出成千上万的摩尼教信徒来的。

其四,摩尼教在回纥政权中一度占有很高的地位。可汗举行重大的国事典礼时,摩尼教的专职修道者"选民"(粟特人)作为贴身随从:"神圣国王牟羽汗和作为他随员的所有选民都骑在马上,还有所有的王子、公主、高官、酋帅,以及全体老少民众,都欢天喜地地前赴城门";民众不但向可汗致敬效忠,也向摩尼教的专职修道者"选民"致敬效忠:"当牟羽汗即登里汗发布了这一诏令之后,大批聚集的民众向这位神圣国王致敬效忠,在他面前欢乐庆贺。此外,他们也对我们选民致敬效忠,并表达其喜悦。"关于摩尼教高级修道者在回纥政权中的尊崇地位,不仅见之于这份略显夸张的突厥语文书,也见于汉文的"正史"记载。

3. 汉文史料披露的史实

汉籍的有些记载,其实非常清楚地揭示了摩尼教教徒或粟特人与回纥政权的关系。例如,《新唐书》载云:"元和初,(回纥)再朝献,始以摩尼至。其法日晏食,饮水茹荤,屏湩酪,可汗常与共国者也。摩尼至京师,岁往来西市,商贾颇与囊橐为奸。"[1]由此可知,一、摩尼教教徒(应是其中的高级修道者)在回纥政权中居有很高的政权地位,以致被视作"与可汗共国(治理国家)"。二、摩尼师来京师后必至商贾云集的"西市",并与当地的商贾交往密切,则必是为了商贸牟利;亦即是说,这类摩尼教教徒其实即是商胡,其主体便是善于经商的粟特人。所以,就回纥政权中的摩尼教信徒(特别是其高级修道师)而言,将他们基本上视同于粟特人是没有问题的。

这些信奉摩尼教的粟特人积极参与回纥政治活动的证据,尚可见诸其他汉文记载。例如,《旧唐书》载云,元和八年

---

[1] 《新唐书》卷二百一十七上《回鹘传上》,第6126页。

(813年):"十二月二日,宴归国回鹘摩尼八人,令至中书见宰臣。先是,回鹘请和亲,宪宗使有司计之,礼费约五百万贯,方内有诛讨,未任其亲,以摩尼为回鹘信奉,故使宰臣言其不可。乃诏宗正少卿李孝诚使于回鹘,太常博士殷侑副之,谕其来请之意。"① 又,长庆元年(821年)"五月,回鹘宰相、都督、公主、摩尼等五百七十三人入朝迎公主,于鸿胪寺安置。敕:太和公主出降回鹘为可敦,宜令中书舍人王起赴鸿胪寺宣示;以左金吾卫大将军胡证检校户部尚书,持节充送公主入回鹘及册可汗使;光禄卿李宪加兼御史中丞,充副使;太常博士殷侑改殿中侍御史,充判官"②。由此可以清楚地看到,在相当一段时期内,回纥政权中的所谓"摩尼僧"实际上在相当程度上参与了回纥的政治活动,至少,兼任了回纥的外交使臣。

正是由于粟特人一度真正影响了回纥的高层统治者,所以尽管从时间上看,摩尼教似乎是从中国内地传入了回纥,但是实际上却是由于回纥的压力和影响,才使得摩尼教在中土得以普及和发展。

有关摩尼教出现在中土的少数几条记载,都表明了中原王朝的统治者对于摩尼教态度冷漠,甚至敌视。例如,被视作摩尼教始入中原之《佛祖统纪》的记载称:"延载元年(694年)……波斯国人拂多诞(西海大秦国人)持二宗经伪教来朝。"(卷三九)在此,既用蔑视的口吻称《二宗经》(论述摩尼教明暗两宗之根本教义的经典)为"伪教"(虚假和不正统的教义),则对摩尼教之怀疑和不友善的态度可想而知。当然,此语出自后世的佛家典籍,难免故意诋毁宗教对手之嫌,而

---

① 《旧唐书》卷一百九十五《回纥传》,第 5210—5211 页。
② 《旧唐书》卷一百九十五《回纥传》,第 5211 页。

未必是唐代朝廷在当时的态度。但是,自此以后数十年内的其他众多资料均未见直接或间接地谈及中土的摩尼教,则可推测,当时的唐廷对于这类"伪教"确实几乎未予理睬,更谈不上热情推行了。

直到将近三十年之后,才又见到开元七年(719年)中亚摩尼教要求唐廷允许他们在中土布教的记载:"六月,大食国、吐火罗国、康国、南天竺国遣使朝贡。其吐火罗国支汗那王帝赊上表献解天文人大慕阇:'其人智慧幽深,问无不知。伏乞天恩,唤取慕阇,亲问臣等事意及诸教法,知其人有如此之艺能。望请令其供奉,并置一法堂,依本教供奉。'"(《册府元龟》卷九七一《外臣部·朝贡四》)

"慕阇"(帕提亚语 $'mwc'g$)是摩尼教的高级教职称衔,在此是奉中亚支汗那(即石汗那,位于阿姆河北)国王之命前来,带着国王的推荐书,地位颇为尊贵。但是即使如此,他也不敢直截了当地宣称自己的宗教,公开阐述摩尼教教义,却还得以"天文学家"为第一身份,首先以其渊博的科技知识来取悦唐廷。这暗示了在延载元年(694年)以降的二三十年中,摩尼教在中土几无发展,不仅未为大众所知,甚至不太见容于统治阶层。

事实表明,三十余年后,唐廷终于正式颁诏,明令禁止本国百姓信奉摩尼教了。玄宗开元二十年(732年)的诏书称:"开元二十年七月敕:末摩尼法,本是邪见,妄称佛法,诳惑黎元,宜严加禁断。以其西胡等既是乡法,当身自行,不须科罪者。"(《通典》卷四十《职官二十二》)诏书的语气相当严厉:指责摩尼教为"邪见",谎称佛教来欺骗民众,所以要"严加禁断"。之所以对"西胡"(主要为来自中亚的粟特人或波斯人)网开一面,恐怕主要是因为这些外国"商胡"为数甚多,且控制着不小的社会财富,故不得不从宽发落,而绝不意味着对摩尼教尚存好感。由此可以推知,若按中原王朝的主观愿望,对于摩尼教是一向十分反感的。

与之形成清晰对照的,是回纥对于摩尼教的热忱态度。事实表明,摩尼教在中原地区的兴盛,是在回纥将摩尼教奉为"国教"之后,亦即是说,正是回纥人推动了摩尼教在中国内地的流行和兴盛。《通鉴》胡三省注释归纳摩尼教(明教)在唐朝内地的发展情况道:"按《唐会要》十九卷:回鹘可汗王令明教僧进法入唐。大历三年六月二十九日,敕赐回鹘摩尼,为之置寺,赐额为大云光明。六年正月,敕赐荆、洪、越等州各置大云光明寺一所。"(《通鉴》卷二三七《唐纪五十三·宪宗元和元年》胡注)《佛祖统纪》(卷四十一)的记载与之类似:"回纥请于荆、扬、洪、越等州置大云光明寺。"荆、扬、洪、越诸州分别位于今湖北、江苏、江西、浙江等省,可见在回纥人的促动下,摩尼教快速地推进到江南的广大地区。当然,北方地区同样建立了不少摩尼寺,如:"宪宗元和二年(807)正月庚子,回鹘使者请于河南府、太原府置摩尼寺三所,许之。"(《册府元龟》卷九九九《外臣部·请求》)

最能体现唐代中原地区之摩尼教被动地随着回纥政权之盛衰而盛衰的一段文字,见于李德裕的《会昌一品集》(卷五):"摩尼教,天宝以前,中国禁断。自累朝缘回鹘敬信,始许兴行。江淮数镇,皆令阐教。近各得本道申奏,缘自闻回鹘破亡,奉法者因兹懈怠,蕃僧在彼,稍似无依。吴楚水乡,人心嚣薄,信心既去,翕习至难。且佛是大师,尚随缘行教,与苍生缘尽,终不力为。朕深念异国远僧,欲其安堵,且令于两都及太原信响处行教。其江淮诸寺权停,待回鹘本土安宁,即却令如旧。"

尽管唐皇的诏书说得颇为冠冕堂皇，仿佛是为了替回纥摩尼教信徒着想，才关闭江淮地区之摩尼教寺院的。但是实际上，它却明显地揭示出，唐廷以前只是迫于回纥的威压，才允许摩尼教在中国内地流传，而一旦压力随着回纥国力的削弱而稍减，唐廷就立即乘机限制摩尼教了。因此，摩尼教在中国的所谓"黄金时代"，只是回纥人的强大武力"逼"出来的，对于中原政府而言，不过是无可奈何的消极之举而已。而归根结底，回纥之所以"威逼"唐廷允许在中原传播摩尼教，显然是因为以粟特人为主体的摩尼教教徒在背后推波助澜。所以，从摩尼教在回纥、中原地区的传播事例中，可以清楚地看到粟特人对游牧人，乃至对中国的定居民的巨大影响力。

第四章 粟特人的军政特长
——以五代时期为例

前文相继谈到了粟特人善于经商和热衷于宗教的特色,当然也零星地涉及了他们的政治和军事才能,在此则集中地讨论一下其军政特长,并以五代作为主要的时代背景①。

一、骁勇善战的粟特人

综观五代时期的粟特人,以勇武著称者为数甚多,他们给予世人的总体形象,往往是骁勇善战,出生入死,或者身任军事要职,东征西讨,颇具"武夫"特色,从而迥异于盛唐时期精于计利的商胡或擅长歌舞的艺人特色。这是很有意思的一个现象;而为了深入剖析这一现象,恐怕还得先了解一下这些粟特人与当时的著名部落"沙陀"的关系。

1. "沙陀"的族属

古史在提及沙陀时,往往冠以"沙陀突厥"之名,意即该部族属于突厥种。但是实际上沙陀的成分恐怕并非如此纯粹。有关它的源流,《新唐书》说道:"沙陀,西突厥别部处月

---

① 有关这一主题,可参看笔者旧文《五代时期中原地区粟特人活动探讨》,载《史林》1992年第3期,第7—13页。

种也。始,突厥东西部分治乌孙故地,与处月、处蜜杂居。……西突厥寖强,内相攻,其大酋乙毗咄陆可汗建廷镞曷山之西,号'北廷',而处月等又隶属之。处月居金娑山之阳,蒲类之东,有大碛,名沙陀,故号沙陀突厥云。"①

从这段记载中至少可以归纳出如下的结论:"沙陀"之号源自地名("大碛");而此地乃是处月部族居地的一部分;由于西突厥的强大,处月才隶属于它,成为西突厥的"别部";至于处月、处蜜等族的原居地,即是汉代乌孙的故地。于是,我们不难发现,沙陀只是因为西突厥占据了该地,才与"突厥"发生关系,则可推知,其居民的族属未必为突厥。相反,包含沙陀的处月本是"乌孙故地",因此与乌孙同族的可能性倒是很大;而乌孙人属印欧人种,基本上已被学界认可②,则"沙陀"未必为突厥族,或者至少混杂印欧族血统,是十分可能的。

事实上,唐末及五代时期的记载也十分清楚地揭示了,所谓的"沙陀突厥"其实包含了很大的"粟特"成分。例如,唐廷任命右金吾大将军康承训等讨伐气焰正盛的庞勋叛军,康承训则要求朝廷同时诏令沙陀三部落、吐谷浑等一起率部参与讨伐。而所谓的"沙陀三部落"便被史家解释为"沙陀、萨葛、安庆分为三部"③。《新唐书》对沙陀的这三个部落提供了更多的信息:"(黄)巢攻潼关,入京师,诏河东监军陈景思发

---

① 《新唐书》卷二百一十八《沙陀传》,中华书局标点本,1975年,第6153页。
② 有关乌孙的族源,可参看余太山之说:"Asii等四部应是欧罗巴种,其语言属印欧语系。乌孙既与Asii同源,则也应该如此。业已出土的被认为属于乌孙人的遗骨似乎已证明乌孙是欧罗巴种。《汉书·西域传下》颜注:'乌孙于西域诸戎其形最异,今之胡人青眼、赤须,状类弥猴者,本其种也',或非无据。"语见余太山《塞种史研究》,商务印书馆,2012年,第210页。
③ 见《资治通鉴》卷二百五十一《唐纪六十七·懿宗咸通九年》,胡三省注,中华书局标点本,1956年,第8131页。

第四章　粟特人的军政特长　　　　　　　　　　　215

代北军。时沙陀都督李友金屯兴唐军，萨葛首领米海万、安庆都督史敬存屯感义军，克用客塞下，众数千无所属。"① 又，乾符五年(878年)十月，沙陀酋长安庆、萨葛酋长米海万曾与唐军共同讨伐李国昌父子；广明元年(880年)六月，原来隶属于李克用的沙陀酋长李友金、萨葛都督米海万、安庆都督史敬存均降于唐军②。

我们可以比较有把握地认为，这"沙陀三部落"中的两个部落均由粟特人组成，或者，至少是以粟特人为主体。首先，部落名"萨葛"(古音 sât-kât)当是"粟特"之原语 suγuδ 的汉文异译名；其他尚有"薛葛"③、"索葛"④等，显然也是 suγuδ 的异译名。此外，不仅部落名直接称"粟特"(萨葛)，其酋长的姓氏也是典型的粟特姓："米海万"之"米"是所谓的"昭武九姓"之一。其次，根据同样的理由，"安庆"部落名以"安"为首，部落酋长以"史"为姓(史敬存)，也都显示了典型的"昭武九姓"特色，因此很可能也是以粟特人为主体的一个部落⑤。

正因为沙陀并非纯粹的突厥种族，以及其中包含了很大的粟特人成分，所以当史称某人为"沙陀种"时，我们不宜贸然断定他是突厥人，因为他实际上不无可能是粟特人。例

---

① 《新唐书》卷二百一十八《沙陀传》，第6158页。
② 分别见《资治通鉴》卷二百五十三《唐纪六十九》"僖宗乾符五年"(第8209页)和"僖宗广明元年"(第8227页)。
③ "(僖宗乾符四年)十月，诏昭义节度李钧、幽州李可举、吐浑赫连铎、白义诚、沙陀、安庆、薛葛部落合兵讨李国昌父子于蔚州。"见《旧唐书》卷十九下《僖宗纪》，中华书局标点本，1975年，第700页。
④ "安从进，振武索葛部人也。"见《新五代史》卷五十一《安从进传》，中华书局标点本，1974年，第586页。
⑤ 有关萨葛、安庆可能为粟特部落的说法，可参看蒲立本的考证。见 E. G. Pulleyblank, *A Sogdian Colony in Inner Mongolia*, pp. 343-344, in *T'oung Pao*, Vol. 41, No. 4-5, 1952.

如,五代唐、晋时期的武将康福,"世本夷狄","状貌类胡人","善诸戎语"①。从其特征来看,几乎无疑是粟特人:第一,"康"为昭武九姓之一;第二,隋唐时期的"胡"往往是"西胡"(即高鼻深目之伊兰人)的代称;第三,粟特人由于长期经商在外,故通晓各种语言是其特长之一。然而,康福却"常自言沙陀种";其原因则是"夷狄贵沙陀"。那么,此语恰好反证了康福实际上并非真正的"沙陀"种。由此可知,形式上的"沙陀人",未必真是突厥种。

中外史家往往将五代时期唐、晋、汉的皇族都说成是沙陀人②,但是细加分析,恐怕并不尽然。例如,后晋的皇族就很可能并非出自沙陀突厥,而是源于中亚石国,亦即粟特人。《新五代史》谈及后晋第一任皇帝石敬塘的家世时称:"高祖圣文章武明德孝皇帝,其父臬捩鸡,本出于西夷,自朱邪归唐,从朱邪入居阴山。……臬捩鸡生敬塘,其姓石氏,不知得其姓之始也。"③在此不径直称石敬塘出自沙陀,实际上已经否定了"沙陀说"。其后又谓他"出于西夷",并声称不知他的姓"石"的原因,则基本上已将他的源流指向了"西胡"。最后,"石"为典型的"昭武九姓"之一,那么石敬塘很可能源出粟特地区的石国④。

诸如此类的例子不少,因此,当我们在判别五代时期的粟特人时,应该注意到不要忽略了隐藏在"沙陀"背后的真相。

---

① 见《新五代史》卷四十六《杂传·康福传》,第514—515页。
② 例如,"沙陀部落曾于五代时建立后唐、后晋、后汉三朝"。语见[法]沙畹《西突厥史料》,冯承钧译,商务印书馆,1935年,第195—196页。
③ 《新五代史》卷八《晋本纪·高祖本纪》,第77页。
④ 有关石敬塘身世的这个说法,可参看岑仲勉《隋唐史》,中华书局,1982年,第546页。

2. 粟特族的武将例举

《旧五代史》列有安叔千的专传,介绍其身世和部分经历云:"安叔千,沙陀三部落之种也。父怀盛,事唐武皇,以骁勇闻。叔千习骑射,从庄宗定河南,为奉安部将。天成初,王师伐定州,命为先锋都指挥使。王都平,授泰州刺史,连判涿、易二郡。清泰初,契丹寇雁门,叔千从晋祖迎战,败之,进位检校太保、振武节度使。晋祖践阼,就加同平章事。天福中,历邠、沧、邢、晋四镇节度使。叔千鄙野而无文,当时谓之'安没字',言若碑碣之无篆籀,但虚有其表耳。"①

据此,安叔千之姓氏既为"昭武九姓"之一,并又出自"沙陀三部落",则源出粟特人无疑。至于安叔千本身,称他为"一介武夫"则并不过分,因为他"鄙野而无文",乃至被人起了个"安没字"(当是"文盲""没文化"之类的意思)的绰号。但是其武功却颇为了得:其特长是"习骑射",早年曾追随后唐的第一任皇帝李存勖(庄宗)打天下;至明宗的天成(926—930年)初期,出任先锋都指挥使。后唐末期,他曾随石敬塘(旋即建立后晋政权的第一任皇帝,即高祖)一起击败契丹人,从而晋升为检校太保、振武军节度使。石敬塘称帝后,他又历任邠州、沧州、邢州、晋州四镇的节度使。后晋出帝时期(944—946年),安叔千曾任行营都排阵使、左金吾卫上将军等军职。在此后的后汉(947—950年)、后周(951—960年)二朝,他也曾担任过官职。

五代时期的诸朝虽然国祚都很短,但是安叔千能在二三十年间相继在唐、晋、汉、周四朝都执掌不小的军权,也是颇

---

① 《旧五代史》卷一百二十三《周书十四·安叔千传》,中华书局标点本,1976年,第1622页。

不容易了,这应该与他"善骑射"而"鄙野"的特点(实际上是擅长作战,却无心机)很有关系。在此要指出的一点是,安叔千的这种"尚武"特色,是有着"家世"渊源的,即,他并非单身从粟特来到中土,而是整个家族乃至部落早在东方生活,已经数代习武善战了。其证据便是:安叔千的父亲安怀盛也是一员武将,曾追随李存勖的父亲李克用,以骁勇闻名于世。有关五代时期之粟特人"世代习武、从政"的特点,下文还将不断提及。

另一个类似的例证是史俨。《旧五代史》简介史俨的武功特长道:"史俨,代州雁门人。以便骑射给事于武皇,为帐中亲将,骁果绝众,善擒生设伏,望尘揣敌,所向皆捷。"[①]代州相当于今山西省的东北部,古代几乎是纯粹的"胡人"居地,而他也确实是沙陀人[②];此外,他又姓史,为"昭武九姓"之一,故史俨之为粟特人,也是很清楚的。传文谓史俨由于擅长骑射而曾追随李克用(后唐李存勖之父),成为他的亲信。在唐末的社会动乱中,曾经协助李克用平定黄巢之乱;又在唐昭宗乾宁年间(894—897年),率领五百骑奋力护驾,从而颇得昭宗宠幸,官封检校右散骑常侍。史俨后来与李承嗣等投奔吴国的奠基者杨行密,从而使之顿时"军声大振";乃至被史家誉为促成杨行密霸业的勇将之一("成行密之霸迹者,皆俨与承嗣之力也")。从《史俨传》"善擒生设伏,望尘揣敌"的赞语来看,这一称誉似乎并不过分,因为史俨显然不仅单兵作战时十分骁勇,而且擅长兵法,具有很高的军事领导才能。这是远胜"鄙野而无文"的安叔千之处。

---

① 《旧五代史》卷五十五《唐书三十一·史俨传》,第743页。
② 《旧五代史》卷一百三十四《僭伪列传·杨行密传》:"沙陀将李承嗣、史俨等皆奔淮南。"(第1781页)

康思立①,也是一名十分勇武的粟特系将领。他出自"阴山诸部",而该地自从突厥汗国建立之后,便越来越多地聚居着"胡人"或粟特人。康思立自幼就娴熟骑马、射箭之术,因此曾成为李克用的亲随,后来出任河东亲骑军使。后唐政权建立后,他便效力于李存勖(庄宗),屡立战功,相继出任检校户部尚书、右突骑指挥使、检校尚书右仆射等;后来在明宗治下,又任应州刺史、北面诸蕃部族都监、宿州团练使、昭武军节度,以及讨伐董璋时的西面行营军马都指挥使。他晚年则官至右神武统军和北面行营马军都指挥使等职。康思立生性淳朴,宽厚待人,因此历经后唐四帝,无论担任军职还是文职,都深获将士和百姓们的赞誉,从而也颇得帝君们的重用。

又如康义诚②,史称"代北三部落人",则显然是指"沙陀三部落",也就是沙陀-萨葛-安庆部落联盟,则其中有两个粟特部落;姓"康"而又出自以粟特部落为主体的胡部,其为粟特人无疑。康义诚也是以"骑射"为特长,故早期出任李存勖的亲随;李存勖登基之后,康义诚遂官封突骑指挥使。后唐明宗继位后,康义诚又任捧圣指挥使,兼领汾州刺史。康义诚经历了后唐政权的庄宗、明宗、闵帝、末帝四任帝君,由于善于用兵,相继出任过河阳三城节度使、山南东道节度使、亲军都指挥使等职,晚期对帝君有着极大的影响力。

五代时期上距安史之乱并不遥远,安禄山、史思明等粟特胡人以武力夺取天下的先例依然影响着其他颇具政治野心的粟特同乡们;尤其诱人的是,近在唐末以后的群雄争霸中,更有许多"胡人"凭藉自己的武功和军事实力,程度不同地实现了自己的梦想。这导致其他许多粟特武人也纷起仿

---

① 有关康思立,可主要参看《旧五代史》卷七十《唐书四十六·康思立传》。
② 有关康义诚,主要参看《新五代史》卷二十七《唐臣传第十五·康义诚传》。

效。在此要谈的一个例子，便是安从进。

史籍称①，安从进是振武地区的索葛部人，他的祖父和父亲都是后唐政权的骑将。振武军州的辖地在今内蒙古和林格尔县及其周近，是传统的胡人聚居之地。而"索葛"即是"粟特"的异名；且"安"为昭武九姓之一。所以，安从进出自粟特，毫无疑问。他的祖、父都任后唐的骑将，说明安从进的擅长武功是世传的；同时表明，安从进的族人在当地已经居住很久了。

安从进最初追随李存勖打天下，到李存勖成为后唐的第一任君主后，他便出任"护驾马军都指挥使"，并领贵州刺史；稍后，又任保义、彰武军节度使等职。到石敬塘建立后晋朝，安从进官同中书门下平章事。安从进尽管"富贵"不小，官职不低，却并未满足于此。因为他看到不断有人造反，也不乏成功者，如他相继追随的李存勖、石敬塘便是。于是，安从进产生了模仿之心，逐渐野心膨胀，便暗中招集亡命之徒，充实自己的军力，并截留南方经襄阳而北运的官、私物资。另一方面，他又和粟特同乡安重荣相勾结，互为呼应。后晋高祖的天福六年(941年)，安从进公开反叛。依恃着襄阳城的坚固防守，使得晋军久攻不下。直到翌年八月才被破城，以至自焚而死。史称"安从进举族自焚"②，不知此"族"是指"家族"，还是"氏族"，抑或"部族"？不过，无论它何所指，似乎都表明，参与安从进叛乱的粟特人肯定不在少数。

参与安从进叛反的另一位粟特名将是安重荣③。安重

---

① 在此有关安从进的资料，主要据自《新五代史》卷五十一《杂传第三十九·安从进传》，第586—587页。
② 语见《资治通鉴》卷二百八十三《后晋纪四·高祖天福七年》，第9239页。
③ 在此有关安重荣的资料，主要参看《新五代史》卷五十一《杂传第三十九·安重荣传》。

的乳名为"铁胡",显示了他的胡人族源,再证之以"安"姓,几可肯定是粟特人。与其他的粟特武将相仿,安重荣的武功也属于"家传",因为他的祖父安从义曾任利州刺史,父亲安全曾任胜州刺史及振武马步军都指挥使。

安重荣的特长被描绘成"有力,善骑射",所以他也曾官至后唐的振武军巡边指挥使。有一则故事展示了他的高超射术:早年,石敬瑭派人暗中招募安重荣,以共图大事,安重荣答应了。但是母亲和兄长却竭力反对,于是安重荣声称,将用百步以外射箭的方式来预卜此举成功与否。他首先祝告道:"如果将来石敬瑭能登上帝位,我这一箭便能射中垛心。"一箭出去,果然中的。他接着又祝告道:"如果我能官至节度使,则此箭射中靶心。"果然,第二箭又应声中的。这貌似"占卜",其实中靶与否都完全取决于安重荣的箭术;所以两箭都能"百步穿杨",显然只是证实了安重荣绝佳的射术。于是,他率领手下的巡边千骑投奔了太原的石敬瑭;后者创建后晋政权后,便任命安重荣为成德军节度使。

安重荣以一介武夫,从普通军卒而迅速晋升至高官,颇为得意于自己通过武力获取富贵的方式;而在亲眼目睹石敬瑭等举兵攫得整个国家的经历后,更是野心勃勃,常对人说:"皇帝靠的不是出身,而是兵强马壮啊!"从此心怀异志,伺机而动。所以,待到晋高祖天福六年安从进叛反时,他就立即呼应了。恰逢镇州遭遇虫灾和蝗灾,安重荣便挟带着数万灾民,进击晋地。当然,他最后兵败,被擒而遭斩首,终于未能圆其"皇帝梦"。

二、擅长治政的粟特人

当然,在五代时期的纷乱政局中,粟特人不仅展现了上佳的武术功底和军事才能,其政治角斗的能力也异常优秀。我们可以轻易地看到,在这段时期里,源于粟特族的政客为数甚多,其中不乏高官,甚至帝君。

1. 粟特系的政客例举

在五代诸朝的粟特系政客中,安重诲①是比较著名的一位。安重诲虽被说成是"应州人",但是古代的应州在今山西省北部,长期是胡人的聚居区;况且,安重诲的先祖也确实"本北部豪长",亦即胡部的酋长,再证之以他的"安"姓,故安重诲出自粟特族,应该没有疑问。他的父亲名安福迁,"以骁勇知名",曾任武将,最后战败而死。他的伯父安福顺、安福庆也都是效力于李氏皇族的著名骑将;他们被称为"蕃将",则也证明了安重诲家族的"胡人"渊源②。

安重诲年轻时追随李嗣源(即后来的唐明宗),聪明能干,为人严谨,办事中规中矩,因此得以参与军政要务的商议和决断。明宗即位后,便任命他为左领军卫大将军、枢密使,拜兵部尚书;数年后,则逐步升迁至侍中兼中书令。安重诲的步步高升,使之权势越来越盛,以至到了后来,竟有"权倾朝野"的架势了。史籍这样描绘道:"重诲自为中门使,已见亲信,而以佐命功臣,处机密之任,事无大小,皆以参决,其势倾动天下。""重诲既以天下为己任,遂欲内为社稷之计,而外制诸侯之强。"显然,此时的安重诲似乎已经不自觉地把自己看成了整个国家的主人和主宰,从而办事不再低调,乃至敢

---

① 有关安重诲,可参看《旧五代史》卷六十六《唐书四十二·安重诲传》以及《新五代史》卷二十四《唐臣传第十二·安重诲传》。
② "(乾宁二年正月,朱友恭)设伏以败之,尽夺其饷于高吴,因擒蕃将安福顺、安福庆。"语见《旧五代史》卷一《梁书一·太祖纪》,第15页。

于自行决定本该由帝君决定的事情。

例如,宰相任圜曾经因公事上的见解不同而与安重诲争论,最终未能胜出,遂怒而称病辞职。后来,安重诲趁汴州朱守殷造反的机会,竟然假传圣旨,派人奔袭任圜家,斩杀任圜后,再诬指他与朱守殷通谋造反。明宗即使怀疑其中另有隐情,却也不敢查问。过后,安重诲惧怕天下舆论指责自己,于是擅自决定减免百姓的二百多万国税,以求讨好世人,避免他们对自己的不利议论。明宗对此无可奈何,只得同意减免财税。史称"其威福自出,多此类也",足见安重诲对于权势的追求和掌控,已经达到了登峰造极和危险的地步。

事实也确实如此。安重诲不适当的"势倾天下",招致了许多朝臣的反感,更重要的是,帝君也对他大生忌惮之心。所以,在群臣"谗言"和君主"忌惮"的双重压力下,安重诲被逐步剥夺了重要的权位。最终,他被人设计陷害成心怀"异志"而通谋造反之人;当他醒悟之际,却为时已晚,结果,夫妻双双被来自京师的钦差击杀在自己的家中。虽然过后在抄家时发现,他的全部家产还不足数千缗财帛,显然并非贪赃恶官,但是几乎被灭族的下场却再也无法避免了。

对五代政局产生巨大影响的粟特人,除了许多武将、高官外,当然还有皇族。如上文已经指出的那样,建立后晋政权的石敬瑭的族源,应当即是粟特人。在此,我们再更多地查看一下这支粟特人与中原政局的关系。首先,姓氏为"石"(昭武九姓之一)的胡人,已经基本上表明其族源为粟特人;而该族"本出西夷"一语,同样暗示了它的"西胡"族源,从而进一步增加了它出自粟特人的可能性。其次,从石敬瑭的若干亲属的姓氏来看,也多体现了粟特人的特色。例如,石敬瑭的曾祖母姓安,祖母姓米,母亲姓何;高祖(石敬瑭)的继承者出帝(石重贵,高祖的侄儿)之母也姓安①。显而易见,"安""米""何"均为昭武九姓之一,亦即粟特诸姓。那么,再加上作为粟特大族的"石"氏,几乎可以断定,至少自石敬瑭曾祖父以降的后晋皇族,都是在同为粟特人的氏族中通婚的。

后晋政权前后也就十年(936—946年),所以这支石姓粟特人作为皇族来说,对于中原政局的控制和影响也并不算久。但是,若计及整个家族参与中原政治角逐的历史,却远非区区十年的时间了。《旧五代史·晋高祖纪》称,石敬瑭的四代祖石璟,是在唐元和期间(806—820年)随着沙陀军从灵武地区来归附的;灵武相当于今宁夏银川的辖地,主要聚居着胡人。唐宪宗为嘉奖石璟的归附,任命他为河东阴山府裨校;嗣后,石璟在边境地区屡立战功,从而逐步升迁至朔州刺史。他的曾祖父石郴英年早逝,但是也因有功于唐廷而被追赠左散骑常侍。至于祖父石翌,则曾任振武防御使,后赠尚书右仆射。父亲臬捩鸡,擅长骑射,极具军事才能,曾经追随后唐的李克用和李存勖,战功卓著,相继担任过平州和洺州的刺史。至于石敬瑭本人,在建立后晋政权之前的许多年间,曾经历任后唐的保义军节度使,六军诸卫副使,宣武军节度使,侍卫亲军马步军都指挥使,河东节度使,大同、振武等军蕃汉马步军总管,中书令等职。所以,这支石姓粟特人至少在一个半世纪内,活跃于中原王朝的军政舞台,对中国的政坛和社会发挥了积极或者消极的巨大影响。

2. 家族参政的特色

粟特人既然多为举族东迁者,并在中国各地建立本族的

---

① 见《旧五代史》卷七十五《晋书一·高祖纪》(第977—978页)以及《旧五代史》卷八十一《晋书七·少帝纪》(第1067页)。

聚居地，那么，他们通常也不太可能只是个别成员参与中原王朝的军政事务，而往往是家族中的许多成员共同参与，以更好地相互呼应与帮助。所以我们看到，在五代时期政坛上活动的粟特系重臣，都有着或多或少的亲属从事类似的工作，多者可以追溯到三四代，数量多达七八人。而在此以前，这类现象却并不多见。

在"家族参政"的诸多事例中，安金全家族①可称是个典型。安金全出自代北地区的沙陀部落联盟，且又姓昭武九姓之一的"安"，所以应当是粟特人。他的祖先好几代都出任边区的军将，其父安山盛曾任朔州牢城都校，后来获赠太傅。由于世代尚武，安金全从小就骁勇果敢，擅长骑射之术。他早年作为骑将，曾追随李克用南征北伐，屡立战功。在后唐庄宗(李存勖)时期，因功不断升迁，官至刺史，只是因年老有病才退居太原。但是，当敌军趁并州空虚，以大军突然来犯之际，老病的安金全竟还能挺身而出，率领弟子及退闲诸将数百人夜袭敌军，从而惊退敌军，维持到己方的强援到来。其骁勇善战可见一斑。在后唐明宗时期，安金全曾官同平章事，任振武军节度使、安北都护等职。

安金全的儿子安审琦，同样骁勇、果敢，擅长骑射。青少年时即追随后唐庄宗，为义直军使，后来升任本军指挥使。明宗初，则在李从珂(后来的末帝)麾下相继任牙兵都校、归化指挥使等职。他在后唐政权中还出任过行营马军都指挥使、富州刺史、顺化军节度使等职；石敬瑭取代后唐后，他便归顺了后晋。在后晋政权中，安审琦依然官运亨通，先后出

---

① 以下有关安金全及其家族成员的事迹，可主要参看《旧五代史》卷六十一《唐书三十七·安金全传》《安审通传》，以及《旧五代史》卷一百二十三《周书十四·安审琦传》《安审晖传》《安审信传》等。

任检校太傅、同平章事、天平军节度使、检校太尉、晋昌军节度使、京兆尹、检校太师等职。后汉取代后晋后,安审琦仍旧获得朝廷的重用,曾任襄州节度使、兼中书令;后并因巨大军功而封齐国公。降及后周时期,安审琦更是相继被封南阳王、陈王,加守太尉、太师,镇守襄州、沔州等地,治理有方,颇获民众赞誉。以致周世宗在他进京朝见时,待以"国之元老"的优厚礼遇,亲自驾临其府第,以示宠幸。他的儿子安守忠也屡次出任中原王朝的郡守。

安金全的另一个儿子名安审晖,是安审琦的哥哥。他也是从军出身,起自长直军使,后转外衙左厢军使,曾追随后唐李存勖讨伐幽州、蓟州等地,平定山东、河南,屡立战功。后来相继出任蔚州刺史、汝州防御副使、凤翔、徐州节度副使、河东行军司马等。他与其弟安审琦一样,也历经后唐、后晋、后汉、后周诸朝而"长盛不衰"。最终,在后周以太子太傅的称衔退休,被封鲁国公,食邑五千户,也足以"荣祖耀宗"了。

又,安金全的兄弟安金佑也曾经是沙陀诸部的武将,因擅长武功而名闻边境地区。他的两个儿子,即安金全的侄儿,也是五代时期军政领域的活跃人物。兄长安审通,青少年时即追随李存勖,屡立战功,官至先锋指挥使;李存勖称帝(后唐庄宗)之后,他即任北京右厢马军都指挥使,屯奉化军。此外的明宗时期,他又相继任单州刺史、齐州防御使、检校太傅、沧州节度使等职。战死之后,则获赠太尉之衔。

安审信是安审通的弟弟,也以骑射见长,故在后唐明宗初即出任振武节度使。不久后,在其兄安审通的沧州节度使出任衙内都虞候,历同、陕、许三州马步军都指挥使。后唐之末,安审信投奔石敬塘,颇获重用,但是在京中的妻子和两个儿子则被后唐末帝所杀。石敬塘称帝(后晋高祖)之后,安审

第四章　粟特人的军政特长

信历任汾州刺史、检校太保、马步军副部署、河中节度使、检校太尉、同平章事、华州节度使等职。降及后汉时期,他又任同州节度使、左卫上将军等。在后周治下,安审信还出任过右金吾上将军,最终,以太子太师的称衔退休。

由此可见,即使对安金全的家族作初步梳理,也至少发现八位成员在史籍中留下了姓名和事迹;他们前后四五代,贯穿四五个政权,都在中国的军事和政治舞台上扮演了颇为重要的角色。

与之类似的粟特人"家族参政"的例子还有不少,在此再谈一下史建瑭[①]。史建瑭的父亲名为史敬思,在唐末李克用为雁门节度使时,他是九府都督。而所谓的"九府"或"九姓府",当是唐代所设的地区行政单位,是供"昭武九姓"人聚居的一个移民地,所以其最高首领"九府都督"通常也由粟特人担任,并且世袭。史敬思便是这样一种角色。他始终追随李克用,作为"勇冠诸军"的优秀战将,曾经建立过许多战功,包括击溃黄巢等。最后,在敌军夜袭的极端不利情况下,他为掩护李克用突围,与敌人顽强血战而死。

史建瑭继承父业,也以勇武见长;唐末,曾因赫赫战功而被授检校工部尚书。在朱氏建立后梁后,史建瑭仍然追随李氏,与后梁展开了激烈的争战,曾令后梁太祖(朱温)狼狈逃窜,损失惨重。他的骁勇善战使他获得了"史先锋"的称号。史建瑭先后担任过澶州刺史、贝州刺史、相州刺史,以及外衙骑军都将、马军都将等职。他在后唐政权建立前两年,因被流矢所中而卒于军中,年仅四十六岁。

---

① 以下有关史建瑭及其家族成员的事迹,可主要参看《旧五代史》卷五十五《唐书三十一·史建瑭传》、卷八十八《晋书十四·史匡翰传》、卷一百二十四《周书十五·史懿传》等。

史懿是史建瑭的长子，当父亲因公殉职时，他年仅二十岁。李存勖对于史建瑭很有好感，故特意任命史懿为昭德军使，旋即升迁他为先锋左右厢都校，以让史家门第继续光大。史懿在后唐明宗时任濠州刺史，后任赵州刺史。后晋政权初期则改任洺州团练使，并接着任亳州、凤州防御使，稍后出任彰武军观察留后。后晋后期，史懿相继出任澶州节度使、贝州节度使和泾原节度使等职。稍后，后汉政权建立，史懿被拜检校太尉、同平章事，并获赐功臣名号。降及后周，加检校太师，兼侍中，封邠国公。他六十二岁去世后，获赠中书令。

史匡翰是史建瑭的次子，他早年继承了本家族世袭的"九府都督"之职，后来则出任代州、辽州副使、检校太子宾客等。后唐庄宗时期，他相继担任过岚州、宪州、朔州等地的都游奕使，后来改任天雄军牢城都指挥使、检校户部尚书、浔州刺史。明宗时期，出任天雄军步军都指挥使；一年多后，又升迁侍卫彰圣马军都指挥使。后晋政权建立后，史匡翰任怀州刺史，并且娶了晋高祖（石敬塘）的妹妹鲁国长公主。后来又历任控鹤都指挥使兼和州刺史、驸马都尉、检校司徒、郑州防御使、义成军节度使等职。史称史匡翰"刚毅有谋略，御军严整，接下以礼，与部曲语，未尝称名，历数郡皆有政声"，足见他具备很高的军事和行政才能。史匡翰因病去世，仅享年四十。他的儿子史彦容在官场也颇有成就，先后出任过宫苑使、濮州刺史、单州刺史和宿州刺史。

诸如此类的例子为数甚多，如前文提及的安重诲家族，其从政成员除了安重诲本人外，还有其父安福迁，伯父安福顺、安福庆，其子安崇赞、安崇绪等。又，康福[①]家族中，则除

---

① 有关康福，可参看《旧五代史》卷九十一—《晋书十七·康福传》等。

第四章　粟特人的军政特长　　　　　　　　　　　229

了康福本人外，尚有其祖父康嗣（蕃汉都知兵马使、太子太师）、父亲康公政（平塞军使、太傅）、长子康廷沼（随州刺史、泽州刺史）、次子康延泽、三子康延寿等。是知五代时期，粟特家族中诸多成员普遍参与军事、政治事务的现象甚为常见。

三、五代时期粟特系军政人员兴盛的原因简析

综上所述，可知五代十国时期的粟特人对于中原王朝之军事、政治事务的介入程度远胜于此前的时代；亦即是说，在这段时期内，粟特人更展示了其"尚武"和"善政"的特色，而不是以前"擅长经商"和"热衷于传教"的特色。那么，导致这一现象的原因是什么呢？下文则简单分析一下其历史渊源。

1. 唐初，粟特"胡部"在突厥汗国内的逐步独立和壮大，以及唐政权安置粟特人的"六胡州"的设立，都为粟特扩张自己的政治势力提供了良好的机会。

东突厥汗国在贞观四年（630年）被唐廷击灭，于是有大量"降户"内迁。此前在突厥汗国内已经获得相当发展的"胡部"（基本上即是粟特人的移居团体），也就作为突厥"降户"的一部分南迁到今河北省北部、山西省北部及河套以南的内蒙古境内。虽然贞观十三年（639年），唐廷一度命令他们重返河北，但是四年后又在胜、夏二州之间（约相当于今河套以南的内蒙古东部）设置了"六胡州"安置这些粟特人；并且其行政首脑始终由粟特人担任，直到调露元年（679年）才换以汉人刺史。在数十年间赋予粟特人的这种高度独立和自治的组织形式，大大助长了粟特人对本族政治势力的追求，同时也为此奠定了相当坚实的基础。

2. 玄宗开元期间,六胡州的粟特人曾经接连举行武装暴动,规模颇大,虽然最终归于失败,却更加刺激了粟特人攫取政权的野心。

开元九年(721年)四月,兰池州的粟特人康待宾、安慕容、何黑奴、石神奴、康铁头等在长泉县聚众起事,旋即攻陷六胡州。其武装队伍迅速扩展到七万人之多,随后进逼夏州。唐廷紧急调集大军抵御和讨伐,经过两三个月的艰苦交战,方始击败了这批"叛胡"。据称,在这场战争中,粟特军队被杀的多达三万余人,足见粟特人此时的军事实力已经十分强大。同年八月,康待宾的余党康愿子再度反叛,自称可汗,来势汹汹。唐廷奋力应对,花费了一年多的时间,直到翌年九月,才把这场武装叛乱镇压下去。嗣后,被唐廷迁往许、汝、唐、邓、仙、豫等州(相当于今河南省中部)的粟特残部就有五万多人。不久之后(开元十八年左右),唐玄宗又派遣牛仙客"安辑"诸州的粟特人,在盐州、夏州等地选择自然环境良好的地方设置专门的行政区域,以安置大量粟特人。于是,粟特人又得以入住原聚居地,继续发展。这也为二十多年后粟特人参与安史之乱提供了适宜的社会环境。

3. 安史之乱(755—763年)的核心力量是粟特人。它历时八年,几乎成功取代唐政权的事实,对于后世粟特人之积极参与军事、政治事务有着巨大的鼓舞作用。

安禄山、史思明均源出粟特人,是毫无疑问的;在他们的亲属、亲信、骨干和追随者中,也存在着大量粟特人。例如,安禄山的继父安延偃、安延偃之弟安波至等当然都是粟特人。将军安道买的儿子曾与安禄山共患难过;安道买的次子安贞节曾为岚州别驾。河西节度使安思顺与安禄山兄弟相称。安禄山麾下的武将何思德、史定方、何千年、安神威都是

第四章 粟特人的军政特长

粟特人；史思明的部将康没野波、安庆绪的部将安守忠等等，也都出自粟特人。安禄山在造反前曾经奏请朝廷允许他以"蕃将"三十二人取代汉将，则这些"蕃将"中肯定颇多粟特人。肃宗至德二年（757年），安禄山之子安庆绪被史思明击败而北逃后，史思明曾经招抚了安庆绪的大批部下，其中包括六胡州的数万粟特人。

安史之乱期间，粟特人不仅踊跃参与了安禄山、史思明等人的武装叛乱，也与其他的政治势力结合，谋略割据称雄。例如，肃宗至德元年（756年），突厥酋长阿史那从礼背叛安禄山后，就曾经邀请粟特人与之共图河陇之地；而呼应的粟特人则多达数万人。又，翌年，河西兵马使盖庭伦与武威的"九姓商胡"（显然为粟特人）安门物勾结，杀节度使周泌，占据武威城，聚众六万人。诸如此类的事例表明，安史之乱时期，粟特人主动或被动地大规模卷入了中原王朝的军事和政治纷争。

综此看来，五代时期的粟特人之所以表现得特别骁勇善战和热衷于政治权力，在很大程度上与客观的历史环境密切相关。即，隋唐以来，他们得以在中土建立高度独立的聚居地，并多次大规模地参与中原地区的重大政治角斗和武装冲突，从而激发了越来越大的政治野心。另一方面，他们在漫长的东迁过程中，与具备强大战斗力的游牧人的密切交流和结合，使之也拥有了越来越优良的军事技能和武装力量，因此更保证了他们在争战中的胜利。

第五章 曳落河、柘羯的含义和由来

上章谈及了粟特人之优秀军政才能的问题,在此则谈谈可能与游牧人之原创,以及粟特人之传播和改进有关的某种军事组织。它一度流行于中央欧亚地区,也曾传播到中原,似乎对于提高战斗力颇有作用。这即是汉籍所谓的"柘羯"和"曳落河"。

一、有关"曳落河"与"柘羯"的诸说

古代史籍(特别是唐代史料)经常提及的,显然为非汉语译名的两个专称是"曳落河"(拽落何)与"柘羯"(赭羯、拓羯)。例如,《新唐书》载云:"同罗在薛延陀北,多览葛之东,距京师七千里而赢,胜兵三万。……安禄山反,劫其兵用之,号'曳落河'者也。曳落河,犹言健儿云。"①又,"安者,一曰布豁,又曰捕喝,元魏谓忸蜜者。……募勇健者为柘羯。柘羯,犹中国言战士也。"②由此至少可知两点:第一,曳落河、柘羯都是某种骁勇善战的军事人员的专称;第二,这类组织的源流不是出于游牧人,便是出于中亚的粟特人。

多年来,国内外学术界对于这两个专称有过不少探讨和

---

① 《新唐书》卷二百一十七下《回鹘传下·同罗传》,中华书局标点本,1975年,第6140—6141页。
② 《新唐书》卷二百二十一下《西域传下·安国传》,第6244页。

第五章　曳落河、柘羯的含义和由来　　　　　　　　　　　　233

研究。例如,有关"曳落河",日本学者白鸟库吉认为,此即频繁见于《辽史》的"挞剌",其语源当为突厥语的 arlik 或蒙古语的 ere,意即男人气概、刚毅、勇健,或者具备此类品格的人①。前嶋信次则认为,曳落河是阿拉伯语 raqiq 之复数 ariqqa' 的译音,其身份和职能相当于中亚粟特人中所见的"柘羯"②。陈述将曳落河比定为辽代的挞剌军,考述了它的各种职能;并归纳道:"曳落河、拽落何、袅罗箇、药罗葛、耶剌里、夜落纥、夜落隔、迭剌、迭烈、迭剌葛、迭剌哥、曳剌、夜剌、挞剌、移剌、移剌答、移剌里、伊喇阿,此诸汉字不同之词,散见于各史,以名军队、部族、官号、姓氏、人、山、河等……得知此诸汉字不同之词,实一语之转岐。"③

对于"柘羯"一名,探讨者更多,说法也更纷杂,但是大体说来,可以分成三类观点。第一,地名说。例如,瓦特斯认为,《大唐西域记》"飒秣建国(即粟特的核心 Samarkand)"条谈及的"赭羯"即《唐书》所言的"柘羯";他并引学界之说云,撒马尔罕西北方有城名 Chalak,因其地男子身材魁梧,孔武有力,最适宜于当兵而闻名于世,故世人遂将战士或勇武者称为 Chalak;译成汉名便成"赭羯"或"柘羯"④。又,向达虽然也持地名说,但是将语源指向另一个地名:"《文献通考·四裔考·突厥考中》记有柘羯,当亦石国。凡所谓者舌、赭

---

① 见[日]白鸟库吉《东胡民族考》"挞剌"条,载《史学杂志》第 23 编,12 号。
② 见[日]前嶋信次,*Some Central Asian Words of the Time of An Lu-shan and Shih Ssu-ming Rebellion*,载《东洋文库研究部欧文纪要》第 36 号,东京,1977 年。
③ 陈述《曳落河考释及其相关诸问题》,载《历史语言研究所集刊》第七本第四分册(1938 年),第 572 页。
④ T. Watters, *On Yuan Chwang's Travels in India*, Vol. I, p. 94, London, 1904.

时、赭支、柘支、柘折以及柘羯,皆波斯语 Chaj 一字之译音。"①

第二,族名说。藤田丰八倾向于将赭羯/柘羯视作中亚塞种人之族名 Sacae(Saka) 的汉译名。他说道:"据两书所传,此赭羯、柘羯皆为勇猛军士之特称。因此,予辈想以之为 Sacae(Saka),或其转讹也。""Sacae(Saka) 在波斯之军队中,供给以最良最勇之部队者,自从居鲁士、大流士之昔日已然。相传亚历山大大王东伐时,此种族曾为波斯而勇敢战斗也。……及后历时稍久,所谓 Sacae(Saka) 者,遂成勇健被佣外族军士之意义矣。因突厥族之蔓延,使其勇健者,充当粟特地方伊兰人国家之佣兵,而仍沿旧习称 Saka 即赭羯、柘羯焉。当大食人入寇,防战于粟特地方者,殆即赭羯、柘羯。"②又如陈寅恪,则是将"柘羯"视同于"羯胡",亦即源自中亚粟特地区的"杂种胡"或"九姓胡"之类,安禄山、史思明等即被归于这一种族。他说道:"安史之徒乃自成一系统最善战之民族,在当日军事上本来无与为敌者也。考安禄山之种族在其同时人之著述及专纪其事之书中,均称为柘羯或羯胡。""寅恪案:上引《西域记》之文有'赭羯之人'一语,然则赭羯乃种族之名。"③

第三,职名说。即认为这是具备某种专门职能和特长的那类人的专称。如法国学者沙畹接受柘羯译自波斯语 tchakar 之说,解释道:"《西域记》卷一'飒秣建国'下云'兵强马壮,多是赭羯'。柘羯、赭羯,皆波斯语 tchakar 之同名异

---

① 向达《唐代长安与西域文明》,北京三联书店,1957 年,第 102 页。
② [日]藤田丰八《论释迦、塞、赭羯、兀军之种族》,载氏著《西域研究》,杨鍊译,1933 年,第 170、171 页。
③ 陈寅恪《唐代政治史述论稿》,北京三联书店,1956 年,第 29、30 页。

译,此名在康居(Sogdiana)一带训作卫士。"①白鸟库吉则认为此名与大宛语"煎靡"之"煎"同一语源,尤其可能是回纥语suguš、Kusnezk语šag等相近读音名称的音译;由"战争""争斗"等含义引申而来,用以称呼战士。当时粟特地区的土著居民为伊兰族,但是其君主和士兵则为勇悍的突厥人,所以官方语言称战士为"赫羯/柘羯",即šagas、suguš②。此说被许多学者所接受,在中文学界也比较流行③。

尽管前人提供了不少有价值的见解,但是无论是就曳落河与柘羯之间的关系而言,还是就它们各自的语源及含义而言,都还有着相当的探讨余地。下文即就这些问题做一些考证和论述,试图证明它们实际上是指古代始创于中央欧亚之游牧人,并可能由粟特人演变发展的两种军事组织或军事体制。

二、"曳落河"与"柘羯"的基本特征

综观各类记载,"曳落河"与"柘羯"的基本特征类似;总体而言,它们属于同类事物,只是相互之间可能仍有微小差别。其基本特征可归纳如下。

1. 二者都是一种军事组织,其成员选自各族,剽悍善战

"曳落河",首先见于安禄山的军队中。如《新唐书》描绘

---

① 沙畹《西突厥史料》,冯承钧译,商务印书馆,1935年,第103页注18。
② [日]白鸟库吉《西域史上之新研究》,载氏著《西域史研究(上)》,岩波书店,1941年,第99页。
③ 例如,张星烺《中西交通史料汇编》第四册,朱杰勤校订,中华书局,1978年,第296页;岑仲勉《突厥集史》下册,中华书局,1958年,第539页;季羡林等《大唐西域记校注》,中华书局,1985年,第89页;张广达《唐代六胡州等地的昭武九姓》,载《北京大学学报》1986年第2期,第80页。

安禄山积极筹备反叛,加强军事实力的举措道:"(安禄山)更筑垒范阳北,号雄武城,峙兵积谷。养同罗、降奚、契丹曳落河八千人为假子,教家奴善弓矢者数百,畜单于、护真大马三万,牛羊五万……"①又,《安禄山事迹》称:"十一月九日,禄山起兵反,以同罗、契丹、室韦曳落河,兼范阳、平卢、河东、幽、蓟之众,号为父子军,马步相兼十万,鼓行而西,以诛杨国忠为名。"②根据这两条记述可以断定,安禄山的"曳落河",是由从各部落(包括同罗、奚、契丹、室韦等)中挑选出来的善战武士组成的一个军种,其成员在名义上都是安禄山的"假子"——干儿子;当然,其成员为数众多。

胡三省对于安禄山的曳落河构成曾有一辩:"史炤《释文》曰:'安禄山所劫同罗兵号曳落河。'余按,禄山养同罗、奚、契丹降者八千余人,号曳落河。曳落河者,胡言壮士也。是时,史思明等合兵五万余人,而同罗曳落河居五分之一,是同罗曳落河不下万人矣。禄山在洛方图关辅,所养曳落河八千余人,若以万人付思明,反浮于所养之数,不应如此。盖同罗者,阿布思之部落也。阿布思败死,其部落归禄山。禄山简同罗之壮者,与奚、契丹之壮者养之,通谓之曳落河。其不预曳落河之养者尚多。遣助思明者,同罗之兵及曳落河,通有万许人耳。"③由此至少可以得知,安禄山的"曳落河"是由同罗、契丹等部落中挑选出的精英组成的军队。它既不是以某部落的族属为标识,也并非源自单一的部落;易言之,它是

---

① 《新唐书》卷二百二十五上《逆臣传上·安禄山传》,第6414页。
② (唐)姚汝能《安禄山事迹》卷中,曾贻芬点校,载《唐宋史料笔记丛刊》,中华书局,2006年,第94页。
③ (宋)胡三省《通鉴释文辩误》卷十"同罗曳落河居五分之一"条,载《景印文渊阁四库全书》"史部二·编年类",(台北)商务印书馆,1986年,第312—340页下—312—341页上。

第五章 曳落河、柘羯的含义和由来　　237

以军事素养为标准而选自诸部落的一支精兵。

在此,虽然胡三省拘泥于安禄山养"曳落河八千人为假子"一语,坚持认为安禄山的曳落河精兵总共只有八千人,但是,若细辨上引《新唐书·安禄山传》之言,这八千曳落河实际上只是安禄山在叛乱之前从同罗、契丹等部落中招募的精兵,而这并不妨碍他日后再组建更多的此类精锐部队。所以,在安史之乱中,"曳落河"恐怕远不止"八千"之数,例如房琯之言便暗示了这一点:"房琯上疏,请自将兵复两京;上许之,加持节、招讨西京兼防御蒲潼两关兵马节度等使……琯悉以戎务委李揖、刘秩,二人皆书生,不闲军旅。琯谓人曰:'贼曳落河虽多,安能敌我刘秩!'琯分为三军:使神将杨希文将南军,自宜寿入;刘贵哲将中军,自武功入;李光进将北军,自奉天入。"①房琯旨在收复两京,拥有如此浩浩荡荡的大军,尚且要以"不畏敌军曳落河多"之语来自我壮胆,则可推测,叛军的曳落河精兵数量大概绝不会仅为区区八千人的。

"柘羯"的情况类似于"曳落河"。前引《新唐书·安国传》表明,柘羯是招募来的剽悍壮实之士的统称,则他们属于军事战斗人员,是显而易见的。"柘羯"为某种特殊的军事组织,应无可疑。同时,它与"曳落河"一样,其成员也来自不同的民族:既云"募勇健者",即是意指从众多善战者中挑选最优秀者,第一标准是他们的军事素养,因此,绝对不会局限于某一国度或某一民族。事实也证实了这一点:《大唐西域记》谓飒秣建国(康国)多有"赭羯";《新唐书》谓安国有"柘羯";《通典》则云:"颉利之败也,其部落或走薛延陀,或走西域,而来降者甚众。酋豪首领至者皆拜将军,布列朝廷,五品以上

---

① 《资治通鉴》卷二百一十九《唐纪三十五·肃宗至德元载》,第 7003 页。

百余人,殆与朝士相半。唯柘羯不至,诏使招慰之。"①显然,无论是粟特地区的康国、安国,还是东突厥领内的蒙古高原,都可以见到"柘羯"。此外,从"唯柘羯不至"一语来看,它明显地突出了柘羯桀骜不驯,甚至宁死不屈的特性,这与《大唐西域记》称它"其性勇烈,视死如归,战无前敌"之语颇相呼应。

张星烺曾说:"此种兵(指柘羯)既皆为招募之兵,各种人皆有。好勇好战,以争斗为职业者,皆可投之也。此等军队无种族界。"②这一见解很有道理,确切地指出了"柘羯"并非以种族为界定,而是以军事素养为标准的特征。所以,柘羯与曳落河相似,也是由选自各族、各地的骁勇善战者组成的一种精兵。

2. 曳落河/假子的品性

《新唐书》称,安禄山养八千曳落河为假子,则是明确指出,安禄山培养的这些曳落河在名义上都是他的义子。又,上引《安禄山事迹》谓安禄山造反后的十万大军中包括曳落河,故号称"父子军",则也表明了曳落河与"假子"的等同关系。尽管不能将"假子"完全视同于曳落河,但是至少在安禄山治下,或者安史之乱期间,特别是对于唐后期的争霸群雄来说,其蓄养的"假子/养子"基本上即是骁勇剽悍的曳落河武士。在此察看一下曳落河/假子的品性。

《旧唐书》载云:"李宝臣,范阳城旁奚族也。故范阳将张

---

① 《通典》卷一百九十七《边防十三·北狄四·突厥传上》。浙江古籍出版社据《万有文库》本影印,2000年,第1070—1071页。
② 张星烺《中西交通史料汇编》第四册,朱杰勤校订,中华书局,1978年,第297页。

第五章 曳落河、柘羯的含义和由来

锁高之假子,故姓张,名忠志。幼善骑射,节度使安禄山选为射生官。天宝中,随禄山入朝,玄宗留为射生子弟,出入禁中。及禄山叛,忠志遁归范阳,禄山喜,录为假子,姓安,常给事帐中。禄山兵将诣阙,使忠志领骁骑八千人入太原,劫太原尹杨光翙。忠志挟光翙出太原,万兵追之不敢近。"①又,《新唐书》则说他曾经"觇虏阴山,追骑及,射六人尽殪,乃还";并称"将骁骑十八人,劫太原尹杨光翙"②。由此可知,李宝臣既来自奚族部落,又是安禄山的假子,则当为"曳落河"无疑。而他的骁勇善战也在此生动地体现出来:因寇侵边境而遭唐军追剿,却能够接连射杀六名追兵,阻吓住唐军,全身而退;其射术之精,不难想见。此外,他无论是率领十八名骁骑还是八千名骁骑,只要能深入敌后,劫得太原的最高长官,都是足以惊世骇俗的;况且他还能迫使万余名唐朝追兵不敢过分逼近,从而得以最终脱身;则其威风之足、"杀气"之盛实在非同凡响。是为曳落河/假子骁勇、剽悍品性的一例。

由于选录曳落河/假子的第一标准是"善战",因此这些人的道德完全可能极差,有时候的行为举止几乎迹近盗贼。史称,史思明的儿子史朝清"喜田猎,戎虐似思明,淫酗过之,养帐下三千人,皆剽贼轻死"③。史朝清所蓄养的三千人,显然也是曳落河/假子之流,其品格"剽贼轻死",则属于"亡命之徒"一类。而这些身怀高超武功、又颇得主子宠幸的亡命之徒若干出一些伤天害理之事,是并不令人意外的。例如,乐彦祯的儿子乐从训"召亡命之徒五百余辈,出入卧内,号为

---

① 《旧唐书》卷一百四十二《李宝臣传》,第3865页。
② 《新唐书》卷二百一十一《藩镇镇冀·李宝臣传》,第5945页。
③ 《新唐书》卷二百二十五上《逆臣传上·史思明传》,第6432页。

'子将',委以腹心,军人籍籍,各有异议"①。这些亡命之徒称为"子将",显然意谓乐从训的养子;他们谋财、杀人,恶名昭著,却因政局的混乱而无人过问。

3. 曳落河/假子是其主子的心腹卫队

综观以上所引以及其他诸多史料,我们可以体会到,曳落河之所以拥有"假子"之称,是因为它与其主子有着密切的关系,以至于亲密到犹如父与子的关系一般;安禄山的曳落河号称"父子军",便是突出的例证。此外,曳落河/假子似乎不仅仅是正规战场上的一支精兵、悍军,在许多情况下更是其主帅(主子)的心腹卫队。有关这点,李锜的"蕃落健儿"是个典型例子:"锜得志,无所惮,图久安计,乃益募兵,选善射者为一屯,号'挽硬随身',以胡、奚、杂类、虬须者为一将,号'蕃落健儿',皆锜腹心,禀给十倍,使号锜为假父,故乐为其用。"②李锜的这一"蕃落健儿",虽然在此并未明确指出"曳落河"或"柘羯"之号,却具备了曳落河/柘羯的全部特征:招募自不同的种族③;组成军事单位;擅长武功;称其主子为义父(假父)。正是因为他们备受主子的宠幸("禀给十倍"),被视为心腹卫士,所以他们也极愿为主人效劳,乃至拼命("乐为其用")。

在群雄争霸的纷乱形势下,以曳落河/假子形式组成心腹卫队的现象似乎相当普遍,例如,高开道也有数百名这样

---

① 《旧唐书》卷一百八十一《乐彦祯传》,第4690页。
② 《新唐书》卷二百二十四上《叛臣传上·李锜传》,第6382页。
③ 我认为,原文"胡奚杂类虬须者"当句断成"胡、奚、杂类、虬须者",意指回纥之类的"(北)胡",属于东胡族群的奚人,诸如安禄山、史思明之类的"杂胡(杂类)",以及形貌迥异于汉人的其他虬髯多须的异族。此语充分体现了曳落河/假子的"多民族性"。

的"养子":"初,开道募壮士数百为养子,卫阁下,及刘黑闼将张君立亡归,开道命与爱将张金树分督之。金树潜令左右数人伪与诸养子戏,至夕,入阁,绝其弓弦,又取刀稍聚床下。既暝,金树以其徒噪攻之,数人者抱刀稍出阁。诸义子将搏战,亡弓稍。君立举火外城应之,帐下大扰,养子穷,争归金树。开道顾不免,擐甲挺刃据堂坐,与妻妾奏妓饮酒,金树畏不敢前。天且明,开道先缢其妻妾及诸子而后自杀。金树罗兵取养子,皆斩之,亦杀君立而归。"① 显而易见,高开道数百"养子"的职责即是贴身护卫主子的安全("卫阁下");一旦"义子"们的武器失去,叛军来袭时,他们就无法保护高开道及其家属的人身安全了。

又如,杜伏威也"有养子三十人,皆壮士,属以兵,与同衣食"②。他与假子的关系竟然亲密到"与同衣食",则当是大部分时间都是生活在一起了。既然这些义子都是执持武器的勇士,其"贴身保镖"的职能便很清楚了。所以,诸如此类的例子表明,曳落河/假子在很多情况下是其主子的心腹武装部队,或者贴身卫队。

三、奥斯曼帝国的"奴军"制度

在初步梳理了活跃在古代东方的"曳落河"与"柘羯"的情况之后,我们发现,在更西和稍后的奥斯曼帝国,也存在着某种类似的军队制度。虽然这二者在地域上一东一西,在时间上一前一后,但是由于奥斯曼帝国的王族来自中央欧亚的突厥人,所以对于这两类军队体制的比较和辨析,或许有利

---

① 《新唐书》卷八十六《高开道传》,第3715页。
② 《新唐书》卷九十二《杜伏威传》,第3801页。

于探索它们的共同源流。有鉴于此,这里先介绍一下奥斯曼突厥人的军事体制。

奥斯曼人本是早在公元1千纪中叶就兴起于中央欧亚地区的突厥人一部分,他们当是在阿史那氏的"西突厥汗国"的扩张时期居住在中亚的阿姆河流域;当13世纪蒙古人大规模扩张时,奥斯曼突厥人则像其先行者塞尔柱突厥人一样,被迫向西迁徙,最终于14世纪末在小亚细亚建立独立的政权,并在此后的二百多年中发展成地跨亚、欧、非的庞大帝国。

传闻为奥斯曼"新军"(Janissary)之创建者的卡拉·哈利尔·钦德赖利曾有这样一段话,非常鲜明地展示了奥斯曼帝国的一种特色思想:"被征服者是征服者的奴隶,他们的财产、妇女、儿童均归征服者合法占有……新军不仅要招募被征服者的青少年,也要招募那些被敌人遗弃的人。"[1]

正是在这类观念的指导下,奥斯曼政权每年要从已经征服的广大地区内招募大批十到二十岁的男性青少年,总数约达三四千人。被称为kul(复数为kullar,意即奴隶、奴仆)的这些外族青少年,有些是战俘,有些是被贩卖的奴隶,有些是地方当局向中央进贡的"礼物",有些则是中央政府征收来的"赋税"。他们来自不同的地区,如巴尔干半岛、匈牙利、小亚细亚西海岸、黑海东岸和南岸等地;特别壮健和能干的人则大多是居住在山区的阿尔拜人和南斯拉夫人。所有这些青少年"奴隶"都被送往帝国首都,接受进一步的分类和培训。

募集的这些青少年被分成两大类。其中,体格与智力全都出类拔萃的人被集中接受优等教育,其知识培养更注重于

---

[1] 此语转引自 Joseph von Hammer, *Geschichte des osmanischen Reiches* (10 vols.), Vol. I, p. 91, Pest, 1827-1835。

伊斯兰教神学、突厥语言和文化等。他们在日后有望充任皇家骑兵和内宫听差,最优秀的人则可在军队和政府中出任要职。当然,这类人为数并不多,通常只占募集奴隶总数的十分之一。

剩余的十分之九成员则接受另一种教育和训练,即主要是体质方面的锻炼:"他们的体质似乎比智力更佳,因此被派去从事繁重和低下的劳役。"[1]这类人被称为 ajem-oghlan,意为"未训青年"。他们主要接受体格、技能和军事方面的培训,同时也学点突厥口语和伊斯兰教的基本教义。经过这一培训阶段后,其中的大部分成员成为"新军"或"战士",亦即奥斯曼帝国的"禁卫步兵"或"募兵部队"。此后,在禁卫步兵中再精选出一百五十名最优秀的弓箭手,充任帝国最高统治者苏丹的贴身侍卫。这类军人称之为 Solak;Solak 不骑马,始终紧紧地跟随着苏丹。由此可见,构成奥斯曼帝国正规军的两大部分——皇家骑兵和禁卫步兵——的主要成员都是招募来的外族人,而苏丹的亲随人员,不管是内宫听差还是贴身侍卫,也都是招募来的异族人。这显然是奥斯曼帝国军事体制的一个重要特征。

奥斯曼军队体制的另一个重要特点,则是这些招募来的异族"奴军"与君主的关系非常密切。苏丹通过包括强迫甚至掠夺手段在内的各种方式,募集大量异族、异教的青少年,作为自己的终身奴仆,要求他们绝对服从自己,以至在必要之时毫不犹豫地献出生命;事实上,绝大部分"奴军"也确实做到了这一点:他们非但并不厌恶于"奴仆"(Kul)的地位,反而普遍地将它视作一种光荣称号,一旦拥有 Kul 称号后,再

---

[1] 语见 Sir Paul Ricaut, *The History of the Present State of the Ottoman Empire*, p.74, London 1686。

也不希望失去它。

那么,奥斯曼帝国的突厥统治者们是如何做到这一点的呢?原因并不复杂:苏丹除了对这些奴军自幼就灌输伊斯兰神学思想,要求他们绝对忠诚于自己外,同时也为他们提供了充分发挥才智的机会。这些青年只要自己具备相当的能力,就可以获得擢升,担任军队和政府的要职,就有可能获得巨额的财富和权力。他们不会受到任何歧视;甚至,自由人、各级官员,乃至苏丹本人都可能十分乐意地把自己的女儿嫁给他们。这些奴军除了受到帝国基本法规的庇护外,还享受着免除一切赋税的特权;他们只对自己的上司、宫廷和苏丹本人负责。苏丹固然会严惩抗命者,但是也时常厚赏成绩卓著者。苏丹与奴军们的关系,就仿佛家族中的家长与后辈们的关系一样。事实上,苏丹与奴军确实也曾有"父子"关系:据奥斯曼帝国鼎盛时期的作家记载,当时的苏丹曾将所有的内宫听差正式收为养子[①]。

于是,无论是皇家骑兵还是禁卫步兵,实际上都处于苏丹的直接指挥下。他们不但在精神上,并且在形式上也"以苏丹为核心"。若逢交战,皇家骑兵和禁卫步兵都负有保卫苏丹的职责:禁卫步兵在苏丹前方排成一线,皇家骑兵的四个支队则分居于苏丹的左、右及后方[②]。由此可知,由"奴隶"(Kul)构成的正规军队具有苏丹私人卫队的性质;而从中精选出来的内宫听差(Itch-oghlan)和贴身侍卫(Solak)则更是名符其实的苏丹亲随。所以,奴军与其主子的密切关系,主

---

① 参看 Albert Howe Lybyer, *The Government of the Ottoman Empire in the Time of Suleiman the Magnificent*, pp. 60-61, Harvard University Press, 1913。

② 见 Joseph von Hammer, *Geschichte des osmanischen Reiches* (10 vols.), Vol. III, p. 57, Pest, 1827-1835。

要体现在奴军的"养子/假子"和"亲随"身份上。

奴军——至少其中的一部分——的又一个特色是其"盗匪性"。上文谈及,招募来的奴军中有一小部分(约十分之一)被选为皇家骑兵,绝大部分(约十分之九)则充任禁卫步兵。皇家骑兵受过良好的教育,地位较高,故薪金不菲,其收入甚至是贴身侍卫的一倍。他们有着极好的升迁机会和发财机会,因此比较循规蹈矩。但是,地位和收入相对而言要低得多的禁卫步兵就没有那么安分守己了。例如,利布耶分析道,禁卫步兵由于其体格训练远胜于知识教育,由于经济待遇较差,由于大多数人在和平时期无所事事,穷极无聊,所以,"他们往往成为有组织的危险盗匪而活动。他们会在顷刻之间发起一场暴动,或者纵火焚毁一个街区,以劫掠周近的住宅,或者抢劫犹太人的商铺,或者掠夺高官们的产业。他们不会轻易地遵守不劫掠已降城市的法令,不会轻易地不违反投降法规"①。见于记载的禁卫步兵的盗匪行为很多,例如,罗德斯(Rhodes)、奥芬(Ofen)、威契格来德(Wychegrad)三个城市便分别在1521、1529和1544年投降之后再遭到洗劫。

综上所述,奥斯曼帝国之"奴军"的几个特征——成员结构的"异族性"、与主子关系的"亲密性",以及行为举止的"盗匪性"——似乎与早年见于东方之曳落河、柘羯的诸品性颇相类似,因此,我们可以对它们之间的关系作进一步的探讨。

---

① 语见 Albert Howe Lybyer, *The Government of the Ottoman Empire in the Time of Suleiman the Magnificent*, p. 92, Harvard University Press, 1913。

四、曳落河、柘羯与 Solak、Spahi 的同源关系

固然,前文谈及,曳落河与柘羯颇多类似之处,然而,二者之间似乎也有着一定的区别。例如,曳落河更像是一种步兵,或者,其中相当大的一部分是步兵。今人多认同,辽代的"拽剌"即是唐代的"曳落河",而《辽史》称"走卒谓之拽剌"①,则曳落河当属步兵之类。又,《新唐书》云:"禄山伪署范阳节度使。始,麾下骑才二千,同罗步曳落河止三千,既数胜,兵最强,猖然有噬江、汉心。"②在此所谓的"步曳落河",显然是"步卒曳落河"的略称或者不慎阙字,因为前有"骑才二千"句与之形成"骑兵"和"步卒"的对应关系。由此得知,"曳落河"颇具步兵的色彩。

相比之下,"柘羯"则展示出骑兵的性质。例如《新唐书·张巡传》载云,至德二年安禄山死后,其子安庆绪曾"遣其下尹子琦将同罗、突厥、奚劲兵与朝宗合,凡十余万,攻睢阳。巡励士固守,日中二十战,气不衰"。在叛军的这十余万"劲兵"中就包括了由骑兵组成的柘羯军:"有大酋被甲,引柘羯千骑麾帜乘城招巡。巡阴鎚勇士数十人隍中……"③又如《旧唐书·封常清传》载云,天宝十四年十二月,"禄山渡河,陷陈留,入罂子谷,凶威转炽,先锋至葵园。常清使骁骑与柘羯逆战,杀贼数十百人。贼大军继至,常清退入上东门,又战不利,贼鼓噪于四城门入,杀掠人吏"④。在此虽未标明柘羯是骑兵,但是叛军

---

① 《辽史》卷四十六《百官志二》"拽剌军详稳司"条,中华书局标点本,1974年,第739页。
② 《新唐书》卷二百二十五上《逆臣传上·史思明传》,第6428页。
③ 《新唐书》卷一百九十二《忠义传中·张巡传》,第5537页。
④ 《旧唐书》卷一百四《封常清传》,第3209页。

用之为"先锋",当是进军快速的骑兵;且唐军派遣"骁骑"与之对仗,则敌方亦当为骑兵,而几无可能为步兵。

至此,我们可以将曳落河、柘羯与奥斯曼帝国的"奴军"作点比较了。首先,上文谈到,奥斯曼募集的异族奴隶中的大多数是充任禁卫步兵的,而禁卫步兵中的最优秀者便成为苏丹的贴身侍卫;这些贴身侍卫称为 Solak。在中古汉语中,腭连续音与齿闭止音可以互转,故"曳"(余制切)与 s-音通转;"河"(胡歌切)的首音 γ-与 k-同属软腭音,更可通转。鉴于此,将"曳落河"与 solak 视作同一词的不同译音,是说得过去的。

在奥斯曼突厥语中,solak 一方面意为"苏丹的私人侍卫",展示了与唐代曳落河(其主子的亲随和假子)的类似性;另一方面,其原意为左方、左手的,则暗示了与方位"左"的某种联系,从而不禁使人推测,或许是因为这类军队的行进队列通常位于主将的左侧,相沿成习,故有此称。

尽管这一推测尚未得到史料的证实,但是与步卒曳落河对应的骑兵柘羯在语音上吻合于古突厥语 sa:g(义为右方、右方的),则令我们认为,该推测并非全无根据。还有一个颇有意思的事实是,奥斯曼帝国奴军中的精锐皇家骑兵(Spahi of the Porte)却保留着位于右翼的传统:皇家骑兵分成四种支队——Spahi、Silihdar、Ulufaji、Ghureba,其中,最高级支队 Spahi 始终位于苏丹的右翼。16 世纪上半叶的兰伯提(Ramberti)说,Spahi"无论是行军还是扎营,都位于君主的右侧"[1]。

---

[1] 见 Albert Howe Lybyer, *The Government of the Ottoman Empire in the Time of Suleiman the Magnificent*, p. 250 转引的 Benedetto Ramberti, *The Second Book of the Affairs of the Turks*(written in 1534)之语。

综上所述,可以对本章涉及的问题作如下的简单归纳:

在古代和中古时期的中央欧亚地区,主要由游牧的突厥人创建了某种军队体制,活跃在丝绸之路上的粟特人可能对它的改进和传播发挥了很大的作用。随着各部族的采用和演进,该体制在东方体现为"曳落河"与"柘羯"的形式;稍后,在小亚细亚则体现为"奴军"或者构成它的禁卫步兵和皇家骑兵的形式。该军队体制的特点是:

第一,军队由招募自各族各地的善战之士组成,有点类似于后世的"雇佣兵"。

第二,这类军队中的精英往往成为主将的贴身护卫,与之关系密切,甚至以"父子"相称。

第三,最初以步兵为主的那类军队,在东方演变成"曳落河"。在西方则演变成奴军中的禁卫步兵;而禁卫步兵中的精锐,苏丹或高官的贴身侍卫则保留了与"曳落河"同源的突厥语名号 Solak。

第四,最初以骑兵为主的那类军队,在东方演变成"柘羯";在西方则演变成奴军中的皇家骑兵。

第五,曳落河、Solak 可能分别源于早期列阵于左翼的步兵,因为突厥语 solak 义为左方、左侧的。

第六,柘羯可以视作古突厥语 sa:g(义为右方、右侧的)的音译名;奥斯曼帝国的皇家骑兵精英始终保持着列阵于主子右侧的传统。所以,柘羯、皇家骑兵可能分别源于早期列阵于右侧的骑兵。

第三编　丝绸之路与宗教思想传播

众所周知,广义的"丝绸之路"实际上遍及古代世界的各个地区,就现代的地理概念而言,则是通达亚、非、欧洲。至于通过丝绸之路而交流的内容,则不仅限于五花八门的货物,还包括了大量促进人类文明发展的精神产品;其中,宗教思想的传播和交流,尤其是重要的项目之一。本编将就这方面的问题展开若干探讨,特别是被学界称为"丝绸之路上的宗教"的东方摩尼教,将得到更多的关注。

第一章 中国的卐形纹饰

"纹饰",通常是西文 symbol 的汉文对译名,其定义可以是"具有象征意义的图像及图形文字"。正因为看似简单的图形包含了"象征意义",所以它们向世人展示的不仅仅是肉眼可见的图像,更传达了若干抽象的思想、观念,乃至宗教性含义。又因为世界各地往往对同一纹饰有着形形色色的理解和解释,所以,"纹饰"的思想内涵更趋繁杂和丰富,从而愈加反映了纹饰在思想传播方面的重要性。在此以卐形纹饰在中国之传播为例,谈谈古代中外文化交流的另一种形式。

一、卐形成为汉字的时间

卐作为一种纹饰与图案,遍见于古代世界的各个地区。中国、印度、波斯、美索不达米亚、希腊、塞浦路斯、罗马、埃及、北欧,乃至北亚和南北美洲,均曾见到饰于各式各样制品上的卐形纹饰。这些纹饰的年代至少可以上溯至公元前1、2千纪或者更早的时期。卐因此被学界公认为世界上最古老的纹饰之一。

然而,卐作为确切意义上的一个"字"来说,却只见于古代中国;并且,其历史相对于作为纹饰或图案的卐形而言,似乎也并不十分久长,至少,当今国内外的大部分学者都作如是说。另一方面,人们多倾向于认为,古代中国的卐形是从

第一章 中国的卐形纹饰

印度传入的;它之被确定为一个汉字,是始于唐代武则天执政时期,即公元7世纪末。但是,这类说法是值得商榷的,我们将在下文逐一指出。

古代中国的卐,是将图案形状与文字融为一体的,即如其他直观的象形文字一样,直接以其本身的形象作为一个文字。这与中国以外所有地区的表述方式不同:后者都是用非图形的方式来指称"卐"的。

古今的各种汉文辞书似乎都将卐字的正式制定归因于唐代的武则天。例如《翻译名义集》称:"案卐字,本非是字。大周长寿二年,主上权制此文,著于天枢。音之为万,谓吉祥万德之所集也。"①《辞源》云:"梵文,本不是文字,是佛教如来胸前的符号,意思是吉祥幸福。……唐慧苑《华严音义》:'卐本非字,周长寿二年,权制此文,音之为万,谓吉祥万德之所集也'。"②《辞海》之说也与之类似:"古时在印度、波斯、希腊等国家中都有出现,婆罗门教、佛教、耆那教等均加以使用。梵语作Śrivatsa(室利靺蹉),意为'吉祥海云'。鸠摩罗什、玄奘译为'德'字,北魏菩提流支在《十地经论》中译为'万'字。武则天长寿二年(公元693年),制定此字读为'万'。意为'吉祥万德之所集'。"③

《佛光大辞典》谈及卐的内容很多,但是也包括了上引诸书的说法,它在"卍字"条中说道:"梵语śrivatsalakṣaṇa。又作万字、萬字、卐字。音译作室利靺蹉洛刹曩。意译作吉祥海云、吉祥喜旋。为佛三十二相之一、八十种好之一。乃显

---

① (宋)普润大师法云《翻译名义集》第五十五篇《唐梵字体·卐》,转引自《翻译名义集易检》,(上海)佛学书局,1935年,第218页上。
② 见《辞源(修订本)》(1—4合订本)"卍"条,商务印书馆,1988年,第225页。
③ 《辞海》(第六版缩印本)"卐"条,上海辞书出版社,2010年,第1931页。

现于佛及十地菩萨胸臆等处之德相。""卐之汉译,古来有数说,鸠摩罗什、玄奘等诸师译为'德'字,菩提流支则译为'万'字,功德圆满之意。另于宋《高僧传》卷三则谓,卐字译为'万'并非取其意译,而系准其音。然卐字之音,初时不入经传,到武则天长寿二年(693)始制定此字读为'万',而谓其乃'吉祥万德之所集'。"①

诸如此类的说法屡见不鲜,几乎成为世人的定论。由此而造成的印象是:卐之确定为某一汉字,并且读音为"万",不但始于唐初,并且,这一卐形纹饰是随着佛教的传入而出现于中土的。后一观点在西方学术界尤其流行。然而,这些看法实际上是大可商榷的。在此,首先考察一下卐形最初成为汉字的时间。

图1 西汉瓦当上的"万"字

如今通用的"万"字,并非如一般人所认为的那样,只是繁体字"萬"的简化字,是数十年前才创制的,而是远在古代就"萬""万"通用的。并且,有证据表明,早在纪元之前,卐形就极有可能在某些场合替代"万"字,并且使用在相关的词组中。例如,西汉瓦当上的"子孙万代"中的"万"字,显然展示为诸臂左旋的"卍"形(见图1所示),从而表明,至少在西汉时期,卐形纹饰

---

① 慈怡主编《佛光大辞典》"卍字"条,(台)佛光出版社,1989年第五版,北京图书馆出版社影印,第2202—2203页。

第一章　中国的卐形纹饰

就已作为汉字"万"而存在于世了①。由此可以推测,将"卐"确定为文字,并且读音作"万",似乎并非始于唐代的武则天期,而至少可以上溯至更早八百年的西汉时期;恐怕,武则天只是将业已流行千百年的汉字"卐",以官方的名义正式确认下来罢了。

除此之外,汉瓦上的"子孙千卍"铭文还导出了另外两个问题:第一,若按大部分学者所认为的那样,中国的"卐"是随着印度佛教之传入而传入的,那么,至少得把佛教传入中土的时间上推至西汉时期,则与传统的"东汉明帝永平十年(67年)传入说"有了相当的差距。第二,如果仍然坚持佛教在东汉初期传入中国的说法,那么就得承认,卐形纹饰在最初传入中国时,与佛教并无关系,或者,至少并无直接的关联。真相究竟如何？有待我们作进一步的探索。

二、中国上古时代的卐形

对于卐形之传入中土,国内外学者大多归因于印度佛教的东向传播。例如法国学者达尔维拉早就明确地声称,在西藏、中原、日本等地,卐形纹饰并不罕见,且"不难证明,它肯定是随着佛教,从印度传入这些地区的"②。又,威尔逊也持类似的观点:"正统的印度人将佛陀视为太阳神毗湿奴的化身。而佛教徒则从这一信仰承继了对于卐的崇拜,并将它传播至西藏、中国、日本和高丽。"③至于中国学界,则如上文所

---

① 例见(清)汪仁寿《金石大字典》卷二十二所示的汉瓦当文字。他判断道:"汉瓦文'子孙万代'之'万',如此篆法奇古,必为西汉物也。"
② Goblet d'Alviella, *The Migration of Symbols*, p. 73, University Books, New York, 1956.
③ Thomas Wilson, *The Swastika*, p. vii, Delhi, 1973.

引,也多采纳了与西方学者相仿的说法;他们的观点在许多权威的辞书中得到明确体现。

然而,这些传统的观点并不正确,至少,具有相当的片面性。前文已经强调指出,在中国,卍形和卍字是两个不同的概念:前者是纯粹的图形,后者则兼为汉字;而后者,不仅其产生的时间远晚于前者,且产生的根源恐怕也异于前者,所以,若笼统地解释中国的"卍",则会令人不得要领,造成误解,从而偏离事实真相。

就目前所见的资料而言,卍形在中国的出现,远在印度佛教传入中国之前,甚至远在佛教、耆那教等宗教在印度本土形成之前。这已是众所周知的毋庸置疑的事实。饶宗颐先生曾撰《卍考》文,论及早期见于中国的卍形纹饰。据称,最早的卍形似乎见于今辽宁省敖汉旗的小河沿文化层中。发掘报告表明,在石棚山墓地出土的四件陶器上,有刻划、绘制的原始文字符号。器物的肩部和腹部饰有十二个符号,其中属于卍形纹饰的符号多达七个,大致上分成三大类型,如图 2 所示。

图 2　见于辽宁小河沿文化期的三类卍形

第一种当是"标准的"卍形,亦即四臂作直角左折或者直角右折;第二种卍形的四臂则作数度直角左折;第三种卍形亦作直角左折,但是弯折之臂骤然加粗,其宽度数倍于中间

第一章　中国的卐形纹饰

的十形干。见于辽宁的这些陶器的年代当在公元前2500年左右,其年代之早,与印度、小亚细亚等地的早期卐形相若。

稍后的卐形纹饰则见于青海省乐都县柳湾墓地的陶器上。其中属马厂类者有四千七百零五件,饰于陶壶下股部或底部的纹饰符号有五十多种,而其中又以十、一、卐纹饰最为多见。出土于1975年的乐都县柳湾的马厂类菱形卍纹罐,其卐形比较"标准",只是诸臂向左作直角弯折。出土于1974年的民和县官户台的马厂类型波折纹单耳长颈壶,其卐形则有些特别,基本上以四个L逐一作直角交叉而构成,故而主体呈现井字形,中央划分出一个小方块。其弯折方向既有右旋,也有左旋。青海马厂期陶器大约在公元前2300—前2000年期间,虽较见于辽宁者略晚,但也足以与世界上其他各地的古老卐形纹饰相媲美了。

除了史前的陶器之外,商、周时期的青铜器也不乏卐形纹饰。图3所示者,乃是战国时期青铜"车马猎纹壶"上的部分图画场景。上部为狩猎场面,三人各屈一膝,朝天作射箭状,天空中似为大雁之类的禽鸟。下方则有一排卐形纹饰,四臂作左折;卐形的中央有一圆钮。可以看得出,诸臂的弯折处并非完全作直角状,而是稍带圆弧,而且尾端逐渐收尖。这类卐形的总体形状大致上接近"标准的"卐形,并在西方的铜壶、钱币等古代器物上均能经常见到。

图4所示,则是周朝仲丁壶上的部分纹饰。整个壶面共有六层图案:壶身分成五层,再加壶的托底一层。而壶身的上面四层均绘有卐形纹饰。这些卐形的四臂作圆弧状左折,其臂甚为粗壮,由粗收细的趋势十分明显,卐形的中央则有一小圆钮。亦即是说,整个卐形的形状很像火球喷出的火舌,这可能象征着太阳。周仲丁壶大约制成于周宣王(前

827—前782年)以后,壶上的铭文"语极古典",并是"周器之重大完好者"①。则此壶的制作年代似可上溯至公元前8世纪。

图3　战国时期青铜壶上的卐形　　图4　周代仲丁壶上的卐形

见于中国史前及上古时代之陶器与铜器等物件上的卐形纹饰,即使不能说比比皆是,也至少是屡见不鲜。这些物件的制作年代则大多在公元前3千纪、2千纪和1千纪,这或者远早于佛教初创的时期(公元前6世纪),或者与之相仿佛。至于就佛教传入中国的年代而言,即使取最早之说,也晚于大部分中国早期卐形出现的时间②。

所以,在此列举的见于古代中国的卐形纹饰足以表明,"中国早期卐形纹饰源于印度佛教"之说并不可信。当然,我们也不能因此断定中国古代卐形纯粹出于"独立形成",从而否定它与域外同类纹饰曾经有过的某种交流关系。我要强

---

① 语见《重修宣和博古图》卷十二《壶一》,载《景印文渊阁四库全书》"子部九·谱录类一",(台北)商务印书馆,1986年,第840—618页上。
② 佛教徒往往声称,孔子(前551—前479年)已知有佛;秦始皇(前221—前210年)时即有外国沙门来华,赍持佛经,以化始皇;张骞(卒于前114年)通西域后,中国"始闻浮屠之教"。汤用彤曾罗列"伯益知有佛"、"周世佛法以来"、"孔子与佛"等十节介绍佛教早就入华的诸说,但是其中的大部分说法显然并不可靠,甚至荒诞不经。见汤用彤《汉魏两晋南北朝佛教史》,中华书局,1983年,第1—10页。

调的是,中国的卍形,并不是因佛教而传入的。

三、中国卍字与印度文化的关系

尽管中国卍形之初见,并非因印度佛教而来,但是卍字(注意,不是指卍形)所受印度的影响还是显而易见的。

按照某些佛教典籍,卍之所以读作"万",乃是因为卍形在印度佛教中含有"万"的意思。如《华严疏钞》卷八云:"形如卍字者,静法(指《华严音义》的作者——引者)云,室离靺蹉,本非是字,乃是德者之相,正云吉祥海云。众德深广如海,益物如云。古来三藏,误译'洛刹囊'为'恶刹罗',遂以相为字,故为谬耳。然此相以为吉祥,万德所集成,因目为万。意在语略,义含应云'万相'耳。"亦即是说,汉字卍之所以读为'万',乃是出于对梵文的意译。

然而我认为,此说恐怕是中国佛教徒的附会。真相应当是:汉字卍之所以读作"万",乃是因为与梵文"形似"或者"音似"。如图5所示,是慧琳在其《一切经音义》中描摹的"梵书'万'字",亦即用以表达卍形纹饰的梵文原文①。不难看出,该词的大部分(三分之二)是由两个并列的、状似汉文"万"的字符构成。因此,我们似乎有理由推测,古代汉人——很可能主要是普通民众——采用该梵词中具有代表性的一部分来表述源自印度的"卍",并以形近的汉字对应之。于是,在汉文中,用以指称"卍"的,便非"万"莫属了。这

图5 梵文"卍"

---

① 见(唐)慧琳《一切经音义》卷二十一《经卷第八》,载《正续一切经音义》第一册,上海古籍出版社,1986年,第二一·12页。

是卐、万因"形似"而产生关系的一种可能性。至于所谓的"音似",则是指汉字"万"乃是"卐"之梵文名称的音译。

关于"卐"的译音之说,早就有人指出。如宋代的赞宁在其《宋高僧传》中详细阐述了梵汉间的翻译问题,说道:"今立新字意,成六例也。谓译字、译音为一例;胡语、梵言为一例;重译、直译为一例;粗言、细语为一例;华言雅、俗为一例;直语、密语为一例也。初则四句,一、译字不译音,即陀罗尼是。二、译音不译字,如佛胸前卐字是。三、音字俱译,即诸经律中纯华言是。四、音字俱不译,如经题上ᚱ、ᚴ二字是。"[1] 最澄在《注无量义经》中也说:"万者,借音之字。胸上表示梵满之字,其梵字者,应作卐字。此经借音作此万字,即表果满也。"(见《德行品第一》)

不过,他们只是指出了汉人以"万"指称"卐"只是出于译音的方式,却并未说明究竟译自哪个外文词。而依我之见,汉文的"卐"字很可能译自梵文 swastika。swastika 不仅是古印度卐形纹饰的一个称呼,而且其读音也普及开来,逐渐成为世界各地卐形的共同名称,尽管印度以外诸地的卐形最初都各有自己的特有称呼。究其原因,一方面或许是因为卐形纹饰在印度出现得比较早和比较普遍,另一方面也可能是因为该词所定义的纹饰相当清晰、肯定,易于被人们理解和接受。

最初,此词的拉丁转写被拼成 svastica、suastica、suastika 等,后来在英、法文中则统一写成 swastika。关于其语源,《利特雷法文词典》解释此词道:"义为幸福、愉快、好运的梵文词。它由 su(相当于希腊文 ευ,义为良好)、asti(义为

---

[1] (宋)赞宁《宋高僧传》卷三《论》,载《景印文渊阁四库全书》"子部十三·释家类",第 1052—34 页上一下。

是、是好的)以及后缀 ka(希腊文 κα,拉丁文 co)组合而成。"(见 *Le Littre's French Dictionary*, svastika 条)杜莫蒂埃的说法类似:"su 是词根,义为良、好、优秀;或者 suvidas,义为繁荣。asti,陈述语气动词现在时 as(相当于英语动词 be,拉丁文 sum)的单数第三人称。ka 构成名词的后缀。"[1]

缪勒分析其语源道:"就语源学角度而言,svastika 衍生自 svasti,而 svasti 则源自 su(义为良好)与 as(义为是)。svasti 一词经常出现在《吠陀》经典中,或者作为具有'幸福'含义的名词,或者作为具有'好'或'万岁'(欢呼声)含义的副词。它相当于希腊词ευέδτω,其衍生词 svastika 形成于后世,它始终意味着一个吉祥的符号,诸如频繁见于佛教和耆那教中的那些符号。"[2]

总的说来,大多数学者的看法基本上都一致,即认为 swastika 一词由三个部分组成,其含义为良好、幸运等,即具有吉祥之意。

古印度指称卐形纹饰的梵文词,除了 swastika 之外,尚有类似含义的另一词,即 sauwastika,亦作 suavastika。缪勒认为,其臂向右折旋的"卐"称为 swastika,是为"标准的"卐形纹饰;而其臂向左折旋的"卍"纹则名为 sauwastika。二者在含义方面的区别在于:右旋者象征太阳自春至夏的正向运动;左旋者则象征太阳自秋至冬的逆向运动。不过,这位杰出的学者并未提供任何论据,以证实这一说法[3]。

伯德伍德则有不同的解释:右折的 swastika(卐)是善神

---

[1] Gustave Le Dumoutier, *Swastika et la roué Solaire en Chine*, p. 329, in *Revue d'Ethnographie*, IV, Paris, 1885.
[2] F. Max Müller 致 Schliemann 之函,载 Henry Schliemann, *Iliod*, p. 347, New York, 1881.
[3] F. Max Müller 致 Schliemann 之函,载 Henry Schliemann, *Iliod*, p. 520。

迦涅什(Ganesh)的象征符号,代表阳性本原,象征着白天从东至西运行的太阳,并是光明、生命、荣耀的标志。而左旋的 sauwastika(卍)则是女神迦梨(Kali)的象征符号,代表阴性本原,象征着黑夜从西至东运行于地下世界的太阳,并且是黑暗、死亡、毁灭的标志[1]。当然,也有学者倾向于缩小二者之间的差别,例如,布尔诺夫认为,sauwastika 是 swastika 的派生词,意谓"佩有 swastika 纹饰的人或物"。洛(Low)则认为,sauwastika 只是 swastika 的巴利文译名的异称[2]。

不管人们如何解释梵文 swastika 的含义以及它与 sauwastika 的异同,swastika 一词早就成为古印度,甚或其他相邻地区对于卐形纹饰的普遍称呼。这一事实毋庸置疑。所以,当印度的"卐"随着佛教之传入中国而被汉人熟知时,中国人使用与 swastika 发音相近的汉字翻译这个梵文词,是完全合情合理的事情。在汉译佛经中,"卐"通常译作"塞缚悉底迦",有时也译成"宝悉底迦"。后者显然是略去原文的首音 s 后,再音译的相应汉字。亦即是说,其汉译名的首字发音可作 B-("宝"字的上古音为帮母)。而 B-、M-之音可以互转,所以,若以"万"(其上古音为明母,即是以 M-为首音)作为 swastika 的简略译名,于理很通,是完全可能的。

如果确认以上的分析和推测,则我们必须承认,当古代中国的"卐"作为汉字出现时(即读音为"万"),它无疑已经深受印度佛教或者佛教以外的文化的影响了。上文谈及的西汉时期便见到卐-万等同关系的例子,应该被视作印度文化

---

[1] George Birdwood, *Report on the Old Records of the India Office*, pp. x-xi, London, 1891.

[2] 分别见 M. Eugene Burnouf, *Lotus de la Bonne Loi*, App. VIII, p. 626, Note 4, Paris, 1852;以及 Thomas Wilson, *The Swastika*, pp. 11-12 (Delhi, 1973)的转引文。

四、关于"室利靺蹉"与"塞缚悉底迦"的问题

上文业已提及,在中国的古今典籍和辞书中,多追溯卐字之源至印度,该词的语源都标以梵文。而"卐"的梵文汉译名却多写作"室利靺蹉",或者类似的读音。但是,这一译名与古代印度普遍使用的 swastika 的发音迥然不同。于是,便产生了这样一个问题:中国学术界至今袭用的卐字语源译名是否正确?

慧琳《一切经音义》解释卐字时,或称"梵云室哩末蹉",或称"室利靺蹉",并附有图形,为四臂作直角右旋的卐形[①]。也许是因为古代汉文佛经中清楚地称卐为"室哩末蹉"或"室利靺蹉",抑或类似的译音,以及以此为词根的名称,所以后世的汉文辞书几乎清一色地照搬此说。前文已经举例,在此不再重复。

然而,汉文佛典也并非没有提到印度指称卐形的其他名称。例如,慧琳曾经罗列了许多种"卐字之形",并还有九种附图,均属"德者之相",同呼为"万"。他解释道:"今勘梵本,卐字乃是德者之相,元非字也。然经中上下据汉本总一十七字,同呼为万。依梵文,有二十八相,即八种相中四种相也。谓室利靺蹉、难提迦物多、塞缚悉底迦、本曩伽吒,又有钵特忙、斫讫罗、拔折罗等三相……""(卷)第二十三有一相,谓塞缚悉底迦。(卷)第二十七有五种相:初室利靺蹉,次塞缚悉底迦,次难提迦物多……(卷)第四十八有三相:一,塞缚悉底

---

① 分别见(唐)慧琳《一切经音义》卷十二《大宝积经第二十卷》第十二·7页和卷二十一《经卷第八》第二一·12页,载《正续一切经音义》第一册。

迦相,二,室利靺瑳……"① 足见"塞缚悉底迦"是印度卍形的诸称号之一,并且出现的频率很高。

就读音而言,"塞缚悉底迦"无疑即是梵文 swastika 或 svastika 的确切汉译名;但是若按慧琳所列卍字诸图形,则适配标准卍形的汉译名当是"室利靺蹉(瑳)"。那么,究竟孰是孰非呢?我认为,当以"塞缚悉底迦"作为"卍"的译名最为贴切。

首先,如上文所言,卍作为一个汉字,其音读若"万"。而"万"乃是梵语的汉文音译名,那么,其相应的梵文语源,当然以 swastika(塞缚悉底迦)更为近是;相反,与 srivatsa(室利靺蹉)的读音,几乎毫无近似之处。

其次,就现今所见的资料而言,在古代印度指称卍的各种名称中,以 swastika(塞缚悉底迦)更为流行。它不仅流行于印度本土,还传播至相邻地区或者更远的地方,以致国际学术界多用此名来称呼见于世界各地的一切卍形纹饰。关于这一点,上文也已指出。有鉴于此,古代中国一旦引入印度的"卍"观念,便势必连其名称一起采用;那么,最可能采用的名称便当是 swastika(塞缚悉底迦)。

最后,有些辞书的解释为"swastika-塞缚悉底迦"的对译提供了更充分的证据。例如,《梵汉词典》同时列有 srivastaya 和 svastika 两个条目,其释文分别道:"srivastaya,室利靺蹉,即吉祥,义为幸运之兆。一种具有好兆含义的星状神秘图形,是毗湿奴教徒和耆那教徒的象征符号。" "svastika,卍,或塞缚悉底迦,或秽佉阿悉底迦,或宝悉底迦。释为'吉祥万德之所集',义即无数种德集中在一个幸运标记

---

① (唐)慧琳《一切经音义》卷二十一《经卷第八》第二一·12 页,载《正续一切经音义》第一册。

上;或者释为'佛心印',义即印在佛陀心口处的符号。甲,《罗摩衍那》谈及的远古时代的一种神秘图形(十字交叉的钩),见于印度的岩窟神庙中,亦见于所有的佛教国家中,西藏、中国,甚至条顿民族中(作为托尔神的标志)都能见到。乙,佛足印的 65 种图案之一。丙,密教的象征符号。丁,中国佛教莲宗崇拜的所有神祇的特殊标记。"[①]

据此,则"室利靺蹉"虽然也含吉祥之意,但是它为"星状图案",与卐形固然接近,却未必完全等同。而"塞缚悉底迦"则为明显的卐形。另一方面,"室利靺蹉"的应用范围似乎也不及"塞缚悉底迦"来得广泛,即仅为毗湿奴教和耆那教所使用。因此,与"卐"一起传入中国的名号,更可能是"塞缚悉底迦"(swastika)。

至于大多数的汉文佛教典籍以及古今辞书之所以将"室利靺蹉"说成为印度卐形的语源,很可能是因为佛教曾借用以往诸宗教与神话传说中具有吉祥含义的许多符号(其中包括了室利靺蹉、塞缚悉底迦等),经过辗转流传后,最初指称星状符号的室利靺蹉也就兼指卐形了;而原指卐形的塞缚悉底迦,则反而被慧琳等佛教僧徒混淆,混成了星状或十字状吉祥符的名称了。久而久之,谬种流传,遂有后世卐字名号之误。所以,《一切经音义》罗列的诸"卐字之形"中,"塞缚悉底迦"和"室利靺蹉"所对应的符号应该互易,才符合真实情况。

[①] Ernest J. Eitel, *A Sanskrit-Chinese Dictionary*, *with Vocabularies of Buddhist Terms in Pali*, *Singhalese*, *Siamese*, *Burmese*, *Chinese*, *Tibetan*, *Mongolian and Japanese*, pp. 158-159, 167-168, Cosmo Publications, New Delhi, 1981.

五、古代中国"卐"的含义

前文谈及中国卐字之时,已经陆续涉及了它的含义。事实上,古代中国作为"字"的卐,其含义几乎完全遵照佛家之说,即,无非是佛祖的"德相"或"吉祥相"之类。然而,若再上溯至商、周以及更早的时期,中国卐形的含义则显然不能简单地以佛教之说来解释了。在此,则对中国上古时代"卐"的象征意义作一粗略的梳理。

长久以来,国内外学者(主要是国外学者)一直试图解释世界各地卐形纹饰的含义,或者致力于探讨它的最初发源地。然而,始终未能获得比较一致的结论。有关其含义的观点五花八门。有人认为是生殖器的象征符号;有人认为是雌性本原的象征;有人认为是怀孕和生育的象征;有人则认为它仅仅是古代的一种标识,或者只是一种装饰;有人认为它代表火;有人认为它代表闪电或雷电;有人认为它代表水;有人认为它是天文符号;有人则认为它象征着古代印度的四大种姓(婆罗门、刹帝利、吠奢、首陀罗);有人认为它是宗教性或军事性的旗帜;也有人认为它是舡鱼或章鱼的象征符号。如此等等,不一而足。但是择其大要,可归纳成如下几类。

第一,认为卐形纹饰与性及生育的关系密切。例如,霍夫曼(M. J. Hoffman)将这一符号视作雄性本原与雌性本原结合的象征;伯德伍德(G. Birdwood)则认为这尤其是女性的象征[1]。这类说法的主要根据是,古代不少女神像的身上或身周都有卐形符号,诸如波斯的月亮女神、野生动物女神、

---

[1] 参见 Goblet d'Alviella, *The Migration of Symbols*, p. 45 转引的文字,University Books, New York, 1956。

第一章 中国的卐形纹饰

狩猎女神阿尔蒂米斯(在希腊神话中,该女神乃是太阳神阿波罗的孪生姊妹;又相当于罗马神话中的月神狄安娜)、希腊的主司婚姻和夫妻恩爱的女神以及孕妇与产妇的救助女神赫拉(相当于罗马女神朱诺)、希腊的丰产与农业女神及婚姻保护女神德美特(相当于罗马的刻瑞斯女神)、腓尼基神话中的月神、丰产女神及性爱女神阿斯塔尔塔(相当于罗马的阿佛洛狄忒女神)等女神的形象中,经常可以见到卐形纹饰。

持此说者的另一个"有力证据",则来自特洛伊遗址中发掘到的一尊女神像。是为施利曼博士在特洛伊第三城(即所谓的"火烧城")中所见,乃是一座铅质偶像,被学者们称为"迦勒底的阿尔蒂米斯·娜娜"(娜娜,Nana,乃是古代两河流域所崇拜的女神),当是因其身份相当于希腊神话中的阿尔蒂米斯女神。卐形纹饰清楚地置于女神私部的正中。亦即是说,"卐"为女神生殖器的标志,是生育和繁殖力的象征。

第二,认为卐形与雷电等自然现象关系密切。或以为,卐形象征着暴风雨或雷电,因为就外观而言,卐形恰好是两个Z交叉在一起;而Z则往往用作为闪电的符号。这是西方人从象形的角度,对卐形起源所作的解释。另一方面,有些中国学者也根据中国的古文字,认为卐形应当源出于雷、电。例如,"电"字在甲骨文中作"𤴐",旨在描绘出电光曲曲折折伸延之状;今"雷"字在甲骨文中则作"𤴐",乃是在"电"的基础上加上表示雷声的符号。而这样的象形字,均与卐之形状相似,因此,卐形之源恐怕当出于雷电。

格雷格曾说,卐形是整个大气现象的象征符号,或者即是控制整个大气现象的神灵的表征。而在这些气象和神灵中,雷电及雷电神则是最典型的代表。例如,印度的因陀罗(Indra,原为雷雨之神,后来发展为战神,手持金刚杵,其武器有钩子和网)、古日耳曼人和斯堪的纳维亚人的托尔(Thor,南日耳曼称 Thonor,雷电之神兼战神,手执雷槌)、斯拉夫人的佩隆(Perun,雷神与战神;他常以善神的面目出现,在春天带来雷、电,用雨水浇灌土地,然后又驱散乌云,让太阳照耀大地)、皮拉斯基人(生活在地中海东部诸岛上的史前人)和希腊人的宙斯(最高天神,众神和万民的君父,主宰一切天象,首先是雷电),以及拉丁民族的朱庇特(首先是光明之神;并是雨神,决定农人的丰歉;雷则是其意志的表现,雷电所击之处被认为是神圣之地)等等,都是时或制造雷电、时或提供雨水的神祇。卐形纹饰则是其显著的标志之一[1]。

第三,认为卐形纹饰与火关系密切,例如,将卐视作火神的象征符号。印度的火神阿耆尼(梵文 Agni,意译为"火")便是突出的例子。布尔诺夫说道,在早期雅利安人中间,人们利用火钻取火。这种火钻的形状即是后世卐形的原型。火钻系由两根木条构成,称之为 arani。木条的每个尾端都稍呈弯曲,亦即略见粗大,以便于用钉子钉住四端,把木棍固定。在两木条的交叉处,开有一个小窝或一杯状小孔,其内塞入一根状如矛头的小木棒,称为 Pramantha。用绳子绕住小木棒,猛烈旋转,便会生出火来[2]。

布尔诺夫并引了《吠陀》中的一段颂词,强调所谓的 arani 与火神阿耆尼的密切关系:

  阿耆尼,您是圣贤,您是祭师,您是国君,
  您是献祭之父以及祭典的保护神。
  我们委托您不断攀登向上,

---

[1] R. P. Greg, *Meaning and Origin of Flyfot and Swastika*, p. 293 sq., in *Archaeologia*, Vol. XLVIII, Part 2, 1885.

[2] M. Burnouf, *La Science des Religions*, p. 240, Paris, 1876.

第一章 中国的卍形纹饰

作为信使,将我们的颂诗和祭品送入天堂。

您起源于三位一体,

来自大气,来自水,来自神秘的火钻阿拉尼(Arani)。

他还引《吠陀》中关于圣火之神的传说道:"年轻的女王,即火母,在其胸中神秘地藏着王室的婴孩。她是通常称之为 Arani 的民族中的一位妇女,而 Arani 乃是通过摩擦而产生火的木质器具,亦即卍(Swastika)。"显然,他将火钻(Arani)与卍形等同起来,或者将前者视作后者的原型。

第四,认为卍形乃是太阳的象征符号。即,卍形乃是用图形来象征性地表达向四方放射光芒的太阳。大多数古代民族均以圆圈表达太阳,并以向各方发射的曲线或虚线表示其光芒。逐步简化后,其光芒则往往成为作十字形的四条线。也许,为了强调太阳周而复始的圆周运动(在古人看来,太阳是绕着地球旋转的),这四条射线多向同一方向弯折。于是,就产生了卍形。

达尔维拉从四个方面比较具体地论证了这一"卍形之义源于太阳"的观点[①]。

(甲)从外形上看,卍形的四臂分明代表运动着的太阳光芒。有时候,卍形之臂会演变成五条、六条等,但是它之象征太阳,则往往更为明显地揭示出来。

(乙)所谓的"三肢纹"清楚地体现了卍为太阳之符号。见于塞尔迪贝里亚(Celtiberia,古西班牙的一地区名)一枚钱币上的典型三肢纹,中央一圆,上饰人脸,是为拟人化的太

[①] Goblet d'Alviella, *The Migration of Symbols*, pp. 45—83, New York, 1956.

阳;人脸上放射出的三条弯折大腿则象征太阳的运动。之所以使用三腿,是旨在表达太阳一天中三个不同时间的运动位置:清晨、正午、傍晚;若使用四腿,则旨在表达太阳在一年四季中的四个不同的运动位置:春分、夏至、秋分、冬至。

(丙)卐形纹饰频繁地与太阳或者太阳神同时出现。阿波罗为希腊神话中的著名太阳神,卐形纹饰则经常出现在阿波罗神像或与其有关的器物上。这类例子甚多。最经常与卐形一起出现在画面上的则是日盘。这两种纹饰简直称得上"形影不离",它们成双作对地见于各种古代器物上。这类例子普遍见于希腊人、罗马人、凯尔特人、印度人、中国人及日本人中。

(丁)很多证据表明,"卐"与"日"可以直接互换。印度乌贾因(Ujain,今中央邦西南部的城市)和安得拉(Andhra,今濒临孟加拉湾的邦)的古钱币上,始终存在着卐形与日盘相互更易的现象。另外,珀西·加德纳曾经发现一枚色雷斯梅塞姆布里亚城的钱币,钱币上所镌该城的希腊文城名为Mesembria,它可以意译成"正午城"或"日中城"[①]。(马克斯·缪勒则释之为"南方城"或"太阳城")。但是,该城的其他一些同类钱币上,题铭则不完全用字母表示,而是部分地代之以图形,即,城名作 MEΣ卐,也就是用卐形纹饰代替了"日(太阳)"。因此,卐形纹饰与太阳的等同关系卓然可见。

上面所引的,乃是国外学者在主要研究域外卐形基础上而作出的某些结论。那么,就中国古代的卐形而言,其象征意义是什么呢?我认为,它主要是作为太阳的象征符号。

在中国,最直接、最清晰地将"卐"等同于"日"的例证,似

[①] Percy Gardner, *Solar Symbols on the Coins of Macedon and Thrace*, in *Numismatic Chronicle*, Vol. XX(N.S), p.59.

第一章 中国的卐形纹饰

乎要迟至唐代武则天时期才出现。武则天僭位之后,不断创造新字,而"日""月""星"之类的文字,也都被象形的图形文字所取代。她以"〇"为星,以"⊖"为月,以"卍"为日。显而易见,卐形完全等同于太阳。当时的《冯善廓造浮图铭法门寺碑》《涅槃经信法寺碑》《潘尊师碣获嘉县浮图铭王仁求碑》《梁师亮墓志铭小石桥碑》等碑铭,均将"日"字镌刻为"卍"字。

尽管武则天之大量使用卐,似乎表明系受佛教影响所致,但是实际上,卐形等同于太阳的观念,早在中国的上古时代就形成了。因为中国古文中"日"字的基本结构,便大致相当于"卐"。

卐与太阳的关系,比较清楚地体现在金文中的"明"字上。如图6所示,乃是见于古代青铜器上的"明"字。这些"明"字中的"日"傍,均在大致圆形的日盘内添上卐状纹饰,或作三臂,或作五臂。其义似乎旨在表达烈日发出的焰苗或光芒,其中,a例更似所谓的"三肢纹",亦即标准卐形的演变型。足见"卐"与"日"早就具有等同关系。

图6　金文中的四例"明"字

另一个例证见于古"囧"字。"囧"乃"囧"的俗字,《说文》谓"囧"为窗牖的象形字,恐误。按"囧"字有"光"之义(李善注《文选》木华《海赋》"望涛远决,囧然鸟逝"句时引《苍颉篇》云"囧,光也。"),还有"明"之义(《广雅·释诂四》:"囧,明也。")。而"明"的古义之一即是"太阳",《礼记·礼器》谓"大明生于东,月生于西",可证。因此,"冏(囧)"的本义似乎应是"发光的太阳"。若再证之以金文,则此说当更确。图7所示者,乃是见于戈父辛鼎上的"冏"字。这是在圆盘内添上四条生自边缘的短曲线,状如火球的光焰。如果将诸线在中央作十字形连接,则显然可以构成比较标准的卍形。此字进一步密切了卍形与太阳的关系。

图7 戈父辛鼎上的"冏"字

又,常见于商周青铜器上的所谓"火纹"(旧时称作"涡纹"或"圆涡纹"),也清楚地体现了卍形与太阳的密切关系。有的学者断定,火纹即是太阳的标志①。此说甚确。因为,将太阳视作天上之火或者"火精"的观念,很早就流传于民间了。《后汉书·荀爽传》云:"在地为火,在天为日。"《淮南子·天文训》云:"积阳之热气生火,火气之精者为日。"所以,古代器物上所饰的火纹,显然多应是太阳的表征。

图8所示,是个很好的例证。这是秦代瓦当上的图饰,共有四鸟,两两相对,中间各夹一个饰有三条弧线的火纹。此瓦当被称为"双凤朝阳瓦当",甚为确切。两鸟之间的火纹无疑即是太阳的象征。

火纹不但使用普遍,而且经历的时间相当长。青铜器上最早的火纹见于二里头文化期的斝有腹部。商代早期,火纹已很普遍,斝的腹部、柱上均装饰之。商代晚期和西周早期,火纹以鼎、簋的腹部为多。西周中期起,单个火纹的外圈常

---

① 如马承源说:"火纹旧称圆涡纹、涡纹或冏纹。……火纹是太阳的标志,因此它的特征是圆形的,中间略有突起,沿边有四到八道旋转的表示光焰的流动。"见马承源主编《中国青铜器》,上海古籍出版社,1988年,第338—339页。

第一章　中国的卍形纹饰

围以各种形式的雷纹。到春秋战国时代,单个火纹有极为华丽者。总之,火纹的持续时间很长,从二里头文化期直至战国,始终没有间断过。图9所示,是见于殷周时期"麟纹豆"上的部分火纹,它四臂交连于中央的小圆点,作弧形向左旋转,显为典型的卍形。

图8　秦代"双凤朝阳"瓦当　　图9　殷周时期"麟纹豆"上的火纹

从上述数例中已足以看到,在中国古代,尤其是上古时期,卍形主要作为太阳的象征。这固然与见于域外的某些卍形的含义相异,却也与其主要的一类含义相同。所以,中国上古时期的"卍"仍然存在着曾与域外的同类纹饰有过相互交流的可能性。

六、小结

依据上文的论述,大致可以归纳成下面几点结论。

(甲)"卍"在中国,应分成"卍形"与"卍字"两大阶段。即,在较早时期,卍只是作为一种纹饰和图形,见于各种器物上,这便称为"卍形"阶段。而在较晚时期,卍则兼为一个正式的汉字,频繁见于文书之中,此即"卍字"阶段。大体而言,在这两个阶段中,卍的含义、使用场合,乃至来源,均有所不同,故而"卍形"与"卍字"当是两个不同的概念。

（乙）卍形在中国之出现极早,至少可以上溯到公元前3千纪。当卍在早期单纯作为纹饰时,似乎主要作为太阳的象征符号,这与同时代域外之卍的主要含义相仿。由于迄今所见最早的卍只发现于中原的周边地区（如青海、辽宁等地）,因此不能排除中国之卍曾受域外影响,或者反之,影响域外卍的可能性。

（丙）"卍字"在中国出现的时间并非如通常所认为的那样,迟至唐代才由武则天制定,而是至少在西汉时期即已形成。它之受印度的影响是十分清楚的。但是,最初的"卍字"可能与印度佛教的关系较小,并且只是通过民间渠道从印度传入中土;而后期的"卍字"（例如东汉至唐期间）则几乎纯粹反映了佛教的影响,以致中国上古时代有关卍形的观念反而被逐渐淡化了。

（丁）当今中国辞书将卍字的语源释为梵文 srivatsa（室利靺蹉）是不准确的,应以 swastika（塞缚悉底迦）当之最为确切。

第二章 饕餮与贪魔的关系探讨

饕餮一名,按照学界的普遍解释,不外乎如下几种含义:某个贪婪的恶人、某个凶残的部族、某种贪残的怪物、古器物上的某种纹饰,或者喻指性格贪婪或嗜于饮食之人,似乎并不复杂。然而,一旦涉及到它究属何物、什么含义、起源如何等具体问题,则又聚讼纷纭,难见定论了。中外学者对于饕餮的考察早就开始,专门研究的文章也为数甚多。我对于这一主题则有不同于前人的若干新思考,故在此贡献给读者,就正于方家。需要指出的一点是,本章所探讨的,主要是汉文古籍有关"饕餮"一名的各种文字记载所体现的含义,以及它与西亚宗教中"贪魔"角色的关系,而并不涉及作为纹饰的"饕餮"的形制、分类和名称等问题①。

一、汉文古籍的有关记载

《左传》将饕餮说成是贪婪的恶人。《文公十八年》引大史克之语云:

> 昔帝鸿氏有不才子,掩义隐贼,好行凶德,丑类恶物,顽嚚不友,是与比周。天下之民谓之浑敦。少皞氏

---

① 有关"饕餮"纹饰的形制、分类等问题,可参看杭晓春《青铜器饕餮纹研究述评》一文,载《故宫博物院院刊》2005年第1期,第95—111页。

有不才子,毁信废忠,崇饰恶言,靖谮庸回,服谗搜慝,以诬盛德。天下之民谓之穷奇。颛顼氏有不才子,不可教训,不知话言,告之则顽,舍之则嚚,傲很明德,以乱天常。天下之民谓之梼杌。此三族也,世济其凶,增其恶名,以至于尧,尧不能去。缙云氏有不才子,贪于饮食,冒于货贿;侵欲崇侈,不可盈厌;聚敛积实,不知纪极;不分孤寡,不恤穷匮。天下之民以比三凶,谓之饕餮。舜臣尧,宾于四门,流四凶族浑敦、穷奇、梼杌、饕餮,投诸四裔,以御螭魅。是以尧崩而天下如一,同心戴舜,以为天子,以其举十六相,去四凶也。①

在此,饕餮被说成是缙云氏之子,是个贪食贪财、纵欲过度、并且缺乏同情心的恶人,故而被舜将其全族流放到穷乡僻壤的边远地区去。若按此说,从严格的意义上看,饕餮只是一个人,即使宽泛一些,也至多将他的族人和后裔一起称作"饕餮"而已。

《吕氏春秋》则将饕餮说成强悍和凶残的部族:

> 非②滨之东,夷秽之乡,大解陵鱼,其鹿野、摇山、扬岛,大人之居,多无君。扬汉之南,百越之际,敝凯诸夫风、余靡之地,缚娄、阳禺、驩兜之国,多无君。氐羌、呼唐,离水之西,僰人、野人,篇笮之川,舟人、送龙、突人之乡,多无君。雁门之北,鹰隼所鸷,须窥之国,饕餮、穷奇之地,叔逆之所,儋耳之居,多无君。此四方之无君者也,其民麋鹿禽兽,少者使长,长者畏壮,有力者贤,暴傲

---

① 《左传》卷二十《文公十八年》,阮刻《十三经注疏》本,下册,中华书局影印,1980年,第1862页中—1863页上。
② 高诱注云:"非,疑当作北,犹言北海之东也。"

第二章 饕餮与贪魔的关系探讨

者尊,日夜相残,无时休息,以尽其类。①

这里所言的饕餮被说成是崇尚武力的一个部族,地处"雁门之北",当在中国北方的徼外,但是究竟在北界外多远,却未见清楚的说明。此外,这一"饕餮"与前引《左传》所言者显然并非同一,更难说有何血缘关系。

同样将饕餮说成为族群的,见《神异经》:"西南有人焉,身多毛,上头戴豕,性狠恶,好息,积财而不用,善夺人谷物。强者夺老弱者,畏群而击单,名饕餮。言三苗性似,故号之。"②同书的另一条记载也称饕餮为某种古怪的人群,且其居地也在西方:"西荒中有人焉,面目、手足皆人形,而胁下有翼不能飞,名曰苗民。《书》曰'窜三苗于三危'。西裔为人饕餮,淫泆无礼,故窜于此。"③

当然,饕餮之所指,除了是某个人或某个族群之外,还有某个纹饰之意。例如《吕氏春秋》云:"周鼎著饕餮,有首无身,食人未咽,害及其身,以言报更也。"④其意是说,周朝人为了警戒世人,不得贪婪,故将以"贪"为特征的饕餮形貌绘制在鼎上。晋代的郭璞认为《山海经》中谈到的狍鸮即是饕餮,其形貌被绘制在夏朝的鼎上:"又北三百五十里,曰钩吾之山,其上多玉,其下多铜。有兽焉,其状如羊身、人面,其目在腋下,虎齿、人爪,其音如婴儿,名曰狍鸮,是食人。"郭璞注

---

① (战国)吕不韦辑、高诱注《吕氏春秋》卷二十《恃君览第八》,载《诸子集成》第六册,上海书店据世界书局本影印,1986年,第255—256页。
② 转引自《史记》卷一《五帝纪·虞舜》张守节"正义"引文,中华书局标点本,1975年,第38页。此文未见于文渊阁本《四库全书》收载的《神异经》。
③ 《神异经》,载《四库笔记小说丛书——山海经(外二十六种)》,上海古籍出版社影印,1991年,第1042—269页。
④ (汉)高诱注《吕氏春秋》卷十六《先识览第四》,载《诸子集成》第六册,第180页。

云:"为物贪惏,食人未尽,还害其身,像在夏鼎。《左传》所谓饕餮是也。"①

宋代吕大临有关癸鼎的释文云:"又,癸鼎,文作龙虎,中有兽面,盖饕餮之象。《吕氏春秋》曰:'周鼎著饕餮,有首无身,食人未咽,害及其身。'《春秋左氏传》:'缙云氏有不才子,贪于饮食,冒于货贿,天下之民谓之饕餮。'古者,铸鼎象物,以知神奸。鼎有此象,盖示饮食之戒。"②这是明确地将《吕氏春秋》和《左传》所言之饕餮人与鼎上的纹饰联系起来。同属宋代的《重修宣和博古图》在介绍商朝的象形饕餮鼎时也作类似说法:

> 按,此鼎款识纯古,仿佛饕餮之形。后人观象立名,故取为号。至周监二代,文物大备,凡为鼎者,悉以此为饰,遂使《吕氏春秋》独谓周鼎著饕餮,而不知其原实启于古也。按《春秋·宣公三年》,王孙满对楚子问鼎之语曰:"昔夏之方有德也,远方图物,贡金九牧,铸鼎象物,故民入川泽山林,不逢不若,螭魅魍魉,莫能逢之。"则商之为法,亦基于夏而已,周实继商,故亦有之耳。昔人即器以寓意,即意以见礼,即礼以示戒者如此。③

这似乎是古籍中将饕餮作为纹饰而解释得最为详细的一段文字。按其说,早在夏、商时期,就已见鼎上绘制饕餮纹饰,只是降及周代,其风更盛而已,三代的做法是一脉相承的;此

---

① (晋)郭璞注《山海经》卷三《北山经》,载《四库笔记小说丛书——山海经(外二十六种)》,第1042—24页。
② (宋)吕大临《考古图》卷一《癸鼎》,载《四库艺术丛书——考古图(外六种)》,第840—98页。
③ (宋)王黼《重修宣和博古图》卷一《鼎一·商·象形饕餮鼎》,载《四库艺术丛书——考古图(外六种)》,第840—394页。

外,鼎上所制饕餮纹饰的用意,也被确认为"示戒"。于是,有关饕餮诸说的原始记载,大体上将饕餮的含义解释为三类:个人、人类族群、鼎器上的纹饰。

二、近世学者的主要观点及抵牾之处

近世学者对饕餮所指的对象及其含义多有研究,各有道理。其中,孙作云、杨希枚等先生的文章分析得更为详到,探讨得更为深入。兹归纳诸学者的若干观点如次。

1. 作为纹饰的"饕餮"

孙作云将饕餮纹饰的表现形式归纳为五大方面,即:第一,最普通、最常见的饕餮纹是所谓的"兽面纹";第二,是所谓的"人面形饕餮纹",有时候,眉、目、鼻、口、耳具备,可谓五官俱全;第三,作兽头人身或人头人身之形;第四,作兽头兽身,但绝不作四脚爬行之状,而是作人的姿态,或作跪形,即坐形——古人之"坐"法;第五,或作人面蛇身之形,虽然实例不多,但也自成一格[①]。显而易见,若按此说,则商、周器物中的相当一部分纹饰都可称之为"饕餮"了。

然而,杨希枚却认为,"饕餮"究属何种纹饰,是一个仍然未有定论的问题,他怀疑古人之说有所误解,或者至少模糊不清。其说云:宋代的《考古图》《博古图》二书所言商、周鼎上的纹饰,即由左右两具兽形躯体以头端对合而成的状如兽面的纹饰,与《吕氏春秋》描绘的"有首无身,食人未咽"的饕

---

① 说见孙作云《说商代"人面方鼎"即饕餮纹鼎》一文,原载《河南文博通讯》1980年第1期,后收载于《孙作云文集——美术考古与民俗研究》,河南大学出版社,2003年,第54—62页。

饕形貌几无相同之处,故二者之间并无明晰的比定关系。实际上,如果以《吕氏春秋》所言者为"饕餮"纹饰,那么,宋儒所言者就非"饕餮";反之亦然。此外,《吕氏春秋》"害及其身,以言报更"云云,或许仅仅是原作者或秦代社会的一般解释,未必是周鼎纹饰的初意,故这类"饕餮"纹饰的象征意义,其实难以确定。

宋儒之所以称商周铜器上的纹饰为"饕餮",完全是因为误解了《吕氏春秋·先识览》而给予的一种命名。"仿佛饕餮之形"以及"后人观象立名"云云,其实揭示了很不确定的口吻,故知宋儒本身也只是模糊地认为见诸商周铜器的纹饰是"饕餮"①。

最明确地将"饕餮"比定于中国古代神话传说角色的,是孙作云之说,即认为此即蚩尤。他早在 20 世纪 40 年代就提出此说,后在 20 世纪 50 年代初、60 年代初、80 年代初的多篇探讨饕餮纹的文章②中一再申论,并于 2003 年收入《文集》,再次确认此说。其说云:第一,缙云氏即"戬云氏",得名于黄帝灭蚩尤之事,故缙云氏之"不才子"饕餮必为蚩尤无疑。第二,饕餮义为贪叨,而缙云氏不才子之饕餮,性亦贪叨,故饕餮必为蚩尤。第三,饕餮与蚩尤都取象于蛇,饕餮实为兽首蛇身,故饕餮即蚩尤。第四,传说蚩尤造五兵,即为武器发明者,而古铜器的饕餮纹旁往往缀以刀兵之形,且其数

---

① 以上两个观点,见杨希枚《论饕餮与饕餮纹》,载《中国民族学通讯》第五期,中国民族学会,台北,1966 年 9 月,第 1—13 页。
② 例如,《饕餮考——中国铜器花纹中图腾遗痕之研究》(载《中和月刊》第五期,第 1、2、3 卷,1944 年)、《说饕餮——旧作〈饕餮考〉的总结及补遗》(撰成于 1952 年,当初未发表)、《饕餮形象与饕餮传说的综合研究》(撰成于 1960 年 10 月,当初未发表)、《说"龙虎尊"二三事——并论"饕餮食人"的原始意义》(撰成于 1961 年,当初未发表)、《说商代"人面方鼎"即饕餮纹鼎》(载《河南文博通讯》1980 年第 1 期)等。

为五,故饕餮即蚩尤。第五,饕餮纹在某一时期的作用意在厌胜辟邪,是为"畏图";而黄帝以蚩尤图像威天下,是知蚩尤也为"畏图",故饕餮即蚩尤。诸如此类的根据罗列了不少,颇具创见①。

"饕餮即蚩尤"之说也为稍后的袁珂所主张,他在注释《山海经》时,认为饕餮纹饰所描绘的形象,很可能是指与黄帝相对抗的蚩尤。盖古人称"蚩尤,天符之神,状类不常。三代彝器,多著蚩尤之像,为贪虐者之戒",这与《吕氏春秋》谓"周鼎著饕餮"之说吻合。此外,《史记》谓缙云氏之子饕餮为炎帝之裔,姜姓,而蚩尤也是炎帝苗裔,姜姓。又,《大戴礼记》谓蚩尤是"庶人之贪者",则其品性与《山海经》之狍鸮、《神异经》等之饕餮类似。以此观之,饕餮之原型,或当是蚩尤②。

此外,笔者曾经认为,饕餮纹饰似乎与西方的辟邪面具有着相互借鉴的关系:中国古代器物上的饕餮纹饰,以眼、角和蛇形躯为状貌的主要特征,其含义当是趋吉避凶。这与早在亚述时期就见于西亚两河流域的胡姆巴巴(Humbaba)头像,以及据云是源于胡姆巴巴的希腊戈尔工(Gorgon)头像十分相似,所以,饕餮纹饰与西亚的辟邪面具可能有渊源关系③。

当然,还有不少学者认为饕餮纹饰可能是某种真实动物的艺术再现④。诸说之一,是以牛作为饕餮的原型,例如,李

---

① 孙作云《饕餮考——中国铜器花纹中图腾遗痕之研究》,《孙作云文集——中国古代神话传说研究(上)》,河南大学出版社,2003年,第305—325页。
② 说见袁珂《山海经校注·海经新释卷十·宋山·枫木》,上海古籍出版社,1980年,第374—375页。
③ 说见芮传明、余太山《中西纹饰比较》,上海古籍出版社,1995年,第331—352页。
④ 以下有关饕餮纹饰乃诸般动物之艺术再现的各种说法,均转引自《青铜器饕餮纹研究述评》的概述。

泽厚声称"基本同意它是牛头纹"[1];韩湖初称:"(饕餮)从神情和形貌上看更像牛。"[2]他如顾立雅(H. G. Greel),也将饕餮视作水牛的形象[3];亨采(C. Hentze)认为饕餮即牛头之纹,由于牛角形曲而象征着月亮,故饕餮即是月神,代表着死亡与黑暗,是光明与生命的解放者[4]。另一说是将饕餮视为虎头的纹饰。例如,冯其庸认为"它的面部是猛兽头部(我认为主要是虎头)的理想化的美术化"[5]。瓦特培里(F. Waterbury)亦称饕餮是虎的纹饰,并认为它象征日神,具有驱邪和庇护农业的职能[6]。此外,还有人认为饕餮是表达羊首、鹿首等动物的纹饰。

2. 作为族群的饕餮

杨希枚比较坚持饕餮即族群的观点,他认为,《左传》《吕氏春秋》以及《神异经》所载的"饕餮",肯定是指早就存在的某个域外凶悍族群。尽管《史记》《山海经》和《神异经》将《左传》提及的与饕餮并列的其他三个凶族(浑沌、穷奇、梼杌)指为恶兽和怪神,但是这不足以否定饕餮是族群名的观点。

"饕餮即三苗"之说不确,盖因它源于唐以来经师的错误

---

[1] 李泽厚《美的历程》第二章"青铜饕餮",载《美学三书》,安徽文艺出版社,1999年,第43页。

[2] 韩湖初《略论青铜饕餮的"狰狞美"》,《华南师范大学学报》社科版1998年第4期。

[3] H. G. Greel, *Birth of China*, p.117, New York, 1937.

[4] 艾兰(S. Allan)《早期中国历史思想与文化》,辽宁教育出版社,1999年,第231页转引。

[5] 冯其庸《良渚玉器上神人兽面图形的内涵及其衍变》,《中国文化》1991年12月第5期。

[6] Frorance Waterbury, *Early Chinese Symbols and Literature*, New York, 1942.

注解。《神异经》"其为人饕餮"之语,显然是后儒据《左传》关于饕餮凶悍习性之描述而喻指苗民,并非实指苗民即是名为饕餮的族群。

唐代以来,"饕餮本恶兽名"之说,除了源于对《吕氏春秋·先识览》之文的误解外,还起因于郭璞对于狍鸮兽文的误注,以及后世的不断附会。而所谓"服虔案:《神异经》云,饕餮,兽名"云云,十分可能是《左传正义》作者的伪造。所以,饕餮不是怪兽名[①]。

饕餮应该主要是古代民族之名称,以强悍为特征。该族所居的广原大泽,似乎即是奄蔡、康居所处的吉尔吉斯草原大泽之区。饕餮族似乎与匈奴、西戎以及塞西安人(Scythians)有着密切的关系。他们可能是同一种系因与另一种系不同程度地混血而衍分出的几个族群[②]。

另有学者仍以《神异经》所言为据,认为饕餮即是"三苗"之族,乃至认为"饕餮"二字也是出于西南语言之译音。该族与上古的夏、夷、蛮、闽、狄、貉、羌等一样,都是部族的图腾标记[③]。

综上所述,"饕餮"究竟为何物,实际上依然没有定说。就大类划分而言,虽然不过生物、纹饰两种,但是细加区别,则异说甚多。例如,或言为族群,或言为个人,或言为神人,或言为怪兽;而即使同样指饕餮为族群,也还有居地之异,或谓在西南,或谓在北荒,或谓在远西。至于纹饰之说,则也有不同含义之辨。尽管如此,我们却可以从有关饕餮的种种描

---

① 以上三个观点,见杨希枚《论饕餮与饕餮纹》。
② 说见杨希枚《古饕餮民族考》,载《中央研究院民族学研究所集刊》第二十四期,台湾南港,1967年,第1—26页。
③ 说见郑师许《饕餮考》,《东方杂志》第28卷,第7号,75—81页。

述中，发现它与西亚古代宗教中的神话角色"贪魔"有着共通的思想观念，从而似乎暗示了二者之间曾经有过某种交流关系。为便于进一步探讨，兹概括"贪魔"之形象如次。

三、西亚"阿缁(Āz)"或"贪魔"的形象

古伊朗神话传说和宗教中有个反面角色，即邪恶的魔首，名叫阿缁(Āz)。在多数场合，尤其是在摩尼教神学中，它被说成是雌性生物，是众魔之母，她最大的特征即是贪欲。事实上，在伊朗语中，"阿缁(Āz)"的原义即是贪婪、贪欲，形象地揭示了此魔的特性。

有关阿缁的记载，主要见于琐罗亚斯德教、摩尼教的伊朗语文献，以及摩尼教的汉文文献。下文将根据这些文献，概括勾勒出阿缁的形象。

阿缁(Āz)之名，最初见于琐罗亚斯德教的神话传说。在该教的神学中，Āz邪灵是个威力巨大的毁坏者，与之关系密切的一个伙伴名叫尼亚缁(Niyāz)。"Āz"之意为贪婪，"Niyāz"则意为渴望。它俩在许多场合被相提并论，通常都是指超自然的邪魔。

琐罗亚斯德教的经典称为《阿维斯塔》(Avesta)，今天所见者是其残卷，由好几个部分构成①。在《伽萨》(Gathas)中，并未提及阿缁(Āzi，是为巴拉维语的表述)，但在《小阿维斯

---

① 《阿维斯塔》的全书并非成于同一时代和地点，而是古波斯宗教、习俗、神话等资料的结集。据云，原有二十一卷，但流传至今的仅存一卷，是为记录宗教仪礼的典籍，包括传说、法规、赞歌三部，分别为《雅斯那》(Yasna)与《伽萨》(Gâthâs)的合集、《维斯匹赖德》(Visperad)及《万迪达德》(Vendidad)。此外，尚有《小阿维斯塔》，即《科尔塔阿维斯塔》(Khorta Avesta)，可供俗家信徒阅读。《伽萨》是琐罗亚斯德本人的手记，最能表述他的思想。

第二章 饕餮与贪魔的关系探讨

塔》(Khorda Avesta)、《万迪达德》(Vendidâd)、《创世纪》(Bundahišn)等经典中,则多次提及。例如,《万迪达德》的一段描述表明,阿缁是阿塔尔(ātar)的死敌:阿塔尔是善神阿胡拉马兹达(即奥尔密兹德)的儿子,司职火神。但是他因受阿缁的严惩威胁而多次呼吁求救:

> 在黑夜的第一时分,阿胡拉马兹达的儿子阿塔尔向屋主呼吁求救,他说道:房东呀,赶快起来!穿好衣服,系上腰带,洗净双手,拿起木柴,前赴我处。让我点亮这洁净的木头,用你十分洁净的双手擎持。由诸魔所生的阿缁前来我这里,将我吞食,意欲把我从这个世界上毁灭。①

接着,这番呼救之语又重复了两遍,区别只在于:"在黑夜的第二时分,阿胡拉马兹达的儿子阿塔尔向农夫呼吁求救",以及"在黑夜的第三时分,阿胡拉马兹达的儿子阿塔尔向神圣的斯劳沙(Sraosha)呼吁求救"。斯劳沙随即唤醒了神鸟(公鸡)帕洛达希(Parodarsh),要它唤起大家,对付邪魔。不难看出,当黑夜的三个时分过后,公鸡司晨,已是黎明了。故阿塔尔的对头阿缁也就是黑暗即邪恶的象征。

阿缁(Āz)的邪恶,如其名含义所表达的那样,特别体现在贪欲上。大约成于公元8、9世纪的巴拉维语文献《创世纪》(*Bundahishn*)描述阿缁的贪欲程度道:"贪魔阿缁吞食一切事物,由于匮乏而无物可获时,它就吞食自身。它是一个无法填满的深壑,即使整个世界的财富全部给予它,也从来不会满足。因此有人说道:'其贪婪的眼睛犹如没有边界的

---

① *Vendidad*, Fargard 18, 译自 James Darmesteteramd 的英译文 (from *Sacred Books of the East*, volume 3, New York, 1898)电子版。

旷野。'……还有人说道：'贪魔阿缅的威力在于其人并不满足于自己的妻子,甚至诱骗他人的妻子。'"①显然,阿缅的贪欲主要包括了三个方面：一是贪食,二是贪财,三是贪色。这三种贪欲兼而有之,则无疑会导致"世界的毁灭"了。

那么,在琐罗亚斯德教中,阿缅的身份、地位究竟如何呢？实际上,该教有关阿缅的描绘,主要来自其教派之一楚尔凡教派②：善神奥尔密兹德（Ohrmazd, 亦即 Ahura Mazdah）与恶神阿赫尔曼（Ahriman, 亦即 Angra Mainya）是孪生兄弟,他们都是由超神梵尔凡（Zurvan, 义为"时间"）所"生"。楚尔凡"生"他们的大致过程是：

楚尔凡在天地以及一切事物尚未创建之前就已存在,他献祭了一千年,以便有个名叫奥尔密兹德的儿子,由他来创建万物。由于他暗自怀疑,这样的献祭是否真有效果,故奥尔密兹德由献祭孕育而成,阿赫尔曼则由怀疑孕育而成。当梵尔凡意识到两个儿子已在孕育时,便发誓道：哪个先出生,便立他为王。阿赫尔曼闻得此言,立即抢先穿破子宫而出生,奥尔密兹德则在其后出生。楚尔凡发现,他真正希望的芳香而光明的儿子是后出生的奥尔密兹德,而先出生的阿赫尔曼则恶臭而黑暗。但是,他不能违背自己的誓言,故只能让邪恶的阿赫尔曼为王九千年③。

---

① 引自 B. C. Anklesaria（tr. in Eng.）, *Iranian or Greater Bundahishn*, Chapter XXII, pp. 240-241, Bombay, 1956。
② 楚尔凡教义（Zurvanism）,早在阿黑门尼德王朝时期就已创建,是为琐罗亚斯德教的一个教派,后来被视作异端。楚尔凡（Zurvan）是巴拉维语（即中古波斯语）的音译,意为"时间"或者"命运"。
③ 见亚美尼亚的基督教护教论者 Kolb 的 Eznik 的记载,可能采自公元 4 世纪的一份失逸的巴拉维语文献。其英译文见于 Mary Boyce（ed. & tr.）, *Textual Sources for the Study of Zoroastrianism*, p. 97, Manchester University Press, 1984。

第二章 饕餮与贪魔的关系探讨

有意思的是,阿赫尔曼用以破坏的主要武器来自于楚尔凡的赠予,该武器即是阿缁(āz),亦即贪欲。公元9世纪,信奉楚尔凡教派的扎德斯普兰(Zadspram)在其著述中写道:

> 当第一次创造开始运作之时,楚尔凡将黑色和灰色的外衣带给阿赫尔曼,劝导他道:"这像火一样炽烈的物品,能使一切生物陷入烦恼,它的质料即是阿缁(=贪欲)。当九千年结束之时,你若还不能完全实施你在最初发出的威胁,即是令一切物质存在仇恨奥尔密兹德而喜欢你……那么,阿缁就会运用这些武器,吞食你的创造物;而她本身也会挨饿,因为她再也不能从奥尔密兹德的创造物那里获得食品。就如青蛙生活在水中时,能依靠水而活着,但一旦水消退了,青蛙也就干渴而死。"①

在此,阿缁既是一件物品——楚尔凡送给阿赫尔曼的一件礼物,又是拟人化的一个邪魔,并且表现为雌性。显然,在琐罗亚斯德教中,她只是邪恶主神阿赫尔曼用以对付善神奥尔密兹德的武器和工具,但我们将看到,她在摩尼教中,则贵为"诸魔之母"。下面是摩尼教中古波斯语文献关于阿缁(Āz)的若干描述:

> 于是,诡计多端的阿缁十分震怒,她便欲采取措施,她想道:"我将按照我所见到的纳里萨神(God Narisah,即第三使——引者)的男身和女身的形貌,制造一男一女,这样,他们就成为我的外衣和面纱了。"因此,阿缁将从天上落到地下的一切诸魔的生育物作为外衣,给雄性阿斯雷什塔(Asrēshtār)及雌性阿斯雷什塔二者穿上;

---

① 转引自 R. C. Zaehner, *The Dawn and Twilight of Zoroastrianism*, New York, 1961,电子版,网址:http://www.farvardyn.com/zurvan4.php.

他们状若狮子,淫荡、狂怒、罪孽深重、令人恐惧。她把他们作为自己的面纱和外衣,内藏狂暴。正如阿缁在最初就在其居所黑暗地狱里教唆男身和女身的诸魔、诸巫、怒魔、众多马赞(Mazan)和阿斯雷什塔,让他们纵欲和交媾那样,她此后又开始教唆从天上下落到地上来的另一些雌、雄马赞和阿斯雷什塔纵欲和交媾,致使他们变得淫荡,躯体相连,混杂在一起,从而生出怪物后代。阿缁因此可以吞食这些产物,用以制造出两个创造物,即一个男人和一个女人。……

她创制了最初男人(the first man)。……使他变得越来越残酷、越来越像马赞,越来越贪婪和淫荡。……然后,状若狮子的雌、雄阿斯雷什塔又吃了其同类的同样的生育物,充满了淫欲,于是他们交合,混杂在一起,躯体相连。阿缁用马赞们的生育物供他们尽情吞食,她遂以同样的方式创制了另一个躯体——女人,她具备骨、筋、肉、脉、皮。[①]

(阿缁)创制了最初女人(the first woman)。……使她变得越来越残酷和罪孽深重,充满了淫邪和性欲,遂能以其淫欲欺骗最初男人。于是,他们就会变得贪婪和淫荡,狂暴、恶毒、残忍地行事;就会攻击水、火、树木、植物,崇拜贪婪和淫欲,干诸魔所想干的事,并将堕入

---

① 见于吐鲁番出土的摩尼教伊朗语文献。英译文转引自 Jes P. Asmussen, *Manichaean Literature — Representative Texts Chiefly from Middle Persian and Parthian Writings*, pp. 128-129, Delmar, New York, 1975(下文引用时略称 *Literature*)。原文献为 T III 260 e I = M7984, 以及 T III 260 c = M7982, 中古波斯语:*MM* I: 191-97; *Cat.* p. 133。

第二章 饕餮与贪魔的关系探讨

地狱。①

十分显然,阿缁所展现的突出的品格,是贪婪、淫荡、残忍、狂暴、恶毒,她不仅本身如此,还将这些邪恶的品格赋予她所创造的人类。摩尼教文献对于这点尤其强调,有的学者概括道:"魔名阿缁(Āz)和阿赫尔曼(Ahrmēn)见于摩尼教文献中。阿缁是贪欲之魔;阿赫尔曼是初人奥尔密兹德(Ohrmizd)的敌手。在摩尼教文书中,阿赫尔曼与阿缁经常扮演着邪恶势力的角色。"②这是后世学者对于阿缁形象的概括,其特色是强烈的欲望和十分的邪恶,故赋予"贪欲之魔(demon of lust)"的名号。见于摩尼教突厥语文献《忏悔文》中的如下两条记载,则以"贪得无厌和无耻之尤"来形容阿缁的特征:

> 奥尔密兹德神与五明神一起降临,指挥一切诸神与邪魔战斗。他与兴奴③(Šïmnu)的邪恶行径及五类魔斗争。当时,神与魔,明与暗混杂在一起。奥尔密兹德神的儿子五明神,我们的灵魂,与邪魔战斗了一段时间,受了伤。遂与诸魔之首的邪知以及贪得无厌和无耻之尤的阿缁魔的一百四十万邪魔混和在一起,他变得不明事理和意志薄弱:他彻底忘记了自己曾在哪里诞生和被创

---

① *Literature*, pp. 129-130。原文献为 T III 260 d I = M 7983,中古波斯语:*MM* I: 198-201; *Cat.* p. 133。
② L. J. Rudolf Ort, *Mani, A Religio-Historical Description of His Personality*, p. 50, E. J. Brill, Leiden, 1967.
③ 突厥语文献中的角色"兴奴(Šïmnu)",相当于伊朗语文献中的"阿赫尔曼(Ahrmēn)"。

造的永生诸神的乐土,他与光明诸神分离了。①

这里描绘的是摩尼教的创世神学:受大明尊派遣而与暗界诸魔作战的初人(即奥尔密兹德)被暗魔击败,五个儿子"五明子"被诸魔所吞,即光明分子(实际上就是人类的灵魂)被暗魔所夺,从此受尽煎熬,难以脱离羁缚,并且几乎失去了"灵知"。在此,阿缁被称为"诸魔之首",并被斥为"贪得无厌和无耻之尤"。同样的措辞见于同一文献的另一段:

> 我们由于自己的恶行和罪过,招致了极大的痛苦。我们在日常生活中吃下的五明神的光明堕入了邪恶之处,由于我们自己的缘故,我们的灵魂迷失在贪得无厌和无耻之尤的阿缁魔的爱欲中。正因为如此,主啊,我们祈求从罪过中解脱出来。原谅我的罪过!为了神圣的宗教预兆!②

按照摩尼教的教义,人们最大的罪过是囚禁灵魂,使之被"魔"所惑所困,丧失灵知;而"灵魂"即光明分子,肉体即"魔"。这里所言的"阿缁魔的爱欲",通常也就是喻指世人皆备的贪心、肉欲等。

摩尼教的汉文典籍虽系伊朗语文献的编译本,但许多术语都借自汉文佛经;不过,于"(Āz)"一名则另作新创,确切地意译为"贪魔"。在迄今仅见的三部摩尼教汉文典籍(《摩尼教残经》《下部赞》《摩尼教光佛教法仪略》)中,"贪魔"之名只见于《残经》与《下部赞》,前者凡八见,后者凡四见。今举数

---

① Jes p. Asmussen, $X^u āstvānift\bar{\imath}$: *Studies in Manichaeism*, p. 193(原文献为 T II D 178 IV 的正面), Prostant Apud Munksgaard, Copenhagen, 1965。下文引用时略称 $X^u āstvānift\bar{\imath}$。

② $X^u āstvānift\bar{\imath}$, p. 198,原文献为大英博物馆藏斯坦因文书,*Manichaean script*, XV B。

例,以知贪魔的形象:

"如此肉身,亦名故人。即是骨、筋、脉、肉、皮、怨、嗔、淫、怒、痴,及贪、馋、淫,如是十三,共成一身,以像无始无明境界第二暗夜,即是贪魔毒恶思惟诸不善性,所谓愚痴、淫欲、自誉、乱他、嗔恚、不净、破坏、销散、死亡、诳惑、返逆、暗相,如是等可畏无明暗夜十二暗时……"

"其次复有两种暗夜。第一夜者,即是贪魔;其十二时者,即是骨、筋、脉、肉、皮等,及以怨憎、嗔恚、淫欲、忿怒、愚痴、贪欲、饥火,如是等辈,不净诸毒,以像暗界无始无明第一暗夜。"

"其彼贪魔,为破落故,造新秽城,因已愚痴,恣行五欲。……"(以上三例见《残经》)。

"一切魔王之暗母,一切恶业之根源,又是猛毒夜叉心,复是贪魔意中念。"(颂24)

"苦哉世间众生类,不能诚信寻正路,日夜求财不暂停,皆为肉身贪魔主。"(颂94)(以上二例见《下部赞》)

显而易见,在贪魔的"毒恶思维诸不善性"中,"贪""馋""淫欲""贪欲""饥火"等字眼频繁出现;"其彼贪魔,为破落故,造新秽城,因已愚痴,恣行五欲"之语,生动地展示了贪魔一心追求的目标是"恣行五欲";至于"苦哉世间众生类,不能诚信寻正路,日夜求财不暂停,皆为肉身贪魔主"之句则嘲讽"日夜求财"的芸芸众生是"肉身贪魔"。亦即是说,贪财、贪色、贪食等等贪欲,正是贪魔的明显特征。

四、饕餮与贪魔的关系分析

我们将在比照饕餮、贪魔之形象的基础上,探索二者之间是否有所关系,并是何种关系。

1. 从品性上看饕餮与贪魔的共同点

不难发现,二者的最大共同点是"贪婪"和"淫欲"。从前引的汉文古籍中,可以看到,以个人身份(缙云氏之子)出现的饕餮"贪于饮食,冒于货贿;侵欲崇侈,不可盈厌;聚敛积实,不知纪极;不分孤寡,不恤穷匮"(《左传》)。在此,其品格可以归纳为极度地贪食、贪财、纵欲、奢侈和无情。以族群身份出现的饕餮则"少者使长,长者畏壮,有力者贤,暴傲者尊,日夜相残,无时休息,以尽其类"(《吕氏春秋·恃君览》)。在此,其品格可以归纳为极度地尚武、残暴,乃至自相残杀。至于以形貌怪异人身份出现的饕餮则"性狠恶,好息,积财而不用,善夺人谷物"及"淫佚无礼"(《神异经》),是知其品格狠恶、懒惰、贪财和淫荡、纵欲。

如此等等的描绘,尽管在作者心目中未必指的是同一种人或物,但以"饕餮"为名者却成了所有这些恶毒品格的象征者。另一方面,当我们考察西亚宗教中的"贪魔"时,可以发现其品格与"饕餮"大致相仿:琐罗亚斯德教中的邪魔阿缌(Āz),其名本身就义为"贪婪",是魔首阿赫尔曼对付善神的重要武器;嗣后,该角色被摩尼教所借鉴,同样使用"阿缌"之名,并使之演化成诸魔之母,不仅自身贪婪、淫荡、残忍、狂暴、恶毒,还将这些品格赋予其创造的人类,从而获得了"贪得无厌和无耻之尤"的典型称号(见《忏悔文》,*Xuastvanift*)。摩尼教的汉文典籍,恰如其分地将"Āz"意译成"贪魔",遂形象地突出了该邪魔的主要特征。"淫欲、忿怒、愚痴、贪欲"以及"猛毒夜叉心"、"日夜求财"等等的描述,使贪魔的形象几与饕餮相同。即使摩尼教在西传过程中,采

第二章　饕餮与贪魔的关系探讨　　　　　　　　　　　　　291

用科普特文所写的不少经典,以古希腊哲学术语"物质(Hylè)"一名取代了"Āz",但是贪魔角色的品格仍然未变,是"罪孽""死亡之思"的代名词,是恶毒邪魔的创造者,是淫欲、贪婪、残暴品格的象征者(见《导师的克弗来亚》〈Kephalaia〉等典籍)。有鉴于此,这一现象可以作为"饕餮与贪魔之间可能存在某种联系"之说的证据之一。

2. 从"有首无身"的确切含义看饕餮与贪魔的关系

令人作"二者有关联"之推想的另一条证据是,《吕氏春秋·先识览》"周鼎著饕餮,有首无身,食人未咽,害及其身,以言报更也"之语。凡是论及"饕餮"的,几乎无不引用此语,然而,鲜有具体解释者①,例如,"有首无身"与"食人未咽"有何因果关系?"害及其身"是指"害"谁?"报更"在此作何解?等等。陈奇猷在其《吕氏春秋校释》中,对此语作了较为详细的诠释:

> 本书《恃君》云:"饕餮、穷奇之地多无君,其民麋鹿禽兽,少者使长,长者畏壮,有力者贤,暴傲者尊,日夜相残,无时休息,以尽其类",明所谓饕餮者,乃古人想象中最贪残之人。《吕氏》此文言其食人未咽,正是象征此

---

① 即使作了某种具体解释,也多为推测,难以确认,如杨希枚曾说:"又据古今许多民族的宗教艺术与祭祀仪式上表现的'被恶物吞食'的情状而言,这种情状每为'返璞归真',也即个体或邦族'重生再造'的象征。因此,《吕览》所谓'食人未咽,以言报更也'说不定也正是象征着这种'重生再造'还报更始的意思。此外,当仍有其他解释,但显无法确认究以某种解释为可信。"(《论饕餮纹与饕餮》第2页)至于孙作云解释"饕餮食人"的原始意义,则认为"食人说"旨在形象化地表达身为部落酋长的饕餮(=蚩尤)残酷剥削族人,犹如吃人一般的现象,而未具体解释"食人未咽,害及其身"在纹饰图形方面的确切含义。见孙作云《说龙虎尊二三事——并论"饕餮食人"的原始意义》,《孙作云文集——美术考古与民俗研究》第67—75页。

义。报更,报偿也。此鼎之所以著饕餮有首无身者,盖象征残害人者,其报偿立见,正如饕餮食人,尚未及咽,而其身已残亡。然则此鼎乃寓诰诫之意,正是《左传》所云"使民知神奸,故民入川泽山林,不逢不若,螭魅罔两,莫能逢之"之旨。盖使民知奸事之不可为而不为,则必不罹致祸也。①

按照此说,意指饕餮纹饰之所以只见面部,不见身体,是因为纹饰始创者旨在告诫人们:若如饕餮那样太贪吃人的话,则人还未咽下,自己的身体倒给毁了,这即是报应;故图案上只绘一首,以示儆戒。如此解释,颇为勉强:为何所食之人还未吞下,就反而会丧失了自己的躯体呢?逻辑方面显然有问题,故不免令人起疑——难道真需要如此复杂地"示戒"?

至此,我们不妨暂置"饕餮"于一旁,先来检视一下"贪魔"的有关传说。前文曾引的琐罗亚斯德教文献《创世纪》(*Bundahishn*)载云:"贪魔阿缁吞食一切事物,由于匮乏而无物可获时,它就吞食自身。它是一个无法填满的深壑,即使整个世界的财富全部给予它,也从来不会满足。因此有人说道:'其贪婪的眼睛犹如没有边界的旷野。'"理解这段话的含义,应该没有太大的困难:首先,贪魔特别贪婪,世上的一切事物(包括生物与财富)都无法满足它;它贪食的程度,甚至到达无物可吃时就吃自身的地步!此外,由于贪婪而瞪大眼睛,乃至大得像"没有边界的旷野"。尽管后一比喻对于我们来说不太熟悉,但是可以想见,"瞪大眼睛"应该是极度贪婪

---

① 陈奇猷《吕氏春秋校释》下,卷十六《先识览》注38,学林出版社,1984年,第955页。

第二章 饕餮与贪魔的关系探讨

之心外露的表征之一,犹如中国人"垂涎三尺"的描绘。当然,贪吃到"吃自身"的程度,在实际生活中未必存在,但是作为夸张一点的譬喻,也未尝不可。至此,我们从琐罗亚斯德教有关贪魔阿缁的描写中,得到两个结论:一是贪魔贪食到甚至吞吃自身,一是其眼因贪婪而瞪得极大。

于是,再看有关饕餮的描述。第一,晋代郭璞注《山海经》"狍鸮"条,称它"为物贪惏,食人未尽,还害其身,像在夏鼎。《左传》所谓饕餮是也"。指狍鸮即饕餮,姑不论;但"食人未尽"与《吕氏春秋》"食人未咽"则略异,甚至,此"尽"可以理解为"所有的人都被吃光"之意,故与"咽"字显然有区别。第二,郭璞注《山海经图赞》同条时,则称"狍鸮贪惏,其目在腋;食人未尽,还自龈割"①。如何理解"还自龈割"?"龈割"即是啃咬之意,那么,"还自龈割"岂非"还咬自身"?若按先儒们解释,与之对应的"还害其身",当是意谓"害了自身",则"还自龈割"解作"还咬自身",岂不是十分顺理成章?亦即是说,此语不可能解作"啃咬他人"。按郭璞此语,则东方的饕餮亦如西方的贪魔,有"吃自身"的描绘,原因在于过度贪食!

李泽厚曾说:"《吕氏春秋·先识览》说:'周鼎著饕餮,有首无身,食人未咽,害及其身。'神话失传,意已难解,但'吃人'这一基本含义,却是完全符合凶怪恐怖的饕餮形象的。"②他虽然也认为《吕览》之语难见确切含义,但点出饕餮之"吃人"特征,却卓有见地。实际上,在琐罗亚斯德教和摩尼教的"贪魔"身上,也充分体现了"吃人"的特性,如前引《万迪达

---

① 此外,宋人黄伯思所撰《东观余论》卷上《周云雷罍说》"饕餮之为物,食人未尽,还啮其躯"一语,其义亦与之相近。
② 李泽厚《美的历程》第二章"青铜饕餮"第一节"狞厉的美",载《美学三书》,安徽文艺出版社,1999年,第45页。

德》(Vendidâd)所载善神阿胡拉马兹达之子阿塔尔(Ātar)的屡屡呼救:"阿缁前来我这里,将我吞食,意欲把我从这个世界上毁灭",便生动地展示了贪魔的"食人"特征。

鉴于以上分析,则多数饕餮之像有首无身的原因,是否可以释作饕餮太过贪婪,从而龈割自身之后的状貌呢?如此理解,既与《创世纪》对贪魔(Āz)的描绘相符合,也比"饕餮食人,尚未及咽,而其身已残亡"的解释更合理。另一方面,《创世纪》描述贪魔的另一个特点是"大眼睛",乃至大到犹如"没有边界的旷野"!而极有意思的是,饕餮纹饰也是以具有突出的眼睛为特征的。

事实上,不管人们对饕餮纹饰的含义有何歧见,学界对于此纹饰的总体状貌还是颇有共识的,即:夸张的怪兽头部正面,大口、瞠目,口中或有锯齿形排牙、獠牙,额头一对立耳或大犄角。足见"大眼睛"是饕餮纹的主要特征之一,例如,所谓"直耳饕餮鼎"上的纹饰,双目便占据了主导地位,见下图(出自吕大临《考古图》卷一):

图 1 直耳饕餮鼎纹饰

更进一步的,是仅剩双目的饕餮纹饰,例如,见于郑州二里岗的商代青铜爵上的纹饰,便是作此形貌,见下图:

图2　郑州二里岗青铜器纹饰

如果说,我们认可饕餮之主要品格特征为贪欲、食人,其主要形貌为无身、大眼;那么,若与贪魔阿缁的贪欲、食人,以及"吃自身"、极大眼睛之传说相比,是否可从这十分类似的描绘中推测出二者曾有关联的可能性呢? 答案应该是肯定的。

3. 从形貌、性别看饕餮与贪魔的相似性

就饕餮的形貌而言,除了《左传》谓其"缙云氏之子"以及《吕氏春秋·恃君览》谓饕餮之地在"雁门之北",从而暗示其为人形外,其他的记载,不是指其外貌为半人半兽,就是径直称其为"兽"。例如,《神异经》谓"西南有人焉,身多毛,头上戴豕……名饕餮",或者"面目、手足皆人形,而胁下有翼不能飞";《山海经·北次二经》"有兽焉,其状如羊身、人面,其目在腋下,虎齿、人爪"的描述,被郭璞指为饕餮的状貌;而服虔所引《神异经》则谓"饕餮,兽名,身如牛,人面,目在腋下,食人"[1]。再观后世指为"饕餮"的纹饰,不管有"身"还是无

---

[1] 《左传》卷二十《文公十八年》孔颖达"正义"引文,阮刻《十三经注疏》本,中华书局影印,1980年,下册,第1862页下。

"身",其面目却是典型的"兽"貌,尽管是象征羊面、牛面还是虎面等,仍有不同见解。总之,无论是文字记载还是图形纹饰,多将"饕餮"指为兽形,特别是头部。

再看西方典籍中描绘的"贪魔"状貌。尽管我们未见很多记载,但是从少量直接或间接的描述中,亦可大致窥见此物的"兽貌"。例如,科普特文的《赞美诗》描述明界神灵对贪魔的话道:"我怎么能治愈你,啊,黑疠,你这雌狮,俗世之母?我是使人康复的医治师,而你却是致人创伤的伤害者。"[1]这是直接称贪魔为狮子,她似乎呈完全的兽形。

又,贪魔麾下的诸魔,颇多狮形者,例如,"(雄魔和雌魔阿斯雷什塔)状若狮子,淫荡、狂怒、罪孽深重、令人恐惧。"[2]贪魔既称"众魔之母",则作为形若狮子的雌雄阿斯雷什塔之"母",大概也应具有狮子的状貌。是为间接的证据。最为具体的狮形描绘,当见于《赞美诗》:"救世主与其使徒们,以及属于生命之族的人们显现在黑暗与敌宗面前。他们为死亡之躯体、伟大……之子……狮面怪兽之子,以及他的母亲黑疠哀悼。"[3]这里的"狮面怪兽"显然是指贪魔"黑疠",故知贪魔是呈兽身狮首状。

更有意思的是,"狮面怪兽"的英译文作"lion-faced dragon",而"dragon"通常汉译作"龙"。我们知道,汉文古籍

---

[1] C. R. C. Allberry, *A Manichaean Psalm-Book* (Part II), 2215-7, Stuttgart, 1938(下文略称 *Psalm II*).本书于"雌狮"处未译,作省略号。但亚当认为当作"雌狮",见 A. Adam, *Die Psalmen des Thomas und das Perlenlied als Zeugnisse vorchristlicher Gnosis*, p. 21, 46 n. 38, Berlin 1959。

[2] 见前引 *Literature*, p.129,原文献为 T III 260 e I = M7984。

[3] 见 *Psalm II*, 57$^{15\text{-}18}$。

常将饕餮说成是"龙生九子"①之一,则与"龙"颇有渊源;那么,其状是否也具"龙"身,似乎不无可能。当然,西文所谓的"dragon"与中国传说中之"龙",状貌有所区别,前者通常是指一种有翼的爬行类怪兽,眼神凶恶,头有冠饰,爪子巨大,口喷烟火。但是即便如此,一则与中国传统之"龙"仍有相似之处,二则与《神异经》"头上戴豕""胁下有翼"之说稍见相像。综此看来,饕餮与贪魔都作半人半兽状,当无疑问。

另一方面,就性别而言,饕餮与贪魔也有雷同之处。在非汉文的琐罗亚斯德教或摩尼教文献中,贪魔经常明显地表现为女性或阴性,这毋庸置疑。例如,"阿缁即诸魔之母,一切罪孽从她而出"②;"阿缁,一切诸魔的邪恶母亲"③;"黑疠和她的儿子们将我分割包围,他们以其烈火焚烧我,他们把憎恶的外貌给予我"④;以及前引的"啊,黑疠,你这雌狮,俗世之母",诸如此类。

似乎没有直接证据表明饕餮属阴性,但是并非绝无蛛丝马迹可寻。例如,《万历野获编》在谈及"龙生九子"的特性时,有"宪章性好囚,饕餮性好水,蟋蜴性好腥,蟫蛀性好风雨,螭虎性好文,金猊性好烟,椒图性好闭口,蚯蛴性好立险,

---

① (清)梁章钜《浪迹续谈》卷八《龙生九子》载云:"龙生九子之说,不知始自何书?《升庵外集》云:'俗传龙生九子不成龙,各有所好。……今影响记之:一曰赑屃,好负重,今碑下趺是也;二曰螭吻,好望,今屋上兽头是也;三曰蒲牢,好吼,今钟上纽是也;四曰狴犴,有威力,故立于狱门;五曰饕餮,好饮食,故立于鼎盖;六曰蚣蝮,好水,故立于桥柱;七曰睚眦,好杀,故立于刀环;八曰狻猊,好烟火,故立于香炉;九曰椒图,好闭,故立于门铺。'"(中华书局,1981年,第394页)
② 帕提亚文,文书号 M183I。
③ 中古波斯文,文书号 S9。
④ *PsalmII*, 54$^{15\text{-}30}$。

鳌鱼性好吞火,金吾性通灵不寐"诸语①,则知饕餮之特性是好水;《菽园杂记》更有"宪章,其形似兽,有威,性好囚,故立于狱门上。饕餮,性好水,故立桥头。蟋蜴,形似兽,鬼头,性好腥,故用于刀柄上。蟠蛭,其形似龙,性好风雨,故用于殿脊上。螭虎,其形似龙,性好文彩,故立于碑文上"诸语②,进一步指出了诸"龙子"因其特性之不同而各司职能。可见饕餮与"水"的关系十分密切,故有"准水神"的可能。而按古代中国的观念,水属阴,故水神皆以女性为之,如同书卷八载云:"天妃之名,其来久矣。古人帝天而后地,以水为妃,泛言水神也。……或云:水,阴类,故凡水神皆塑妇人像。"鉴于此,岂非饕餮也有可能为"女身"?

此外,古代中国更有一说:仁厚、理性称为"性",嗜欲、贪婪称为"情";"性"属阳,"情"属阴。于是,凡贪凡恶者,自当属阴。《五行大义》阐述此说云:

> 《说文》曰:"情,人之阴气,有欲嗜也。性,人之阳气,善者也。"《孝经援神契》云:"性者,人之质,人所禀受产。情者,阴之数,内传着流,通于五藏。故性为本,情为末。性主安静,恬然守常;情则主动,触境而变。动静相交,故间微密也。"河上公章句云:"五性之鬼曰魂,为雄;六情之鬼曰魄,为雌。"此明性阳、情阴也。……六气通于六情者,好为阳,恶为阴,怒为风,喜为雨,哀为晦,乐为明。好为阳者,阳为好生,是以为好。恶为阴者,阴气好杀,是以为恶。③

---

① (明)沈德符《万历野获编》卷七《龙子》,中华书局,1999年重印,第191页。
② (明)陆容《菽园杂记》(佚之点校)卷二,中华书局,1985年,第17页。
③ 萧吉《五行大义》(钱杭点校)卷四《第十八论情性》,上海书店出版社,2001年,第106—107页。

以此观之,以贪婪、渴欲、残暴、邪恶为特征的饕餮,其性属阴,当在情理之中。饕餮与贪魔在性别方面,似乎也有着共同之处。

4. 从时代背景看东西方交流的可能性

按汉文古籍记载,"饕餮"早就见于商、周,乃至更久远的时代。但是,无论是"族群说"还是"纹饰说",都将始发之地指向域外:或被"投诸四裔",或在"雁门之北",或处"西南荒",或居"三危国"。正是基于这些记载,学者们试图考证"饕餮"的方位,其结论必然指向遥远的界外,而非中原本土。例如:"我们说'儋耳和饕餮、穷奇诸族,至迟在晚周迄秦汉之际,或曾分布于里海以东的吉尔吉斯的草原大泽之野',应该是一种合理的推论。"①姑不论这一考证是否正确,但"饕餮"这一"人"或"物"或曾在中原,但至少在先秦时期已远赴域外;或者本来就在域外,但后来曾入中国。两种可能都证明了一种现象:"饕餮"至少在距今三千年前,就已进入中外交流的行列!事实上,至今已有不可胜数的证据(包括大量的考古证据),表明当时在欧亚大陆上存在着频繁的人种迁徙和文化交流,在此背景下,不应排除"饕餮"接受外来观念或向外传播本身文化的可能性。问题只是,"饕餮"与"贪魔"之间究竟有无交流关系,如果有,是以何种形式进行的?

我曾经推测,鉴于成于公元前 2000 年左右的亚述神话叙事诗早就谈及妖魔胡姆巴巴(Humbaba),且其头像特征很可能是希腊神话中女妖戈尔工姊妹(Gorgons),特别是三妹美杜莎(Medusa)头像的原型;同时,阿尔泰山的帕齐里克古

---

① 杨希枚《古饕餮民族考》第 13 页。

墓(在俄、蒙、中、哈四国交界处)曾见公元前4世纪的戈尔工面具,以及湖南古墓之戈尔工面具(前4—前3世纪)与意大利丘西遗址的戈尔工面具(前1千纪上半叶)极为相似;而这些面具的性质及面貌特征又与饕餮纹饰有相似之处,故这数者间不无可能曾经存在某种交流关系①。这一说法虽然受到有的学者的质疑②,但我仍然认为,这种"交流"的可能性不能被完全排除。至于如今探讨的"饕餮"与"贪魔"二者,则既有可能曾经有过直接或间接的相互借鉴(甚至不止一次),也有可能融入了其他母题的文化因素,其中也包括"戈尔工"等辟邪面具。

贪魔(Āz)角色见于西亚古宗教琐罗亚斯德教,但对其特别强调的文字数据却稍见迟晚(公元9世纪),这或许是有的学者推测"贪魔"观念可能源自印度佛教③的原因之一。姑不论这个观点的正确度有多高,但是"贪魔"观念借鉴其他文化的可能性无疑是存在的。由于琐罗亚斯德教和摩尼教源于

---

① 说见芮传明、余太山《中西纹饰比较》第八章《饕餮纹饰》,上海古籍出版社,1995年。

② 例如,前引杭晓春《青铜器饕餮纹研究述评》不以为然:"然而,却有着相当多的学者将'文化传播'作为一个万能的手术刀,也不论他们解剖的对象之间存在着多大的差距,盲目地抛开传播途径可能性的探讨,用他们解剖出的一丝一毫的相似性,大胆地想象出各个文明之间的影响与渊源关系。……芮传明、余太山则更进而提出饕餮纹与希腊传说中的戈尔工面具以及亚述神话中胡姆巴巴像之间的密切关系。"(第103—104页)

③ 例如,济纳在其《琐罗亚斯德教的黎明与黄昏》一书中说道:"阿缁魔更有可能是个佛教观念而非琐罗亚斯德教观念,因为在《阿维斯塔》中未见'阿缁'的痕迹。但是另一方面,在佛教中,则视avidyā(无明)为一切烦恼的根本,主要体现形式则是 tṛṣṇā(渴爱),这意味着追求永远的错误认知,然后体现为强烈的邪欲。而琐罗亚斯德教的阿缁,也是既'无明'又'渴爱'的,亦即认知错误,邪欲旺盛。她攻击人类的肉体和心灵。"(R. C. Zaehner, *The Dawn and Twilight of Zoroastrianism*, 网址:http://www.farvardyn.com/zurvan5.php)

第二章 饕餮与贪魔的关系探讨

西亚,摩尼教主在创教前曾赴中亚和南亚,琐罗亚斯德教徒后曾大批赴印度,摩尼教亦远播东方,所以,若言他们在不同的时代吸纳了东方的某些观念,或者对外传播了自身的某些观念,则也毋庸置疑。

所以,我的结论是:"饕餮"与"贪魔"都是恶物(当然,后者的宗教色彩更浓一些;但将饕餮视同于东方的"贪魔",则庶几近之),都以贪婪、渴欲、残暴为主要特征;无论是"饕餮"的纹饰,还是与之相关的传说和思想观念,最初的形成和发展地域都很可能在古代中国的遥远"域外",并逐步融入了中国、中亚、西亚乃至南亚的文化因素;有关"贪魔"的主要观念,除了包含西亚的传统文化因素外,不无可能受到南亚乃至中国文化因素的影响,而"饕餮"之说或许对其有着更为直接的启迪;后世之所以对有关饕餮的某些含义不甚了了,是因为人们对原义的淡忘和曲解,但很可能在域外文化中倒留下了线索,"还害其身"之解便是一例。

最后,顺便指出的是,正因为饕餮与贪魔有着共同的特色,故其角色也可能类似,只是中国古人更热衷于借用贪魔饕餮来"示戒"而已。但是,饕餮既是"贪魔",则欲戒之"贪"也不应只在饮食,而应兼及色欲、财欲等;故知古今世人强调饕餮为"贪食",不免挂一漏万,失其原旨了。实际上,先儒亦已指出,只是后人未加注意罢了。例如《宣和博古图》解释"周饕餮觯"云:"……夫觯,在饮器中所取最寡,然昔人于此防闲其沉湎淫佚,以饕餮示其训。则知列鼎盛馔,未尝不有戒心。此亦先王慎微之意焉。"[①]此谓觯饰饕餮,是旨在防人"沉湎淫佚",而这四字之义,绝非仅仅"贪食",而是泛指各方

---

① (宋)王黼《重修宣和博古图》卷十六《觯·周·饕餮觯》,载《四库艺术丛书——考古图(外六种)》,上海古籍出版社影印,1991年,第726页。

面的纵欲。又如宋代《东观余论》在谈及饕餮时,说道:"饕餮之为物,食人未尽,还啮其躯。又,其目在腋下,《山海经》所谓狍鸮者,故多以饰器之腋腹,象其本形,示为食戒。而杜预谓贪财为饕,贪食为餮。以此器观之,则是象非特为财与食之戒,亦以儆彝酒也。"[1]则也十分清楚地表明,器物上饰饕餮而欲"示戒"的,不只在于"贪食"。以我蠡测,由于饮食为日常之事,一日数次,故人们接触食器最为频繁。职是之故,将特别强调的儆戒之象铸于食器上,使人频繁领教,便能最大限度地起到儆戒作用。

---

[1] (宋)黄伯思《东观余论》卷上《周云罍斝说》,载《四库全书》子部十《杂家类二·杂考之属》,中华书局据《古逸丛书三编》影印,1988年,第181页。

第三章 "摩尼"称号的源流

"摩尼",只是摩尼教教主的名号,并非他的本名。这使得"摩尼"必然具备了浓厚的宗教色彩和象征意义。于是,我们要讨论的问题是:它具有怎样的含义？易言之,"摩尼"名号的文化源流在哪里？

有关这个问题,曾有不少学者对此作过程度不同的探讨。例如,近年马小鹤先生在其《摩尼光佛考》一文中作了这样的表述:"摩尼教把教义比作'如意宝'、'如意珠',是借用佛教术语,应无疑问。但是,这种佛教色彩只是摩尼教传播到中亚、中国以后,才逐步染上的,可以说是'再生'的。真正'原生'的渊源,必须到西方的诺斯替教、基督教、犹太教中去寻找。"相应地,其结论便是:"摩尼教在《多马福音》等文献的影响下,在西方就可能已经把自己的教义,也就是诺斯(真知)比作'珍珠'。当摩尼教传播到中亚、中国,与佛教频繁接触以后,得知佛教把大乘教义称为'如意珠''如意宝',于是很自然地加以利用,也把自己的教义称为如意珠、如意宝。……摩尼教在西方就受《彼得行传》、《彼得与十二使徒行传》等文献的影响,把耶稣称为'珍珠石'。来到东方之后,他们发现佛教中'宝珠'的汉文音译是摩尼,恰巧与教主的名字谐音,于是就摈弃了'忙你'等音译名,正式把这位自称耶稣使徒的教主的名字翻译成汉文'摩尼光佛',简称'摩尼'或'末尼',含有'摩尼宝珠'之意,以期音义兼顾。"①

按此,则摩尼教的"摩尼"之源流最初出于西方的基督教、诺斯替教派等;它之所以在汉文典籍中称"摩尼""末尼"等,是因为东传之后,发现佛教之"摩尼"恰巧与之含义相近,遂借用而致。但是我认为,佛教中的"摩尼光佛"与摩尼教的教主形象,实在有太多的相似之处;而佛教有关"摩尼"的含义和定义也与摩尼教相应观念类似。这些为数不少的雷同之处不能简单地用"巧合"予以解释,因此结论应该是:摩尼在创教之际,便借鉴了佛教中的诸多因素,而非东传后才"巧合"佛教之义。兹论述如下。

一、佛经中的"摩尼"佛

汉文佛经中早有关于"摩尼光佛"的描述,如《佛说观佛三昧海经》云:

> 文殊师利告诸大众:……过是已后复得值佛,名摩尼光多陀阿伽度阿罗呵三藐三佛陀。摩尼光佛出现世时,常放光明,以作佛事,度脱人民。如是二万佛,皆同一号,名摩尼光。时诸世尊,皆以化佛微妙光明诱接众生。次复有佛,名栴檀摩尼光,十号具足,如是百亿佛,号摩尼光。是诸世尊誓愿力故,正以眉间白毫相光,覆护众生除灭众罪。②

经文谈及了两种"摩尼光"佛:一是专称"摩尼光佛",一

---

① 语见马小鹤《摩尼光佛考》,载《史林》1999年第1期,第14、82页。
② (东晋)佛陀跋陀罗译《佛说观佛三昧海经》卷九《本行品第八》,《大正藏》(高楠顺次郎编辑兼发行《大正新修大藏经》之略称。下同)第15册,第643号,第688页上,大正十四年三月。

第三章 "摩尼"称号的源流

是名为"栴檀摩尼光佛"。前者所谓"二万佛,皆同一号",后者则是"百亿佛,号摩尼光"。这两种"摩尼光佛"当是"十方千百五佛"之一,如《现在十方千五百佛名并杂佛同号》所述:"十方各有百千亿那由他佛,刹微尘数,同号普明佛。……百亿同号栴檀摩尼光佛;六百二十万同号见一切义佛;三十亿同号释迦牟尼佛;九万一十那由他同号无色佛;百一同号栴檀海佛;三万亿同号弗沙佛;六百同号光明佛;二万同号日月灯明佛;二万同号摩尼光佛。"①

"那由他",为梵语 nayuta 之音译,亦作那庾多、那由多、尼由多等,为古印度的数量名词。通常以一那由他为一千亿,也有视作百万者。不管怎样,其数目之巨,可以想见,故实际上佛经中的"那由他"往往只是譬喻数量极大,而非确指。至于"栴檀"(梵语 candana),则为产于热带的一种芳香乔木,亦称白檀、檀香等,佛教徒有时以此作为雕刻珍贵佛像的材料。"栴檀"在此修饰"摩尼光佛",当无特殊含义,只是作为一般的修饰词。

除了被列入"十方千百五佛"中的两类摩尼光佛外,还有诸多以"摩尼"为修饰词的佛,分别列入"过去五十三佛"以及"六方佛"中,例如《观虚空藏菩萨经》云:

> 过去五十三佛名:普光佛、普明佛、普静佛、多摩罗跋栴檀香佛、栴檀光佛、摩尼幢佛、欢喜藏摩尼宝积佛、一切世间乐见上大精进佛、摩尼幢灯光佛、……日月珠光佛……若有善男子、善女人及余一切众生,得闻是五十三佛名者,是人于百千万亿阿僧祇劫,不堕恶道。若

---

① 《现在十方千五百佛名并杂佛同号》,《大正藏》第 85 册,第 2905 号,第 1448 页下—1449 页上,昭和七年二月。

复有人,能称是五十三佛名者,生生之处,常得值遇十方诸佛。

……佛言:不如有人讽诵念此六方佛名,恭敬作礼,其人世世常生转轮王家,端正威德;临欲终时,百亿诸佛授手,令不堕三恶趣;设有五逆重罪,应入地狱,令现世轻受头痛则除,以此当之,不入三恶道受。是故至心恭敬作礼,广说如是《宝网童子经》。东方须弥灯光明佛、东南方宝藏庄严佛、南方栴檀摩尼光佛、西南方金海自在王佛、西方大悲光明王佛、西北方优钵罗莲华胜佛、北方莲华鬘庄严王佛、东北方金刚自在王佛、上方殊胜月王佛、下方日月光王佛。①

显然,在"过去五十三佛"类中,包括了摩尼幢佛、欢喜藏摩尼宝积佛、摩尼幢灯光佛;并且,由于"摩尼"是梵语 maṇi 的音译,原义为"珠",故日月珠光佛亦应列入摩尼佛类中。在所谓的"六方佛"中,则有"南方栴檀摩尼光佛"。佛经将五十三佛置于法藏菩萨(即阿弥陀佛之前身)之师世自在王佛以前,故称"过去五十三佛",并认为如果众生勤于礼敬这五十三佛名号,则十分有利于除灭四重禁罪,忏悔五逆十恶等。"六方佛",通常是指东、西、南、北、上、下六方世界赞叹阿弥陀佛功德的诸佛,又称"六方护念""六方诚证"。

除此之外,还有更多佛的名号中包括"摩尼"之称,诸如《佛说佛名经》所载:善住摩尼山王佛、月摩尼光王佛、摩尼轮佛、摩尼功德佛、摩尼藏佛、摩尼盖佛、谛宝幢摩尼胜光佛、摩尼光明胜佛、摩尼宝佛、摩尼光佛、摩尼金刚佛、摩尼庄严佛、

---

① (刘宋)昙摩蜜多译《观虚空藏菩萨经》,《大正藏》第 13 册,第 409 号,第 678 页下—679 页中,大正十三年十一月。

第三章 "摩尼"称号的源流

摩尼铠佛、摩尼香佛、摩尼月佛、摩尼轮佛、摩尼足佛、摩尼王佛、月摩尼光罗网佛、摩尼清净佛、普摩尼香佛、摩尼跋陀佛、摩尼金盖佛、胜藏摩尼光佛、大摩尼佛、摩尼须弥胜佛、摩尼藏王佛、善住摩尼积王佛、金刚摩尼世界金刚藏光明胜佛、一切宝摩尼王放光明佛、摩尼顶作鬘光明世界普十方声云佛、自在摩尼金刚藏世界智胜须弥王佛、摩尼衣座成就胜世界施香光明功德宝庄严佛、摩尼宝波头摩庄严世界清净眼花胜佛、伽那迦摩尼山声佛、一切龙摩尼藏佛、南方摩尼清净云佛、善住功德摩尼山王佛、伽那迦摩尼山威德佛、胜摩尼佛、炎摩尼佛、摩尼向佛、摩尼婆陀光佛、宝珠摩尼火佛、种种摩尼光佛、种种摩尼声王吼佛、一切龙摩尼藏佛、摩尼清净佛、摩尼月佛、宝精进日月摩尼庄严威德声王佛、善住功德摩尼山王佛、一切宝摩尼王佛,如此等等,多达五十余种①。

受持读诵这些佛名,亦如读诵其他佛号一样,可以长久地不入恶道,消弭罪孽:"若善男子、善女人,十日礼拜读诵是诸佛名,远离一切诸难,灭一切罪。……若善男子、善女人,受持读诵是诸佛名,一阿僧祇劫超越世间不入恶道。"②

尽管在汉文佛经中,"摩尼"的谐音字"牟尼"之语源及含义与之并不相同,但因后世的汉文献亦称摩尼教为"牟尼教",显然将"牟尼"视同于"摩尼",故在此列出以"牟尼"为号的佛,以便于比照。最为典型者,是以"牟尼"简称佛教的教主释迦牟尼佛,例如《不退转法轮经》载云:

是时,莲华胜藏菩萨摩诃萨从坐而起,整其衣服,偏

---

① 分别见(元魏)菩提流支译《佛说佛名经》(十二卷本)卷一至卷十二,《大正藏》第14册,第440号,第114—184页,大正十四年一月。
② (元魏)菩提流支译《佛说佛名经》(三十卷本)卷六,《大正藏》第14册,第441号,第210页下,大正十四年一月。

袒右肩,右膝着地,以种种华而散佛上,复以偈颂,赞叹于佛:"众生多取相,能令悉除灭,离畏得欢喜,敬礼牟尼尊。寂灭离诸有,无畏而说法,是名世雄猛,敬礼牟尼尊。知有本空寂,其体不可得,诸有中最妙,敬礼牟尼尊。永离于三有,灭除诸结使,离畏得无畏,敬礼牟尼尊。无畏亦无惧,施中得最上,出过一切施,敬礼牟尼尊。离畏得无畏,拔除忧毒箭,解脱于诸法,敬礼牟尼尊。"①

汉文"释迦牟尼"是梵语 Sākya-muni 的音译,意即"释迦族出身的圣人",盖因 muni 有寂默(止静烦恼)、寂、贤人、仁、仙等义,大致指称尊贵殊胜的圣者或仙人;或者因该词有慧、知解等义,故也用以指称具有慧、知解等的智者。足见佛教徒以"牟尼"尊称本教教祖,自然十分确当。至于后世之人(包括摩尼教徒)如何借用音近的"摩尼(mani)""牟尼(muni)"之名,将在下文予以辨析。

二、佛经中的"摩尼(珠)"含义

"珠"是佛教的重要象征符号,使用得十分普遍,乃至与佛教的若干基本教义关系密切。由于"珠"的梵语发音为maṇi,故汉文佛经往往将此名音译作"摩尼""末尼"等。通常说来,佛教按两大方面使用"摩尼(珠)"一名:一是描绘其物质性能,赞扬乃至极度夸张这种性能,视之为功能强大而又十分难得的奇珍异宝;二是从其固有的物理特性引申开来,

---

① 《不退转法轮经》卷四《受记品第七》,《大正藏》第 9 册,第 267 号,第 249 页上,大正十四年七月。

第三章 "摩尼"称号的源流

用以譬喻某些精神性品格,乃至视为佛教最高智慧的象征。下面略作解释。

汉文佛经中的"摩尼(maṇi)"也常异译作末尼,意译则作珠、宝珠,是为珠玉的总称。按一般传说,它有消除灾难、祛除疾病,以及澄清浊水和改变水色等等的奇特功能。更进一步者,则称 cintā-maṇi,音译作真陀摩尼、震多末尼等;意译则作如意宝珠、如意宝、如意珠、如意摩尼、摩尼宝珠、末尼宝、无价珠宝。意谓凡有所求,此珠都能满足,故称"如意"。正因为珠是如此神奇和珍贵,故被列为"七宝"之一,虽然有关"七宝"之具体内容的说法不一,但是每种说法都将"珠"列为其中之一,则展示了它的非凡功能。例如《佛说轮王七宝经》述其照明功能云:

> 复次,诸苾刍:轮王出时,复有大摩尼宝出现。彼摩尼宝,最上色相,妙好殊胜。有大光明,圆满具足。其光广大,普照一切,有大功能。于王宫中,若有是宝,而彼夜暗,非灯所照。宝出光明,自然照曜,犹如日光。诸苾刍:往昔有大轮王出世,是时亦有大摩尼宝出现,有大光明。彼王尔时欲验其能,即敕臣寮速严四兵,当于夜分出游园林。是时臣寮受王命已,即严四兵,速诣王所,白如是言:"四兵已集,王出游幸,今正是时。"尔时彼王,即以大摩尼宝置旌旗上,引导王前。于夜分中,出游园林。其宝光明,照一由旬;其王四兵,皆悉光明,互相映曜,如天光明等无有异。诸苾刍:此名轮王出时第六大摩尼宝出现。①

在此,大摩尼宝的"光明"特色体现得淋漓尽致:"其光广

---

① 施护译《佛说轮王七宝经》,《大正藏》第1册,第38号,第822页上,大正十三年六月。

大,普照一切""有大光明""其大光明,照一由旬",以及"如天光明等无有异"等,显然远超现实生活中的珠光。因为"由旬"(梵语 yojana,亦称由延、踰缮那)乃古印度计算里程的单位,为公牛挂轭行走一天的路程,诸说谓数公里至十余公里不等,则珠光无论如何也不可能真正遍及这么广阔的范围;这当然是相当夸张的说法。

又,摩尼宝除了"大光明"特色之外,他如辟邪、除毒、医病、明目、清水等,也是最为人们津津乐道的功能。如《道行般若经》所言:

> 般若波罗蜜受持者,譬如无价摩尼珠,天中天,有是宝无有与等者。若持有所著,所著处者,鬼神不得其便,不为鬼神所中害。若男子若女人,持摩尼珠著其身上,鬼神即走去。若中热,持摩尼珠著身上,其热即除去。若中风,持摩尼珠著身上,其风不增即除去。若中寒,持摩尼珠著身上,其寒不复增即除去。夜时持摩尼珠著身上,冥中实时明。热时持摩尼珠,所著处即为凉。寒时持摩尼珠,所著处即为热。所至处毒皆不行,余他辈亦尔。中有为蛇所啮者,若善男子,若善女人持摩尼珠示之,见摩尼珠,毒即去。如是天中天,摩尼珠极尊。若有人病,若目痛,若目冥,持摩尼珠近眼,眼病即除愈。如是天中天,摩尼珠德巍巍自在。持著何所,著水中,水便随作摩尼珠色。持缯裹著水中,水便如摩尼珠色,正使持若干种缯裹著水中,水便如摩尼珠色;水浊即为清。摩尼珠德无有比。[①]

---

① (后汉)支娄迦谶译《道行般若经》卷二《摩诃般若波罗蜜功德品第三》,《大正藏》第 8 册,第 224 号,第 435 页下—436 页上,大正十三年八月。

第三章 "摩尼"称号的源流

由此可见,一旦身持"摩尼珠",即能不为鬼神所害;不中热、中风、中寒;夜行时照明;调节寒暑环境;消除诸毒,包括蛇啮之毒;可医目痛、目盲等眼疾;能令水变色;能使浊水变清。如此等等,"德无有比"!

以上所引,基本上都只涉及摩尼宝的"物理性能"。佛经为什么要如此强调,乃至超乎现实地描绘"摩尼"的种种优点和奇特功能?其目的归根结蒂是以此作为譬喻,解释佛教的根本教义和观念。所以,"摩尼"的这类物理性能只是外在的表现形式,它真正象征的,却是佛家的思想品格和精神境界。《阿毗达磨大毗婆沙论》的一段话展示了这一点:

> 佛告舍利子:"若有苾刍、苾刍尼等,成就不动心解脱末尼宝者,能断不善法,能修习善法。"问:"何故不动心解脱,说名末尼宝耶?"答:"以不动心解脱坚牢故,胜妙故,无过故,明彻故,无垢故,清净故,难得故,可爱乐故,名末尼宝。复次,以不动心解脱能破无明暗故,名末尼宝。如以光明末尼置暗室中,能破彼暗,作显照事。如是,以不动心解脱末尼宝,置相续中,能破无明暗,作显照事。复次,以不动心解脱能除烦恼尘垢故,名末尼宝。如清水末尼置浊水中,水便澄净。如是,以不动心解脱末尼宝置相续中,能除一切烦恼尘垢。复次,以不动心解脱善安住故,名末尼宝。如方等末尼随所置处,即善安住。如是,以不动心解脱末尼宝,置相续中,即善安住,定无退失。复次,以不动心解脱能除贫乏圣财故,名末尼宝。如无价末尼置室宅内,能引财宝,除诸贫匮。如是,以不动心解脱末尼宝置相续中,能引圣财,除乏功德。复次,以不动心解脱能饶益诸有情,故名末尼宝。如如意珠置高幢上,随意所乐,雨诸宝物,充济百千贫匮

有情。如是，世尊以不动心解脱末尼宝，置不放逸无量幢上，随诸有情所乐，差别雨正法宝，能令无量无边有情离生死苦，善根满足。由有如是等种种因缘，说不动心解脱名末尼宝。"①

显然，这里是以"末尼（摩尼）宝"来譬喻"不动心解脱"。而所谓不动心解脱，即"不时解脱"，梵语 asamaya-vimukta，意即不待时缘具足，得随时自在证入四根本定、四无色定、灭尽定中，其心解脱烦恼障。"不时解脱"的对称为"时解脱"，谓钝根之人，必须等胜缘具足之时才能解脱烦恼障。所以，"不时解脱"是利根之人才能达到的高级精神境界，由于这种阿罗汉不退动于烦恼及心解脱，故又称"不动心解脱"。

具体地说，不动心解脱的特点与末尼（摩尼）的物理特色颇有相似之处，故作如此譬喻。例如，不动心解脱的坚牢、无垢、清净、难得特性与摩尼相仿；不动心解脱能破无明暗②，犹如摩尼在黑暗中大放光明一样；不动心解脱能除尘世烦恼③，亦如摩尼能令浊水变清一般；不动心解脱能使修持者拥有圣财④，不再贫乏，犹如摩尼能招引财宝，消除贫穷；不动心解脱

---

① 五百大阿罗汉等造、（唐）玄奘译《阿毗达磨大毗婆沙论》卷一百二《智蕴第三中他心智纳息第三中之四》，《大正藏》第 27 册，第 1545 号，第 526 页中—下，大正十五年七月。
② 无明，梵语 avidyā 之意译，即闇昧事物，不通达真理的精神状态；以愚痴为其自相，泛指无智、愚昧，特别指称不解佛教道理的世俗认识。是亦"烦恼"的别称。
③ 烦恼，梵语 kleśa 之意译，使身心发生恼、乱、烦、惑、污等精神作用的总称，一般以贪、瞋、痴为一切烦恼之根源。"觉"为佛教的最高目的，故妨碍实现"觉"的一切精神作用均称"烦恼"。
④ 圣财，即成就佛道的圣法，因其所持之法能资助成佛，故称"财"。有七种圣法，称"七圣财"，即信、戒、惭、愧、闻、施、慧。

能随众生所乐,产生种种正法宝①,令一切有情脱离生死苦,恰如摩尼可以随人所愿,生出诸宝物,令人们脱离穷困。正因为二者如此等等的相似之处,故以摩尼(末尼)譬喻不动心解脱。

在佛经中,除了以摩尼譬喻"不动心解脱"外,还以此譬喻"般若波罗蜜",而这更是佛教徒最为追求的"大慧"!盖因"般若波罗密"是梵语 prajñā-pāramitā 之音译,意即"照了诸法实相,而穷尽一切智慧之边际,度生死此岸至涅槃彼岸之菩萨大慧"②。《摩诃般若波罗蜜经》以摩尼譬喻般若波罗蜜道:

> 释提桓因白佛言:"……世尊,在所处有般若波罗蜜,则为有佛。世尊,譬如无价摩尼珠宝,在所住处,非人不得其便。若男子、女人有热病,以是宝著身上,热病实时除愈;若有风病,若有冷病,若有杂热风冷病,以宝著身上,皆悉除愈;若暗中,是宝能令明;热时能令凉,寒时能令温,宝所住处,其地不寒不热,时节和适;其处亦无诸余毒螫,若男子、女人为毒蛇所螫,以宝示之,毒即除灭。复次,世尊,若男子、女人眼痛,肤翳盲瞽,以宝近之,实时除愈。若有癞疮恶肿,以宝著身上,病即除愈。复次,世尊,是摩尼宝所在水中,水随作一色。世尊,是宝若以青物裹著水中,水色则为青;若黄、赤、白、红、缥物裹著水中,水随作黄、赤、白、红、缥色。如是等种种色物裹著水中,水随作种种色。世尊,若水浊,以宝著中,

---

① 正法,梵语 sad-dharma 之意译,指真正之法,亦即佛陀所说之教法。凡契当于佛法正理之法,都称正法,亦称净法、妙法。
② 语见慈怡(主编)《佛光大辞典》,(台湾)佛光山出版社,1989年,第5册,第4305页中。

水即为清。是宝珠其德如是。"

尔时阿难问释提桓因言:"憍尸迦,是摩尼珠宝,为是天上宝,为是阎浮提宝?"释提桓因语阿难:"是天上宝。阎浮提人亦有是宝,但功德相少不具足。天上宝清净轻妙,不可以譬喻为比。复次,世尊,是摩尼宝,若著箧中,举宝出,其功德熏箧故,人皆爱敬。如是,世尊在所在处,有书般若波罗蜜经卷,是处则无众恼之患,亦如摩尼宝所著处则无众难。"①

在此所言的摩尼宝功能,与前文所引者差不多,故般若波罗蜜的功德也能医病、祛毒、除烦恼等;而最为关键的是,凡有般若波罗蜜,即有佛;凡有般若波罗蜜,即无恼。也就是说,般若波罗蜜是"智",是"觉",是佛教的最高思想境界,而其象征符号则是摩尼。

有关佛教之"智"与"摩尼"的特殊的譬喻和比同关系,在《佛说海意菩萨所问净印法门经》中表述得十分清楚:

佛言:"海意,若有菩萨于诸善根发勤精进,善心具足,住正定聚,于生死中能以利根积集诸善,为善知识之所摄受,诸佛威神之所建立,因力具足,常当亲近诸佛世尊,尊重恭敬。以妙香花、涂香、抹香、花鬘、衣服、缯盖、幢幡而供养之。若复得见诸佛如来具足相已,或闻正法美妙言已,或见圆满清净众已,又复得闻无碍之智,或见如来神境智通,或见如来调伏众生诸变化事,或教诫神变,或赞叹神变。如是见已,于众生所,常以大悲发阿耨

---

① (后秦)鸠摩罗什译《摩诃般若波罗蜜经》卷十《法称品第三十七·舍利品第三十七》,《大正藏》第 8 册,第 223 号,第 291 页下—292 页上,大正十三年八月。

多罗三藐三菩提心,起大精进勤求善法,于一切智心而不忘失,以相应行清净初心,初心净已,即得清净彼三摩地。

海意,譬如种性所出大摩尼宝,善治宝人授其掌中,妙巧修治,复加磨莹,乃至其宝得清净已。彼治宝人即自说言:此摩尼宝去除虚假,离诸瑕翳,是为清净大摩尼宝。诸有智者共所爱乐。海意,从菩萨种性,发一切智心宝,亦复如是。毕竟能成阿耨多罗三藐三菩提故,由彼菩萨,初以宿世善根,及现闻善法,而用磨治,彼一切智心宝乃至是宝,去除意中诸虚假法,远离过失,十方三世诸佛世尊共所爱乐,而彼菩萨乃可自说,获得净印三摩地门。

海意,又如清净大摩尼宝,离九种宝性。何等为九?一者金性,二者银性,三者颇胝迦性,四者吠瑠璃性,五者马瑙性,六者珊瑚性,七者赤珠性,八者鸡萨梨宝性,九者吉祥藏宝性。离如是等九种宝性已,乃名悦意清净光明大摩尼宝,最胜无价,转轮圣王之所受用。乃非余王而受用之。又彼大摩尼宝光明殊妙,亦非余宝光明等比。

海意,诸菩萨一切智心宝,亦复如是,而能超越九种宝性。何等为九? 一者异生性善宝性,二者随信行人宝性,三者随法行人宝性,四者无相行宝性,五者须陀洹宝性,六者斯陀含宝性,七者阿那含宝性,八者阿罗汉宝性,九者缘觉宝性。超越如是九宝性已,第十乃名一切诸佛共所加持深心坚固大悲宝性。菩萨如是磨治,所发一切智心宝,时超胜一切声闻缘觉,而能照明一切众生相续种子。

>　　海意，又如真实大摩尼宝，而能容受磨治，堪任摧压穿亦不坏。彼摩尼宝能于世间善所作用，为诸众生施作福事。菩萨久植诸善根者，亦复如是。而彼所发一切智心宝，容受磨治堪任摧压，穿亦不坏，是宝真实离诸过失，而彼一切智心宝，能为一切众生作大饶益。"①

按此，摩尼宝象征的是菩萨的"一切智心"；而"一切智"②则是指了知内外一切法相之智，即如实了知一切世界、众生界、有为、无为事、因果界趣之差别，及过去、现在、未来三世。按通常之说③，一切智为"三智"之一："一切智"是了知一切诸法总相(空相)之智，乃是声闻缘觉之智；"道种智"(亦称道种慧、道相智)是了知一切诸法别相之智，乃是菩萨之智；"一切种智"(亦称一切相智)是通达总相与别相之智，乃是佛智。显然，由于"声闻"(梵语 śrāvaka 之意译，又作弟子)系指听闻佛陀声教而证悟之出家子弟，"缘觉"(梵语 pratyeka-buddha 之意译)系指不禀佛教而独自悟道之修行者，故"一切智"的级别当低于菩萨的"道种智"和佛的"一切种智"。但是，这里所言的"一切智心宝"，当是指菩萨的"一切智"，也就是另一种"三智"之一："清净智"(梵语 śuddha-jñāna 之意译)，即断除一切烦恼习，而离障无染之智，乃是如来之第一义智；"一切智"(sarva-jñāna 之意译)，即了知一切时、一切界、一切事、

---

① 惟净等译《佛说海意菩萨所问净印法门经》卷二，《大正藏》第 13 册，第 400 号，第 476 页下—477 页中，大正十三年十一月。
② 是为梵语 sarvajña 之意译；音译则作萨婆若、萨云然等，是为"三智"之一。其大致定义是："于一切界、一切事、一切品、一切时，智无碍转，名一切智。"（语见玄奘译《瑜伽师地论》卷三十八《弥勒菩萨说·本地分中菩萨地第十五初持瑜伽处菩提品第七》，《大正藏》第 30 册，第 1579 号，第 498 页下，昭和二年十月）
③ 例见龙树造、(后秦)鸠摩罗什译《大智度论》卷八十四《释三慧品第七十下》，《大正藏》第 25 册，第 1509 号，第 646—647 页，大正十五年一月。

第三章 "摩尼"称号的源流

一切种等一切法相之智,乃是如来世谛之智;"无碍智"(梵语assaṅga-jñāna之意译),即于一切时、一切界、一切事、一切种等法相,发心即知,不假方便,不假思量,了达无碍之智,此乃如来世谛之智①。以是观之,在此所指的"一切智"显然超越了声闻、缘觉的一切智。不过,无论此"一切智心宝"指的是何种等级的"智",它突出地展示了认识世界的"智"、"慧",或者对于道的"觉(悟)",则是毫无疑问的。亦即是说,"摩尼"与"智"的密切的譬喻乃至比定关系,在此展现无遗。

或许正是因为佛教徒习惯于在"摩尼"与大智大觉之间建立密切的譬喻乃至等同关系,故佛祖释迦牟尼在"成正觉"时的场景描绘,"摩尼"成了不可小视的主角。如《大方广佛华严经》所述:

> 如是我闻。一时佛在摩竭提国,阿兰若法菩提场中,始成正觉,其地坚固,金刚所成,上妙宝轮,及众宝华,清净摩尼,以为严饰。诸色相海,无边显现。摩尼为幢,常放光明,恒出妙音。众宝罗网,妙香华缨,周匝垂布。摩尼宝王,变现自在,雨无尽宝及众妙华,分散于地。宝树行列,枝叶光茂。佛神力故,令此道场一切庄严于中影现。

> 其菩提树高显殊特,金刚为身,琉璃为干,众杂妙宝以为枝条。宝叶扶疏垂荫如云,宝华杂色,分枝布影。复以摩尼而为其果,含辉发焰,与华间列。其树周圆,咸放光明,于光明中雨摩尼宝。摩尼宝内,有诸菩萨,其众如云,俱时出现。

---

① 有关"三智"的这一说,例见(北凉)昙无谶译《菩萨地持经》卷三《方便处无上菩提品第七》所述,《大正藏》第30册,第1581号,第901页,昭和二年十月。

又以如来威神力故,其菩提树,恒出妙音,说种种法,无有尽极。如来所处宫殿楼阁,广博严丽,充遍十方,众色摩尼之所集成,种种宝华以为庄校。诸庄严具,流光如云,从宫殿间,萃影成幢。无边菩萨,道场众会,咸集其所,以能出现诸佛光明不思议音。

摩尼宝王而为其网,如来自在神通之力、所有境界,皆从中出。一切众生居处屋宅,皆于此中现其影像。又以诸佛神力所加,一念之间,悉包法界。其师子座,高广妙好,摩尼为台,莲华为网,清净妙宝,以为其轮,众色杂华而作璎珞。

堂榭楼阁,阶砌户牖,凡诸物像,备体庄严,宝树枝果,周回间列,摩尼光云,互相照耀。十方诸佛,化现珠玉,一切菩萨,髻中妙宝,悉放光明,而来莹烛。复以诸佛威神所持,演说如来广大境界,妙音遐畅,无处不及。

尔时世尊,处于此座,于一切法,成最正觉。……①

由此可见,佛陀在成正觉时,显露的种种异象吉兆中,摩尼扮演了相当重要的角色。例如,佛在成正觉时,装饰其金刚之地的,是"清净摩尼";并有"摩尼为幢,常放光明";更奇妙的是有"摩尼宝王",可以如下雨般地变化出无穷无尽的宝物以及妙不可言的香花;佛陀在菩提树下成正觉,具有伟大象征意义的菩提树上,则结满了摩尼之果,与众花相间,放射光辉;菩提树的周围,在光明中纷纷落下摩尼宝;尤为神奇的是,这些摩尼宝内,都有菩萨,为数极多;佛陀所处的宫殿楼阁,都用摩尼装饰而成;特别令人赞叹的是,佛陀的"自在神

---

① (唐)实叉难陀译《大方广佛华严经》卷一《世主妙严品第一之一》,《大正藏》第10册,第279号,第1页中—2页上,大正十四年八月。

通之力、所有境界"都从摩尼宝王构成的网中而出;佛陀的师子座以摩尼为台;当时的天空中,则布满"摩尼光云,互相照耀"。

如此等等的描绘,不仅展示了摩尼的主要物理特性——光明、清净,还暗示了摩尼与菩萨、佛陀之圣智的关系(如摩尼中显现诸菩萨,以及如来神通之力从摩尼宝王网中发出等描述)。而摩尼频繁显现之际,正是释迦牟尼成正觉的这一特定时刻!有鉴于此,我们可以推测,在佛教中,"摩尼"(珠)与圣者、尊者,以及他们所具备的高级的"智""觉"有着十分密切的譬喻和象征关系,甚至是独一无二的象征者。

三、摩尼教的"珠"观念

在佛教中,"摩尼"(珠)的含义和地位作用略如上文所言,下面则考察它在摩尼教中的含义及地位作用。首先,查看"珠"与摩尼教神灵的关系。

摩尼作为教主,往往被譬喻为以光明为主要特征的珍珠,例如,摩尼的突厥文赞美诗十分清楚地展示了这一点:

啊,光明的太阳神……/啊,光明的月亮神!/犹如奥尔密兹德神的王冠,/犹如梵尔凡神的花环,/体貌光辉四射的是我的父尊,摩尼佛。/因此我这样地赞美你,崇拜你。

你犹如如意珠宝一般,/值得佩戴在头顶的王冠上。/啊,你是值得赞颂的!/因为你以戒律之/光照耀四方,你就如此地照耀……/看来光辉明亮的是我的父尊,摩尼佛。/因此我这样赞美你,崇拜你。/

你十分顺畅地降临,/驱除了贪婪和其他情欲!/由于你起源于完美的涅槃,/你就值得被佩戴在/此前诸佛头顶的王冠之上。/因此我这样地赞美你,崇拜你。①

在此,摩尼非但被喻为珍珠,并且是不同凡响的珍珠,即"如意珠"(文书中直接借用了梵语词 cintāmaṇi),这是佛经用以指称凡有所求、俱能满足的"宝珠"。摩尼教突厥文书的这一借词源出佛教,当然绝无疑问。

摩尼被喻为"如意宝珠",并被认为有充分资格装饰在此前诸神(即"佛")的王冠上,而诸神之一便是奥尔密兹德(Ohrmizd)。摩尼教借用了琐罗亚斯德教的最高神、光明之源及世界创造者奥尔密兹德(也称阿胡拉·马兹达,Ahura Mazda)之名,作为本教的主神之一"初人"(Primal Man,即汉文典籍中的"先意")的名号。所以,"珠"在这里的地位十分崇高,而其物理特征亦如佛教所描绘的那样,光明异常。在短短的几行颂诗中,直接赞美摩尼或者珍珠光明的就有四处。不仅如此,"如意宝珠"在此还被突出地赋予了高级的精神品格:驱除贪婪和其他情欲。众所周知,贪婪正是摩尼教明暗(或善恶)二元论中暗(恶)方的典型代表,故"明珠除贪"的作用与功能,也就相当于佛教中"摩尼珠(=智、觉)除烦恼"的说法。两种譬喻极其相似。

在摩尼教中被喻为珍珠的神祇,还有借自基督教的耶稣(汉文典籍称"夷数")。摩尼自称,他是耶稣的使徒。摩尼教科普特文《赞美诗》所言"珍珠石(pearl-stone)乃是《福音》中

---

① 文书编号 T III D 259, 260,德译文见 Winter and von Gabain (ed.), *Tükische Turfan-Texte* IX, 10-12,载 Abhandlungen der Deutschen Akademie der Wossenschaften zu Berlin, *Klasse für Sprachen, Literatur und Kunst Jahrgang* 1956, Nr. 2;英译文见 Hans-Joachim Klimkeit, *Gnosis on the Silk Road : Gnostic texts from Central Asia*, p. 286, New York, 1993。

第三章 "摩尼"称号的源流

的耶稣;不可动摇的基础乃是使徒彼得;十分康健的心智乃是孪生的安德鲁"云云①,明显地以"珍珠"喻指耶稣。这与佛教以"摩尼(=珠)"喻指诸佛、菩萨的意义相若,即指具有高级智慧、觉悟的圣徒。类似的用法亦见于同一文书的同节中:

> 他(指耶稣——引者)前赴海边,寻找珍珠。首先,他找到了彼得,是为教会的基础。他找到了安德鲁,这是最初的圣像。他找到了约翰,是为纯洁的典范。他找到了詹姆士,是为新智的源泉。他找到了菲利普,具有极强的忍耐力。他找到了巴塞洛缪,是为爱情的玫瑰。他找到了另一位托马斯,是为曾赴印度的美妙芳香。他找到了另一位詹姆士,主的忠诚弟兄。他找到了迦南人西蒙,对生活充满了热情的人。他还找到了利末,是为忠信之冠。他将残片给予犹大,他因此得到很少的光明。②

科普特文《赞美诗》在此谈到耶稣在海边寻找珍珠,而所谓的"珍珠"即是人:彼得(Peter)、安德鲁(Andrew)、约翰(John)、詹姆士(James)、菲利普(Philip)、巴塞洛缪(Bartholomew)、托马斯(Thomas)、另一位詹姆士、西蒙(Simon)、利末(Levi),共计十位。他们都是教主耶稣的著名"十二门徒"之一。旧译汉文《圣经》也将诸名译作彼得、安得烈、约翰、雅各布、腓力、巴多罗买、多马、另一位雅各布、西门、马太等。显然,他们都是"圣徒",犹如佛教中菩萨、诸佛

---

① C. R. C. Allberry, *A Manichaean Psalm-Book* (Part II), "Psalms of Haracleides", p. 192, 4-5, Stuttgart, 1938.
② 同上引书,"Psalms of Heracleides", p. 194, 6-14。

一样,也被喻为珍珠。"珍珠"所喻者,是纯属真、善、美的"光明者"。

《赞美诗》的这段文字直接借鉴自基督教的《圣经》,自无疑问。如果由此认为摩尼教的"珍珠观"颇受基督教的影响,似亦不无道理。然而,恰恰是被喻为珍珠的这些耶稣门徒中,就有不止一人曾赴东方布教,例如,据说腓力曾到亚洲各地的异邦中,为主作见证;巴多罗买也曾到亚美尼亚和印度传道,引领多人皈依;更有古老传说称,多马曾经前赴叙利亚、帕提亚、波斯、印度,乃至中国等地布道。由于招致异教徒的猜忌,竟被刺死。因此,多马在印度的信徒便设立了一个教会,以纪念他,迄今已有两千年。这些传说的确切程度究竟如何,目前难有定论,但是,耶稣的门徒们远赴世界各地(包括东方的印度等地)布教,则十分可能。所以,若谓早期基督教通过直接或间接的方式,曾与东方的佛教有所交流和相互借鉴,应在情理之中。那么,就不能否定摩尼教建教之初的"珍珠观"包含了佛教的源流。

摩尼教除了以珍珠譬喻神圣的诸神之外,在更多的场合用来喻指"灵魂"即"光明分子"。例如,一份摩尼教帕提亚语文书以灵魂救赎者的口吻说道:"我将把你从你始终沉溺的大海波涛中和海洋深处拯救出来。……通过你……我将……痛苦。……我将带你远离……经过完美的康复……你的肢体……我将使你脱离一切疾病,脱离你一直为之悲泣的种种不幸。我希望你不再被罪恶者所掌控,因为你确实永远就是我自己。你是被埋藏的宝物,是我的财富之首,是代表一切神祇之完美的珍珠。"[①]

[①] Mary Boyce, *The Manichaean Hymn-Cycles in Parthian*, Angad Rōšnān VI 45-51, p. 147, Oxford University Press, London, 1954.

第三章 "摩尼"称号的源流

按照摩尼教的教义,一切生物(甚至包括植物)的"灵魂",即是创世时期被暗魔吞食的"光明分子";而所有的光明分子都是由大明神发射出来的,亦即是他的一部分。摩尼教信徒们的根本任务,即是把被暗魔禁锢的"灵魂"或光明分子解救出来,回归明界。所以,文书在此所言的"你确实永远就是我自己",便是指一切"灵魂"的本质即光明分子;同时,将灵魂(=光明分子)譬喻为最完美的珍珠,亦如佛教那样,用"摩尼(珠)"喻指最美妙、最高尚的事物。

以珍珠譬喻灵魂的另一个例证,见于摩尼教科普特文文献《导师的克弗来亚》,第83章相当详细地描绘了救赎灵魂的方式与过程,犹如采珠人在大海里采集珍珠一般。其大意是:摩尼(在此被称为"开悟者",enlightener)向信徒们解释珍珠如何在大海中生成,即由雨滴落入大海后,逐步形成泡沫,泡沫再在珠贝中逐步演化成珍珠;珍珠有大有小,有的极为珍贵。于是,采珠者潜入大海深处,将珍珠采集上来。他们将珍珠交给商人,商人再将珍珠交给国王与贵族。

神圣教会的情况亦然如此,它由来自各处的生灵聚集而成。灵魂置于人类的肉体之中,这些肉体就如海洋中藏纳珍珠的贝壳。使徒们犹如采珠者,上天的光明赋予者犹如商人,伟大的永世则如国王和贵族。从人类肉体中解放出来的灵魂,将被带回到永生的明界。因此,"你们,我所爱者,也应该尽心尽力努力奋斗,以便成为优秀的珍珠,让光明采集者看中,带回天界。他会把你们带回到……伟大的商人首领,你们则会得到永生。你们拥有……以及光明。"①

---

① Iain Gardner, *The Kephalaia of the Teacher: The Edited Coptic Manichaean Texts in Translation with commentary*, 202, 8-34, 203, 1-33, 204, 1-24, Chapter 83, pp. 210-212, E. J. Brill, Leiden, 1995.

摩尼在此之所以不厌其烦地详细描绘珍珠如何在大海中生成的过程,是为了更生动地解释"灵魂"即光明分子如何被肉体禁锢,以及如何历经磨难,如何自我净化,以及如何获得拯救,从而回归明界的摩尼教根本教义。以珍珠被包在珠贝内来譬喻灵魂被禁锢在肉体内,是相当机智的说教;珍珠被采珠者从深海中带至光明永世,也就成了灵魂得救的形象譬喻。而人类灵魂获得拯救的典型模式,便是摩尼教创世神话中初人(汉文典籍称"先意")之被救;初人则也往往被喻为珍珠,例如,"开悟者又说道:活灵(Living Spirit,汉文典籍称'净风')以其大力完成了七件功业。第一件事,是将初人带离(与暗魔的)争斗,犹如将珍珠带离大海一样。"①

在摩尼教的汉文与非汉文典籍中,用珍珠譬喻灵魂的例子还有很多,马小鹤先生曾撰专文予以讨论②,在此不赘。但是,应该强调指出的是,摩尼教的"灵魂"与佛教的"佛性"有着密切的关系,因此摩尼教的"珍珠观"很可能包含了佛教因素。下节将作详细辨析。

四、分析与推论

为了更加清晰地追溯摩尼教有关"珍珠"观念的源流,我们将以佛教的"珍珠"(梵语 Mani,汉语摩尼)观念为蓝本,逐一比照佛教与摩尼教的相应定义和说法。

第一,在佛教中,"珠"与"光明"的关系极为密切,在许多

---

① 同上引书,85, 22-25, Chapter 32, p.88。
② 参看马小鹤《摩尼教宗教符号"明珠"研究——帕提亚文 mwrg'ryd(珍珠)考》,载王元化主编《学术集林》第十七卷,上海远东出版社,2000年,第290—301页。

第三章 "摩尼"称号的源流

场合,"放大光明""普照一切"之类的形容词几乎成了"珠(摩尼)"的最大特色。此外,这个"光明"往往并非指通常的物质性光明,而是特指含有神圣意义的精神性"光明"。上引《大方广佛华严经》谈及佛陀成等正觉时的景象,便反复用了"摩尼宝"及其"光明"予以描绘,很能说明问题。所以,按佛经之说,可以较有把握地断言,"珠"是"光明"(包括物质性和精神性的"光明")的典型象征。那么,佛教中"Mani(珍珠)"和"光明"的特殊密切关系,显然能给人以很大启迪。

很有意思的是,摩尼教的根本教义是光明与黑暗相争的明、暗二元论,亦即是说,光明是该教最为崇拜的元素,因此,它也称"光明之教"——"明教";而摩尼教的教主又恰称"摩尼(Mani,珠)"。尽管有人认为,由于后世的汉译者因为此名"恰巧"与梵语 Mani 谐音,遂借用了佛经中的"摩尼"一名,但是似乎更可以推测,是摩尼本人早就有意识地借用了印度的"Mani"用语,而非摩尼教东传中国以后,才由后世之人改译其名。其理由如下。

首先,据研究,"摩尼"不是他最初的名字(初名是 Cubricus 和 Ubricus),而是他自取的带有尊崇性的称号。Mani 一词,在希腊语中作 Manys,在拉丁语作 Manes;尽管当初的基督教因反对摩尼教而诬称此名意为"疯子"或"(令人腐败的)衣服"等,但是实际上其含义并不确定。有人认为 Mani 或许源自巴比伦-阿拉米语 Mânâ,是为曼达派(Mandaeans)的一位光明神之名,mânâ rabba 义为"明王"。简言之,Mani 一名是教主为创教而自取的尊号,或许有"光明"之意。

其次,摩尼在创教之初,为了开导当时的波斯国王沙普尔一世,使他接受摩尼教,便特意辑要概述了摩尼教的教义,用中古波斯语撰成新书《沙卜拉干》,献给国王,遂赢得沙普尔的欢心,允许他在波斯全境布教。而在此书中,便有如下诸语:"智慧和善举,始终不时地通过尊神的使者们带给人类。于是,在某个时代,它们由称为佛陀(Buddha)的使者带到印度;在另一个时代,由琐罗杜什特(Zarādusht)带到波斯;在又一个时代,则由耶稣(Jesus)带到西方。如今,启示已经降临了,在这最后时代的预言是通过我,摩尼,真理之神的使者带到巴比伦的。"[1]由此可知,摩尼教教主在创教之初便自称 Mani,显然此号有尊崇之意;并且,他当时就提及印度的佛陀云云,显然已清楚了解佛教的情况。

有鉴于此,若谓摩尼教教主借鉴了佛教的"珍珠"观念,因其与"光明"的密切关系,径直以"珠"喻"明",称"光明之教"为"Mani(摩尼)教",并自立尊号为"珠(Mani,摩尼)",则颇合情理。至少,较诸摩尼教东传后才"恰巧发现"佛教之珍珠观与本教教义类似,方始使用"摩尼"一名,来得更为合乎逻辑。是为理由之一。

第二,佛教常以珍珠(摩尼)来譬喻"自性清净心",亦即"佛性""真如"等。例如,《究竟一乘宝性论》载云:

> 自下次说大毘琉璃摩尼宝喻。佛言:大海慧,譬如无价大毘琉璃摩尼宝珠,善治,善净,善光明,堕在泥中,住一千年。彼摩尼宝经千年后,乃出彼泥,出已水洗,洗已极净。极净洗已,然后极明,即不失本清净无垢摩尼宝体。大海慧,菩萨摩诃萨亦复如是,如实知见一切众生自性清净光明净心而为客尘烦恼所染。大海慧,诸菩

---

[1] C. Edward Sachau (tr. & ed.), Al-Biruni, *The Chronology of Ancient Nations*, William H. Allen and Co., p. 190, London, 1879.

> 萨等生如是心：彼诸烦恼不染众生自性净心，是诸烦恼客尘虚妄分别心起。而彼诸菩萨复生是心：我今毕竟令诸众生远离客尘诸烦恼垢，为之说法。①

这里所说的"自性清净光明净心"或"自性净心"，即是"自性"或"自性清净心"，是为小乘大众部的称呼；大乘则称作"如来藏心""佛性""真如""法性"等。按照佛经的一般解释，心本来清净，其性不改，故称"自性清净心"；只是无始以来便为无明染法即烦恼所覆，故当不断修法，除其客尘烦恼，犹如明珠虽溺泥中，却仍不失清净无垢之本性一样。

再比照摩尼教的有关观念：上文已经指出，将灵魂即光明分子喻作珍珠，是摩尼教珍珠观中的最显著特征。那么，摩尼教的"灵魂"的实质究竟是什么呢？摩尼教认为，人类的"灵魂"即是创世之初，明界诸神（特别是初人）与暗魔搏斗时，被暗魔所吞食的光明分子；虽然后来被明界神灵收回了许多，但是仍有相当一部分被暗魔禁锢在其创造的诸多肉体内，受尽折磨。于是摩尼教的最重要任务便是彻底解放那些被禁锢的灵魂，亦即"光明分子"。

尽管摩尼教将"灵魂"拟人化了，但是实际上，灵魂（光明分子）即是该教特别强调的拯救人类的根本要素 gnosis（诺斯，义为灵知、真知）。在摩尼教汉文文献《下部赞》中，灵魂之称被代之以佛教术语"佛性""法性"；诸多颂诗表明，"佛性"即是真知。例如，"我今蒙开佛性眼，得睹四处妙法身。又蒙开发佛性耳，能听三常清净音。"（第10颂）"开我法性光明眼，无碍得睹四处身；无碍得睹四处身，遂免四种多辛苦。

---

① （后魏）勒那摩提译《究竟一乘宝性论》卷三《一切众生有如来藏品第五》，《大正藏》第31册，第1611号，第834页上一中，大正十四年十二月。

开我法性光明耳,无碍得闻妙法音;无碍得闻妙法音,遂免万般虚妄曲。开我法性光明口,具叹三常四法身;具叹三常四法身,遂免浑合迷心赞。开我法性光明手,遍触如如四寂身;遍触如如四寂身,遂免沉于四大厄。"(第 56—59 颂)显然,这里所谓的"开佛性眼""开佛性耳"等,即是使人接受灵知(gnosis),彻底感悟真理。

由于佛教将"佛性"解释为"第一义空"(即大乘佛教的至极之涅槃),解释为"中道"(佛教的最高真理),亦即"智慧",因此"佛性"实际上就是最高的认识与觉悟,也就是"真如"或"真知"。有鉴于此,苏锡尔将"佛性(Buddha-nature)"的定义概括为"gnosis, enlightenment"①,可谓得其真谛②。

至此,我们单就摩尼教"灵魂"的实质,以及用"佛性"替代"灵魂"这一现象中就可以发现,摩尼教和佛教都用"珍珠"譬喻灵魂或佛性,而"灵魂"与"佛性"则都用以指称最高真理,并且都是各自追求的终极目标。这样的雷同点,恐怕很难用"巧合"来解释,而更可能是文化交流的结果;由于摩尼教在一开始就具备了这种根本教义,所以不能认为摩尼教的"珠(摩尼)"观念因后世东传后获自佛教,而当在创教之际即受了影响。

另一个有关"大海采珠"的比照例证,同样有助于揭示二教的交流关系:前引摩尼教帕提亚语文书载云,救世主许诺要把灵魂从大海深处拯救上来,使之脱离一切痛苦,并称灵魂是代表一切神祇的完美珍珠。而早在姚秦时期就译成汉

---

① William E. Soothill and Lewis Hodous, *A Dictionary of Chinese Bud-dhist Terms*, p. 227b, reprinted by Ch'eng Wen Publishing Company (Taipei), 1975.
② 有关摩尼教与佛教之"佛性"含义的研究,可参看拙文《摩尼教"佛性"探讨》,载《中华文史论丛》第 59 辑,1999 年 9 月,第 186—216 页。

文的《维摩诘经》则有"是故当知一切烦恼为如来种。譬如不下巨海,不能得无价宝珠;如是不入烦恼大海,则不能得一切智宝"之语①,显然也将驱除邪思、获得真知譬喻成深入大海,采集珍珠。可知摩尼教的珍珠观很有可能早就得益于佛教的影响。

第三,佛教以"珠(摩尼)"为号的佛几乎多得不可胜数,而其特色,则显然多与"光明"关系密切。尤为突出的是,还有"摩尼光佛"者,而这一尊号却一字未易地见于摩尼教的汉文文献中!尽管这一现象或可用"东传之后借鉴"的原因来解释,但是,鉴于至摩尼创教的时代,佛教非但早就盛行于印度,并且也已经传遍中亚和中国,故不能排除摩尼在创教时已受佛教之直接或间接影响的可能性。

就名号而言,还有一个颇为有趣的现象:佛教教祖Sākya-muni 的汉名被音译为"释迦牟尼",其意是"释迦族出身的圣人",盖因 muni 有寂默(止静烦恼)、寂、贤人、仁、仙等义,大致指称尊贵殊胜的圣者;此外,由于该词有慧、知解等义,所以也用以指称具有慧、知解等的智者。佛教徒有时以"牟尼"简称教祖,应是十分确切的尊称。后世的汉人亦称摩尼教为牟尼教,固然可以视作因"摩尼(mani)""牟尼(muni)"音近而互易,但是否也应考虑到摩尼教教主从开初就借用了佛教教祖的这一"牟尼(muni)"尊号的可能性呢?这不仅因为"牟尼"本身就具有"圣者""智者"等崇高的宗教含义,从而特别适用于宗教领袖,还因为摩尼本人确曾有过类似含义的尊号,如前引科普特文的《导师的克弗来亚》文献,通篇称教主摩尼为"enlightener",而其汉文含义则是"开导者""开悟

---

① (姚秦)鸠摩罗什译《维摩诘所说经》卷中《维摩诘所说经佛道品第八》,《大正藏》第 14 册,第 475 号,第 549 页中,大正十四年一月。

者""教授者",也可以理解为"给予真知者""使之觉悟者"等,所以有的学者径直译作"觉者",似无不妥。于是,这便与佛教教主释迦牟尼的尊称"佛陀"的含义完全相同了,盖因梵语Buddha即义为觉者、知者。鉴于摩尼教教主与佛教教祖之名号在音、义两方面都有如此相近的关系,故似乎也不能完全排除摩尼教主最初自取的尊号受到了佛教影响的可能性。

总而言之,鉴于摩尼教以"珍珠"譬喻灵魂即光明分子,亦即灵知的观念,十分类似于佛教以"珍珠"譬喻佛性即真如、真知的观念;鉴于摩尼教教主的宗教尊号与梵语"Mani(珠)"的发音极为相近,乃至在汉文典籍中完全相同——"摩尼";鉴于摩尼教教主的尊号至今未能在西方诸语中找到令人信服的语源;又鉴于摩尼教创教之际,欧亚大陆的文化交流大背景足以使创教者充分了解东方的佛教,故我们不妨推测,摩尼教教主在创教时,从佛教汲取了有关珍珠的观念,并恰如其分地以"珍珠(Mani)"作为自己的尊号,从而突出与"光明"的密切关系。至于在后世东传之后,进一步加重了佛教色彩,自无疑问;但此现象不应该否定或忽视摩尼教在创教之际就受佛教影响的可能性。

第四章 "以杀度人"信仰的由来和演变

"丝绸之路"遍布于古代世界,时时刻刻在各地之间的经济贸易、文化交流、民族融合等人类文明进程中发挥着巨大的促进作用。各种宗教思想的交流和演变,是其中的一个重要组成部分。

众所周知,佛教的原创地是印度,约自两千年前以降,佛教经由陆上丝路和海上丝路,陆续地传入中国的边区和内地。随着时间的推移,中国不时出现这样或那样的以崇佛为号召的宗派。它们的口号和教义不乏异常和令人难解之处,例如,声称杀人即是"善业"。这种违背人类道德常理的思想,是否真的出自佛教,还是源出其他宗教,抑或是对某种宗教思想的误解与歪曲?解答这些问题,即是对古代世界之宗教思想交流的一种探讨,在此将作一些辨析和思考。

一、中国所见的"以杀度人"观念

北魏孝明帝延昌四年(515年)六月,标榜其信仰为佛教的法庆在冀州聚众作乱,历时三个月,经官府调用十万大军讨伐,才被最终镇压。《魏书》记其事云:

> 时冀州沙门法庆既为袄幻,遂说勃海人李归伯,归

伯合家从之,招率乡人,推法庆为主。法庆以归伯为十住菩萨、平魔军司、定汉王,自号"大乘"。杀一人者为一住菩萨,杀十人者为十住菩萨。又合狂药,令人服之,父子兄弟不相知识,唯以杀害为事。于是聚众杀阜城令,破勃海郡,杀害吏人。刺史萧宝夤遣兼长史崔伯骥讨之,败于煮枣城,伯骥战没。凶众遂盛,所在屠灭寺舍,斩戮僧尼,焚烧经像,云新佛出世,除去旧魔。诏以遥为使持节、都督北征诸军事,帅步骑十万以讨之。法庆相率攻遥,遥并击破之。遥遣辅国将军张虬等率骑追掩,讨破,擒法庆并其妻尼惠晖等,斩之,传首京师。后擒归伯,戮于都市。①

由此可知,法庆虽然自称自己信仰"大乘(佛教)",而其正式身份又为"沙门"(梵文Śramana之音译,意谓勤修善法、息灭恶法。原为古印度出家修道者的通称,后则专指依照戒律出家修道的佛教僧侣),故从表面上看,他似乎是个地道的佛教徒。而按照佛教的教义,"色戒"和"杀戒"是至关重要的,尤其对于出家修行者来说,更是如此。但是,据引文所言,法庆不仅娶妻,而且更娶同属"出家人"的女尼为妻;至于"杀生"方面,则非但毫无所"戒",并且简直以杀人为目的,以致有杀人越多越能得道之说。所以,法庆的这一信仰显然与真正的佛教已经风马牛不相及。事实上,"屠灭寺舍,斩戮僧尼,焚烧经像"以及"新佛出世,除去旧魔"云云就已清楚表明,他虽然在形式上借用了佛教的术语,但是其教义已经背离佛教,甚至有与之为敌、必欲除之而后快的意思。

---

① 《魏书》卷十九上《景穆十二王列传·京兆王·元遥传》,中华书局标点本,1984年,第445—446页。

第四章 "以杀度人"信仰的由来和演变

最奇特的是,法庆居然相信"杀一人者为一住菩萨,杀十人者为十住菩萨",亦即是说,杀人越多,就越能够"修成佛果",从而使得其暴动武装"唯以杀害为事"。这一理论与实践曾令后世学者大惑不解,例如,吕思勉在论及历代僧徒作乱的事件时,谈到法庆之乱,便对法庆的这一做法表示难以理解:"法庆何故专以杀戮为务,甚至残及僧尼,殊不可解。"①

尽管如此,有的学者仍然试图探求这一信仰的来源。例如,唐长孺曾经指出,道教经典《消冰经》载,老子要尹喜杀父母后始能学道;《造立天地记》载,老子打杀胡王之子及大量国民后,才使之降服而学道。这即是法庆"杀人得道"信仰的滥觞:"《消冰经》与《造立天地记》,并为佛教流行后道教徒所伪造,当时道流于佛家教义本多谬解。大乘教以妖妄之说附会佛经,正与此气味相投。其饮人狂药,使父子兄弟相杀害,殆即取尹喜害亲求道之说;而广行屠戮,则又老子打杀国王七子及国人一分之类耳。"②

这里所说的道家"害亲求道"之说,实际上出自佛家的转述:北周武帝天和五年(570),甄鸾作《笑道论》三卷,批驳道家诸"谬说",第二十四条云:

> 老子《消冰经》云:老子语尹喜曰:"若求学道,先去五情。一,父母;二,妻子;三,情色;四,财宝;五,官爵。若除者,与吾西行。"喜精锐,因断七人首,持来。老笑曰:"吾试子心,不可为事。所杀非亲,乃禽兽耳。"伏视,七头为七宝,七尸为七禽。喜疑,反家,七亲皆存。

---

① 吕思勉《吕思勉读史札记》丙帙《魏晋南北朝·僧徒为乱》,上海古籍出版社,1982年,第977—978页。
② 唐长孺《白衣天子试释》,《燕京学报》第三十五期(民国三十七年十二月),第234页。

又,《造立天地记》云:老子化胡,胡王不伏。老子打杀胡王七子、国人一分。①

虽然这里声称,老子只是试一下尹喜学道之心是否坚定,而非真要他杀人。但是,甄鸾却批判道,尹喜起初杀人,并不知道是幻象,因此已经犯戒,怀了恶心,且杀的是父母,则是重罪。至于"滥诛半国之人",则更是荒唐可笑了②。

显然,甄鸾是借某些道经中的荒谬信仰来贬抑道教;唐长孺既然追溯法庆"以杀度人"的源流至老子的"害亲求道",则似乎也将其视作道教的信仰。然而,事实恐非如此。盖因早期的道教经典,一方面从佛教中借鉴大量材料和教义,另一方面也从其他宗教信仰中汲取营养,而摩尼教则是其源泉之一。有关这一现象,学界已有共识,例如:

> 道家增修《化胡经》的过程,亦是窃取其他各家思想材料的过程,对此,逯钦立先生已作了诸多考证。因而只要有机会,道家抄袭摩尼思想亦是合乎逻辑的。其实,道家之窃取摩尼教思想材料,亦不唯《化胡经》而已。国立澳洲大学柳存仁教授在他的《唐前火祆教和摩尼教在中国之遗痕》一文中,便考证了五世纪道家的四注本《度人经》,指出其中若干摩尼教的痕迹。③

更有一证是,甄鸾在其《笑道论》中,屡屡以《化胡经》的辞句为例,作为批驳的对象;而众所周知,《老子化胡经》内的摩尼

---

① (唐)释道宣《广弘明集》卷九《辩惑篇·笑道论》"害亲求道"条,载《弘明集、广弘明集》,上海古籍出版社影印,1991年,第155页。
② (唐)释道宣《广弘明集》卷九《辩惑篇·笑道论》"害亲求道"条,载《弘明集、广弘明集》,第155页。
③ 林悟殊《摩尼教及其东渐》之"《老子化胡经》与摩尼教",中华书局,1987年,第80—81页。

第四章 "以杀度人"信仰的由来和演变

教成分十分显著,因此,不能排除甄氏在同书中征引的其他道经里,也夹杂了摩尼教观念。

如果说,上例还不足以揭示"杀人度人"信仰与摩尼教的密切关系的话,那么,下面的引文则提供了进一步的证据。因为,与摩尼教有着不浅渊源的"吃菜事魔"宗教信仰中也有类似的做法。如《容斋逸史》载云:

> 喫菜事魔,法禁甚严。有犯者,家人虽不知情,亦流远方,财产半给告人,余皆没官。而近时事者益众,始自福建,流至温州,遂及二浙。睦州方腊之乱,其徒处处相煽而起。
>
> 闻其法断荤酒,不事神佛、祖先,不会宾客,死则袒葬。方敛,尽饰衣冠,其徒使二人坐于尸傍。其一问曰:"来时有冠否?"则答曰:"无。"遂去其冠。次问衣履,亦去之,以至于尽,乃曰:"来时何有?"曰:"有包衣。"则以布囊盛尸焉。云事后致富。小人无知,不知绝酒肉、燕祭、厚葬自能积财也。
>
> 又,始投其党,有甚贫者,众率财以助,积微以至于小康矣。凡出入经过,不必相识,党人皆馆谷焉。凡物用之无间,谓为一家,故有无碍被之说。以是诱惑其众。
>
> 其魁谓之魔王,右者谓之魔母,各有诱化。旦望,人出四十九钱于魔公处烧香,魔母则聚所得缗钱,以时纳于魔王,岁获不赀云。亦诵《金刚经》,取以色见我为邪道故,不事神佛。但拜日月,以为真佛。其说不经,如"是法平等,无有高下",则以"无"字连上句,大抵多如此解释。俗讹以魔为麻,谓其魁为麻黄,或云易魔王之名也。
>
> 其初授法,设誓甚重,然以张角为祖,虽死于汤镬,

终不敢言"角"字。传言何执中守官台州,州获事魔之人,勘鞫久不能得。或云:"何处州龙泉人,其乡邑多有事者,必能察其虚实。"乃委之穷究。何以杂物百数,问能识其名则非是,而置一羊角其间。余皆名之,至角则不言,遂决其狱。

如不事祖先、丧葬之类,已害风俗,而又谓人生为苦,若杀之是救其苦也,谓之度人。度人多者,则可成佛。故结集既众,乘乱而起,日嗜杀人,最为大害。尤憎恶释氏,盖以不杀与之为戾耳。但禁令太严,罕有告者。株连既广,又当籍没全家,流放与死为等,必协力同心,以拒官吏,州县惮之,率不敢按,反致增多也。①

由此足见"以杀度人"是宋代"吃菜事魔"信仰奉行的"教义"之一。它的理论是:人生是种痛苦,所以将人杀死,即是解救他,使之脱离痛苦;因此,形式上的杀人,也就是实际上的拯救和超度。那么,"超度"的人越多,自然就越能"积善",也就越能得道成佛了。

为什么历史上会存在这样一种逻辑和信仰,需要去探究这一信仰的来源;而"吃菜事魔"显然并非最初源头,它的渊源应该来自摩尼教。

从上引文字中,其实已经展示出相当浓重的摩尼教色彩。首先,从名称上看,"吃菜事魔"被许多学者视同于摩尼教。例如,"唐武宗禁止各宗教,后来各教解禁,摩尼教独被永远禁止。以后民间秘密结社的魔教(教徒称事魔吃菜人)、

---

① (宋)方勺《青溪寇轨》所附《容斋逸史》,录自(明)陶宗仪等编《说郛三种》第四册,《说郛一百二十卷》卷三十九,上海古籍出版社影印本,1988年,第1807—1808页。

白莲社(又称白莲会)、白云宗、明尊教,都是摩尼教的支派。"①"明教即摩尼教。……明教不事神鬼,其所供奉摩尼、夷数(耶稣)诸画像,均为波斯或犹太族,深目高鼻。其教又为历来政府及佛徒所深嫉,佛徒每斥异己者为魔,易摩为魔,斥为魔王,为魔教,合其斋食而呼之,则为吃菜事魔。"②"摩尼教又称明教,亦称食菜事魔,其源于波斯人摩尼所创,其教杂佛教、基督教、袄教而成。"③"北宋'两浙州县有吃菜事魔之俗',事魔指的是宗奉魔教,亦即摩尼教。"④"有些地区还流传着另一支被宋朝官府诬蔑为'吃菜事魔'的秘密教派……并且根据这些教徒吃素和崇拜摩尼佛的特点,称为'吃菜事魔'……从此,'吃菜事魔'这一名称相沿不改,成为宋朝统治者诬蔑这支秘密教派的专用名词。"⑤

如此等等的断语,均将"吃菜事魔"信仰与摩尼教等同起来。尽管有的学者对此说持有异议,认为"吃菜事魔"与摩尼教有所区别。例如,"说得具体一点,吃菜事魔是当时各种异端宗教的总称,摩尼教只是其中的一种。整体与局部的关系既不是对等的关系,也不是一分为二的关系。所以,说吃菜事魔就是摩尼教,当然不确;将吃菜事魔理解为不同于正统摩尼教的异端摩尼教,也是不很合适的。……吃菜事魔是包括摩尼教和其他佛教异端在内的一切异端教派的总称。"⑥

---

① 范文澜《中国近代史》上编第一分册,人民出版社,1953年,第354页。
② 吴晗《读史劄记》"明教与大明帝国",北京三联书店,1956年,第237、241页。
③ 方庆瑛《白莲教的源流及其和摩尼教的关系》,《历史教学问题》1959年第5期,第34页。
④ 叶显恩《也谈〈辍耕录〉中的扶箕诗》,《历史研究》1978年第9期,第94页。
⑤ 朱瑞熙《论方腊起义与摩尼教的关系》,《历史研究》1979年第9期,第76页。
⑥ 陈高华《摩尼教与吃菜事魔——从王质〈论镇盗疏〉说起》,《中国农民战争史论丛》第四辑,河南人民出版社,1982年,第98、103页。

"在宋代,吃菜事魔一词之专用于摩尼教(明教),看来只局限于一些佛教徒而已;而就统治者而言,始终都没有用该词来专指明教。因此,历史上被称为吃菜事魔的人,可能与摩尼教有关,亦可能无关。是故,以往国内外的一些学者在考察宋代的一些农民起义军或农民起义领袖时,仅仅因为被考察者曾被冠以吃菜事魔之号,就断言其为摩尼教徒,这是不够谨严的。"①

即使如此,他们也依然认可"吃菜事魔"与摩尼教的关系,在某些情况下,甚至是相当密切的关系。笔者曾作如下结论,认为很可能每个"吃菜事魔"支派(特别是宋代的)都包含了一定的摩尼教成分:"宋代江南地区的'吃菜事魔'信仰乃是融合摩尼教、佛教、道教、土著传统信仰等多种文化成分的一类大众信仰。它大体上以素食和聚众诵经为共同点,但是各支派又都有自己的特色,有的更像摩尼教,有的更像佛教,有的更像道教,如此等等。所以,我们既不能因为它们具有某一宗教的鲜明特色而遽然指称它为某宗教,但亦不能无视它们与这些宗教的密切渊源关系。大体而言,每个支派都包含了一定的摩尼教成分。"②有鉴于此,上引《容斋逸史》所言吃菜事魔信仰,当与摩尼教有着相当渊源。

此外,引文中提到,吃菜事魔宗派的首脑称"魔";其俗"但拜日月,以为真佛",都展示了与摩尼教的密切关系:"魔"乃"摩"之谐音,此说早有多人提到;至于崇拜日、月,则更是摩尼教的基本教义与仪式之一,这在中国的摩尼教或吃菜事

---

① 林悟殊《摩尼教及其东渐》第142页。
② 芮传明《论宋代江南之"吃菜事魔"信仰》,《史林》1999年第3期,第12—13页。

魔信仰中,也仍奉行①。所以,将这里所说的"吃菜事魔"视作包含着多种摩尼教因素的中国民间信仰,是合乎情理的,则"以杀度人"之源也在于摩尼教,并非空穴来风之论。

不管怎样,上述诸例还只是间接证据,我们仍然需要在摩尼教本身的根本教义中找到根据。

二、摩尼教的"戒杀"观念

摩尼教从未公开主张杀人,并且也类似于佛教,同样禁止杀生。所以,当我们欲在摩尼教教义中探求"以杀度人"的源流时,就必须先了解摩尼教有关"杀"或"戒杀"的各种说法。

迄今所见,比较完整的汉文摩尼教经典只有三种,《摩尼光佛教法仪略》②是其中之一,其"寺宇仪第五"节云:"右置五堂,法众共居,精修善业。不得别立私室厨库。每日斋食,俨然徒施,若无施者,乞丐以充。唯使听人,勿畜奴婢及六畜等非法之具。"这里所谓的"斋食",显然是指素食。则知摩尼教规定信徒必须终生素食。

唐代兴盛于中国北方的游牧政权回纥(鹘),于8世纪70年代初正式以摩尼教为国教。《九姓回鹘毗伽可汗碑》③的汉

---

① 有关摩尼教之日月崇拜研究,可参看马小鹤、芮传明《摩尼教"朝拜日夜拜月"研究》上篇与下篇,分别刊载于《学术集林》卷十五(1999年1月)和卷十六(1999年10月),上海远东出版社。
② 现存的《摩尼光佛教法仪略》本为两截残卷,原出敦煌莫高窟。前半截由斯坦因发现,后藏大英博物馆,编号为 MS. Stein No. 3969;后半截为伯希和所发现,今藏巴黎图书馆,编号为 Collection Pelliot No. 3884。
③ 此碑全名为《九姓回鹘爱登里罗汨没蜜施合毗伽可汗圣文神武碑》,立于唐元和九年(814),至清光绪十六年(1890),始由芬兰人里克尔在蒙古的柴达木河畔发现。碑文原用粟特、突厥和汉三种文字撰写,汉文部分保存得最为完整。嗣后,许多中外学者都对此碑进行了研究。

文部分叙述了可汗之事迹,并有相当的篇幅谈及了他引进摩尼教的过程,而摩尼教之"素食"特征,亦在此表露无遗:

> 可汗乃顿军东都,因观风俗败民弗师,将睿息等四僧入国,阐扬二祀,洞彻三际。况法师妙达名门,精通七部,才高海岳,辩若悬河。故能开正教于回鹘,以茹荤屏湩酪为法,立大功绩,乃曰汝傻悉德。……曰:既有志诚,任即持赍,应有刻画魔形,悉令焚爇,祈神拜鬼,并摈斥而受明教。熏血异俗,化为蔬饭之乡;宰杀邦家,变为劝善之国。①

回鹘人以游牧为生,自然以肉食为主,且视"宰杀"为正常。但是改宗摩尼教后,竟至于"熏血异俗,化为蔬饭之乡;宰杀邦家,变为劝善之国",亦即是说,人们既不再杀生,也不再吃荤,而改作素食了。尽管此说有夸张之嫌,但是至少表明,"素食"与"不杀生"乃是摩尼教的主要特色之一。

在谈及一个人如何才能入教的问题时,摩尼这样教导云:"想信奉宗教的人必须先检查他的灵魂。如果他发现他能够抑制欲望和贪婪,克制自己不吃肉,不饮酒,以及不结婚,如果他还能够不伤害水、火、树木以及一切生灵,那么就可以让他入教。但是如果他不能做到所有这些事情,那么他就不能入教。"②

虽然这里所说的"入教"之人,不是指一般性的摩尼教信

---

① 语见碑文第5—8行。转引自程溯洛《释汉文〈九姓回鹘毗伽可汗碑〉中有关回鹘与唐朝的关系》,载程溯洛《唐宋回鹘史论集》,人民出版社,1994年,第104页。

② Bayard Dodge, *The Fihrist of al-Nadīm — A Tenth-Century Survey of Muslim Culture*, Vol. I, Chapter IX, p. 788, Columbia University Press, 1970.

第四章　"以杀度人"信仰的由来和演变　　　　　　　　　　　　　　341

徒,而是高层次的信教者,即"选民"。易言之,即使吃荤、杀生的其他民众,也仍能为摩尼教所容纳,他们即是侍候"选民"的"听众"。但是,摩尼教戒荤戒杀的律令,却依然是显而易见的。"戒杀"被列在摩尼教的十大戒律中:一、禁止崇拜偶像;二、不准撒谎;三、戒绝贪婪;四、禁止杀生;五、不得通奸;六、不能偷盗;七、不作邪说;八、不行巫术;九、不对本教信仰持异议;十、办事不得怠惰①。

摩尼教专门设有忏悔文,以供教徒在日常生活中有意无意地违犯了戒律之后而作忏悔时用。20世纪初在敦煌地区发现的突厥文残卷《忏悔文》②便记载了对于十五种"罪过"的忏悔辞,好几条都涉及对"杀生"的忏悔,如第五条就是一个典型例子:

> 第五,是对于五类生物所犯的罪过。
>
> 一是对于两腿人类所犯的罪过;二是对于四腿生物所犯的罪过;三是对于飞行生物所犯的罪过;四是对于水中生物所犯的罪过;五是对于腹部着地爬行之生物所犯的罪过。
>
> 我的明尊啊,如果我们曾以某种方式引发了这五类生物——无论最大还是最小——的恐惧,或者惊吓了他们;如果我们曾经殴打或砍割他们,使之痛苦和折磨他

---

① Bayard Dodge, *The Fihrist of al-Nadīm — A Tenth-Century Survey of Muslim Culture*, Vol. I, Chapter IX, p. 789, Columbia University Press, 1970.
② 此"忏悔文"即是著名的 *Xʷāstvānīft*,是为供摩尼教"听众"(即普通信徒)使用的长篇祈祷忏悔文,用古突厥文(回鹘文)书写。其主要部分在20世纪初由斯坦因在敦煌东南地区发现,最终带回伦敦收藏;此外,圣彼得堡、柏林亦收藏了若干残片。该文献被认为成于公元5世纪,是当今了解古代摩尼教宗教生活的重要原始资料。

们,乃至杀死了他们,也就是在某种程度上欠了这些生物的命,那么,我的明尊啊,我们正在祈求,希望解脱罪孽。宽恕我的罪过吧!①

而在《忏悔文》的结语中,再一次提到了杀伤"五种生灵"是罪过,甚至,伤害草木也是罪孽:

> 我的明尊啊,我们被过失与罪孽所牵累,我们是大大的负债者。因为我们是按贪得无厌的无耻贪魔的思想、言辞和行为而做的;我们用它的眼睛看,用它的耳朵听,用它的舌头说,用它的双手拿,用它的双脚走,从而为干湿之地、五类生物及五类草木中的五明神的光明分子招致了持久的痛苦。我们就这样被过失与罪孽所牵累。②

这里所说的"负债",当即前一段引文中"欠命"之"债"的意思,故显然也仍是指因杀生而犯下的罪业。至于为何将"草木"也包括在内,是因为草木中也含有"光明分子",而在摩尼教看来,"光明分子"即是神的化身(有关这一根本教义,下文将详细谈及)。

又如,约撰成于公元 10 世纪后期的一部巴拉维语(Pahlavi,即 3—8 世纪使用的一种伊朗语)作品《斥疑解》(*Shikand-Gūmānīg Vishār*),虽然旨在驳斥摩尼信仰,但在客观上则提供了摩尼的不少教谕,其中也包括戒杀的观点:

> 此外,有关生命(=灵魂)和躯体之性质的不同,他说道,生命(灵魂)是被束缚和囚禁在躯体内的。既然具

---

① Jes P. Asmussen, *X^uāstvānīft*, *Studies in Manichaeism*, p. 195, Copenhagen, 1965.
② 同上引书,pp. 198—199。

第四章 "以杀度人"信仰的由来和演变　　　　　　　　　　　343

> 有躯体外形的一切物质的创造者和维护者即是阿赫里
> 曼，那么就不该生育，繁衍子孙，否则他就是阿赫里曼的
> 合谋者，维持了人类和牲畜，强迫生命和光明返回肉体；
> 甚至，栽种植物和谷物也是不适宜的。
>
> 　此外，他们又自相矛盾地说，创造物的摧毁者也是
> 阿赫里曼，鉴于这一原因，也不该宰杀任何生物，因为宰
> 杀正是阿赫里曼所干的事。①

按照这里所引摩尼的教导，可知摩尼教既不主张创造生灵，也不同意杀害生灵。不管怎样，上引诸说似乎都表达了这样一点：摩尼教主张戒杀，不仅不准伤害人与动物，甚至及于植物。那么，它与"以杀度人"的信仰岂非大相径庭，风马牛不相及吗？然而，在对其基本教义作仔细辨析后，我们却发现，"以杀度人"或许真有可能是从摩尼教的思想中汲取了某些营养。

三、摩尼教的"光明分子"观念

　摩尼教的"杀生"与"戒杀"信仰，实际上都来源于它对于"光明分子"的一系列观念，而有关"光明分子"的教义，则来自摩尼教的创世神话。因此，我们得首先了解一下其创世神话教义。

　最初，光明天堂的疆界向北方、东方和西方无限伸展；黑暗地狱则位于南方。明界由五种光明要素构成：以太、气、光、水、火；其领袖为大明尊（西文亦称"父尊"〈Father of

---

① 转译自 A. V. Williams Jackson, *Researches in Manichaeism, with special reference to the Turfan Fragments*, p. 181, Columbia University Press, 1932。

Greatness〉、"明父"〈Father of Light〉等)。地狱按五个黑暗要素分成五个王国,那里居住着五类魔:双腿类、四腿类、飞行类、水生类和爬行类。黑暗魔王为最高统帅,其外形兼具五类魔的特征,即魔、狮、鹰、鱼、龙,有时即是物质的人格化。当黑暗魔王偶然来到明、暗交界处,引发了对明界的贪欲后,便率领众魔侵入明界。

大明尊为抵御暗魔,保卫明界的永久和平,便召唤出他本身的放射物;这些放射物则形成了摩尼教的诸神。诸神的本质全都一样,主要以其功能的不同而互相区别。诸神的"创造"共有三次。

第一次,大明尊召唤出善母(西文称"生命母",Mother of Life),善母又召唤出她的"儿子"先意(西文称"初人",Primal Man),先意则召唤出他的"儿子们"五明子(即光明五要素,Five Light Elements),他们组成先意的"甲胄"或"诱饵"。然而,先意惨遭失败,不得不抛弃五明子,自己则失去知觉,昏睡战场。暗魔吞食五明子后,欲望得到满足,遂停止了对明界的入侵。而被吞的光明分子则遭到囚禁和折磨,以致忘记了自己的神性。

先意在地狱苏醒后,便向大明尊呼救。大明尊遂作"第二次召唤",召出明友(Friend of Lights),明友再召出大建筑师(Great Builder;或称"大般",Great Ban),大般又召出净风(西文通常称"活灵",Living Spirit),净风并率领他的五个"儿子"。净风在地狱边上"呼唤",先意则在地狱深处"应答",先意因此获救;而"呼唤""应答"便成为两位神祇,分别是净风的第六子和先意的第六子。先意被善母和净风带出黑暗深渊,回归明界。对于先意(初人)的这一拯救模式,遂适用于此后对所有人类灵魂的拯救。

第四章 "以杀度人"信仰的由来和演变

　　净风随后击败了黑暗势力,用所杀暗魔的尸体造成"八地",用他们的皮造成"十天"。尚未被暗魔污染的那部分光明分子构成了太阳和月亮,稍受污染的光明分子则构成了星辰。然而,光明分子并未完全得到解救,大明尊遂进行了第三次"创造",召唤了第三使(Third Messenger),第三使又召唤了电光佛(西文称"明女",Maiden of Light)。两位使者以裸体美男美女的形象展现在被囚禁于苍穹中的暗魔前,致使雄性暗魔因色欲旺盛而泄出精液。部分精液坠落海中,变成海怪,被降魔使者所杀;另一部分则落到陆地上,变成树木与植物。业已怀孕的雌魔则因此流产,胎儿堕落地上;其胎儿所含的光明分子少于雄魔精子所含者,故变成了相应于五类暗魔形貌的生灵。

　　魔王命令一对暗魔吞食这些排泄物,以尽量收入光明分子。而后,这对暗魔交配,生下一男一女,名叫亚当、夏娃,其形貌类似于第三使和电光佛。亚当与夏娃结合后所生育的后代便是人类,而人体中的光明分子则形成了灵魂。由贪欲、仇恨等构成的肉体始终禁锢着由光明分子构成的灵魂,因此拯救光明分子(灵魂)便成为一项长期而艰巨的工作[①]。

　　之所以说拯救光明分子的工作是长期的,是因为它从暗魔侵犯明界开始,一直持续到地球毁灭为止,亦即是说,在一切生物和人类在地球上存在的这段时期内,都必须进行"拯救"。而这项工作之所以极其艰巨,是因为"光明分子"不仅存在于人类和动物体内,也存在于植物内(其"光明分子"的数量较诸人和动物体内的更多),范围之广和品种之多,自不待言,故使"解救"十分困难。因此,"拯救光明分子"便成为

[①] 这些创世神话的概述,见 Mary Boyce, *A Reader in Manichaean Middle Persian and Parthian*, pp. 4-7, E. J. Brill, Leiden, 1975。

摩尼教徒最重要和最根本的任务,一切是非善恶均按照是否有利于拯救光明分子这一基本标准而加以判断。

在中、外文的摩尼教文献中,有关解救"光明分子",尤其是解救人类体内之"光明分子"的说法,比比皆是。例如,汉文文献《摩尼教残经》载云:"一切诸圣,出现于世,施作方便,能救明性,得离众苦";"惠明大智,以善方便,于此肉身,铨救明性,令得解脱"。《下部赞》云:"慰愈一切持孝人,再苏一切光明性"(第18颂);"降大方便慈悲力,请苏普厄诸明性"(第53颂);"能救我性离灾殃,能令净体常欢喜"(第79颂);"各乞愍念慈悲力,请救普厄诸明性,得离火海大波涛,合众究竟愿如是"(第362—363颂);"称赞真实主,大力忙你尊,能活净法体,能救诸明性"(第383颂);"唯愿二大光明、五分法身、清净师僧、大慈悲力,救拔彼性,令离轮回、刚强之体,及诸地狱、镬汤炉炭。唯愿诸佛,哀愍彼性,起大慈悲,与其解脱;自引入于光明世界——本性之处,安乐之境"(第406—409颂)。

汉文摩尼教文献中的"佛性""明性""光明性""性"等,都是指"光明分子",亦即人类的"灵魂"[①]。显然,信徒们的最大愿望,即是解救"灵魂(=光明分子)",使之脱离"可厌肉身",最终回归"光明世界"。同样地,摩尼教非汉文文献中也频繁见到"拯救灵魂"之说,例如,一首科普特文的圣歌云:

> 拯救我吧,基督,神圣灵魂的救星。
> 我将升入天堂,把这躯体丢弃在俗世凡尘。
> 我已听到嘹亮的号角声,它们召唤我前赴永生

---

① 说见拙文《摩尼教"佛性"探讨》,载《中华文史论丛》第59辑(1999年9月),第186—216页。

第四章 "以杀度人"信仰的由来和演变

之境。

我丢弃在地上的,乃是聚集灵魂的肉身。

我自童年以来,就学习如何一步步走向神灵。

不要任何人为我哭泣,也不要父亲朋友为我伤心。

我真正的慈父来自天堂,他们热爱我的灵魂,搜集我的灵魂。

我灵魂的敌人即是这俗世红尘,以及它的奢侈华丽与欺诈陷阱。

一切人间生灵都憎恨神性,我在敌人之境能干什么事情?

……焚烧……的死亡肉身,

救世主并未遗弃我,他用生命之泉供我饱饮。

我已知道诸神之路,圣灵种植知识树之处居住着神的牧师们。

我已摒弃了眼中充满着谬误的死亡之眠,……①

在此,可以清楚地看到,摩尼教的信徒们是如何迫切地希望得到"拯救",如何鄙视自己的肉身,对此不屑一顾;最尊崇的,乃是所谓的"灵魂"——光明分子。甚至,扩而充之,其躯体所生活的现实世界,也被视作"敌人";在此生活的一切人间生灵,也都是憎恨"神性"的敌人。于是,摩尼教徒憎恶现世,期望"解脱"的实质,便生动地体现了出来。易言之,他们将灵魂脱离肉体看作是一种最高的追求和最大的幸福;亦即是说,他们将生灵之"死"视作欢乐。

与此相应,生灵的"活"便被认为是一种莫大的痛苦,因

---

① 科普特文及英译文,见 C. R. C. Allberry, *A Manichaean Psalm-Book II*(下文简称 *Psalm-Book*),圣歌 CCLXI (pp. 75-76), Stuttgart, 1938。

为这是"光明分子"或"灵魂"被囚禁和受折磨的一种形态。《摩尼教残经》载云:"魔见是已,起贪毒心,以五明性,禁于肉身,为小世界。亦以十三无明暗力,囚固束缚,不令自在。……其五明身,既被如是苦切禁缚,废忘本心,如狂如醉。犹如有人以众毒蛇,编之为笼,头皆在内,吐毒纵横;复取一人,倒悬于内,其人尔时为毒所逼,及以倒悬,心意迷错,无暇思惟父母亲戚及本欢乐。今五明性在肉身中为魔囚缚,昼夜受苦,亦复如是。"足见凡属活人(即"明性"被囚于肉身内时)都会令光明分子遭受众毒蛇噬啮之苦。

下面再引帕提亚文的一首圣歌(文书 M7),以"活灵"(Living Soul)的口吻自述了"光明分子-灵魂"被"囚禁"时的无限苦难:

> 我来自光明,我来自众神,
> 然而我流落他方,离开了他们。
> 仇敌聚集在我的上方,
> 将我带到死亡之境。
> 但愿能将我的灵魂救离苦海,
> 使之获得新生。
> 我是神灵,从诸神而生,
> 我是光芒四射,芳香四溢和美丽无比的神灵。
> 然而如今却遭受了莫大的不幸。
> 无数恶魔抓住了我,
> 令人憎厌的魔鬼俘获了我。
> 我的灵魂被他们征服,
> 我被撕碎,被吞噬。
> 魔鬼、药叉和雌魔,
> 邪恶、丑陋和臭气熏天的怪物,

第四章 "以杀度人"信仰的由来和演变

> 我难以抵御他们的打击,
> 我在他们的手中饱受痛苦,死去活来。
> 他们对我咆哮,对我攻击,
> 他们追逐我,尽力对付我。①

如果说,这里所说的光明分子受折磨的文字,还不足以直接表达"灵魂"被囚于人类躯体内时的痛苦,那么,下引的圣歌,便是直接对人类灵魂的倾诉,描绘了它被囚禁于"血肉之身"内的无限苦难:

> 是谁将你演变成如此众多的形貌? 是谁将你投入男性和女性的躯体,使你蒙受耻辱?
>
> 光明之神啊,亲爱的灵魂! 是谁从你的眼睛里夺走光明?
>
> ……致使你(痛苦地)扭动翻滚。
>
> 你反复地遭受折磨,而自己却毫无知觉。
>
> 光明之神啊,亲爱的灵魂!
>
> ……
>
> 是谁使你离开美妙的圣界而流落他方? 是谁将你囚禁?
>
> 是谁将你关闭在这黑暗的牢狱中? 那里即是无法庇护你的血肉之身。
>
> 光明之神啊,亲爱的灵魂!
>
> 是谁将你陷在这一散发出甜蜜毒气的邪物中? 他

---

① 这首圣歌的帕提亚文及德译文,见 F. C. Andreas & W. Henning, *Mittel-iranische Manichaica aus Chinesisch-Turkestan*, III(SPAW, 1934), pp. 874—875。英译文则见 Hans-J. Klimkeit, *Gnosis on the Silk Road: Gnostic Texts from Central Asia*(下文简称 *Gnosis*), p. 46, HarperCollins Publishers, New York, 1993,题为"Hymn on the fate of the Living Soul"。

为什么要这样做？

是谁把你像奴隶一样交给恶魔？他依赖这躯体哺育，其中盘踞着贪婪的巨蛇。

是谁使你充当了黑暗、无耻、不可抑制的邪恶火焰的奴仆？

光明之神啊，亲爱的灵魂！

是谁使你脱离了永生？

……①

显而易见，圣歌对于灵魂(光明分子)被囚于人类肉体("男性和女性的躯体")中深恶痛绝，将人的肉身视作"黑暗的牢狱"，那里"盘踞着贪婪的巨蛇"，并有"黑暗、无耻、不可抑制的邪恶火焰"。既作如此认识，那么距主动"解救灵魂"，使之脱离牢笼——亦即让人死亡，岂非一步或数步之遥么？

事实上，我们确实可以从摩尼教的许多宗教性作品中，发现鼓励灵魂脱离肉体的思想，有时候，这种观念甚至演化成强烈的呼吁。下面是一首帕提亚文圣歌的辞句：

啊，来吧，灵魂！不要再怕惧！

死亡虽然降临，痛苦却已逝去。

烦恼的日子已经告终，

其恐怖消失在烈火之云中。

来吧，灵魂，走上前来！

不要再贪恋苦难之宅，

这不过是毁灭与烦恼的死亡，

---

① 原文见于粟特文书 M131、M395 和 T II D138；粟特原文及德译文见 W. B. Henning, *Ein manichäiches Bet und Beichtbuch*, pp. 44-45, in *W. B. Henning Selected Papers*, I, Leiden, 1977。英译文则见 *Gnosis*, pp. 149-150，题为"Lamentation about the fate of the soul"。

而你以前却被逐出了美好的故乡。
你当初在地狱里受尽苦痛,
都是为了今天的欢乐无穷。
愉快地走近些,不必懊悔,
不要满足于待在这死屋之内。
不要回头,不要关心这丑陋的躯体,
它们及其后继者都悲惨地留在了尘俗之地。
它们在人间不断地轮回再生,
备受种种折磨和幽禁。
看哪,它们再生于各类生物中,
听哪,其叹息声是多么沉重。
再走近些,不要沉溺于尘世的美丽,
它会以各种方式毁灭你。
它会如雪一般融化在阳光里,
不会再留下任何美好的形体。
它犹如开败的花朵一样凋谢枯萎,
消失在阳光里,优雅的外表被毁。
来吧,亲爱的灵魂,
不要留恋那逝去的时辰。
不能再回复那五花八门的外形,
世俗欲望即是死亡,它会将一切毁尽。
因此,来吧,灵魂,
我将带你上天,带到你的故地仙境。
我会向你展示你的家乡,
这是你一直追求……的希望。
想想你所遭受的苦难,记住啊,灵魂!
全部都来自你的敌人。

> 看看这尘世,以及万物的牢狱,
> 迅速地摧毁一切贪欲。
> 烈火、毁灭与恐怖,
> 将把存在于此的一切都征服。
> ……①

十分明显,圣歌一方面将俗世及一切生物的形体描绘得极其可怕、可鄙,另一方面则强烈地召唤"灵魂"脱离躯体,回归"故乡",即明界乐土,并且谆谆告诫它们,不要再回归形体。这样的思想观念,对于一般的"愚夫愚妇"信徒来说,必然会深深烙下"人生可厌,死即幸运"的印记,从而引申出"帮助他人脱离苦海"——亦即杀人——的信仰。

此外,摩尼教明、暗二宗永远激烈相斗,势不两立的根本教义,也易于使人从单纯的思想上的"驱魔""除魔"演变成物质形态的"除魔""杀魔",亦即有可能为"以杀度人"信仰提供理论基础。

例如,《摩尼教残经》在叙述本教的创世神话时,提到了明、暗两宗相斗的许多方面:"其彼净风,取五类魔,于十三种光明净体,囚禁束缚,不令自在。魔见是已,起贪毒心,以五明性,禁于肉身,为小世界,亦以十三无明暗力,囚固束缚,不令自在。""贪魔以此五毒死树,栽于五种破坏地中,每令惑乱光明本性,抽彼客性,变成毒果。""若有明使,出兴于世。……禁众毒蛇及诸恶兽,不令自在;复赍智斧,斩伐毒树,除去株杌,并余秽草。"又如《下部赞》云:"一切魔男及魔女,皆从肉身生缘现。又是三界五趣门,复是十方诸魔口。……听

---

① 引自 *Gnosis*, pp. 114-115。是为帕提亚文的摩尼教冗长圣歌的一部分,被认为是由摩尼的弟子 Mār Ammō 所撰,成于公元 3 世纪中叶。

我如斯苦痛言,引我离斯毒火海。"(第23、29颂)"无知肉身诸眷属,并是幽邃坑中子。内外堙塞诸魔性,常时害我清净体。一切恶兽无能比,一切毒蛇何能类。"(第49—50颂)"真断事者神圣者,游诸世间最自在,能降黑暗诸魔类,能灭一切诸魔法。"(第187颂)

至此,我们不能不承认,摩尼教尽管有"戒杀"之律,但是其根本教义中却隐含着厌恶人生、欢呼乃至争取死亡的思想。所以,这类观念若被稍加引申或者曲解,就很容易形成"以杀度人"的信仰。下面则对此略作分析与归纳。

四、分析和结论

首先,必须清楚摩尼教的"戒杀"与佛教"戒杀"的原因,有着重大区别:后者是出于"慈悲心肠",不忍伤害众生之性命,故其"不杀生"是目的。而前者不杀生,则是怕伤害了人与动、植物体内的"光明分子",即灵魂,它只是一个手段;此外,由于摩尼教之根本目的是"拯救生物体内的光明分子",故只要教徒认为有利于此根本目标的事,都可以做,例如,只吃或多吃含有丰富光明分子的植物。那么,如果有人走向极端,主动使"灵魂(光明分子)"脱离"可厌肉身",尽早"回归明界"——亦即主动使人死亡,其做法似也未曾违背根本教义。鉴于这一逻辑推理,我们至少可以认为,北魏法庆"大乘教"之流的"以杀度人"信仰,与其说和佛教有渊源,毋宁说更可能是受了摩尼教教义的影响。

其次,摩尼教的基本思想观念,实际上是反对俗世的一切生灵的。如前文所引巴拉维文《斥疑解》称,按摩尼的看法,一切有形生物的创制者和供养者,都是暗魔。所以,养子育孙是不对的,这便成了暗魔的合作者。养育人类和牲畜,便是强迫灵魂(光明分子)进入肉体(牢狱);甚至,鉴于同样道理,栽种树木、谷物也是错误的。这一观念已经从哀叹"灵魂在肉体中备受折磨"的大量摩尼教宗教材料中展示出来。

所以,激烈批判摩尼教思想的奥古斯丁的一番话,未必全无道理:"为了避免你的尊神的一部分(指光明分子——引者)被禁闭于肉体中,你不愿送块面包给挨饿者。你由于害怕犯下想象中的谋杀罪,却真正地杀了一人!当你遇见一个挨饿者而不给他食物,他很可能饿死,那你肯定要被视作谋杀者。按上帝的法律,你若不给食物,就是谋杀者;而按摩尼之法,你若给就是谋杀者。"

尽管奥古斯丁的这番话有些偏激(因为摩尼教教徒也愿意向穷人施舍钱财,只是面包、水果和水却只能送给本教的"选民"——高级修行者),但是后世的学者们确实觉察出了摩尼教教义的某个特点:"(基督教与摩尼教教义的真正区别)可用一句话来表达:基督教关心人,摩尼教关心物。……摩尼教的同情心并非施予人类,而是施予人体中被禁锢的光明。就某种程度而言,人类只是间接的神形,他们只是邪恶的暗魔模仿明使形象而制作的一种盗版物。"[1]

从摩尼教的教义中归纳出的这一"重物而轻人"的结论,使得我们更有理由推测,法庆之流"以杀度人"的信仰夹杂了摩尼教的因素。

再次,摩尼教始终将世俗世界看成是邪恶之所,将人的肉体说成是囚禁光明分子的牢狱,从而特别强调"人生为苦"。这一说法在客观上正与暴政下受苦受难的普通大众的

---

[1] 奥古斯丁之语及本段引语,见 F. C. Burkitt, *The Religion of the Manichees*, pp. 59-60, Cambridge University Press, 1925。

切身感受接近,因此,其教义特别容易被下层民众,尤其是深受剥削与压迫的下层民众所认可接纳。而下层民众的落后文化,完全可能使之在教义的理解方面出现偏差,则将"除魔""拯救灵魂"等信仰曲解为直接杀人,也并非不可想象之事。那么,出现"以杀度人"之说,自然不无可能了。

最后,必须指出的是,尽管我们罗列了许多理由,论述古代中国法庆之流的宗教性团体的"以杀度人"信仰,很有可能是受摩尼教的影响而形成,但是,这却不能被视作"继承"了摩尼教的教义,而只能说是某种"曲解",或者至多说是"借鉴"。因为毕竟摩尼教在形式上是"戒杀"的。当然,即使作如此理解,我们也不能否认摩尼教对于古代中国之宗教信仰及社会生活的巨大影响,这是后世学者应予进一步关注的问题。

此外,"以杀度人"信仰虽然在客观上是十分"非人道"的,但是与专制暴君们为了一己私利而有意识地屠杀民众,仍有本质的区别:前者只是出于信仰,而非蓄意作恶。

第五章 摩尼教影响武则天、白居易的可能性推测

摩尼教始创于公元 3 世纪的西亚,嗣后曾向东、西方各地大规模地传播。向东传至中亚,并进一步流传到中国边区、内地的摩尼教被现代学界称为丝绸之路上的宗教,因为它是沿着贯穿古代世界的"丝绸之路"而传布的。足见丝绸之路在古代宗教思想交流方面所起的重要作用。

从形式上看,摩尼教并未受到中土统治阶层的多大欢迎和支持,它在中国内地的所谓"黄金时期"总共不过数十年。然而,它的某些观念和思想却曾若隐若现地渗透到各个阶层中,以致除了普通大众之外,中原王朝的知识精英,乃至统治高层也或多或少地受到了它的影响。在此考察唐代的两位杰出人物,以揭示他们受到摩尼教影响的可能性。

一、武则天的宗教思想辨析

武则天是中国数千年君主专制社会中唯一的女皇帝,有关她的宗教信仰,通常都归之于佛教。例如:"武后与佛教关系最深,天授二年,颁《大云经》于天下,藉佛经之传说,作革唐之掩护,又诏释教在道法之上。"① 又如:"对佛教的庇护改

---

① 岑仲勉《隋唐史》,中华书局,1982 年,第 167 页。

由皇后接手。她出身于虔诚佛教的家庭,那些希望接近皇帝的佛教徒显然把她看成是赞助人和保护人。武后也是宗教建筑的主要赞助人,在她当皇后时期,她主持在龙门石窟里凿刻了大量的佛像。……只是到近期,历史学界才了解大乘教的信仰和实践是多么深入地渗透进唐代的平民生活之中。当时一部不重要的《大云经》有两种现成的译文。经中包括弥勒佛即将下凡为女神和君临全世界的预言。……(武后)立即颁布了这一教义。在一次对佛僧广施恩泽的令人惊愕的行动中,她在全国各州兴建国家维护的大云寺,其中有的是新建的,另一些则是现成并受帝王庇护的寺庙。(武则天)忙于与佛教打交道,她又为自己加了'慈氏越古金轮'的头衔;她一改唐王朝重道轻佛的做法,甚至禁止杀生。"[1]

除了诸如此类的叙述性文字外,尚有就武氏大力倡导佛教一事进行深入探讨的论述,著名者是陈寅恪《武曌与佛教》。此文详述了隋王室笃信佛教的背景,认为武则天自幼深受其母杨氏之佛教信仰的影响,出家为尼,故武则天与佛教"实有长久之因缘,非一朝一夕偶然可致者"。此外,由于佛典的教义,特别是佛教符谶可以为武则天的政治革命张目,故武氏极欲利用佛教[2]。

诚然,从武氏的许多举措看,其表面形式和教义、观念都与佛教有着密切的关系。但是,若谓她的信仰是"纯粹"或"正统"的佛教,则并不符合事实。因为武则天似乎是奉行了一种新的宗教信仰,以利于她的政治革命;而这种新的信仰

---

[1] [英]崔瑞德编.中国社会科学院历史研究所译《剑桥中国隋唐史》,中国社会科学出版社,1990年,第268、309、315页。

[2] 陈寅恪《武曌与佛教》,载《金明馆丛稿二编》,上海古籍出版社,1980年,第137—155页。

却有意无意地融合了既有的佛教教义和摩尼教教义,后者则是不可轻易忽略的因素。基于这样的认识,下面将作深入的探讨。

1.《大云经》剖析

史称武则天命人伪造《大云经》①,作为自己执掌最高政权的理论依据:"(薛)怀义与法明等造《大云经》,陈符命,言则天是弥勒下生,作阎浮提主,唐氏合微。故则天革命称周,怀义与法明等九人并封县公,赐物有差,皆赐紫袈裟、银龟袋。其伪《大云经》颁于天下,寺各藏一本,令升高座讲说。"②在此,武则天被说成是弥勒佛下降人世,并被指定来取代李唐而充任中国的帝君。于是,《大云经》便成了武则天证明自己"君权神授"的主要根据,成为武周革命的重要文献,因此,不妨分析一下《大云经》的内容。

如果唐代的《大云经》真的只是早期译本的注疏本或修改本,那么,在唐本已逸的情况下,查检一下北凉时昙无谶所译的《大方等无想经》(亦称《大方等大云经》),就不无意义。首先,《大云经》中有一位"天女",被描写得相当具体:

---

① 有关《大云经》究竟是唐代佛僧的伪作,还是修改和增删之作,抑或是古已有之的问题,在宋代就有异议,降及近现代仍有不同看法。由于此事与本主题无关,故在此只转引现代学者的一段归纳之语,略作交代:"可见,唐以前早已有了《大云经》。武周时,十个和尚(或一'群浮屠')'表上'给武氏的那部《大云经》,可能是这些和尚重译的,但武周时和她以后的《大周录》、《开元录》、《贞元录》里,都不见著录'唐译'的《大云经》。可见那部《大云经》不是'重译'的,而是'重抄'的(重抄昙无谶译的《大云经》)。这些和尚'撰写'的,是《大云经疏》,而不是《大云经》。"语见郭朋《隋唐佛教》,齐鲁书社,1980 年,第 316 页。

② 《旧唐书》卷一百八十三《外戚传·薛怀义传》,中华书局标点本,1975 年,第 4742 页。

尔时众中有一天女名曰净光,复以香华、幡盖、伎乐供养于佛,合掌恭敬白佛言:"世尊。如是二贤成就甚深,微妙智慧,能开如来秘密之藏。从何处来?惟愿演说。"佛言:"善哉善哉!天女,汝为众生故问是义。谛听谛听,吾当说之。……"

"尔时如来在大众中作师子吼,宣说如是《大云》经典。时彼城中有王名曰大精进龙王,王有夫人名曰护法,有一大臣名法林聚。尔时国王与其夫人及其大臣,往彼佛所供养,恭敬合掌作礼,右绕三匝,却坐一面。……是时夫人复作是愿:'释迦如来出现之时,令我势力能伏邪见。'……天女,如是四人今于我世为法重任,不但今日,方于未来,复当护持我之正法。"

是时,天女即白佛言:"我今未知,如是四人,斯为是谁?惟愿如来,说其名字。"佛言:"善哉,天女!至心谛听谛听,吾当为汝分别解说。"……天女复言:"惟愿解说。"尔时佛告天女:"且待须臾,我今先当说汝因缘。"

是时天女闻是说已,即生惭愧,低头伏地。佛即赞言:"善哉善哉!夫惭愧者,即是众生善法衣服。天女,时王夫人,即汝身是。汝于彼佛,暂得一闻《大涅槃经》,以是因缘,今得天身。值我出世,复闻深义。舍是天形,即以女身当王国土,得转轮王所统领处四分之一,得大自在受持五戒,作优婆夷,教化所属城邑聚落男子、女人、大、小。受持五戒,守护正法,摧伏外道诸邪异见。汝于尔时,实是菩萨,为化众生,现受女身。……"①

"善男子,彼土菩萨欲闻净光授记别事,并欲供养如

---

① (北凉)昙无谶译《大方等无想经》卷四《大云初分如来涅槃健度第三十六》,《大正藏》第12册,第387号,第1097页上—1098页上,大正十四年六月。

是三昧,是故而来。善男子,是菩萨名无边光,通达方便,善能教导。"

"世尊,惟愿如来说是天女,在何佛所发阿耨多罗三藐三菩提心?何时当得转此女身?"

"善男子。汝今不应问转女身。是天女者,常于无量阿僧祇劫,为众生故现受女身。当知乃是方便之身,非实女身。"

"云何当言何时当得转此女身?"

"善男子,菩萨摩诃萨住是三昧,其身自在,能作种种随宜方便,虽受女像,心无贪着,欲结不污。"

"世尊,惟愿如来,为诸众生,说是天女未来之事。"

"善男子,汝今谛听我当说之:以方便故,我涅槃已,七百年后,是南天竺有一小国,名曰无明。彼国有河,名曰黑暗。南岸有城,名曰熟谷。其城有王,名曰等乘。其王夫人产育一女,名曰增长。其形端严,人所爱敬。护持禁戒,精进不倦。其王国土以生此女故,谷米丰熟,快乐无极。人民炽盛,无有衰耗、病苦、忧恼、恐怖、祸难,成就具足一切吉事。邻比诸王,咸来归属。有为之法,无常迁代。其王未免忽然崩亡,尔时诸臣即奉此女以继王嗣。女既承正,威伏天下。阎浮提中所有国土,悉来承奉,无拒违者。

女王自在,摧伏邪见。为欲供养佛舍利故,遍阎浮提起七宝塔,赍持杂彩上妙幡盖,栴檀妙香,周遍供养。见有护法持净戒者,供养恭敬;见有破戒毁正法者,呵责毁辱,令灭无余。具足修习十波罗蜜,受持五戒,拯济贫穷。教导无量一切众生,说《大云经》,以调其心。若闻《大乘方等经》者,恭敬供养,尊重赞叹。满二十年受持、

第五章 摩尼教影响武则天、白居易的可能性推测　　361

读诵、书写、解说是《大云经》,然后寿尽。是时乃当转此女身,为众生故示大神通,为欲供养无量寿佛故,故生彼界。"

"世尊,是女王者,未来当得阿耨多罗三藐三菩提不耶?"

"善男子,如是女王,未来之世过无量劫,当得作佛,号净宝增长如来应正遍知明行足善逝世间解无上士调御丈夫天人师佛世尊。此娑婆世界,尔时转名净洁浣濯,有城名曰清净妙香。其城纯以七宝庄严,最胜无上,犹忉利宫。其城凡有九万亿人,土地平正,无有荆棘、土沙、砾石。其土人民,不生邪见,爱重大乘,无有声闻、缘觉之名,一切纯是菩萨大士。修习慈悲喜舍之心,成就忍辱,寿命无量。善男子,若有众生得闻彼佛如来名号,不堕三恶,转生人天。"①

《大云经》是佛陀解答与会者提出的种种问题的记载,而由以上引文可以得知,佛陀对于"净光天女"之身份和预言(即"授记")的叙说,在《大云经》中占了相当的篇幅,足见此女地位非同寻常(前生是国王的夫人,后又成为天女,再后当女王,最后成佛)。因此,同样是女性的武则天选择《大云经》作为她执掌皇权的"依据",亦属合乎情理之举。那么,武则天以"女皇"身份登基的"理论"似乎纯粹出于佛教教义。但是,若细析"净光天女"的故事,却能发现明显的摩尼教色彩。

首先,"光"是摩尼教教义中最重要的因素,而这里将在未来当女王的人名曰"净光天女"。上引《大云经》卷六谈到,

---

① 同上引书卷六《大云初分增长健度第三十七之余》,第1106页下—1107页中。

西方安乐世界有一位名叫"无边光"的菩萨要来这里聆听佛陀谈述净光天女之事；佛陀为了迎接这位"无边光"菩萨,则"从其面门出无量光,其光五色,遍照无量无边世界,上至梵世,一切周遍,绕身三匝还从口入"。颇有意思的是,这位以"光"为名的天女,居然引起了"光"菩萨的莫大兴趣,并且还导致佛祖也施展神通,大放光明。显然,这位未来女王或女身佛,与"光"有着密切的关系。

其次,有几个地名也引人注意,例如,女王的故国名叫"无明",河流名叫"黑暗",以及"无边光"菩萨原居的西方世界名叫"安乐"。

摩尼教教义的核心是"二宗"和"三际"论。"二宗"是指永远对立的明、暗两要素；"三际"是指过去、现在、未来三个时段。亦即是说,摩尼教将光明和黑暗视作世界的本原,而这两个本原又具体化为两个相邻的王国：光明王国占据着北、东、西三方,黑暗王国则占据南方。

不难发现,《大云经》谈及南天竺(尤可注意"南"字)的"无明"之国与"黑暗"之河,确实酷肖于摩尼教的说法。摩尼教汉语典籍(《摩尼教残经》《教法仪略》和《下部赞》)中,"无明"与"黑暗"是常见的术语。例如,"入于暗坑无明境界"、"以像无始无明境界第二暗夜"、"如是等可畏无明暗夜"、"即被无明暗毒念中化出诸魔"、"或时于彼无明思中化出诸魔"、"无明暗力,堕于地狱"、"得出五重无明暗坑"、"駈逐无明暗心"、"对彼无明重昏暗夜"、"复是无明五毒院"、"先断无明恩爱欲"、"不染无明及淫欲"等等,不胜枚举。

《大云经》与摩尼教文献使用的另一个相同术语,乃是"安乐(国)"。《大云经》卷六载佛陀答大云密藏菩萨之问曰："于此西方,有一世界,名曰安乐。其土有佛,号无量寿。"而前来佛陀处"闻净光授记别事"的无边光菩萨,便是由安乐世界的无量寿佛遣来。显然,这一"安乐世界"即是佛教所言的"西方净土",它与"光"的关系也颇密切。

按摩尼教之说,个人灵魂死后有三种归宿方式:"生"者前赴新乐园(New Paradise),"混合"者返回人世间,"死"者则堕入地狱。正直的灵魂都赴新乐园,由天使前来迎接,相继通过光耀柱、月宫和日宫之后,抵达新乐园[①]。在摩尼教汉文文献中,这一"新乐园"便被译成"安乐国"。例如《下部赞·赞夷数文第二迭》云:"得履三常正法路,速即到于安乐国。"又,同文献的《亡者受供结愿偈》云:"唯愿诸佛,哀愍彼性,起大慈悲,与其解脱;自引入于光明世界本生之处,安乐之境。"

诚然,让一位代表正义和良善的净光天女出生于"无明"国内、"黑暗"河旁,确实令人不解,特别是有悖于摩尼教的通常观念;此外,即使《大云经》与摩尼教文献中采用完全相同的术语"无明""黑暗""安乐(境)"之类,也不能断定二者之间一定有过文化交流,若视作偶然的巧合也未尝不可。但是,武则天,特别是她属下的那些僧人,之所以选择佛教的《大云经》作为"理论武器",却可能不仅是由于其中载有"净光天女"的故事,还因为其中的某些说法与摩尼教的教义暗暗相合;而后者较诸正统佛教更具有革命性,故而更适应于武则天的政治需求。

2. 崇拜日、月、光

摩尼教教义的核心是光明,日、月则是光明的最大象征。

[①] Mary Boyce, *A Reader in Manichaean Middle Persian and Parthian*, pp. 7-8, E. J. Brill, Leiden, 1975.

按摩尼教神学,主神之一净风在造就天地之后,把先前被暗魔吞下的光明分子分成三类:未受污染的光明分子被造成日、月,稍受污染的被造成星辰,至于受到严重污染的光明分子(即人类灵魂),则通过由三明使(第三使)运作的三个轮子,得到解脱、净化和升华,沿着光耀柱,从月亮上升到太阳,然后抵达新乐园。显然,在令光明分子回归明界(是为摩尼教的最大任务和终极目标)的过程中,日、月扮演了极其重要的角色。

有鉴于此,在摩尼教文献中,赞颂日、月的文字随处可见,如帕提亚文书 M77R1-15 云:

> (与你生活在一起的是)正义之母,
> 与你住在一起的还有救活之神;
> (和你在一起的有)收集珍珠的强大的父亲们,
> 那一对孪生的光源,两盏伟大的明灯。
> 它是众神居住的和平之屋,
> 他们使世界保持运动并发射出光辉。
> 充满欢乐的是神的住处,尊贵的船,那些灵魂之舟。①

这里所言的"两盏伟大的明灯"以及"尊贵的船""灵魂之舟"等等,都指的是日、月,是知日、月的高贵地位。相应地,一旦对日月有所不敬,也就成为一种罪恶,突厥语《摩尼教徒忏悔词》云:

> 第二,是对于日月神,是对居于二光明宫中的神灵所犯的罪过。

---

① Jes P. Asmussen, *Manichaean Literature: Representative Texts Chiefly from Middle Persian and Parthian Writings*, p.140, New York, 1975.

如若前赴诸神之境,本原之处,一切诸佛、清净法、拥有善业和地界光明之灵魂的聚集处,那么日、月之神便是其前门。为了解救五明神,将光明和黑暗分离开来,他们作圆状旋转,照耀(天界的)四方。

我的明尊啊,如果我们曾经无意中以某种方式得罪了日月神,居于二光明宫中的神灵;如果我们曾经不相信"(日月)神是真诚、强大、有力的";如果我们曾经使用了极度邪恶的亵渎神灵的言辞;如果我们说过"日月将会毁灭";如果我们说过"他们未靠自力升落;如果存在自力,就会不再升起";如果我们说过"我们自身异于日月",那么,当我们无意中犯下了这样或那样罪过时,我们祈求宽恕。宽恕我的罪过吧!①

正是因为日、月在摩尼教中有着如此突出和重要的地位,所以它传入中国内地后,便被误解为只拜日月了:"事魔食菜,法禁甚严。……而近时事者亦众,云自福建流至温州,遂及二浙。……其魁谓之魔王,为之佐者,谓之魔翁、魔母。……亦诵《金刚经》,取'以色见我'为邪道,故不事神佛,但拜日月,以为真佛。"②尽管宋代的"吃菜事魔"信仰并不完全等同于摩尼教,但是它包含了相当浓重的摩尼教因素,则无疑问,故"拜日月"可以视作是源自摩尼教的一种信仰特色。

十分明显,武则天对于日、月同样怀有强烈的崇拜倾向。最为突出的一例,见于她为自己改的名字:载初元年(689年),武则天新创"曌""埊""囝""〇""舌"等十二字;其中,

---

① Jes p. Asmussen, *Xʷāstvānīftī: Studies in Manichaeism*, Prostant Apud Munksgaard, pp. 169-170, 194, Copenhagen, 1965.
② (宋)庄绰《鸡肋编》卷上,载文渊阁本《四库全书》,上海古籍出版社影印《四库笔记小说丛书》本,1991年,第1039—136页。

"曌"便成为她新的名字,并为了避讳,将"诏书"称为"制书",因为"曌"字音"照",其义亦同①。

而"照"的本义即是"明"。《说文》解释道:"照,明也。从火,昭声。"或者,相当于日光,如《淮南子·本经训》:"照耀辉煌。"光所及者曰"照",而日、月之光辉耀,更常被称作"照",如《周易》卷二《恒》:"彖曰:……日月得天而能久照。"人间君主,经常以日月自喻,以显示其恩泽遍于天下,如《书经·泰誓下》:"呜呼,惟我文考,若日月之照临,光于四方,显于四土。惟我有周,诞受多方。"武则天以"曌"为名,固然不无可能是承袭古义,但是,她与"日月"和"明"的密切关系却有不少突出的例证,故不能排除系受摩尼教信仰影响的可能性。

在此可以《宝雨经》为例。它是在群僧表上《大云经》之后四年(长寿二年),由达摩流志对梁天监年间七卷本《宝雨经》的重译,共十卷。有意思的是,重译本新添了女君主统治东方"摩诃支那"(即"大中国")的内容:

> 尔时东方有一天子名日月光,乘五色云来诣佛所,右绕三匝顶礼佛足,退坐一面。
>
> 佛告天曰:"汝之光明,甚为希有。天子,汝于过去无量佛所,曾以种种香花、珍宝、严身之物、衣服、卧具、饮食、汤药,恭敬供养,种诸善根。天子,由汝曾种无量善根因缘,今得如是光明照耀。天子,以是缘故,我涅槃后最后时分,第四五百年中法欲灭时,汝于此赡部洲东北方摩诃支那国,位居阿鞞跋致,实是菩萨,故现女身,为自在主。经于多岁正法治化,养育众生,犹如赤子。

---

① 《新唐书》卷七十六《后妃上·则天武皇后传》,中华书局标点本,1975 年,第 3481 页。

……名曰月净光。……天子,然汝于五位之中当得二位,所谓阿鞞跋致及轮王位。天子,此为最初瑞相。汝于是时受王位已,彼国土中有山涌出五色云现。当彼之时,于此伽耶山北亦有山现。天子,汝复有无量百千异瑞,我今略说。而彼国土,安隐丰乐,人民炽盛,甚可爱乐。汝应正念施诸无畏。天子,汝于彼时住寿无量,后当往诣睹史多天宫,供养承事慈氏菩萨,乃至慈氏成佛之时,复当与汝授阿耨多罗三藐三菩提记。"

尔时月光天子从佛世尊闻授记已,踊跃欢喜,身心泰然,从座而起,绕佛七匝,顶礼佛足。[①]

值得注意的是,这段文字不见于梁代的七卷本《宝雨经》,故基本上可以断定为唐代译者有意识的伪作。如果说《大云经》中有关"净光天女"和"女王"的内容,尚属凑巧而具有摩尼教色彩,那么,《宝雨经》有关"日月光"天子或"月净光""月光"天子的内容则显然是有意识地强调了日、月、光的特色,令人不能不联系到摩尼教教义。

"东方有一天子名曰月光"、"汝之光明,甚为稀有"、"今得如是光明照耀"、"月净光(天子)"、"月光天子",如此等等展示"光"的措辞,用以描绘东方摩诃支那的女性君主;而武则天确实也以此作为登基称皇的最佳依据[②]。足见武则天的宗教思想中夹杂了浓烈的"日""月"和"光"的因素,从而类似

---

① (唐)达摩流志译《佛说宝雨经》卷一,《大正藏》第16册,第660号,第284页中一下,大正十四年五月。
② (清)董诰等编《全唐文》卷九十七《大周新译〈大方广佛华严经〉序》:"朕曩劫植因,叨承佛记。金仙降旨,《大云》之偈先彰;玉扆披祥,《宝雨》之文后及。加以积善余庆,俯集微躬,遂získ地平天成,河清海晏。殊祥绝瑞,既日至而月出;贝牒灵文,亦时臻而岁洽。"(中华书局影印本,1983年,第1002页上)

于摩尼教教义。

3. 明堂的建筑

明堂之设,由来已久,所谓"始之黄帝,降及有虞,弥历夏、殷,迄于周代,各立名号,别创规模"①。至于其用途,则是帝王宣明政教的处所,朝会、祭祀、选士、教学等通常在此举行。应劭释《汉书》"明堂"云:"明堂所以正四时,出教化。明堂上圆下方,八窗四达,布政之宫,在国之阳。上八窗法八风,四达法四时,九室法九州岛,十二庴法十二月,三十六户法三十六旬,七十二牖法七十二候。《孝经》曰:'宗祀文王于明堂,以配上帝。'上帝,谓五時帝太昊之属。黄帝曰合宫,有虞曰总章,殷曰阳馆,周曰明堂。"②则知明堂之制,乃是取法天地和天象等自然环境,故有"上圆下方"等形制;同时,在明堂举行仪式,亦有与神、鬼交流之意(如"配上帝"等)。既然取法于"天",那么日、月、光明因素等当然不可或缺,明堂必须建在"国之阳",以及"阳馆""明堂"诸称,都显示了这一点。

尽管明堂的这一特点早在上古时期就已展现,但是武则天特别重视明堂,并且不循古制,则暗示了她很可能是基于儒家礼仪之外的其他信仰而建造明堂的。《旧唐书》记武则天建造明堂之事云:

> 则天临朝,儒者屡上言请创明堂。则天以高宗遗意,乃与北门学士议其制,不听群言。垂拱三年春,毁东都之乾元殿,就其地创之。四年正月五日,明堂成。凡高二百九十四尺,东西南北各三百尺。有三层:下层象

---

① 《旧唐书》卷二十二《礼仪志二》所引颜师古语,第851页。
② 《汉书》卷十二《平帝纪》,中华书局标点本,1962年,第357页。

> 四时,各随方色;中层法十二辰,圆盖,盖上盘九龙捧之;上层法二十四气,亦圆盖。亭中有巨木十围,上下通贯,栭、栌、橕、棍,藉以为本,亘之以铁索。盖为鸑鷟,黄金饰之,势若飞翥。刻木为瓦,夹纻漆之。明堂之下施铁渠,以为辟雍之象。号万象神宫。①

武则天完成了高宗的未了之愿,足见她对于此举的迫切心情和坚定态度。此外,她的明堂并未完全承袭古制,而是有相当程度的发明和创新,乃至遭人非议,因此反映出其独特性。其明堂的"独创性"大致体现在如下几个方面。

第一,拆毁乾元殿而建造明堂。乾元殿向来是帝君听政之所,却被武则天拆毁后在该地建造明堂。从后世对于此举的激烈批评中,可以看到武则天的与众不同之处:

> 明年(开元六年),帝将大享明堂,(陈)贞节恶武后所营,非古所谓"木不镂、土不文"之制,乃与冯宗上言:"明堂必直丙巳,以宪房、心布政,太微上帝之所。武后始以乾元正寝占阳午地,先帝所以听政,故毁殿作堂。撤之日,有音如雷,庶民哗讪,以为神灵不悦。堂成,灾火从之。后不修德,俄复营构,殚用极侈,诡襮厌变,又欲严配上帝,神安肯临?且密迩掖廷,人神杂扰,是谓不可放物者也。二京上都,四方是则。天子听政,乃居便坐,无以尊示群臣。愿以明堂复为乾元殿,使人识其旧,不亦愈乎?"诏所司详议。刑部尚书王志愔等佥谓:"明堂瑰怪不法,天烬之余,不容大享。请因旧循制,还署乾元正寝。正、至,天子御以朝会。若大享,复寓圆丘。"制

---

① 《旧唐书》卷二十二《礼仪志二》,第862页。

日可。①

所谓"阳午地",当是指日照正中之处,故武则天之所以宁可大费周折地在这里拆殿建堂,其重要原因之一,恐怕仍然在于对太阳和光的崇拜,则又展示了摩尼教信仰的痕迹。

第二,明堂装饰的大火珠也引人注目:

> 则天造明堂,于顶上铸铁为鸑鷟,高二丈,以金饰之,轩轩若飞。数年,大风吹动,犹存其址。更铸铜为大火珠,饰以黄金,煌煌耀日,今见存焉。又造天枢于定鼎门,并番客胡商聚钱百万亿所成。其高九十尺,下以铁山为脚,铸铜为二麒麟,以镇四方。上有铜盘,径三丈,蛟龙人立,两足捧大火珠,望之如日初出。镌文于柱曰"大周万国述德天枢"。后开元中推倒,铜入上方。②

大火珠在此相当突出——"饰以黄金,煌煌耀日","望之如日初出"。在天枢顶部装饰镀金的大珠,其外观又"如日初出",则似乎设计者有意以此珠象征永放光明的太阳。武则天的明堂又一次与"光""日"密切联系,从而再一次体现了类似于摩尼教的色彩。

更有意思的是,如前文所言,摩尼教以"珍珠"譬喻灵魂即光明分子,亦即灵知的观念,十分类似于佛教以"珍珠"譬喻佛性即真如、真知的观念;而摩尼教教主的宗教尊号与梵语"Mani(珠)"的发音极为相近,乃至在汉文典籍中完全相同——"摩尼",故可推测,摩尼教教主在创教时从佛教汲取了有关珍珠的观念,并恰如其分地以"珍珠(Mani)"作为自己

---

① 《新唐书》卷二百《儒学下·陈贞节传》,第 5696—5697 页。
② 《大唐新语·辑佚·则天后》(录自《太平广记》卷二三六),(唐)刘肃撰,许德楠、李鼎霞点校,中华书局,1984 年,第 204 页。

的尊号,从而突出与"光明"的密切关系。有鉴于此,武则天之特别重视明堂建筑,也将"(大火)珠"置于十分显要的地位,便有可能有意无意地融入了摩尼教的文化因素。

第三,违反明堂"木不镂,土不文"的古制。前面引文业已提及,玄宗时代的陈贞节曾指责武则天的明堂不合"木不镂,土不文"古制,至于武氏究竟将明堂华丽地装饰到何等程度,则从另一则记载可略窥梗概:

> 王求礼,许州长社人。武后时,为左拾遗、监察御史。后方营明堂,雕饰谲怪,侈而不法。求礼以为"铁鹭金龙、丹臒珠玉,乃商琼台、夏瑶室之比,非古所谓茅茨桴桷者。自轩辕以来,服牛乘马,今辇以人负,则人代畜",上书讥切,久不报。①

武则天对于王求礼的谏劝不予理会,是意料之中的事,她的明堂之所以"雕饰谲怪,侈而不法",除了出于"创新"或"不愿法古"之外,是否还夹杂着其他的宗教信仰,则不得而知。然而这并非源于佛教,却毫无疑问。各种迹象表明,武则天所信奉的不是纯粹的佛教,而是融入其他宗教(特别是摩尼教)成分的一种新信仰。

4. 武则天受摩尼教影响的可能性

除了上文所述的种种迹象外,尚有其他一些史实也成为摩尼教可能曾经影响武则天的证据。例如,作为武则天"君权神授"之重要依据的《大云经》声称,她是"弥勒下生",则知武氏有着十分突出的弥勒信仰;而东方摩尼教文书(如中古波斯语和帕提亚语文书 M 80)中也曾出现称摩尼为"弥勒大

---

① 《新唐书》卷一百一十二《王求礼传》,第 4172 页。

师""弥勒主""弥勒佛""弥勒"等的现象。尽管总的来说,中土宗教与中亚摩尼教各自的"弥勒信仰"来源并不相同①,但是也不能完全排除二者在不同时段内,以直接或间接的形式有过局部交流的可能性。所以,武则天突出的弥勒信仰不是绝无可能受到摩尼教的某种影响。

此外,摩尼教正式获准在中国内地传播,毕竟是在武则天的执政期间("延载元年……波斯国人拂多诞(西海大秦国人)持《二宗经》伪教来朝"②)。并且有证据表明,在延载元年(694年)之前二十年的高宗时期或其上元年间(674—676年),中原地区已见摩尼教流行了③。因此,武则天在其整个生活时代接触到摩尼教信仰,是很有可能的。东传的摩尼教为了便于流布,经常借用佛教形式,乃至常被人误解成佛教。那么,若武则天在其创新的"佛教"中有意无意地融入了摩尼教的某些信仰,也在情理之中。

另一方面,不少证据表明,武则天所信奉的并非纯正的佛教,例如,"自明堂成后,纵东都妇人及诸州父老入观,兼赐酒食,久之乃止。吐蕃及诸夷以明堂成,亦各遣使来贺。载初元年冬正月庚辰朔,日南至,复亲飨明堂,大赦改元,用周

---

① 说见拙文《弥勒信仰与摩尼教关系考辨》,载《传统中国研究集刊》第1辑,上海人民出版社,2006年。
② (宋)志磐《佛祖统纪》卷三十九《法运通塞志第十七之六》,《大正藏》第49册,第2035号,第369页下—370页上,昭和二年八月。
③ 例如,"山背之麓,有草庵,元时物也,祀摩尼佛。……慕阇,当唐高宗朝,行教中国。"(《闽书》卷七《方域志·华表山》,第171、172页)。又,摩尼教突厥语文书 T II D180 称:"在 uluγ bašlaγ 的第二年,(摩尼教)的教义及宗教从 tawqač 传播到这里……"则 uluγ bašlaγ 可译作"上元", tawqač 通常指称中原王朝(后世译作"桃花石"),故知唐高宗上元年间(674—676年),中原地区已见摩尼教了。参看 W. Bang & A. von Gabain, *Turfan-Texte II*, APAW, 1929, pp.425-426。

正。翼日，布政于群后。其年二月，则天又御明堂，大开三教。内史邢文伟讲《孝经》，命侍臣及僧、道士等以次论议，日昃乃罢。"①御明堂而"大开三教"，请佛僧、道士等相继论议，足见武则天颇有容纳多种信仰之意。

在明堂之北建造的"功德堂"，形式上是崇拜佛教，但显然并非正统的佛教：

> 周证圣元年，薛师名怀义，造功德堂一千尺于明堂北。其中大像高九百尺，鼻如千斛船，中容数十人并坐，夹纻以漆之。正月十五，起无遮大会于明堂。掘地深五丈，以乱彩为宫殿台阁，屈竹为胎，张施为桢盖。又为大像金刚，并坑中引上，诈称从地涌出。又刺牛血画作大像头，头高二百尺，诳言薛师膝上血作之，观者填城溢郭，士女云会。内载钱抛之，更相踏藉，老少死者非一。至十六日，张像于天津桥南，设斋。②

此"功德堂"亦称"天堂"③，之所以如此命名，似乎是旨在象征弥勒佛（慈氏菩萨）所居的兜率天宫，因为就在正月辛巳日，武则天刚刚加号"慈氏越古金轮圣神皇帝"，改元证圣。然而，东方摩尼教也融入了弥勒信仰，那么武氏此举不无可能掺有摩尼教因素。至于无遮大会，乃是佛教的传统法会，应该是贤、圣、道、俗、上、下、贵、贱平等进行财施和法施的大会。但是这里的无遮会却掘坑置放大金刚，以及刺牛血画大

---

① 《旧唐书》卷二十二《礼仪志二》，第864页。
② （唐）张鹭《朝野佥载》卷五，载文渊阁本《四库全书》，上海古籍出版社影印《四库笔记小说丛书》，1991年，第1035—269页。
③ "初，明堂既成，太后命薛怀义作夹纻大像，其小指中犹容数十人，于明堂北构天堂以贮之。"语见《资治通鉴》卷二百五《唐纪二十一·则天后天册万岁元年》，中华书局校点本，1956年，第6498页。

像头等等,则显然不是真正的佛教仪式;尤其是刺血云云,更是充满了巫术色彩。

另有一例,亦可证实武则天对于明为"佛教"而实为巫术的信仰不仅颇感兴趣,简直深信不疑:

> 河内有老尼居神都麟趾寺,与嵩山人韦什方等以妖妄惑众。尼自号净光如来,云能知未然;什方自云吴赤乌元年生。又有老胡亦自言五百岁,云见薛师已二百年矣,容貌愈少。太后甚信重之,赐什方姓武氏。秋,七月,癸未,以什方为正谏大夫、同平章事,制云:"迈轩代之广成,逾汉朝之河上。"八月,什方乞还山,制罢遣之。①

从"太后甚信重之"以及赐韦什方"武"姓、封正谏大夫之官等等来看,武则天对于这类假借佛教的"妖妄惑众"之辈,不是一般地相信,而是几乎达到视作亲信、加以重用的地步。在此可注意者有三点:第一,这老尼自称"净光如来",恰与《大云经》中的"净光天女"以及《宝雨经》中的"月净光"同号,又一次凸现了"光"在武则天信仰中的重要地位。第二,"老胡"所言的"薛师"即是指薛怀义,而这一"佛僧"既是武则天最宠信的近臣,也是武氏"崇信佛教"的主要展示者。显然,他们都是以佛教为名的"妖妄惑众"之辈。第三,"老胡"即是年老的胡人,而当时信奉和传播摩尼教的,却恰恰多为胡人。据此,则有理由推想,武则天身边有一批被她宠信任用的中外"僧""尼",打着佛教的旗号,向她兜售夹杂着"非正统信仰"或摩尼教的宗教思想。

综上所论,可作如下推测:太宗、高宗时代,东西方交通空前繁荣,文化交流日益频繁。已在中亚立足数百年的摩尼

---

① 《资治通鉴》卷二百五《唐纪二十一·则天后延载元年》,第6494—6495页。

教进一步向东传播,逐渐渗透到中原民间。武则天步入政坛之际,可能业已直接或间接地受到摩尼教信仰的影响;而当她急欲寻觅理论根据,确立其皇权之时,善于假借佛教形式而传播其教义的东方摩尼教徒,便乘机施加影响,于是,弥勒、光、明、日、月等等摩尼教要素便融入到武氏的宗教体系中。武则天或许并非没有意识到这一点,但是,正是由于"弥勒下生""光明战胜黑暗"等信仰颇具革命性质,恰好符合武则天的政治需求,故她巧妙地利用了这类教义,将它们包装在传统佛教的形式之中。或许,当武则天以佛教的最大赞助者出现在公众面前时,摩尼教的教义正暗暗地传遍中国。

二、白居易"摩尼教诗"的真伪

南宋时代的佛僧志磐在其《佛祖统纪》中谈及当时盛行的"左道"如"吃菜事魔"之流时,作评论道:

> 尝考《夷坚志》云:吃菜事魔,三山尤炽。为首者紫帽宽衫,妇人黑冠白服,称为明教会。所事佛衣白,引经中所谓"白佛",言世尊,取《金刚经》一佛、二佛、三四五佛,以为第五佛。又名末摩尼,采《化胡经》,乘自然光明道气,飞入西那玉界苏邻国中,降诞玉宫为太子,出家称末摩尼,以自表证。其经名《二宗三际》。二宗者,明与暗也;三际者,过去、现在、未来也。大中祥符兴道藏,富人林世长贿主者,使编入藏,安于亳州明道官,复假称白乐天诗云:"静览苏邻传,摩尼道可惊。二宗陈寂默,五佛继光明。日月为资敬,乾坤认所生。若论斋洁志,释子好齐名。"以此八句表于经首。其修持者,正午一食,裸尸以葬,以七时作礼,盖黄巾之遗习也。尝检乐天《长

庆集》,即无苏邻之诗。乐天知佛,岂应为此不典之词!①

志磐在此所言的"吃菜事魔""明教"等信仰,如果不是从十分严格的意义上说,那么即是公元3世纪始创于西亚的摩尼教。作者显然对此信仰极为反感,故以"左道""魔法"名之,并断然否认唐代大诗人白居易曾经写过有关这类信仰的诗。

在一般人的心目中,白居易以"信佛"乃至"笃信佛教"著称,故志磐之说通常是可以被接受的。然而,倘从探究史实真相的角度看,则此语未必令人信服,故在此探讨白居易撰写此诗的可能性,以见当时的宗教文化交流。

1. 白居易的信仰多元性

志磐之所以断言白居易根本不可能撰写这"摩尼教诗",是因为他是以白氏只信佛为基础的。所以,如果能证明白居易的信仰比较"多元",那么就使这"摩尼教诗"的撰写具备了可能性。而事实是,确有诸多证据表明,白居易在信仰方面比较宽泛和宽容,既有兴趣于佛教内的各宗派,也有兴趣于佛教之外的各信仰。

首先,即使就"佛教信仰"而言,白居易也未达到"笃信"和"专致"的程度。作为禅宗之重要史料集的《景德传灯录》将白居易视为禅宗信徒,列为如满禅师的"法嗣"之一,并谈及他信奉禅宗的多件事迹:

> 前洛京佛光寺如满禅师法嗣。唐杭州刺史白居易,字乐天,久参佛光得心法,兼禀大乘金刚宝戒。元和中,

---

① (宋)志磐《佛祖统纪》卷四十八《法运通塞志第十七之十五》,《大正藏》第49册,第2035号,第431页上一中,昭和二年八月。

造于京兆兴善法堂《致四问》(语见《兴善章》)。十五年牧杭州,访鸟窠和尚,有《问答偈颂》(《鸟窠章》叙讫)。尝致书于济法师,以佛无上大慧演出教理,安有徇机高下应病不同,与平等一味之说相反,援引《维摩》及《金刚三昧》等六经,辟二义而难之。又以五蕴十二缘,说名色前后不类,立理而征之,并钩深索隐,通幽洞微。然未睹法师酬对,后来亦鲜有代答者。复受东都凝禅师《八渐》之目,各广一言而为一偈,释其旨趣。自浅之深,犹贯珠焉。凡守任处,多访祖道,学无常师。后为宾客,分司东都,罄己俸修龙门香山寺。寺成,自撰记。凡为文,动关教化,无不赞美佛乘,见于本集。其历官次第归全代祀,即史传存焉耳。①

引文提到的白居易所作的《八渐偈》被全文收载于同书中,作者并还作序,解释前因后果:"唐贞元十九年秋八月,有大师曰凝公,迁化于东都圣善寺钵塔院。越明年,春二月,有东来客白居易,作《八渐偈》,偈六句,句四言,赞之。初,居易尝求心要于师,师赐我言焉,曰观,曰觉,曰定,曰慧,曰明,曰通,曰济,曰舍。繇是入于耳,贯于心。呜呼!今师之报身则化,师之八言不化。至哉,八言!实无生忍观之渐门也。故自'观'至'舍',次而赞之。广一言为一偈,谓之《八渐偈》。盖欲以发挥师之心教,且明居易不敢失坠也。既而升于堂,礼于床,跪而唱,泣而去。偈曰:……"②在此,白居易将凝禅师赠他的禅宗"心要"八字诀进一步发挥成《偈》,颇有"青出

---

① (宋)道原撰《景德传灯录》卷十《杭州刺史白居易》,《大正藏》第51册,第2076号,第279页下—280页上,昭和三年三月。
② (宋)道原撰《景德传灯录》,卷二十九《唐白居易八渐偈八首》,《大正藏》第51册,第454页下。

于蓝而胜于蓝"之势,足见他对于禅宗不仅仅是"涉猎"而已。

另一方面,白居易也以信奉净土宗而著称,尤其是在晚年。对于中国的佛教信徒来说,净土宗又大致上分为两大信仰:一为弥勒信仰,一为弥陀信仰;前者求得往生兜率天,后者求得往生西方极乐世界。白居易则二者兼而奉之,《画弥勒上生帧赞》表达了其弥勒信仰:

> 南赡部州大唐国东都城长寿寺大苾蒭道嵩、存一、惠恭等六十人,与优婆塞士良、惟俭等八十人,以大和八年夏,受八戒,修十善,设法供,舍净财,画兜率陀天宫弥勒上生内众一铺,眷属围绕,相好庄严。于是嵩等曲躬合掌,焚香作礼,发大誓愿:愿生内宫,劫劫生生,亲近供养。按本经云,可以除九十九亿劫生死之罪也。有弥勒弟子乐天同是愿,遇是缘,尔时稽首,当来下生慈氏世尊足下,致敬无量,而说赞曰:百四十心,合为一诚。百四十口,发同一声。仰慈氏形,称慈氏名。愿我来世,一时上生。①

《画弥勒上生帧记》也表达了同样的信仰:

> 南赡部洲大唐国东都香山居士、太原人白乐天,年老病风,因身有苦,遍念一切恶趣众生,愿同我生离苦得乐。由是命绘事,按经文,仰兜率天宫,想弥勒内众,以丹素金碧形容之,以香火花果供养之。一礼一赞,所生功德,若我老病苦者,皆得如本愿焉。本愿云何?先是,乐天归三宝,持十斋,受八戒者有年岁矣。常日日焚香佛前,愿当来世,与一切众生,同弥勒上生,随慈氏下降;

---

① 《白居易集》卷七十《铭志赞序祭文记辞传·画弥勒上生帧赞》,顾学颉校点,中华书局,1979年,第1475—1476页。

生生劫劫,与慈氏俱;永离生死流,终成无上道。今因老病,重此证明,所以表不忘初心,而必果本愿也。慈氏在上,实闻斯言。言讫作礼,是为此记。时开成五年,三月日,记。①

然而,就在《画弥勒上生帧记》的同月(此《记》撰于开成五年三月),白居易在标明"开成五年三月十五日"的《画西方帧记》中,却清楚表明了作者的弥陀信仰,誓愿来世往生"西方净土"亦即"西方极乐世界":

> 我本师释迦如来说,言从是西方过十万亿佛土,有世界号极乐,以无八苦四恶道故也。其国号净土,以无三毒五浊业故也。其佛号阿弥陀,以寿无量、愿无量、功德相好、光明无量故也。谛观此娑婆世界,微尘众生,无贤愚,无贵贱,无幼艾,有起心归佛者,举手合掌,必先响西方。有怖厄苦恼者,开口发声,必先念阿弥陀佛。又范金合土,刻石织文,乃至印水聚沙,童子戏者,莫不率以阿弥陀佛为上首,不知其然而然。由是而观,是彼如来有大誓愿于此众生,此众生有大因缘于彼国土明矣。不然者,东南北方,过去见在未来者,佛多矣,何独如是哉?何独如是哉?唐中大夫、太子少傅、上柱国冯翊开国侯、赐紫金鱼袋白居易,当衰暮之岁,中风痹之疾,乃舍俸钱三万,命工人杜宗敬按《阿弥陀》、《无量寿》二经,画西方世界一部:高九尺,广丈有三尺;弥陀尊佛坐中央,观音、势至二大士侍左右。天人瞻仰,眷属围绕,楼台妓乐,水树花鸟,七宝严饰,五彩彰施,烂烂煌煌,功德成就。弟子居易焚香稽首,跪于佛前,起慈悲心,发弘誓

---

① 《白居易集》卷七十一《碑记铭吟偈·画弥勒上生帧记》,第1497—1498页。

愿：愿此功德，周施一切众生。一切众生，有如我老者，如我病者，愿皆离苦得乐，断恶修善，不越南部，便覩西方。白毫大光，应念来感；青莲上品，随愿往生。从见在身，尽未来际，常得亲近而供养也。欲重宣此愿而偈赞云：极乐世界清净土，无诸恶道及众苦。愿如老身病苦者，同生无量寿佛所。①

白居易在同一个月内，或者祈愿往生兜率天，或者祈愿往生西方净土，这一矛盾的意愿使我们不得不承认，他在宗教信仰方面似乎并不严格，至少，并不十分拘泥于形式，比较愿意容纳不同流派的信仰。

人们为了证明白居易"只信佛教，不信道教"，经常转引见于《太平广记》的一条记载：

> 唐会昌元年，李师稷中丞为浙东观察使。有商客遭风，飘荡不知所止，月余，至一大山，瑞云奇花，白鹤异树，尽非人间所覩。山侧有人迎问曰："安得至此？"具言之。
>
> 令维舟上岸，云："须谒天师。"遂引至一处，若大寺观，通一道入。道士须眉悉白，侍卫数十，坐大殿上，与语曰："汝中国人，兹地有缘，方得一到，此蓬莱山也。既至，莫要看否？"遣左右引于宫内游观，玉台翠树，光彩夺目，院宇数十，皆有名号。至一院，扃锁甚严，因窥之，众花满庭，堂有裀褥，焚香阶下。客问之，答曰："此是白乐天院，乐天在中国，未来耳。"乃潜记之，遂别之归。旬日至越，具白廉使，李公尽录以报白公。先是，白公平生唯修上坐业，及览李公所报，乃自为诗二首，以记其事及答

---

① 《白居易集》卷七十一《碑记铭吟偈·画西方帧记》，第1496—1497页

第五章　摩尼教影响武则天、白居易的可能性推测　　　　　　　381

> 李浙东云："近有人从海上回,海山深处见楼台。中有仙笼开一室,皆言此待乐天来。"又曰："吾学空门不学仙,恐君此语是虚传。海山不是吾归处,归即应归兜率天。"然白公脱屣烟埃,投弃轩冕,与夫昧昧者固不同也,安知非谪仙哉![1]

这一故事并非虚构,因为白居易将这两首诗收入了自辑的诗集中[2],所以,可以认为白居易确实声称过自己"只学空门(佛教)"而"不学仙(道教)"。但是,这并不表明他真的只信佛教而不信道教。

例如,其《味道》一诗便透露了作者对于道家之学亦曾探究:"叩齿晨兴秋院静,焚香宴坐晚窗深。七篇真诰论仙事,一卷坛经说佛心。此日尽知前境妄,多生曾被外尘侵。自嫌习性犹残处,爱咏闲诗好听琴。"[3]《真诰》本是道教上清派的重要典籍,系南朝齐、梁间的道士陶弘景所撰,全书共分七篇,故诗人显然借此要典而喻指所有道教经籍;至于《坛经》,则是佛教禅宗六祖慧能之说法实录《六祖大师法宝坛经》的略称,诗人以其喻指一切佛典,尤其是禅宗经典,也是再明白不过的。所以,据此诗看来,白居易曾经道、佛兼修,是不应该否定的。

又如《烧药不成,命酒独醉》诗云:"白发逢秋王,丹砂见火空。不能留姹女,争免作衰翁? 赖有杯中绿,能为面上红。少年心不远,只在半酣中。"[4]"丹砂""姹女"均为道家炼丹时

---

[1] (宋)李昉等编《太平广记》卷四十八《神仙四十八·白乐天》,上海古籍出版社据文渊阁《四库全书》影印,1990年,第1043—243页下—1043—244页上。
[2] 《白居易集》卷三十六《律诗·客有说》《答客说》,第840页。
[3] 《白居易集》卷二十三《律诗·味道》,第517页。
[4] 《白居易集》卷三十三《律诗·烧药不成,命酒独醉》,第761页。

的要素,前者即朱砂,用以化汞;后者乃水银(汞)的别称;而"烧药"也是道家炼丹的异称。所以,此诗表明,作者曾学道家炼丹之术,且付诸实施,只是不幸失败,故"借酒浇愁"了!尽管白居易之炼丹,可能只是出于猎奇心理而偶一为之的随俗之举,但至少表明,他对于诸家诸说,并无"独尊××"而"排斥××"的心态,颇具好奇心和宽容性。而这正是我们要证明的。

白居易其他方面的信仰,即是对于民间神祇的信奉。例如,长庆三年(823)八月十七日,作为杭州刺史的白居易祭祀并祈祷当地的"仇王神",以请求他消除一年来余杭县频发的虎食人之灾[1]。而在此稍前,即同年的七月十六日,白居易也以官方名义祭祀皋亭庙神,以求雨泽,缓解当地的旱情[2]。但是,由于祷神之后仍未见效("昨者历祷四方,寂然无应"),故他在八月只能再"拜告于北方黑龙",祈求赐雨[3]。如此频频地祈祷地方上的民间神祇,而不是请求"佛祖保佑",只能说明白居易所信仰的,不仅仅佛教而已。

既然白居易对于佛教并未"独尊",而对于其他信仰也保持着并不排斥乃至愿意涉猎的态度,那么,我们就没有理由断定白居易会因为自己"信佛"而不为摩尼教写一首诗。

2. 白居易生活在摩尼教盛行的时期

白居易所生活的时期,正是摩尼教在中国流行的"黄金时代",它得到了朝廷的允准和官方的庇护;此外,白居易还为帝君代拟致回纥可汗的诏书,提及摩尼师等事,显然对摩

---

[1] 《白居易集》卷四十《哀祭文·祷仇王神文》,第900页。
[2] 《白居易集》卷四十《哀祭文·祈皋亭神文》,第901页。
[3] 《白居易集》卷四十《哀祭文·祭龙文》,第901—902页。

第五章　摩尼教影响武则天、白居易的可能性推测

尼教并不陌生。这一客观环境表明,白居易一是相当了解摩尼教,二是并无必然敌视摩尼教的原因,从而绝无可能撰诗谈及摩尼教。

公元3世纪中叶,波斯人摩尼(Mani)借鉴了琐罗亚斯德教、基督教、佛教以及古巴比伦民间信仰等诸多宗教因素,创建了二元论的摩尼教。但是不久后遭到萨珊朝国王瓦赫兰一世(274—277年)的迫害,导致教徒大批离境,向西或向东流亡避难。嗣后,东迁的摩尼教兴盛于中亚,并进一步传播至西伯利亚、蒙古高原、东北印度及中国等地。正式传入中国内地的时间,可能早在7世纪末,即武则天执政时期。

唐玄宗在位末期爆发"安史之乱";肃宗为了夺回被安、史叛军占据的大片领土,不得不以"土地、士庶归唐,金帛、子女皆归回纥"①为条件,请求回纥军队的援助。回纥人帮助唐廷镇压叛乱,收复江山之后,便成为它的"大恩人",于是,刚成为回纥"国教"的摩尼教便借助着唐廷不得不"报恩"的有利形势,得以在中国内地广泛传播,摩尼教寺院纷纷建立。

胡三省注《通鉴》云:"按《唐会要》十九卷:回鹘可汗王令明教僧进法入唐。大历三年六月二十九日,敕赐回鹘摩尼,为之置寺,赐额为大云光明。六年正月,敕赐荆、洪、越等州各置大云光明寺一所。"②荆、扬、洪、越诸州分别位于今湖北、江苏、江西、浙江等省,由此可见,回纥人已将摩尼教快速推进到江南的广大地区。当然,北方地区同样建立了不少摩尼寺,例如,"宪宗元和二年(807)正月庚子,回鹘使者请于河南

---

① 《资治通鉴》卷二百二十《唐纪三十六·肃宗至德二载》,第7034页。
② 《资治通鉴》卷二百三十七《唐纪五十三·宪宗元和元年》,第7638页。

府、太原府置摩尼寺三所,许之。"①

回纥的摩尼教徒始终与其统治阶层保持着密切的关系,他们不仅是信徒和布道师,也是回纥政权中的政客。如《新唐书》在谈及回纥的摩尼教徒时,声称"可汗常与共国者也"②。《旧唐书》云:"(元和八年)十二月二日,宴归国回鹘摩尼八人,令至中书见宰人。先是,回鹘请和亲,宪宗使有司计之,礼费约五百万贯。方内有诛讨,未任其亲,以摩尼为回鹘信奉,故使宰臣言其不可。""(长庆元年)五月,回鹘宰相、都督、公主、摩尼等五百七十三人入朝迎公主,于鸿胪寺安置。"③

正是由于摩尼教徒与回纥政权的关系极其密切,故它在中原地区的境遇也随着回纥政权的盛衰而兴旺。唐后期,朝廷致回纥可汗的书信便生动地展示了这一点:"摩尼教,天宝以前,中国禁断。自累朝缘回鹘敬信,始许兴行。江淮数镇,皆令阐教。近各得本道申奏,缘自闻回鹘破亡,奉法者因兹懈怠,蕃僧在彼,稍似无依。吴楚水乡,人心嚣薄,信心既去,翕习至难。且佛是大师,尚随缘行教,与苍生缘尽,终不力为。朕深念异国远僧,欲其安堵,且令于两都及太原信响处行教。其江淮诸寺权停,待回鹘本土安宁,即却令如旧。"④

显然,自天宝以降到回纥衰落,即8世纪中叶至9世纪中叶这将近一百年的时间里,摩尼教借助回纥之势,在中国内地得到了繁荣发展。而这一阶段又恰恰是白居易生活的年代(772—846年),亦即是说,在白居易生活时期,信奉摩尼教不

---

① 《册府元龟》卷九百九十九《外臣部·请求》,中华书局影印本,1960年,第11724页下。
② 《新唐书》卷二百一十七上《回鹘上》,第6126页。
③ 《旧唐书》卷一百九十五《回鹘传》,第5210—5211页。
④ (唐)李德裕《李卫公会昌一品集》卷五《赐回鹘可汗书意》,载《丛书集成新编》第59册,新文丰出版公司影印本,1985年,第31页。

仅合法,甚至还颇"时髦"和"光荣",因为作为摩尼教徒主体的"西胡"或粟特人在唐政权的"恩人"回纥政权中拥有崇高的地位,同时,该教也得到了唐廷的认可和支持。这与摩尼教在后世被视作"魔教""左道",乃至极遭迫害的情况相比,不啻霄壤之别。因此可以推测,在这样的氛围中,白居易几无可能歧视摩尼教,而更可能以相当客观的态度观察或探究它。

3. 白居易的白衣和持斋特色

白居易宗教信仰的特色之一,是以"维摩"为楷模以及以"维摩"自喻。"维摩"是梵文 Vimalakirti 的音译名,亦作毗摩罗诘利帝、毗摩罗诘、维摩诘等;意译为"净名""无垢称"等。他是中印度毗舍离城极为富有的长者,佛陀的在家弟子,即所谓的"居士"。他修为高远,拥有超出常人乃至出家大菩萨的"般若正智",具备如佛一般的高尚精神境界,但是过着舒适的世俗生活,据说是为了方便地救度众生,最终脱离人间苦海。

白居易经常自比"维摩",如他在从刑部尚书之职退休时所作的诗云:"十五年来洛下居,道缘俗累两何如? 迷路心回因向佛,官途事了是悬车。全家遁世曾无闷,半俸资身亦有余。唯是名衔人不会,毗耶长者白尚书。"①最后一句以"毗耶长者"来指称自己(白尚书),清楚地自喻为维摩居士,盖因维摩诘乃是毗耶城(梵语 Vaiśālī,亦作毗耶离、毗舍离、吠舍厘)的长者。

类似的自喻还见于他的《自咏》诗:"白衣居士紫芝仙,半醉半歌半坐禅。今日维摩兼饮酒,当时绮季不请钱。等闲池上留宾客,随事灯前有管弦。但问此身销得否? 分司气味不论年。"②《自咏》,当然是作者对自身的写照,故"白衣居士"显

---

① 《白居易集》卷三十七《律诗·刑部尚书致仕》,第844页。
② 《白居易集》卷三十一《律诗·自咏》,第701—702页。

然是指白居易自身。全诗的大意是:"白衣居士"的闲常生活为时或坐禅(修炼佛教),时或饮酒,时或歌吟;作者如维摩居士那样,既修佛教,却不戒酒肉,亦如汉初隐士商山四皓,应邀出席高祖的酒宴,却不受俸禄,无拘无束;经常有客来往,论诗宴饮,欣赏歌乐。所以,此诗是作者既专于佛学、又不弃世俗享受,悠然自得的日常生活的写照。

按佛教惯例,出家信徒穿缁衣,在家信徒穿白衣,故往往以"白衣"泛指在家的居士;而维摩长者则更成为"白衣"的典型。《维摩经》称赞维摩云:"白衣精进,摄懈怠者;禅定正受,摄迷惑意;得智慧律,摄诸邪智。虽为白衣,奉持沙门;至贤之行,居家为行;不止无色,有妻子妇;自随所乐,常修梵行。"①由此可知,诗人颇以"白衣居士"即维摩自许,确实是因为维摩既精于佛学,又兼"饮酒"(当然包括其他世俗生活)的特色,十分符合诗人的情趣和风格。

诚然,白居易之所以自号"白衣居士",当是源于对维摩的崇拜和模仿,但是,从形式上看,"白衣"却与摩尼教修道者的"白衣"服饰相同。这就为"二者之间是否存在关系"的问题提供了遐想的空间。

白居易信仰的另一个特色是长期"持斋"。他作为"居士"形式的佛教信徒,固然可以不避酒肉、女色,但是也应适当遵守某些佛教戒条,例如"斋戒"。然而白居易似乎已经超出了一般性的持斋,其时间的长度和严格的程度有些不同寻常。如其《斋月静居》诗云:"病来心静一无思,老去身闲百不为。忽忽眼尘犹爱睡,些些口业尚夸诗。荤腥每断斋居月,香火常亲

---

① (吴)支谦译《佛说维摩诘经》卷上《善权品第二》,《大正藏》第 14 册,第 474 号,第 521 页上,大正十四年一月。

第五章　摩尼教影响武则天、白居易的可能性推测　　387

宴坐时。万虑消停百神泰,唯应寂寞杀三尸。"①从"荤腥每断斋居月,香火常亲宴坐时"句看,白居易持斋的形式是戒荤腥,并焚香、坐禅("宴坐"),为期一个月。下引诗对一月的斋期也表达得很清楚:"斋宫前日满三旬,酒榼今朝一拂尘。乘兴还同访戴客,解醒仍对姓刘人。病心汤沃寒灰活,老面花生朽木春。若怕平原怪先醉,知君未惯吐车茵。"②此言"斋宫""满三旬",则显然持斋之期应为一月,斋期确实很长。

而如此漫长的斋期在每年中还不止一次,或者,上半年内就至少有两次——二月一次、五月一次。这有其诗文为证:"宾客懒逢迎,儵然池馆清。檐闲空燕语,林静未蝉鸣。荤血还休食,杯觞亦罢倾。三春多放逸,五月暂修行。香印朝烟细,纱灯夕焰明。交游诸长老,师事古先生。禅后心弥寂,斋来体更轻。不唯忘肉味,兼拟灭风情。蒙以声闻待,难将戏论争。虚空若有佛,灵运恐先成。"③此诗题为《酬梦得以予五月长斋,延僧徒,绝宾友,见戏十韵》,而诗文又有"五月暂修行"之句,故长斋之月设在五月,是显而易见的。此诗除了证实整个五月为长斋期外,还表明在斋期内,白居易不仅戒荤腥、"风情"外,甚至连宾客都不会见("绝宾客"),似乎断绝了一切世俗的社交活动。这一特点不免引人注意。而这样的长斋期,至少在二月还有一次,盖因题为"二年三月五日,斋毕开素……"之诗④称"前月事斋戒,昨日散道场",则知此斋戒期为一月,自二月五日开始,至三月四日结束;然而严

---

① 《白居易集》卷二十六《律诗·斋月静居》,第582页。
② 《白居易集》卷三十三《律诗·长斋月满》,第750页。
③ 《白居易集》卷三十四《律诗·酬梦得以予五月长斋,延僧徒,绝宾友,见戏十韵》,第772页。
④ 《白居易集》卷三十六《半格诗·二年三月五日,斋毕开素,当食偶吟,赠妻弘农郡君》,第825页。

格地说,这一斋期不完全在二月,而是二月初至三月初。

按佛教戒律,确实设置了每年三个长斋之月,即正月、五月、九月:"三长斋者,《梵网》制三长斋月破斋犯戒。今此文云,其月画像,以知此月断恶修者,以为好也。言三长斋月者,谓正月、五月、九月也。故《法台》云,正月是众生现生之初,五月是兴盛之中,九月是敛藏之始。"①《梵网戒本疏日珠钞》对此说更为具体:

> 经,于六斋日,年三长斋月者,此中二事,一是六斋日,二年三长斋月。此之五字,即一事也。正、五、九月,名之年三;一月三十日皆持斋戒,故名长斋。简异六斋,名为长斋。每年三月(正、五、九月),各三十日,是故总名长斋月也。《传奥》云,六斋时者,为一日、八、十五、十八、二十四、三十,此是外道六师斋日也。三长月者,《智论》说,天帝以大宝镜共诸天众,从正月一日照南洲,善恶具录。如是二月东,三月北,四月西,五月还至此,九月亦然。故当修善,戒杀生等者。②

由此可知"长斋月"的大致内容是:每年正月、五月、九月为斋戒期,各历时整整一月;持斋的原因,是因为天帝(一说北方毗沙门天王)按月轮流视察四方世界,考察众生的善恶,每四个月一个周期,而巡视本世界即南赡部洲的时间则为正月、五月、九月,故人们当在此期间更作扬善抑恶之举。

据此,白居易的"长斋"既可能按照"三长斋月"制(因为他有"五月长斋"之举),也可能另按他制:因为他有二月持斋

---

① [日]圆珍撰《菩提场经略义释》卷三《画像仪轨品第三》,《大正藏》第61册,第2230号,第541页上,昭和六年九月。
② [日]凝然述《梵网戒本疏日珠钞》卷四十二《第三十违禁行非戒》,《大正藏》第62册,第2247号,第214页中,昭和六年一月。

第五章　摩尼教影响武则天、白居易的可能性推测

之举,且自二月五日至三月四日,并非整月,与佛经之说相异。从白居易认真持斋的态度看,他不太可能随心所欲地安排斋期,故"另按他制"的可能性较大。不过,目前似乎尚未见到佛教的其他"长斋"之制。

此外,前引《画弥勒上生帧记》称"乐天归三宝,持十斋,受八戒者有年岁矣",则知白居易还有"持十斋"之戒。而所谓"十斋",即是在每个月内的固定日期持斋十天:

> 若未来世众生,于月一日、八日、十四日、十五日、十八日、二十三、二十四、二十八、二十九日,乃至三十日,是诸日等诸罪结集,定其轻重。南阎浮提众生举止动念,无不是业,无不是罪,何况恣情、杀害、窃盗、邪淫、妄语百千罪状?能于是十斋日,对佛、菩萨、诸贤圣像前读是经一遍,东西南北百由旬内,无诸灾难。当此居家,若长若幼,现在、未来百千岁中,永离恶趣。能于十斋日每转一遍,现世令此居家无诸横病,衣食丰溢。①

如果白居易真的持此十斋,那么,他每年除了三个月的"长斋"外,每月还有三分之一的时间花在"十斋"上。这对于白居易这样的身任官职、交游甚广、且嗜好饮酒作乐的文人来说,这频繁的斋戒期显然是非常突出的。从白居易有关持斋的诸诗中,可以见到他一待斋期结束,便迫不及待地喝酒和享受世俗生活的心态和举止,既体现了诗人不无"形式主义"的信佛态度,却也体现了他对这一形式的重视,故"持斋"成为白居易宗教信仰的特点之一,是很明显的。而摩尼教,特别是"华化"的摩尼教,正是以"持斋"为其最大特色之一(这清楚地

---

① (唐)实叉难陀译《地藏菩萨本愿经》卷上《如来赞叹品第六》,《大正藏》第13册,第412号,第783页中一下,大正十三年十一月。

展现在"吃菜事魔"信仰中)。那么,二者类似的"高度持斋",是否会导致白居易对摩尼教也产生一点"好奇之心"呢?

4. 对于"摩尼教诗"的推测

最后,具体分析一下被摩尼教徒归之于白居易的"摩尼教诗"的内容,以作出尽可能确切的结论。其诗云:"静览苏邻传,摩尼道可惊。二宗陈寂默,五佛继光明。日月为资敬,乾坤认所生。若论斋洁志,释子好齐名。"总共四十个字,却极度精准地概括了摩尼教的基本教义及其特色,语气客观,未见过分的谀颂之词。

"静览苏邻传,摩尼道可惊"之句,源于摩尼教汉语典籍《摩尼光佛教法仪略》所引《老子化胡经》:"我乘自然光明道气,飞入西挪玉界苏邻国中,示为太子,舍家入道,号曰摩尼。转大法轮,说经、戒、律、定、慧等法,乃至三际及二宗门。上从明界,下及幽涂,所有众生,皆由此度。摩尼之后,年垂五九,我法当盛者。"由于道家早期曾抄袭各家思想,其中包括摩尼教思想,故在道教典籍《老子化胡经》中永远留下了有关摩尼教的简介①。因此,"苏邻国"便往往成为摩尼故乡或摩尼教原创地的代称,则诗人开宗明义,指出了摩尼教的始创地及其教主的名字,十分贴切。

"二宗陈寂默,五佛继光明。日月为资敬,乾坤认所生"之句,则是概述摩尼教创世神话所涉及的基本教义。盖按摩尼教的创世神话,光明与黑暗这两大元素(即"二宗")从一开始就根本对立。最初,光明之界无限地延伸于北方(上方)、东方(左方)和西方(右方),黑暗之狱则位于南方(下方)。明

---

① 说见林悟殊《摩尼教及其东渐》之"《老子化胡经》与摩尼教"节,中华书局,1987年,第76—86页。

界是自存和永恒的,构成它的是光明五要素:以太(Ether)、风(Wind)、光(Light)、水(Water)、火(Fire)。明界的最高统治者是明尊(伟大父尊,Father of Greatness);那里并有不可胜数的"永世"(Aeons)。

为了抵御暗魔对明界的入侵,明尊从自身唤出发射物,形成诸神,与暗魔斗争。诸神的本质都相同,其区别只在于功能不一。明尊的第一次呼唤(即创造),召出了善母,善母又召出其"子"先意,先意再召唤出"五明子"。先意被暗魔击败,其五明子被吞食,自己也昏睡暗狱深处。于是,明尊作了第二次呼唤(即创造),召出了乐明、造相、净风及其五子,以拯救先意。最终,善母和净风将先意救回明界。然后,净风击杀诸魔,并用其尸体创造了十天、八地;用被暗魔吞食的光明分子创造了太阳、月亮、星辰。世界就这样被创造了,但当时是静止不动的。造相则建造了新永世,供被拯救的光明分子居住,其统治者是先意。

为了使静止的世界运动起来,大明尊作了第三次呼唤,召出了三明使(第三使),三明使随后召出明女(Maiden of Light,有时亦称十二少女),并与她一起诱使雌雄暗魔泄出光明分子。同时被召出的是相柱,被拯救的灵魂(光明分子)通过它而相继升入月亮、太阳,最终抵达新永世;太阳、月亮往往被称作"舟船"。明尊的第三次创造还召出了光辉夷数(耶稣)和惠明;惠明的五"体"称为相、心、念、思、意。明尊三次"召唤"所创造的主要神灵的宝座,分布在太阳和月亮上:三明使、善母、净风居于太阳上;光辉夷数、明女、先意居于月亮上。三明使令太阳和月亮运动起来[1]。

---

[1] Mary Boyce, *A Reader in Manichaean Middle Persian and Parthian*, pp. 4-7, E. J. Brill, Leiden, 1975.

显然,诗中提到的"二宗"及其斗争,在创世神话中得到了很好的体现。至于"五佛"则是先意之子"五明子",亦即光明五要素"气""风""明""水""火"。在《摩尼教残经》中,集合名称为"五明身""五明子""五明性"等,或者分别称为"清净气""妙风""明力""妙水""妙火"。在《下部赞》中,则称之为"五大光明佛"或"五明佛"。所以,诗人称"五佛继光明",乃是借用了中国摩尼教徒的习用术语。"日月"崇拜是摩尼教的信仰特色,因为它们不仅展示了"光明",并且还是人类"灵魂"即"光明分子"最终得救而回归明界途中的重要中转站。汉文古籍谈及摩尼教时,通常都注意到"拜日月"的特点,如:"摩尼佛,名末摩尼光佛,苏邻国人。又一佛也,号具智大明使。……其教曰明,衣尚白,朝拜日,夕拜月,了见法性,究竟光明。"[①]所以,诗中提到"日月为资敬",则是非常确切地表达了摩尼教的根本教义。

最后,"若论斋洁志,释子好齐名"之句更有意思。如上文所言,摩尼教、弥勒信仰都有相当严格的持斋戒律,而白居易恰恰又以斋戒之频繁和严格为其特色(尽管可能并非佛教的"正统"斋戒)。虽然摩尼教之戒荤、食素的原因,是为了"解救被囚的光明分子",迥异于佛教出于慈悲而戒杀的原因[②],但二者在形式上却大同小异。如果说,诗人因为自己也严于斋戒,从而特别注意到了摩尼教的"斋洁志",颇生共鸣,称赞它可与佛教媲美,实在是合乎情理的一个推测。因此,推测白居易确是此诗的作者,未必不妥。

---

① 《闽书》卷七《方域·表山》,厦门大学古籍整理研究所等校点,福建人民出版社,1994年,第171、172页。
② 有关摩尼教与佛教之不同斋戒观,可参看拙文《论古代中国的"吃菜"信仰》,载《中华文史论丛》第63辑,2000年9月。

第五章 摩尼教影响武则天、白居易的可能性推测

至此,再看志磐《佛祖统纪》中"乐天知佛,岂应为此不典之词"一语,显然是在认定佛教、摩尼教"正、邪不两立"的前提下作此结论的。诚然,自五代,特别是南宋初期以降,摩尼教及其流亚"吃菜事魔"等民间信仰,越来越遭到统治者的敌视和迫害,因为它们自觉和不自觉地损害了统治者的利益,从而被上层士人或"正统佛教徒"视之为"左道",不屑染指。然而,在唐朝的白居易生活的时代,却完全是另一种局面,这在上文已经清楚指出,当时的摩尼教不仅未遭歧视,反而颇有地位。那么,对各类宗教信仰持宽容态度的白居易,为什么不能对摩尼教稍有"即兴之作"呢?

再以"摩尼教诗"本身的内容来看,其实不过如实地概括了摩尼教的主要情况和根本教义,除了最后谓其斋戒之志堪与佛教媲美外,既无过分的颂扬之词,也无表明作者信奉此教的意思,整诗的口吻显得十分平和、客观。若如《佛祖统纪》所言,此诗是摩尼教徒假托白居易之名而作,以张扬本教声势,那么,它完全可以对摩尼教大加赞颂,甚至表示白居易也信此教!然而,我们无论从哪个方面看,都未见这类迹象。有鉴于此,此诗倒确有可能是白居易在某时某地的即兴之作,只是未必十分重视,疏于辑集,故最终并未收入诗集。后人又岂能仅以此诗未见于《长庆集》便否定作者为白居易呢?

综上所述,可以作出如下结论:白居易生活的时代,正是东传摩尼教在中国唯一的"黄金时代",受到当局的庇护,通常并不遭受歧视;摩尼教为了布教的方便,加重了佛教色彩,更易于被误认为是佛教的某一支派。白居易具有"信仰多元化"的特征,故通常不会坚拒对某一信仰稍作探究,尤其是看似与佛教相近者;此外,他的弥勒信仰、维摩崇拜及严格持斋的特点与摩尼教在形式上颇为接近,这可能使之对摩尼教更

生亲近之感。所以,白居易如果在某个场合,写了一首客观概括摩尼教教义的小诗,却未表明自己信奉该教,是完全合乎常理的。比照各种史料之后,可以认为,白居易很可能确曾写过一首简介中国摩尼教的小诗。或许应该感谢成于南宋后期的《佛祖统纪》,它以"伪作"的方式,恰恰保留了唐代诗人白居易的一件"真品",从而也展示了摩尼教对唐代知识阶层的影响力。

图书在版编目(CIP)数据

丝路古史散论/芮传明著.—上海:复旦大学出版社,2017.3
(复旦文库)
ISBN 978-7-309-12735-5

Ⅰ.丝… Ⅱ.芮… Ⅲ.丝绸之路-历史-研究 Ⅳ.K928.6

中国版本图书馆 CIP 数据核字(2016)第 298420 号

丝路古史散论
芮传明 著
责任编辑/宋文涛
复旦大学出版社有限公司出版发行
上海市国权路 579 号 邮编:200433
网址:fupnet@fudanpress.com http://www.fudanpress.com
门市零售:86-21-65642857 团体订购:86-21-65118853
外埠邮购:86-21-65109143
浙江新华数码印务有限公司

开本 890×1240 1/32 印张 12.625 字数 259 千
2017 年 3 月第 1 版第 1 次印刷

ISBN 978-7-309-12735-5/K·606
定价:45.00 元

如有印装质量问题,请向复旦大学出版社有限公司发行部调换。
版权所有 侵权必究